Natur – Mensch – Technik

Lehrbuch für den Lernbereich
Naturwissenschaften

Band 3
Energie – ausreichend vorhanden?
Luft – auch in Zukunft noch zum Atmen?
Informationen – die wichtigste Ware der Zukunft

Herausgegeben von
Dr. habil. Bernd Raum
Dr. Gerd-Dietrich Schmidt

PAETEC
Verlag für Bildungsmedien

Herausgeber
Dr. habil. Bernd Raum
Dr. Gerd-Dietrich Schmidt

Autoren
Katrin Bahro
Olaf Boigk
Dr. Roland Ginter
Dr. Hans-Joachim Laabs
Dr. Kerstin Prokoph
Dr. habil. Bernd Raum
Dr. Gerd Riedl
Dr. Gerd-Dietrich Schmidt
Günter Simon
Dr. Michael Titzmann

Beiträge von
Dr. Hans-Martin Füssel
Prof. Dr. Walter Umstätter

Gedruckt auf chlorfrei gebleichtem Papier

1. Auflage
1 ⁵ ⁴ ³ ² ¹ | 2004 2003 2002 2001 2000

Alle Drucke dieser Auflage können im Unterricht nebeneinander benutzt werden.
Die letzte Zahl bezeichnet das Jahr dieses Druckes.

Internet: www.paetec.de

Redaktion: Dr. habil. Bernd Raum
Layout und Karten: Manuela Laufmann
Zeichnungen: Urs Jäggi (†), Gabriele Lattke, Manuela Laufmann u. a.
Umschlaggestaltung: Joachim Barig
Druck: Druckerei zu Altenburg GmbH

ISBN 3-89517-812-8

Inhaltsverzeichnis

1 Energie – ausreichend vorhanden?

Geht der Menschheit das Licht aus?

Windkonverter zur Erzeugung elektrischer Energie trifft man heute schon vielfach an – in Küstennähe, im Tiefland oder im Gebirge. Trotzdem werden in Deutschland heute erst 4,4 Mrd. kWh (1998) elektrische Energie aus Windenergie gewonnen. Das entspricht einem Anteil von lediglich 0,8 % an der gesamten Elektroenergieerzeugung.
Damit nimmt Deutschland allerdings den ersten Platz in der Welt vor den USA und Dänemark bei den installierten Windenergieanlagen ein.

Unser Leben ist ohne Energie nicht möglich. Jeder Mensch benötigt – wie auch jede Pflanze und jedes Tier – die Energie der Nahrung, um zu wachsen, sich zu entwickeln und sich zu bewegen. Viele Annehmlichkeiten unseres modernen Lebens sind mit der Nutzung von technischen Geräten verbunden. Sie alle benötigen zu ihrem Betrieb Energie. Auch die Herstellung von anderen Gebrauchsgütern, wie Bekleidung, Lebensmitteln, Kosmetika, Bücher und Zeitschriften, erfordert Energie. Unser Lebensstandard und unser Wohlstand in den Industrieländern ist gegenwärtig ohne einen hohen Energieeinsatz undenkbar. 24 % der Weltbevölkerung leben in den Industriestaaten. Sie verbrauchen heute 70 % der gesamten Energie, die auf der Erde produziert wird. Aber auch die Menschen in den Entwicklungsländern, immerhin 76% der Weltbevölkerung, wollen mit einem Wohlstand leben, der es ihnen ermöglicht, sich täglich menschenwürdig zu ernähren. Und sie wollen zunehmend die Annehmlichkeiten eines modernen Lebens, wie sie in den Industrieländern üblich sind, nutzen und genießen. Niemand hat das Recht, ihnen dies zu verwehren. Hinzu kommt, dass die Bevölkerung auf der Erde ständig weiter wächst. Während 1970 auf der Erde rund 3,7 Mrd. Menschen lebten, sind es 1999 rund 6 Mrd. und 2050 werden es etwa 9 Mrd. Menschen sein. Dieses Bevölkerungswachstum findet vor allem in den Entwicklungsländern statt. Für die Zukunft braucht die Menschheit also noch mehr Energie als gegenwärtig.

Reichen die Energievorräte der Erde für alle und für immer, um einen Wohlstand auf dem Niveau der Industrieländer zu sichern?

Die Lagerstätten von Kohle, Erdöl und Erdgas, den hauptsächlichen Energieträgern der Gegenwart, sind im Wesentlichen bekannt. 90 % der Gesamtenergie auf der Erde werden heute aus diesen Energieträgern gewonnen. Es ist absehbar, dass die Vorräte an diesen Energieträgern nicht für immer und ewig reichen. Die weltweiten Reserven an Erdöl und Erdgas reichen bei der Menge des heutigen Verbrauchs nicht einmal weitere einhundert Jahre.

Woher können wir in Zukunft die notwendige Energie bekommen?
Welche Alternativen zur heutigen Energieversorgung, vor allem zu den fossilen Brennstoffen, gibt es?
Wie können wir diese Alternativen nutzen?

Die Energieversorgung beschäftigt uns heute nicht nur aus der Sicht ausreichend vorhandener Energieträger, sondern vor allem auf Grund der zunehmenden Belastung der Umwelt. Bei der Gewinnung und Nutzung der Energie entstehen Stoffe, die in die Umwelt gelangen. Sie können die Umwelt verschmutzen und so Pflanzen, Tiere und Menschen gefährden. Viele technische Entwicklungen, z. B. Filteranlagen in Kraftwerken oder Katalysatoren in PKW, verhindern heute schon, dass zahlreiche Schadstoffe ungehindert in die Umwelt gelangen können. Trotzdem fallen Schadstoffe an und müssen auf Sondermülldeponien oder in Endlagern sicher verwahrt werden. Einige Stoffe können aber gegenwärtig prinzipiell noch nicht herausgefiltert werden und gelangen stets ungehindert in die Umwelt, so das Kohlenstoffdioxid.

Wissenschaftler gehen davon aus, dass durch den zunehmenden Energieverbrauch der Anteil des Kohlenstoffdioxids in der Atmosphäre zugenommen hat. Die Wissenschaftler befürchten, dass damit langfristig und nachhaltig das Klima auf der Erde verändert wird und mit katastrophalen Folgen für die Umwelt und damit für Pflanzen, Tiere und Menschen gerechnet werden muss. Es wird gefordert, den Energieverbrauch, vor allem in den Industrieländern, zu reduzieren.

Kann man einen steigenden Energieverbrauch in Zukunft verhindern?
Welche Auswirkungen hat der Energieverbrauch tatsächlich auf die Umwelt?
Müssen wir künftig auf Annehmlichkeiten und Wohlstand verzichten, um unsere Umwelt und damit eine unserer Lebensvoraussetzungen zu erhalten?
Und bedeuten Straßenlärm und das Stehen im Stau, Müllberge vor der Stadt, Urlaubsstress durch weite und häufige Reisen wirklich mehr Wohlstand und ein höheres Lebensniveau?

1.1 Energie und Sonne

Alles elektrisch?

Wird von Energie gesprochen, dann denkt man sofort an Kraftwerke, elektrische Überlandleitungen, an die Straßenbeleuchtung, den Elektroherd, an Bohrmaschinen, Rasenmäher, Fernseher und Computer – alles elektrische Geräte und Anlagen. Für den Antrieb von Verbrennungsmotoren, für die Raumheizung, die Warmwasserbereitung oder zum Kochen benutzt man jedoch auch andere Energieträger als den elektrischen Strom.

Welche Energieträger und Energieformen kann man nutzen?
Was ist eigentlich Energie?

Energielieferant Sonne

Aus Erfahrung wissen wir, dass die Sonne für das Tageslicht auf der Erde zuständig ist und auch für Wärme sorgt. Mit ihrem Licht lässt sie Pflanzen wachsen, die wiederum Nahrung für Tiere und Menschen sind. Abgestorbene Pflanzenteile sind in Millionen von Jahren zu Kohle, Erdöl und Erdgas geworden, die wir heute als Brennstoffe nutzen. Auch Wind und Niederschläge gehen auf den Einfluss der Sonne zurück.

Wie wichtig ist der Energielieferant Sonne für das Leben auf der Erde?

Energie aus Pflanzen?

Biomasse wird aus allen lebenden, toten und zersetzten Organismen der Erde gebildet. Dazu gehören auch Pflanzen und Pflanzenteile, ganz gleich, ob es sich um Nahrungsmittelpflanzen, Ölpflanzen oder um Holzpflanzen handelt. Sie alle können Energielieferanten für verschiedene Zwecke sein.

Welche Energie ist in Pflanzen gespeichert?
Für welche Zwecke können Pflanzen als Energieträger genutzt werden?
Was hat Biomasse mit Energie zu tun?

1.1.1 Energie, Energieträger und Energieformen

Ohne Energie ist unser Leben nicht möglich. Trotzdem kann man Energie zumeist nicht sehen, fühlen, anfassen oder anders direkt wahrnehmen. Energie kann man aber an ihren Wirkungen erkennen. Das Wort „Energie“, das vom griechischen „energeia“ abgeleitet ist, bedeutet so viel wie „Wirksamkeit“. Körper, die Energie besitzen, können z. B. Wärme abgeben, Licht aussenden (Abb. 1), sich bewegen (Abb. 2) oder andere Körper und auch sich selbst verformen (Abb. 3).

> Energie ist die Fähigkeit eines Körpers, mechanische Arbeit zu verrichten, Wärme abzugeben oder Licht auszusenden.

Kraftstoffe (z. B. Benzin, Dieselkraftstoff), Brennstoffe (z. B. Holz, Kohle, Erdgas), sich bewegende Fahrzeuge, der elektrische Strom, Nahrungsmittel, die Sonnenstrahlung besitzen Energie. Man nennt solche Körper auch **Energieträger** oder **Energiequellen.**

> Energieträger bzw. Energiequellen sind Körper, die Energie besitzen bzw. gespeichert haben.

Wichtige Energieträger für die Energieversorgung der Gegenwart sind Benzin, Dieselkraftstoff, Heizöl, Erdgas, Braunkohle, Steinkohle, Uranerz, fließendes und gestautes Wasser (Abb. 4) und in manchen Gebieten der Erde auch Holz und Torf. An Bedeutung als Energiequellen gewinnen Wind, Sonnenstrahlung, Erdwärme und Biomasse.

Energie kann in unterschiedlichen Formen gespeichert und durch unterschiedliche Vorgänge freigesetzt werden. Wichtige **Energieformen** sind auf S. 12 dargestellt.

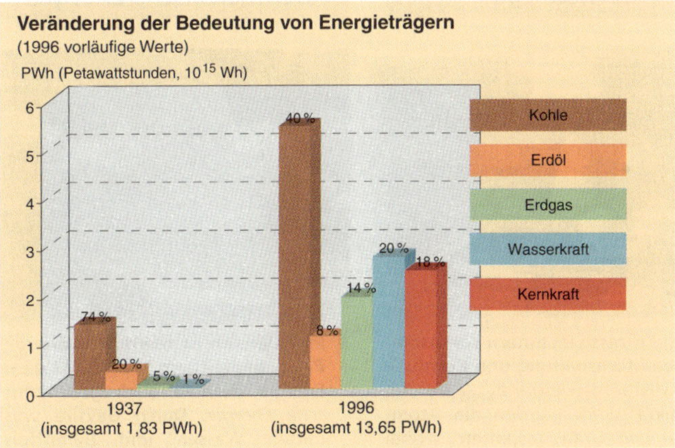

4 Bei der weltweiten Erzeugung von Elektroenergie haben sich Menge und Anteil der dafür beanspruchten Energieträger deutlich verändert.

1 Im Holz ist Energie gespeichert. Beim Verbrennen im Lagerfeuer sendet das Holz Licht aus und es gibt Wärme ab.
Für die verstärkte Nutzung von Holz in modernen Feuerungsanlagen und geschlossenen Kaminöfen zur Wohnraumbeheizung wird in einigen deutschen Bundesländern geworben.

2 Im Dieselkraftstoff ist Energie gespeichert. Sie wird in den Motoren der Lokomotive zur Verrichtung mechanischer Arbeit genutzt. Der Zug wird bewegt und erreicht bei einer Bergfahrt auch noch größere Höhe. Gleichzeitig geben die Motoren in Betrieb auch Wärme ab. Diese kann zur Zugheizung genutzt werden.

3 Wind kann gewaltige Energie besitzen. Bei einem Sturm kann diese Energie große Schäden verursachen. Durch die Energie der bewegten Luft werden Bäume, Häuser, Autos, Menschen usw. verformt, zerstört oder geschädigt. Es wird mechanische Arbeit verrichtet.

Mechanische Energie

Potenzielle Energie

1 Körper, die aufgrund ihrer Lage mechanische Arbeit verrichten können, besitzen *potenzielle Energie* E_{pot}. Die kugelförmigen Felsen besitzen potenzielle Energie.

Kinetische Energie

2 Körper, die aufgrund ihrer Bewegung mechanische Arbeit verrichten können, besitzen *kinetische Energie* E_{kin}. Boot und Gletscher besitzen kinetische Energie.

Thermische Energie

3 Körper, die aufgrund ihrer Temperatur Wärme abgeben oder Licht aussenden können, besitzen *thermische Energie* E_{therm}. Glühende Drähte eines Kochfeldes besitzen thermische Energie.

Chemische Energie

4 Körper, die bei chemischen Vorgängen Wärme abgeben, besitzen *chemische Energie* E_{ch}. Nahrungsmittel werden in komplizierten Prozessen in den Zellen unseres Körpers „verbrannt".

Elektrische Energie

5 Körper, die aufgrund elektrischer Vorgänge Arbeit verrichten, Wärme abgeben oder Licht aussenden, besitzen *elektrische Energie* E_{el}. Gewitterwolken besitzen elektrische Energie.

Lichtenergie

6 Körper, die aufgrund ihrer Helligkeit Licht aussenden, besitzen *Lichtenergie* E_{Licht}. Der Felsen reflektiert Lichtenergie, die er von der Sonne erhalten hat.

Magnetische Energie

7 Körper, die aufgrund ihrer magnetischen Eigenschaften mechanische Arbeit verrichten können, besitzen *magnetische Energie* E_{mag}. Die magnetische Energie des Feldes des Lasthebemagneten nutzt man zum Heben von Körpern.

Kernenergie

8 Durch Prozesse im Innern von Atomkernen (Kernspaltung und Kernfusion) wird *Kernenergie* E_{Kern} frei. Im Atomkraftwerk werden die Atomkerne von Uran gespalten, wobei Kernenergie frei wird. Sie wird zur Erwärmung von Wasser genutzt.

Geothermische Energie

9 Im Erdinnern ist *thermische Energie* E_{therm} gespeichert. Man nennt diese Energie deshalb auch *geothermische Energie.* Durch Geysire wird mittels Wasser- und Dampffontänen diese Energie an die Erdoberfläche gebracht.

Energie als physikalische Größe

Die Größe Energie kennzeichnet die Fähigkeit eines Körpers, mechanische Arbeit zu verrichten, Wärme abzugeben oder Licht auszusenden **(Bedeutung).**

Als **Formelzeichen** für die Energie wurde *E*, als **Einheit** wurde 1 Joule (1 J) festgelegt.

Weitere gesetzliche Einheiten sind:		Weitere gebräuchliche Einheiten sind:	
1 Newtonmeter (Nm)	1 Nm = 1 J	1 Steinkohleneinheit (1 SKE)	1 kg SK = 29,3 MJ
1 Wattsekunde (1 Ws)	1 Ws = 1 J	1 Rohöleinheit (1 RÖE)	1 kg RÖE = 41,9 MJ
1 Kilowattstunde (1 kWh)	1 kWh = 3 600 000 J	1 Kilokalorie (1 kcal)	1 kcal = 4190 J
Die Einheit „Wattsekunde" wird vor allem in der Elektrotechnik benutzt.		„Steinkohleneinheit" und „Rohöleinheit" finden vor allem in der Energiewirtschaft Anwendung.	

Vielfache der Einheiten sind: 1 Kilojoule (1 kJ),1 Megajoule (1 MJ), 1 Gigajoule (1 GJ), 1 Terajoule (1 TJ), 1 Petajoule (1 PJ) und 1 Exajoule (1 EJ).

Es gilt: 1 EJ = 1 000 PJ = 1 000 000 TJ = 1 000 000 000 GJ
1 GJ = 1 000 MJ = 1 000 000 kJ = 1 000 000 000 J.

Energien in Natur und Technik (Beispiele)

Energieform	Energieträger	freigesetzter Energiebetrag
chemische Energie	Benzin	ca. 35 MJ je Liter
	Dieselkraftstoff	ca. 36 MJ je Liter
	Heizöl	42 MJ je Liter
	Erdgas	31 MJ je Kubikmeter
	Stadtgas	17 MJ je Kubikmeter
	Steinkohle	ca. 29 MJ je Kilogramm
	Kuhmilch	268 kJ je 100 g
	Butter	2 996 kJ je 100 g
	Traubenzucker	1 611 kJ je 100 g
	Roggenbrot	950 kJ je 100 g
potenzielle Energie	Rammbär (m = 1 000 kg), der um 1 m gehoben ist	10 kJ
kinetische Energie	PKW (m = 1 000 kg), der mit 100 km/h fährt	386 kJ
thermische Energie	1 Liter Wasser, das sich von 100 °C auf 30 °C abkühlt	293 kJ
elektrische Energie	elektrischer Strom durch eine Glühlampe, 60 W, bei 1 Stunde Betrieb	216 kJ

Die Tabelle gibt Beispiele für verschiedene Energieträger und Energieformen an. Sie zeigt auch, welcher Energiebetrag bei einem entsprechenden Vorgang (z. B. Verbrennen, Verdauen, Herabfallen, Abkühlen) freigesetzt wird.

Die Nutzung von Energieträgern in der Menschheitsgeschichte

Im Laufe der Menschheitsgeschichte wurde immer mehr Energie genutzt. Das geschah und geschieht nicht nur im Interesse des Überlebens der wachsenden Zahl der Menschen auf der Erde, sondern auch zur Verbesserung ihrer Lebens- und Arbeitsbedingungen. Energie wurde und wird auch nutzlos vergeudet: durch Kriege und durch unsachgemäßen Umgang mit Energieträgern. Die Erweiterung der Energienutzung durch die Menschheit ist gleichzeitig eine Erweiterung der einbezogenen Energieträger.

Zunächst konnte der Mensch nur mit Hilfe seiner Muskeln Arbeit verrichten. Dazu nutzte er die Energie, die in seiner Nahrung als chemische Energie gespeichert ist. Diese Form der Energienutzung zum Verrichten von Arbeit ist bis heute erhalten geblieben.

Bereits im 7. Jh. v. u. Z. begannen die Menschen Großtiere – zunächst Rinder – zu zähmen und zum Verrichten von Arbeit nutzbar zu machen (Abb. 1). Eine besondere Rolle spielte die „Zähmung" des Feuers für die Entwicklung der Energienutzung durch die Menschheit.

Es wurde bereits vor 400 000 Jahren von Menschen genutzt. Von da an war nicht mehr nur die Sonne ihre einzige Licht- und Wärmequelle. Mittels des Feuers konnten solche Energieträger wie Holz und später Holzkohle sowie Kohle verwendet werden. Während die Menschen zunächst auf die natürliche Entzündung des Feuers angewiesen waren, lernten sie später das Feuermachen. Streichhölzer gibt es erst seit etwa 150 Jahren.

1 Bis in die Gegenwart werden Rinder, Pferde u. a. als Zug-, Reit- oder Lasttiere benutzt. Auf den Reisfeldern Südostasiens kann auf Wasserbüffel nicht verzichtet werden.

Wassergetriebene Mühlen zur Herstellung von Mehl aus Getreide sollen bereits vereinzelt im 3. Jh. v. u. Z. existiert haben. Zum Ausgang der Antike war die Wassermühle weit verbreitet. Im 4. Jh. u. Z. gab es in Rom ein ganzes Mühlenviertel, zu dessen Betrieb Wasser über einen Aquädukt herangeführt worden ist. Eine besondere Form der Wassermühlen waren die Schiffmühlen (Abb. 2), die direkt auf Flüssen arbeiteten, bei Eisgang aber an Land gezogen werden mussten. Schiffmühlen wurden erstmals 537 u. Z. auf dem Tiber in Rom verwendet, als die Goten bei der Belagerung der Stadt den Aquädukt für das Mühlenviertel zerstörten. Ab 1227 gab es auch auf der Elbe bei Meißen Schiffmühlen.

Der Einsatzbereich der Wasserkraft verbreiterte sich wesentlich durch den Einsatz der Nockenwelle. Jetzt konnten in Mühlen auch andere Arbeitsgänge mechanisiert werden als die gleichförmigen Drehbewegungen beim Getreidemahlen. Hammer- und Pochwerke, Walk- und Papiermühlen u. a. entstanden. Im 19. Jh. wurden Wasserantriebe durch den Einsatz von Eisen und Stahl technisch vervollkommnet und Turbinen wurden entwickelt.

2 Die Schiffmühle in Bad Düben an der Mulde ist als eine der letzten ihrer Art als technisches Denkmal erhalten geblieben.

Die Kraft des Windes (Abb. 2) wurde schon in der Antike durch die Segelschiff-Fahrt, zunächst auf dem Mittelmeer, genutzt. Die spätere Überquerung der Ozeane, die zur Entdeckung Amerikas 1492 durch CHRISTOPH KOLUMBUS führte, setzte technisch ausgereiftere Lösungen voraus. 1519–1522 fand unter MAGALHÃES bzw. ELCANO die erste Weltumsegelung statt, mit der die Kugelgestalt der Erde nachgewiesen werden konnte.

Windmühlen (Abb. 1) wurden bereits seit ungefähr 2 000 Jahren verwendet. Sie dienten zum Mahlen von Getreide oder von Ölfrüchten. In England wurde um 1180 die drehbare Windmühle erfunden.

Windmühlen waren seit Beginn des 15. Jh. in Holland weit verbreitet. Dort dienten sie jedoch vor allem als Schöpfmühlen. In Verbindung mit archimedischen Schrauben wurden sie zum Wasserheben und somit zur Landgewinnung eingesetzt. Ab Mitte des 19. Jh. wurden Windmühlen vor allem durch die Dampfmaschine entbehrlich.

Der Energieträger Steinkohle, der schon im 11. Jh. bekannt war, wurde zunehmend stärker ab dem 16. Jh. gefördert und genutzt. Die Steinkohle war auch der Brennstoff für die Kessel der Dampfmaschinen, die nach einer langen Entwicklungszeit in der 2. Hälfte des 18. Jh. (JAMES WATT, 1788) funktionsfähig zur Verfügung standen. Die Dampfmaschine war die Antriebsmaschine der industriellen Revolution und wurde in Produktionsstätten, auf Schiffen, in Lokomotiven (Abb. 3) und sogar beim Pflügen in der Landwirtschaft eingesetzt. Die Großindustrie und das für sie unentbehrliche Eisenbahnnetz konnten sich – zunächst in England – entwickeln. Die Dampflokomotive war das Symbol des technischen Fortschritts. Noch heute ist sie in verschiedenen Ländern verbreitet.

1 Eine betriebsfähige Windmühle befindet sich in Stove an der Ostseeküste Mecklenburg-Vorpommerns.

3 Die „Saxonia" war die erste in Deutschland gebaute brauchbare Lokomotive. Sie wurde 1838 von Prof. JOHANN ANDREAS SCHUBERT (1808 bis 1870) in der Maschinenbauanstalt Uebigau bei Dresden entworfen und gebaut. Die „Saxonia" durfte jedoch den von englischen Lokomotiven gezogenen Eröffnungszügen der Leipzig–Dresdner Eisenbahn am 7. und 8. April 1839 nur ohne Wagen hinterherfahren. Auf der Rückfahrt sorgte man dafür, dass sie auf einem Abstellgleis mit der „Adler" zusammenstieß.

2 Auf den großen Windjammer-Paraden nicht zu sehen: Die Bark „Eagle" ist Ausbildungsschiff der US-amerikanischen Küstenwache. Bei den Großseglern wird trotz einer modernen Antriebsmaschine wie in früheren Zeiten die mechanische Energie des Windes für die Fortbewegung genutzt.

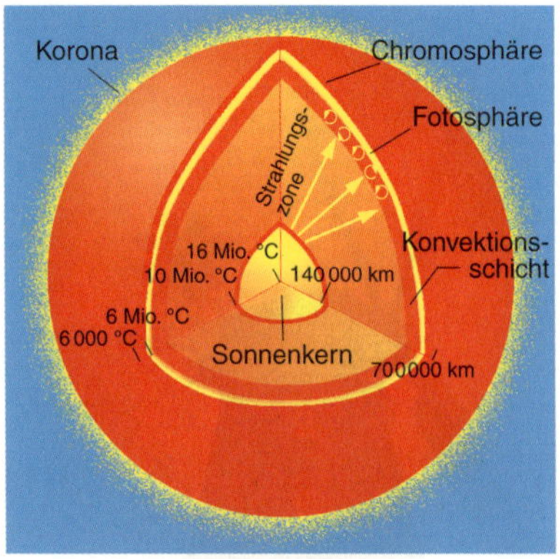

1 Der Durchmesser der Sonne, unseres Sterns, entspricht dem von 109 aneinander gereihten Erdkörpern.

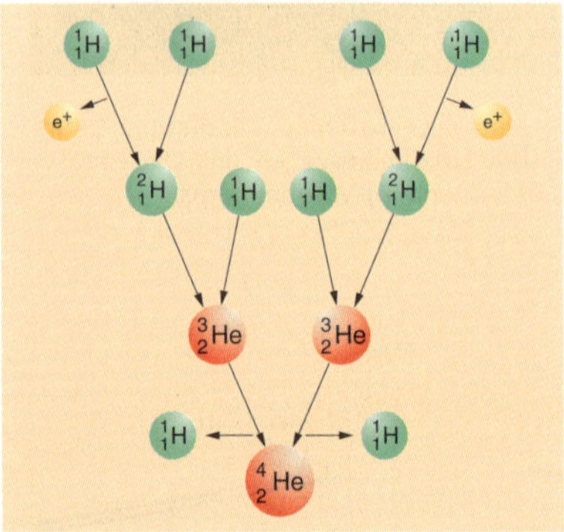

2 Die in der Sonne stattfindende Fusion von Wasserstoff zu Helium führt zur Freisetzung von Kernenergie.

1.1.2 Die Sonne – die natürliche Energiequelle der Erde

Die Sonne versorgt uns mit Licht und mit Wärme. Gesundheit und Wohlbefinden der Menschen hängen auch vom Sonnenschein ab. Freizeit und Urlaub verbringen die Menschen lieber bei Sonne. Starke Bewölkung und gar Regen werden als schlechtes Wetter empfunden. Unser Tages- und Jahresrhythmus richten sich sehr nach dem Sonnenschein: Wir gehen abends ins Bett und stehen morgens auf und nicht umgekehrt. Die längsten Schulferien liegen im Sommer, in der Zeit der größten Sonneneinstrahlung. Im Winter fliegen viele Urlauber nach Süden, der Sonne entgegen.

Von größter Bedeutung ist jedoch die Sonne als natürliche Energiequelle der Erde. Fast alle Energie auf der Erde stammt letztlich von der Sonne. Die Energie der Sonne war und ist eine wesentliche Voraussetzung für das Leben auf der Erde.
Die Sonne ist der einzige Himmelskörper unseres Planetensystems, der selbst leuchtet. Sie ist eine riesige Gaskugel, in deren Innerem gewaltige Energien freigesetzt und seit ca. 5 Milliarden Jahren von der Sonnenoberfläche in den Weltraum abgestrahlt werden (Abb. 1). Sie wird dies auch noch weitere Milliarden Jahre tun.
Die in der Sonne freigesetzte Energie ist Kernenergie. Sie entsteht vor allem durch die Fusion (Verschmelzung) von Wasserstoff zu Helium (Abb. 2), dabei wird Wasserstoff in Helium umgewandelt. Auf diese Weise wird der Anteil von Wasserstoff in der Sonne immer geringer, während der von Helium ständig steigt. Zur Zeit besteht die Sonne zu 73 % aus Wasserstoff und zu 25 % aus Helium.

3 ALBERT EINSTEIN entdeckte die Masse-Energie-Beziehung und drückte sie in seiner berühmten Formel aus.

Woher kommt die Energie der Sonne?

Sie entsteht aus dem Masseverlust bei der Umwandlung von Wasserstoff in Helium. Vier Wasserstoffkerne, die zu einem Heliumkern werden, haben eine Masse von $6{,}69056 \cdot 10^{-27}$ kg, der Heliumkern besitzt eine Masse von $6{,}64476 \cdot 10^{-27}$ kg. Damit ergibt sich ein Masseverlust von $0{,}04580 \cdot 10^{-27}$ kg. Dieser relativ geringe Masseverlust führt zur Freisetzung von Energie.

ALBERT EINSTEIN (1879–1955) erkannte den untrennbaren Zusammenhang zwischen Masse und Energie, den er mit der Gleichung $E = m \cdot c^2$ beschrieb (Abb. 3). E bedeutet Energie, m die Masse und c die Lichtgeschwindigkeit. Da in der Sonne je Sekunde 567 Millionen Tonnen Wasserstoff zu 562,8 Millionen Tonnen Helium verschmelzen, tritt in jeder Sekunde ein Masseverlust von 4,2 Millionen Tonnen auf.

Dies entspricht einer Freisetzung von ca. $3{,}8 \cdot 10^{26}$ J in jeder Sekunde. Das ist etwa eine Million Mal so viel Energie, wie gegenwärtig in einem ganzen Jahr auf der Erde verbraucht wird.

Die **Solarkonstante *S*** ist diejenige Sonnenenergie, die bei senkrechtem Strahleneinfall je Sekunde auf einen Quadratmeter der Erdoberfläche träfe, wenn die Erdatmosphäre für die Strahlung völlig durchlässig wäre.

Die Solarkonstante (Abb. 1) ist nicht gleichzusetzen mit der Sonnenenergie, die tatsächlich die Erdoberfläche erreicht. In Mitteleuropa gelangen selbst an einem wolkenlosen Junitag gegen Mittag nur 0,6 bis 1,0 kJ/(s · m^2) zur Erdoberfläche.

> Die Sonnenenergie wird vor allem in Form von sichtbarem Licht sowie in Form von für uns unsichtbarer Wärmestrahlung (infrarote Strahlung) und ultravioletter Strahlung (UV-Strahlung) abgegeben.

Selbst wenn immer und überall auf der Erde die Bedingung „senkrechter Strahleneinfall" gegeben wäre, käme niemals alle Sonnenenergie, die die Obergrenze der Atmosphäre erreicht **(Globalstrahlung),** bis zur Erdoberfläche (Abb. 2). Die **kurzwellige** Globalstrahlung erreicht nur zu 33 % als *direkte Sonneneinstrahlung* die Erdoberfläche und wird dort in thermische Energie umgewandelt. 23 % nimmt die Atmosphäre durch ihre Gase (u. a. Wasserdampf, Ozon, CO_2) sowie durch Staub auf und wandelt sie in thermische Energie um. Die übrige Globalstrahlung trifft auf Wolken, wird von diesen und von der Luft reflektiert oder in *diffuse Himmelsstrahlung* zur Erdoberfläche hin umgewandelt.

Von der erwärmten Erdoberfläche wird **langwellige** Wärmestrahlung in die Atmosphäre abgestrahlt. Ein Teil davon gelangt in den Weltraum, ein anderer wird daran durch die Gase der Atmosphäre gehindert und so als *Gegenstrahlung* wieder zur Erdoberfläche reflektiert.

Die Gegenstrahlung ist bei Bewölkung beträchtlich größer als bei wolkenfreiem Himmel.

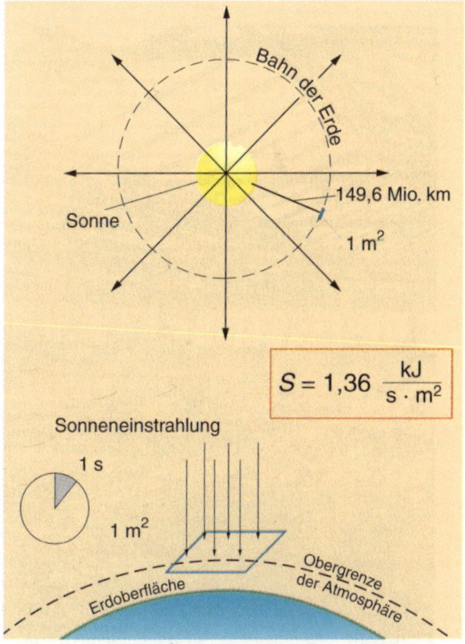

1 **Die Sonnenenergie, die die Obergrenze der Erdatmosphäre erreicht, ist relativ konstant. Sie beträgt 1,36 kJ je Quadratmeter und Sekunde. Diesen Wert bezeichnet man als Solarkonstante.**

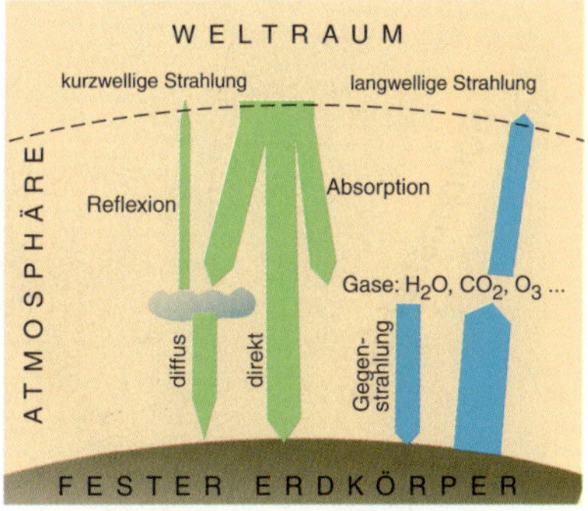

2 **Die Ein- und die Ausstrahlung von Energie zwischen Weltraum und Erde wird durch die Atmosphäre und ihre Eigenschaften reguliert.**

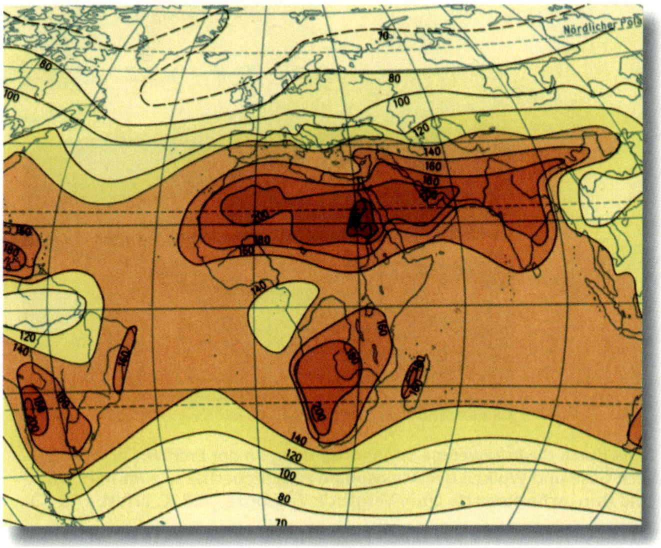

3 **Die Karte zeigt die räumliche Verteilung der direkten und der diffusen Strahlung zusammengenommen im Bereich von Europa und Afrika sowie angrenzender Bereiche in kJ/cm^2 und Jahr. Es werden sehr starke regionale Unterschiede sichtbar, so entlang der Längenkreise oder entlang des Äquators. Solche Unterschiede können allein aus den verschiedenen Einstrahlungswinkeln der Sonne, die sich aus der geografischen Breite ergeben, nicht erklärt werden. Großen Einfluss haben der unterschiedliche Wasserdampfgehalt der Atmosphäre und die Bewölkung.**

1 Gewächshäuser von Gärtnereien dienen der Verfrühung des Pflanzenwachstums und der Blüte gegenüber dem Freiland.

Der natürliche Treibhauseffekt auf der Erde

Das Treibhaus (Abb. 1) beruht auf folgendem Effekt:

Kurzwellige Lichtstrahlung gelangt durch die Glasscheiben zum Erdboden des Treibhauses und erwärmt diesen. Der Erdboden gibt langwellige Wärmestrahlung ab, die jedoch an den Innenflächen der Glasscheiben teilweise reflektiert wird und so das Treibhaus nicht verlassen kann. Die Luft im Innern wird aufgeheizt.

Auf der Erde tritt dieser natürliche Treibhauseffekt ebenfalls auf. Die Atmosphäre mit ihren Gasen übernimmt die Funktion der Glasscheiben eines Gewächshauses (Abb. 2). Der natürliche Treibhauseffekt der Erde hat zu einem Aufheizen der Erdatmosphäre und schließlich zu einem stabilen Energiehaushalt geführt, d. h. zu einem Gleichgewicht zwischen Einstrahlung und Abstrahlung der Energie zur und von der Erde.

Ohne Treibhauseffekt würde auf der Erde eine mittlere Temperatur von –18 °C herrschen. Dank des Treibhauseffektes gibt es aber eine mittlere Temperatur von rund +15 °C, die für ein stabiles Leben von Pflanzen, Tieren und Menschen wichtig ist. Somit ist der natürliche Treibhauseffekt eine bedeutende Voraussetzung für das Leben auf der Erde.

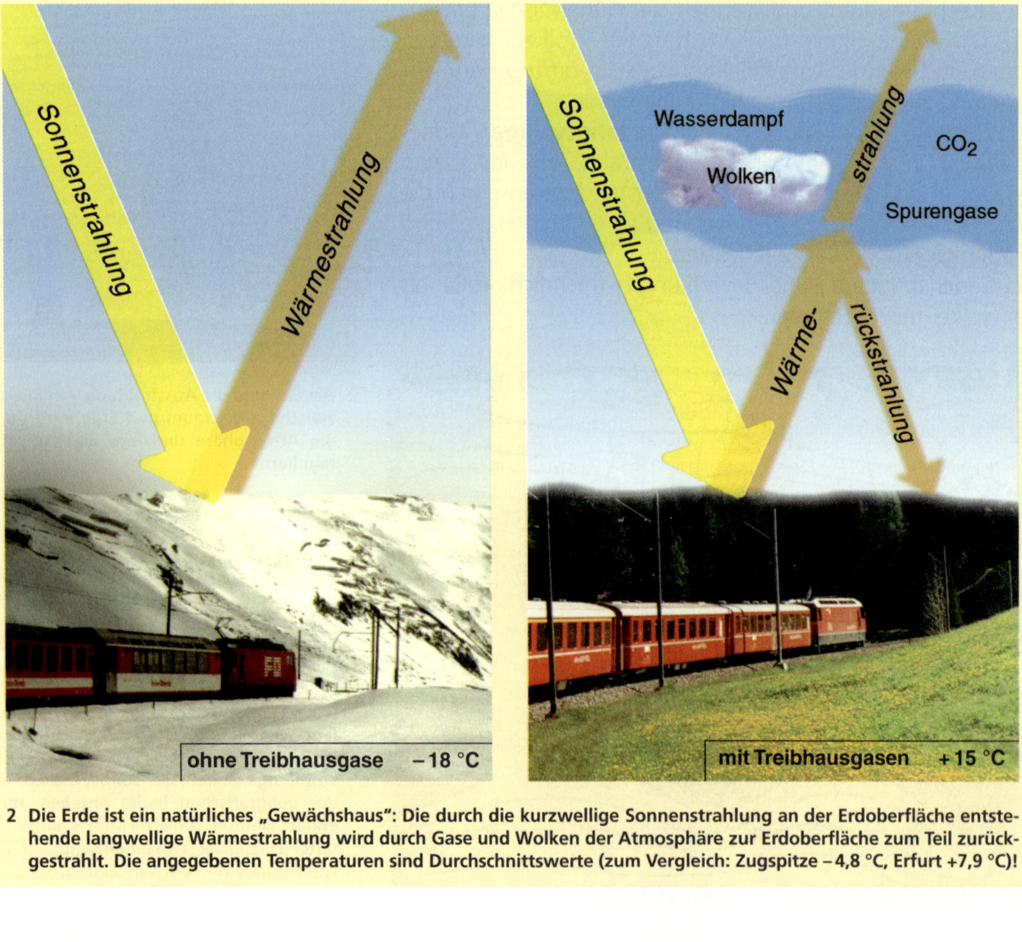

2 Die Erde ist ein natürliches „Gewächshaus": Die durch die kurzwellige Sonnenstrahlung an der Erdoberfläche entstehende langwellige Wärmestrahlung wird durch Gase und Wolken der Atmosphäre zur Erdoberfläche zum Teil zurückgestrahlt. Die angegebenen Temperaturen sind Durchschnittswerte (zum Vergleich: Zugspitze –4,8 °C, Erfurt +7,9 °C)!

1.1.3 Erneuerbare und nicht erneuerbare Energieträger

Die Menschheit nutzt gegenwärtig eine Vielzahl von Energieträgern, die einen unterschiedlichen Ursprung haben. Ein bedeutender Teil der genutzten Energieträger auf der Erde hat seinen Ursprung in der Sonnenenergie. Neben diesen Energieträgern gibt es auch Energieträger, die einen anderen Ursprung besitzen (Abb. 1 sowie Abb. 2, S. 21).

Die in der Gegenwart weltweit am umfangreichsten genutzten Energieträger Kohle, Erdöl und Erdgas sind in Millionen von Jahren unter ganz speziellen Bedingungen entstanden. Unter heutigen Verhältnissen bzw. in überschaubarer Zeit können diese Energieträger auf der Erde nicht neu entstehen. Man nennt sie deshalb **nicht erneuerbare** bzw. **nicht regenerative Energieträger.** Das Ende ihrer Verfügbarkeit für die Menschheit ist bereits heute absehbar (vgl. Abb. 2).

1 Auch die Meereswellen gehören zu den Energieträgern.

Energieträger	Reserven in Mrd. t SKE	Ressourcen in Mrd. t SKE	Verbrauch in Mrd. t SKE pro Jahr	Reichweite in Jahren		
				Reserven bei gegenwärtigem Verbrauch	Ressourcen bei gegenwärtigem Verbrauch	Ressourcen bei Verbrauchssteigerung von 2 % pro Jahr
Erdöl	200	500	4,55	44	110	60
Erdgas	175	310	2,59	68	120	60
Steinkohle	480			150		
Kohle gesamt		7 300	3,15		2 300	200
Braunkohle	200			63		
Uran			0,77			
Leichtwasserreaktor	40	270		52	350	100
Schneller Brüter		14 600			19 000	300

2 Reserven, Ressourcen und Reichweiten nicht erneuerbarer Energieträger. Ressourcen sind alle geologischen Vorräte eines Rohstoffs, deren Verbreitung man berechnen oder begründet vermuten kann. Reserven sind der Teil der Ressourcen, der zu einer gegebenen Zeit (hier 1992) wirtschaftlich gewonnen werden kann.

Die Sonne und die Energieträger auf der Erde

Das Sonnenlicht ist eine Voraussetzung für die Fotosynthese (Abb. 3), die wiederum entscheidend für den Stoff- und Energiewechsel, für das Wachstum und die Entwicklung von Pflanzen ist. In den Blättern und Früchten der Pflanzen wird das Sonnenlicht genutzt, um energiereiche organische Stoffe aufzubauen. Pflanzen wiederum sind u. a. die Nahrung für viele Tiere. Tiere und Pflanzen bilden z. B. als Nahrung schließlich auch die Existenzgrundlage für die Menschen. Nahrung ist also gespeicherte Sonnenenergie. Die Energie der Nahrung wird im menschlichen Körper durch verschiedene Prozesse freigesetzt.

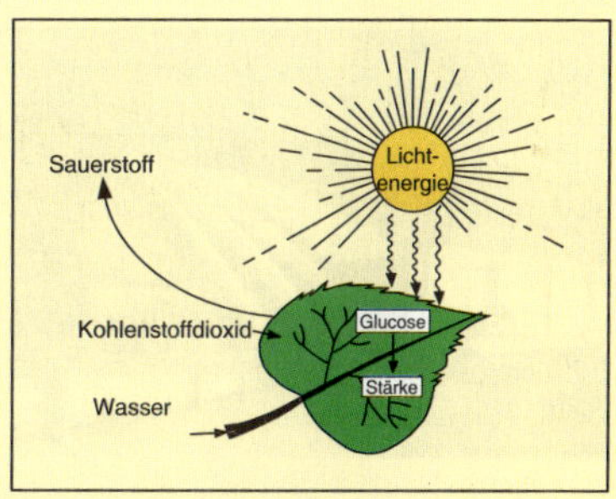

3 So funktioniert die Fotosynthese.

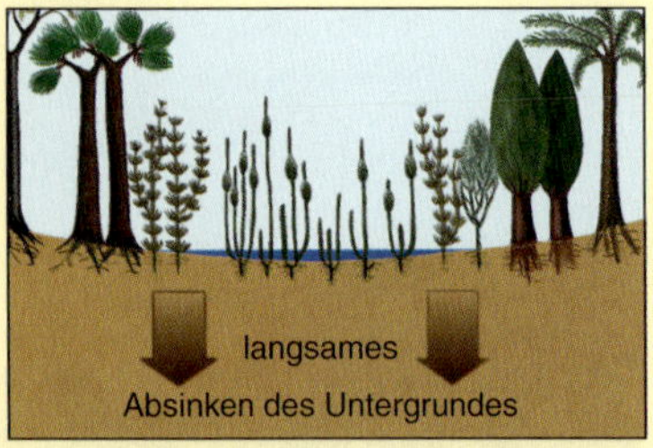

a) In Senken wuchsen bei feuchtwarmem Klima Sumpfwälder mit bis zu 30 m hohen Bärlappen, Siegel- und Schuppenbäumen und Schachtelhalmen.

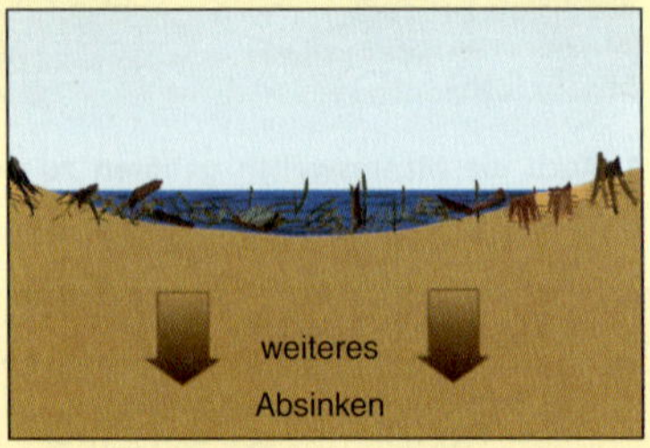

b) Die abgestorbenen Pflanzen gerieten unter Wasser und damit weitgehend unter Luftabschluss. Es bildete sich Torf.

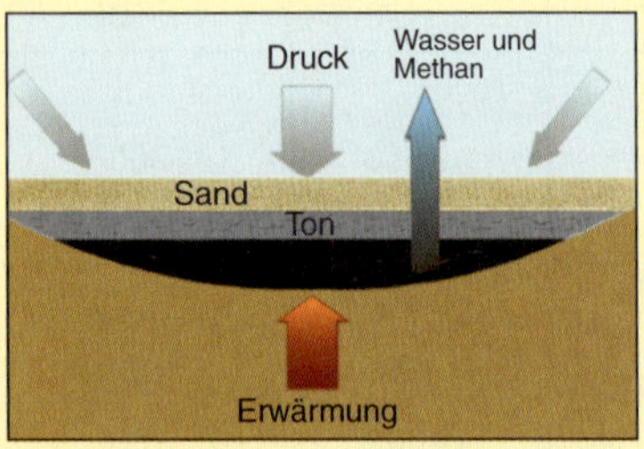

c) Die Torfschichten wurden mit Gesteinsmaterial überdeckt und gelangten so in größere Tiefen.

2 Die Entstehung von Kohlelagerstätten (schematisch)

3 Dieses Wasserkraftwerk befindet sich in den Snowy Mountains Australiens.

Substanz		Holz	Torf	Braunkohle	Steinkohle
Volumen					
Anteil von	Kohlenstoff	50 %	55 %	74 %	90 %
	Stickstoff	1 %	2 %	1 %	1 %
	Sauerstoff	43 %	37 %	20 %	4 %
	Wasserstoff	6 %	6 %	5 %	5 %
Heizwert in kJ/kg		16 000	20 000	25 000	29 000

1 Der Inkohlungsprozess hat stoffliche Veränderungen zur Folge.

Die in Pflanzen gespeicherte Sonnenenergie war auch eine Voraussetzung für die heute auf der Erde vorhandenen Brennstoffe wie Kohle, Erdöl und Erdgas.

Seit Jahrhunderten schon wird von Menschen Kohle genutzt. Sie spielt auch gegenwärtig als Energieträger eine wichtige Rolle. Kohle kann dort abgebaut werden, wo vor Millionen von Jahren Sumpfwälder unter dem Einfluss des Sonnenlichts wuchsen und sich die abgestorbenen Pflanzenteile über lange Zeiträume hinweg im so genannten **Inkohlungsprozess** zunächst zu Torf, bei größerem Druck, höheren Temperaturen und in längerer Zeit über **Braunkohle** weiter zu **Steinkohle** (Abb. 1 und 2) verwandelten.

Erdöl und **Erdgas** entstanden aus Kleinstlebewesen, die in sauerstoffarmen Gewässern abgestorben waren und deren Zersetzungsprodukte sich auf dem Schlamm am Grunde der Gewässer abgesetzt hatten. Unter Mitwirkung von Bakterien bildeten sich Kohlenwasserstoffe, die sich im Laufe von vielen Jahrtausenden in porösen Gesteinen ansammelten und heute als Erdöl gefördert werden können.

Die so entstandenen Energieträger Kohle, Erdöl und Erdgas nennt man **fossile Energieträger,** weil sie in weit zurückliegenden geologischen Zeiten entstanden sind.

Auch der **Wasserkreislauf** in der Natur und die **Wasserkraft,** die früher in Wassermühlen genutzt wurde und heute in Wasserkraftwerken genutzt wird (Abb. 3), sind u. a. auf Sonnenenergie zurückzuführen: Durch die Wärmestrahlung der Sonne verdunstet Wasser. Der Wasserdampf steigt in der Atmosphäre nach oben, kühlt sich ab und kondensiert. Es bilden sich Wolken, die sich infolge von Luftströmungen über die Erde hinweg bewegen und wieder abregnen. Dadurch gelangt das Wasser der Wolken wieder auf die Erdoberfläche. Aus Rinnsalen werden Bäche und aus Bächen Flüsse, die oft in große Seen oder Meere strömen.

Der **Wind,** der heute wieder verstärkt energetisch genutzt wird, setzt das Vorhandensein von Gebieten unterschiedlichen Luftdrucks voraus. Wind ist eine Ausgleichsbewegung der Luft zwischen Hoch- und Tiefdruckgebieten. Diese wiederum entstehen durch unterschiedliche Temperaturen und durch unterschiedliche Sonneneinstrahlung auf der Erdoberfläche.

Andere Energieträger als die nicht erneuerbaren entstehen ständig wieder neu. Man nennt sie deshalb **erneuerbare** oder **regenerierbare** bzw. **regenerative Energieträger.** Manchmal werden sie auch als alternative Energieträger bezeichnet, weil sie als Alternative, als Wahlmöglichkeit zu den heute vielfach genutzten Energieträgern angesehen werden können.

Die meisten erneuerbaren Energieträger haben ihren Ursprung in der Sonnenenergie (Abb. 1), einige jedoch auch in anderen Quellen (vgl. Abb. 2).

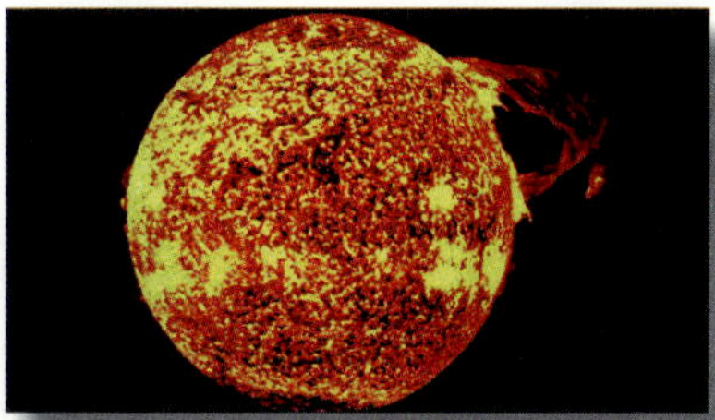

1 Die Sonne ist für die meisten erneuerbaren Energieträger die ursprüngliche Energiequelle.

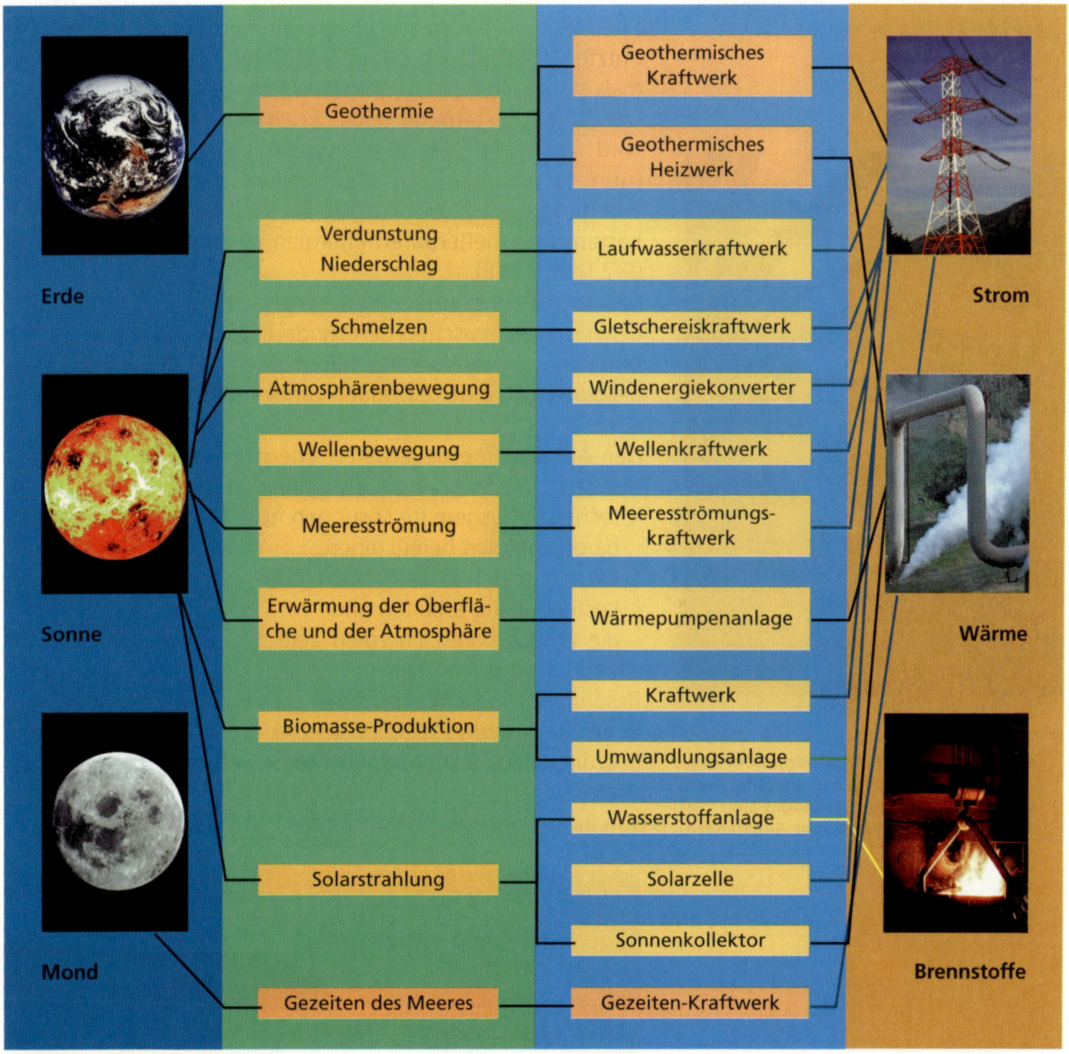

2 Die erneuerbaren Energieträger haben ihre Quellen in drei Primärenergieträgern, die in der Natur unmittelbar vorhanden sind und in denen Energie gespeichert ist (1. Spalte von links). Es sind dies die Erde – genauer: der radioaktive Zerfall im Inneren der Erde –, die Sonne – genauer: die Fusion von Wasserstoffatomen zu Helium – und der Mond – genauer: die Gravitation zwischen Erde und Mond. Diese Energien erfahren sowohl eine natürliche Umwandlung (2. Spalte) als auch eine technische Umwandlung (3. Spalte) zu Sekundärenergie (4. Spalte). Das sind vor allem elektrischer Strom und (Fern-)Wärme. Diese werden vom Verbraucher in Nutzenergie umgewandelt.

2 Erdwärme, die hier durch einen Vulkanausbruch an die Oberfläche gelangt, ist nicht der Sonne zuzuordnen.

Deutschland	2 %	Schweiz	17 %	USA	7 %
Spanien	4 %	Schweden	36 %	Portugal	15 %
Frankreich	6 %	Japan	3 %	Österreich	24 %
Dänemark	8 %	Italien	5 %	Norwegen	63 %

1 Der Anteil der erneuerbaren Energieträger am gesamten Energieverbrauch (hier 1994) ist z. T. recht gering, vergrößert sich jedoch weiter.

Obwohl die erneuerbaren Energiequellen der Menschheit nahezu unbegrenzt zur Verfügung stehen, werden sie zur Zeit nur in einem sehr geringen Umfang genutzt. Gegenwärtig sind weltweit die fossilen Energieträger die am meisten genutzten. Die Nutzung der erneuerbaren Energieträger ist oftmals statistisch noch gar nicht erfasst.
Der Anteil der erneuerbaren Energieträger in Deutschland wird auf 2 % des Gesamtenergieverbrauchs geschätzt (Abb. 1). Während in Deutschland 1998 der Gesamtenergieverbrauch bei 14 320 PJ (ca. 490 Mio. t SKE) lag, hatten die erneuerbaren Energien einen Anteil von 284 PJ (9,7 Mio. t SKE).
Bei der Nutzung erneuerbarer Energieträger bestehen große Unterschiede zwischen den Ländern der Erde (Abb. 1). Diese unterschiedliche Nutzung hängt auch mit den natürlichen Besonderheiten der einzelnen Länder zusammen.

3 Chinaschilf besitzt eine enorme Wuchsleistung und einen hohen Biomasseertrag. Es lässt sich sogar zur Erzeugung von Wärme, zur Bildung von Biogas und zur Herstellung von öłähnlichen Substanzen verwenden.

Der Anteil der erneuerbaren Energieträger am Energieverbrauch ist weltweit noch sehr gering (2–3 %), weil
- technisch ausgereifte Lösungen noch nicht für alle erneuerbaren Energien bereitstehen,
- die vorhandenen Techniken noch nicht wirtschaftlich und kostengünstig arbeiten und
- die erneuerbaren Energien zeitlich nicht gleichmäßig zur Verfügung stehen.

Besondere Möglichkeiten unter den Erneuerbaren bietet die Biomasse-Nutzung (Abb. 3 und 4). Sie kann nicht nur den Energiebedarf der einzelnen Menschen über die Nahrungsmittel sichern, sondern ermöglicht auch die Bereitstellung von Biogas, Wärme, Alkohol oder von Pflanzenölen.

4 Aus dem Öl der heimischen Rapspflanze kann in speziellen Anlagen Bio-Diesel (Rapsmethylester, RME) gewonnen werden. Er lässt sich als Kraftstoff in jedem herkömmlichen Dieselmotor problemlos einsetzen. Auch eine Mischung mit mineralischem Diesel ist möglich.

1.1.4 Aufgaben

Wirkungen von Energie

1. Auf dem Foto ist eine Vielzahl von Geräten abgebildet, die wir im Haushalt nutzen.

Stelle in einer Tabelle zusammen, mit welchen Haushaltsgeräten sich die Menschen welche Wirkungen der Energie zunutze machen und welche Energieträger zum Betrieb der Geräte eingesetzt werden!

Gerät	Wirkung der Energie	Energieträger
Gasherd	Wärme zum Kochen und Braten	Stadtgas oder Erdgas
...	...	...

2. Fertige eine Tabelle an, in der du jeder Energieform je zwei Beispiele für Körper zuordnest, die diese Energieform besitzen! Gib außerdem für jedes Beispiel an, welche Wirkung die Energie der Körper hinterlässt!

3. Zur Versorgung eines Hauses mit Energie werden verschiedene Energieträger eingesetzt.
Fertige eine Tabelle an, mit der folgende Fragen beantwortet werden:
a) Welche Energieträger können eingesetzt werden?
b) Welche Energieformen sind in ihnen gespeichert?
c) Welche Wirkungen der Energie werden beim jeweiligen Energieträger genutzt?

4. Ordne in einer Tabelle die folgenden Namen von Energieträgern den gegebenen Energieformen zu: Holz, fahrendes Auto, Batterie, Erdgas, gespannter Bogen, geheizter Ofen, Braunkohle, Blitz, siedendes Wasser, Wasserfall, Fahrraddynamo, Brot, Zitteraal, fliegender Vogel, Heizsonne, flüssiges Eisen!

mechanische Energie	thermische Energie	chemische Energie	elektrische Energie
...	...	...	...

5. Erläutere Beispiele, die zeigen, dass Energie von Körpern Wirkungen
a) zum Nutzen der Menschen und
b) zum Schaden der Menschen hervorruft!

6. Erläutere an folgenden Beispielen die schädliche Wirkung von Energie für die Menschen:
a) Sturm,
b) Überschwemmung,
c) Autounfall!

7. Nutze zur Beantwortung der folgenden Fragen die Tabelle auf Seite 13!
a) Welcher Energiebetrag wird freigesetzt, wenn von einem Auto 50 Liter Benzin verbraucht werden? Wozu wird die freigesetzte Energie genutzt?
b) Wie viel Energie wird für die Heizung und die Warmwasserbereitung eines Hauses freigesetzt, wenn in einem Jahr 4 500 m^3 Erdgas dafür verbraucht werden?
c) Für eine Stunde Dauerlauf benötigt eine Person durchschnittlich etwa 2 500 kJ Energie. Wie viel Gramm Traubenzucker müsste die Person zu sich nehmen, um diesen Energiebedarf zu decken?
d) In einer Wohnung brennen abends zur Beleuchtung drei Stunden lang insgesamt acht 60-W-Glühlampen. Wie viel Energie wird dabei verbraucht?

8. Auf den Verpackungen vieler Lebensmittel ist u. a. angegeben, wie viel Energie bei ihrem Verzehr freigesetzt wird.
a) Stelle in einer Übersicht für mehrere Lebensmittel zusammen, wie viel Energie beim Verzehr von jeweils 100 g freigesetzt wird!

b) Stelle aus den erfassten Lebensmitteln Mahlzeiten zusammen und bestimme die Gesamtenergie, die bei ihrem Verzehr freigesetzt wird!
c) Wozu benötigt der Mensch die Energie der Nahrungsmittel?

9. In der folgenden Abbildung ist ein Pferdegöpel dargestellt. Diese Maschinen wurden seit dem Ende des 13. Jh. zuerst im Bergbau in Böhmen verwendet.

a) Beschreibe, wozu dieser Göpel genutzt wurde!
b) Welche Energieträger wurden dabei eingesetzt?
c) Welche Energieformen traten bei diesem Pferdegöpel auf?

10. Die Erfindung und Entwicklung der Dampfmaschine hat vor über 200 Jahren die industrielle Revolution eingeleitet.
a) Berichte über die Erfindung und Entwicklung der Dampfmaschine!
b) Welche Auswirkungen hatte die Einführung der Dampfmaschine auf die Entwicklung von Industrie und Verkehr?
c) Warum wird diese bahnbrechende Erfindung heute in vielen Ländern nur noch museal betrieben?

Die Energie der Sonne

11. Die von der Sonne abgestrahlte Energie entsteht im Zentrum der Sonne durch die Verschmelzung von Wasserstoff zu Helium (Kernfusion). Die Masse der Sonne verringert sich dabei in jeder Sekunde um 4,2 Mio. t. In jeder Sekunde werden so ca. $3{,}8 \cdot 10^{26}$ J Energie freigesetzt. Bisher hat die Sonne bereits 1/3 ihres Vorrats an Wasserstoff verbraucht und in Helium umgewandelt.
a) Um wie viel Kilogramm verringert sich die Masse unserer Sonne durch Kernfusion und Energieabstrahlung in einer Million Jahren?
b) Um wie viel Prozent der gegenwärtigen Sonnenmasse von $2 \cdot 10^{30}$ kg verringert sich diese in einer Million Jahren?
c) Wie viel Jahre hat die Sonne bereits gestrahlt?
d) Wie lange kann die Sonne aufgrund ihres Wasserstoffvorrats mindestens noch strahlen?
e) Erkunde, wie hoch der Energieverbrauch auf der Erde insgesamt und in Deutschland ist! Setze diese Werte in Beziehung zu der Energie, die die Sonne in einer Sekunde abstrahlt!

12. Die Energie der Sonne wird in Form von Strahlung abgegeben. Darüber, wie sich die Strahlung zusammensetzt, gibt die folgende Tabelle Auskunft:

Strahlungsart	Wellenlänge	Anteil in %
Radiostrahlung	> 2 µm	6,0
Infrarotstrahlung	2 µm bis 780 nm	38,0
sichtbares Licht	780 nm bis 390 nm	48,0
ultraviolette Strahlung (UV-Strahlung)	390 nm bis 300 nm	6,8
kurzwellige UV-Strahlung, Röntgenstrahlung	< 300 nm	1,2

a) Stelle die Anteile der einzelnen Strahlungsarten der Sonne in einem Kreisdiagramm dar!
b) Wie kann man die infrarote und die ultraviolette Strahlung der Sonne auf der Erde nachweisen? Führe den Nachweis durch!
c) Stelle in einer Tabelle Wirkungen der infraroten und der ultravioletten Strahlung der Sonne auf der Erde zusammen!

Die Sonnenstrahlung erreicht die Erde

13. Sonnenuhren sind die ältesten Vorrichtungen zur Bestimmung der Zeit. Erste Nachweise gibt es in China aus dem Jahre 2679 v. u. Z. Auch für ihre Verwendung wird das Sonnenlicht genutzt.

a) Berichte über die Entdeckung und Nutzung von Sonnenuhren in der Geschichte der Menschheit!
b) Beschreibe den Aufbau einer Sonnenuhr und erkläre ihre Wirkungsweise!
c) Baue aus einem Brett und einem Stab eine einfache Schattenuhr! Sie ist eine Form der Sonnenuhren.
d) Damit eine Sonnenuhr die Zeit genau anzeigen kann, muss bei ihrem Bau beachtet werden, dass die Erdachse geneigt ist. Der Stab der Sonnenuhr muss in die gleiche Richtung zeigen wie die Erdachse. Dazu wird der Stab nach Norden geneigt. Der Winkel muss der geografischen Breite des jeweiligen Standorts entsprechen (untere Abb.).
Erkunde die geografische Breite für deinen Schulort und berücksichtige diesen Wert beim Bau deiner Sonnenuhr!

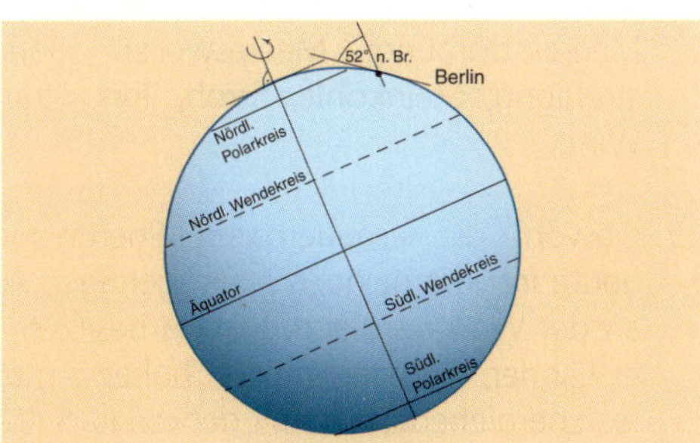

14. Fertige eine Übersicht über die Wirkungen an, die die Sonneneinstrahlung auf der Erde hinterlässt bzw. hinterlassen hat!
Nutze dazu u. a. den Abschnitt zum Thema „Die Sonne und die Energieträger auf der Erde", S. 19!

15. Die Solarkonstante beträgt 1,36 kJ/(s · m²).
a) Was sagt diese Konstante aus?
b) Berechne, wie viel Sonnenenergie die Obergrenze der Erdatmosphäre erreicht! Als Radius der Erde mit Atmosphäre kann man etwa 6 800 km annehmen.

16. Aufgrund der Reflexion und der Absorption in der Atmosphäre erreicht nur ein Teil der Sonnenstrahlung und damit der Sonnenenergie die Erdoberfläche. Im Mittel sind dies nur rund 50 %.
Der tatsächliche Wert ist von der geografischen Breite, von der Bewölkung, von der Luftverschmutzung und von anderen Faktoren abhängig.
Bestimme experimentell den Wert für die Solarkonstante auf der Erdoberfläche!
Vorbereitung:
a) Welche Größen müssen bestimmt werden, um die Solarkonstante zu berechnen?
b) Die ankommende Sonnenenergie wird bestimmt, indem sie zum Erwärmen von Wasser genutzt wird. Welche Energieumwandlung tritt dabei auf?
c) Nach welcher Gleichung kann die Wärme, die durch die Sonnenstrahlung dem Wasser zugeführt wird, berechnet werden? TW S.56
d) Welche Größen müssen demzufolge im Experiment gemessen werden?
Durchführung:
a) Streiche den Boden eines Erlenmeyerkolbens schwarz oder beklebe ihn mit mattem schwarzem Papier! Bereite einen durchbohrten Stopfen mit eingeführtem Thermometer vor!
b) Bestimme die Masse des Wassers *m*, die den Kolben (nicht randvoll) füllt!
c) Miss die Temperatur ϑ_A des eingefüllten Wassers!
d) Richte den Kolben so aus, dass die Sonne senkrecht auf den schwarzen Boden trifft, und setze ihn etwa 15 bis 20 Minuten der Sonnenstrahlung aus!

e) Miss die Zeit der Bestrahlung t und die Temperatur ϑ_E des Wassers nach dieser Zeit!
f) Bestimme die bestrahlte Fläche A!

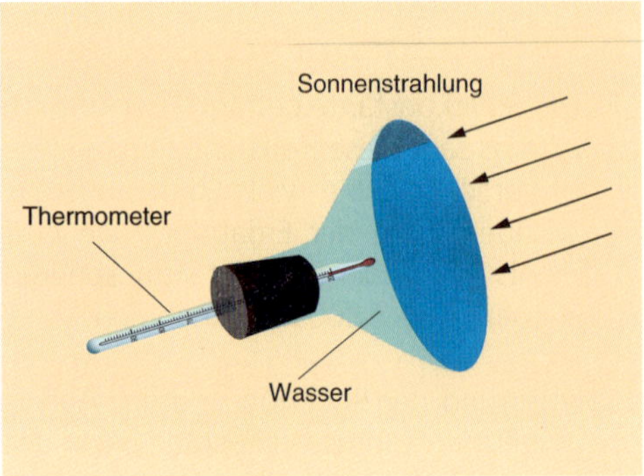

Auswertung:
a) Berechne die Solarkonstante auf der Erdoberfläche!
b) Vergleiche diesen Wert mit dem theoretischen Wert!
c) Erkläre die Unterschiede!

Sonne, Wind und Wetter

17. Die Erwärmung der Erdoberfläche ist an den Polen und am Äquator sehr unterschiedlich. Fertige nach der gegebenen Zeichnung eine Skizze an und trage dort ein, welche Folgen die unterschiedliche Erwärmung für den Luftdruck am Boden und für den Wind hat bzw. haben müsste!

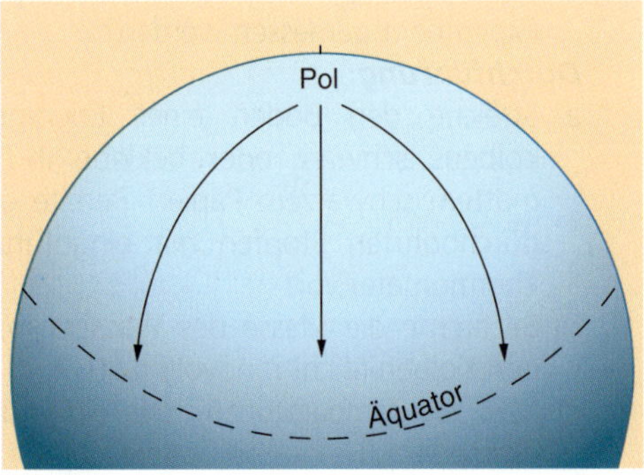

18. Beschreibe wichtige Sachverhalte des planetarischen Windsystems nach der folgenden Zeichnung!

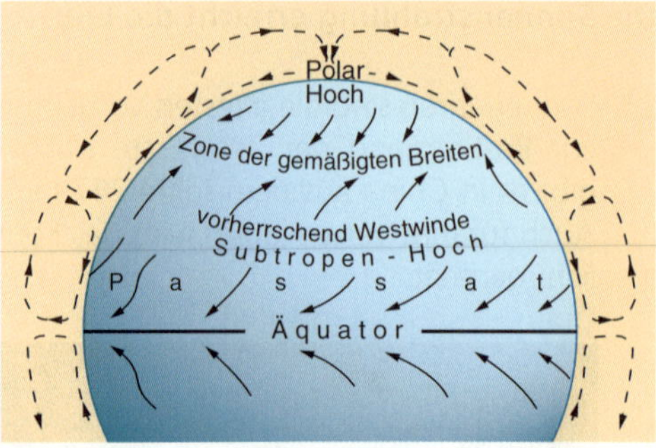

19. Der Energiehaushalt der Erde wird mitunter durch den so genannten El-Niño-Effekt „durcheinander gebracht". Sammle Informationen darüber! Nutze sie für die Gestaltung eines Posters oder eines Kurzvortrages!

20. Windenergie wird bereits seit Jahrtausenden genutzt. Nenne Beispiele für ihre Nutzung in Vergangenheit und Gegenwart!

21. Baue dir ein einfaches Windrad mit verstellbaren Flügeln! Untersuche die Abhängigkeit der Drehzahl von der Stellung der Flügel! Als Windquelle kannst du einen Föhn nutzen.

Erneuerbare und nicht erneuerbare Energieträger

22. Energieträger werden nach dem Merkmal der Erneuerbarkeit in zwei Gruppen eingeteilt. Ordne die folgenden Energieträger danach! Benenne die zwei Gruppen! Benzin, Biomasse, Braunkohle, Dieselkraftstoff, Erdgas, Erdwärme, fließendes Wasser, gestautes Wasser, Gezeiten, Heizöl, Holz, Meeresströmung, Meereswellen, Sonnenstrahlung, Steinkohle, Stroh, Torf, Uranerz, Wind.

23. Obwohl die erneuerbaren Energiequellen heute insgesamt noch einen geringen Anteil an der Weltenergieproduktion besitzen, gibt es Länder, die bereits einen hohen Anteil ihres Energiebedarfs damit decken (s. S. 22).

Welche Länder sind das?
Welche natürlichen Verhältnisse begünstigen in diesen Ländern die Nutzung erneuerbarer Energiequellen?

24. Für die Nutzung der gegenwärtig weltweit am stärksten verwendeten erneuerbaren Energiequellen Wasserkraft und Erdwärme sind in Deutschland die natürlichen Bedingungen nicht besonders günstig. Deutschland muss sich also anderen, technisch schwieriger zu nutzenden erneuerbaren Energiequellen zuwenden. Die folgende Tabelle gibt einen Überblick über den Primärenergieverbrauch von Deutschland 1998:

Energieträger	Energieverbrauch E in 10^{18} J
Mineralöl	5,72
Steinkohle	2,04
Braunkohle	1,51
Erdgas, Erdölgas	3,00
Kernenergie	1,76
Wasser- und Windkraft	0,076
Sonstige	0,21

a) Berechne die prozentualen Anteile jedes Energieträgers am Gesamtenergieverbrauch in Deutschland!
b) Stelle die Anteile der Energieträger in einem Kreisdiagramm dar!

25. Seit einigen Jahren wendet man sich verstärkt der Nutzung erneuerbarer Energieträger zu. Ein Grund dafür besteht in der Endlichkeit der nicht erneuerbaren Energieträger.
a) Nenne erneuerbare Energieträger!
b) Begründe an Beispielen, warum erneuerbare Energieträger oftmals zeitlich nicht gleichmäßig zur Verfügung stehen!

26. Die Förderung der fossilen Energierohstoffe Kohle, Erdöl und Erdgas in der Welt hat sich zeitlich recht unterschiedlich entwickelt. Auf solche Unterschiede macht die folgende Tabelle aufmerksam, die die Förderung von 100 Jahren in Abschnitten zu je 25 Jahren darstellt.

Rohstoff	1876–1900	1901–1925	1926–1950	1951–1975	1876–1975
Kohle (Mrd. t)	12,4	26,6	34,0	64,0	137,0
Erdöl (Mrd. t)	0,22	1,07	6,9	37,9	46,7
Erdgas (Bill. m^3)	–	0,6	2,3	17,1	20,0

Interpretiere diese Tabelle!

27. Die Lagerstätten von Rohstoffen sind sehr unterschiedlich auf der Erde verteilt. Förderländer und Verbraucherländer liegen geografisch oft weit auseinander, was zu gewaltigen Transporten führt.
Von den Weltreserven an **Erdöl** (1997) entfallen auf die Länder ab 1 Mrd. t Vorräte folgende Mengen: Algerien 1,17 Mrd. t, Aserbaidschan 1,00 Mrd. t, Großbritannien 1,3 Mrd. t, Irak 15,1 Mrd. t, Iran 12,7 Mrd. t, Kasachstan 2,8 Mrd. t, Libyen 3,88 Mrd. t, Mexiko 6,71 Mrd. t, Nigeria 2,28 Mrd. t, Norwegen 2,1 Mrd. t, Russische Föderation 10,15 Mrd. t, Saudi-Arabien 35,87 Mrd. t, USA 3,88 Mrd. t, Venezuela 10,0 Mrd. t, Vereinigte Arabische Emirate 13,61 Mrd. t, VR China 3,29 Mrd. t (Deutschland zum Vergleich: 0,05 Mrd. t).
Entwirf eine Tabelle, in der du die genannten Länder den Regionen Naher Osten, Mittel- und Südamerika, Afrika, Asien, Nordamerika und Westeuropa zuordnest! Berechne die Reserven an Erdöl in den einzelnen Regionen und trage diese ebenfalls in die Tabelle ein!

28. Hinsichtlich der **Erdgas**-Weltreserven von 152 931 Mrd. m^3 (1997) entfallen 37,3 % auf die frühere Sowjetunion, 32,4 % auf den Nahen Osten, 6,4 % auf Afrika, 9,3 % auf Asien und Ozeanien, 5,5 % auf Nordamerika, 3,9 % auf Mittel- und Südamerika und 5,2 % auf Europa (ohne frühere Sowjetunion).
Bei **Kohle** haben an den Weltreserven von 558 Mrd. t SKE (1997) Nordamerika 37,3 % (USA 35,9 %), die frühere UdSSR 6,1 %, Asien/Ozeanien 35,4 % (VR China 13,7 %), Europa (ohne frühere UdSSR) 11,2 %, Afrika 6,9 % (Republik Südafrika 6,0 %) Anteil.
Fertige zu diesen Angaben zwei Kreisdiagramme an und beschrifte diese!

1.2 Umwandlung und Übertragung von Energie

Energieerhaltung oder Energieverbrauch?

Nach dem Gesetz von der Erhaltung der Energie kann diese weder gewonnen werden noch verloren gehen. Lange Zeit hatten Tüftler versucht Maschinen zu konstruieren, die ohne Energiezufuhr von außen ewig laufen und dabei noch Arbeit verrichten – so genannte Perpetuum mobiles.
Heute sprechen wir auch von Energie*verbrauch* und machen uns Gedanken über die Energieversorgung der Zukunft.

Kann Energie verbraucht werden?
Warum müssen wir trotz der Energieerhaltung sparsam mit Energie umgehen?

Die Energiewirtschaft – ein großer Energieverbraucher?

In großen Kraftwerken wird elektrische Energie erzeugt. Aber nur ein Drittel der heute in Kraftwerken eingesetzten Energie kommt tatsächlich als Elektroenergie beim Verbraucher in Wirtschaft und Haushalten an. Zwei Drittel der eingesetzten Energie gehen gleich in den Kraftwerken oder bei ihrer Übertragung zum Verbraucher verloren.

Warum betreibt man für die Elektroenergieerzeugung solch einen Aufwand?
Welche Vorteile hat die elektrische Energie?

Nahrung und Energie

Der Mensch nimmt mit der Nahrung Energie zu sich, die er für seine Lebensprozesse benötigt. Ernährung hat also auch etwas mit Energieversorgung und -verbrauch zu tun. Die Anzahl der Menschen auf der Erde ist in den letzten Jahren stark gestiegen und sie erhöht sich weiter.

Wie kann die ständig wachsende Anzahl der Menschen auf der Erde mit Nahrung und Energie versorgt werden?

1.2.1 Umwandlung und Übertragung von Energie in der lebenden Natur

Alle Lebewesen sind durch Lebensprozesse, wie Bewegung, Fortpflanzung, Entwicklung, Wachstum, Reizbarkeit sowie **Stoff- und Energiewechsel,** gekennzeichnet. Für die Aufrechterhaltung der Lebensprozesse müssen die Lebewesen Stoffe und Energie aus ihrer Umgebung aufnehmen, umwandeln und dann wieder abgeben. Orte der Energieumwandlung sind die Zellen. Die Übertragung und Umwandlung von Energie sind eine Voraussetzung für die Entstehung und Aufrechterhaltung des Lebens. Energieumwandlungen und -übertragungen treten nicht nur bei biologischen Vorgängen auf.

Energie kann bei biologischen, physikalischen und chemischen Vorgängen von einer Energieform in eine andere Energieform umgewandelt werden. Energie kann auch von einem Körper auf einen anderen Körper übertragen werden. Prozesse der Energieübertragung und -umwandlung können auch gemeinsam auftreten.

Für fast alle Lebensprozesse auf der Erde wird letztendlich die Energie der Sonne nutzbar gemacht. Zunächst wird in den Zellen der Pflanzen, die Chloroplasten enthalten, und einiger Bakterienarten mit Hilfe der **Fotosynthese** die Energie des Sonnenlichts in chemische Energie umgewandelt und im organischen Stoff Glucose (Traubenzucker) gespeichert. Dazu wird ca. 0,1 % der gesamten Sonnenenergie, die die Erde erreicht, von allen Pflanzen genutzt.
Glucose ist der Ausgangsstoff für alle anderen organischen Stoffe, die in den Pflanzen gebildet werden. Sie wird mit Hilfe des Chlorophylls in den Chloroplasten der Zellen gebildet (Abb. 1 und 2). Anschließend wird die Glucose zu Stärke und Fetten umgebaut. Bestandteile der Glucose sind neben anderen Stoffen auch Grundlage der Eiweißbildung. Diese organischen Stoffe sind dann die Energiequellen für die Lebensprozesse der Pflanzen, aber auch der Tiere und Menschen, die selbst keine Sonnenenergie umwandeln und in energiereichen organischen Stoffen speichern können.

Die in den organischen Stoffen gespeicherte chemische Energie kann durch spezielle Vorgänge freigesetzt und für die verschiedensten Lebensprozesse in den Organismen nutzbar gemacht werden. Einer dieser Vorgänge ist die **Atmung** der Zellen. Dabei laufen **biologische Oxidationen** ab.

Pflanzen atmen wie Tiere und Menschen auch. Im Unterschied zur Fotosynthese, die nur in Zellen mit Chloroplasten und unter Einfluss von Lichtenergie abläuft, findet die Atmung in allen lebenden Zellen und jederzeit statt.

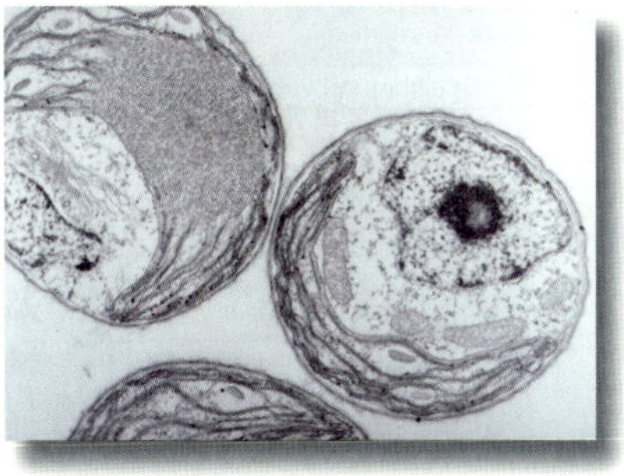

1 Mittels einer elektronenmikroskopischen Aufnahme von Grünalgen können Chloroplasten erkannt werden.

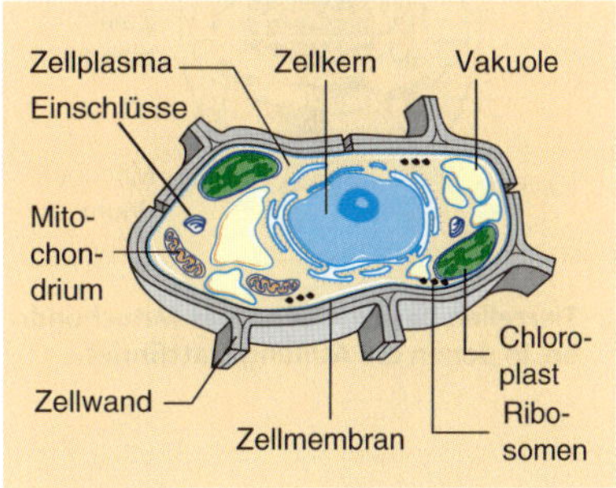

2 Chloroplasten sind Bestandteile von Pflanzenzellen, in denen das Chlorophyll enthalten ist.

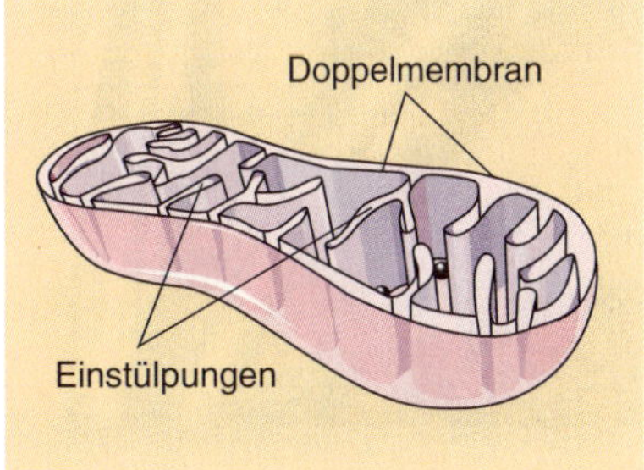

3 Mitochondrien sind Zellbestandteile, die aus zwei Membranen bestehen, wobei die innere Membran Einstülpungen besitzt. In ihnen findet die Atmung statt.

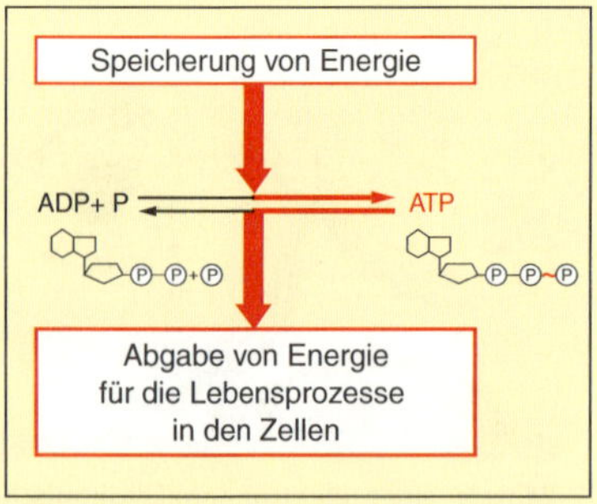

1 **Die chemische Energie wird im ATP gespeichert und durch das ATP übertragen.**

Das ATP – der Energiespeicher in den Zellen

Der zentrale Speicherstoff für chemische Energie in den Zellen ist das ATP (Adenosintriphosphat), ein kompliziert aufgebauter organischer Stoff, der Energie speichern, übertragen und wieder abgeben kann. Die Energiespeicherung erfolgt durch Anlagerung eines Phosphatrestes (P) an das ADP (Adenosindiphosphat).

Dieser Vorgang ist auch umkehrbar: Durch Abspaltung dieses Phosphatrestes (P) wird aus dem ATP wieder ADP (Abb. 1). Gleichzeitig wird die gespeicherte chemische Energie frei, die so jederzeit zur Aufrechterhaltung verschiedener Lebensprozesse (z. B. Bewegung, Wachstum) genutzt werden kann.

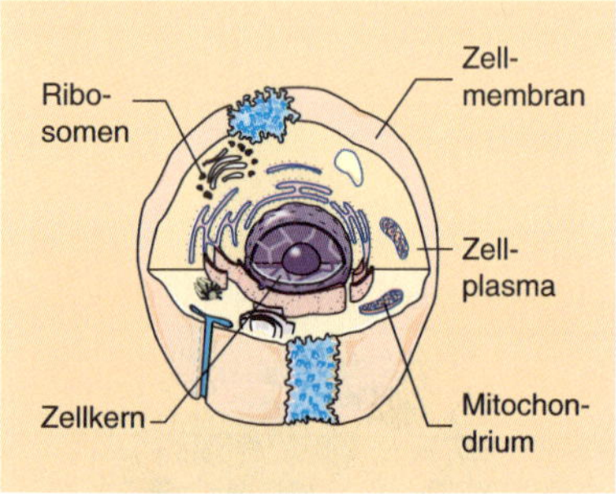

2 **Tierzellen besitzen ebenfalls Mitochondrien, in denen die Atmung stattfindet.**

Die Orte, in denen die Atmung abläuft, sind die Mitochondrien (Abb. 3, S. 29), die sowohl in den pflanzlichen Zellen (Abb. 2, S. 29) als auch in den tierischen Zellen (Abb. 2) vorhanden sind. Sie sind die kleinen „Kraftwerke" in den Zellen. Zunächst werden die körpereigenen organischen Stoffe in Glucose umgewandelt, die dann als Ausgangsstoff für die Atmung zur Verfügung steht. Bei der Atmung wird die Glucose stufenweise unter Einwirkung von Enzymen und bei Verbrauch von Sauerstoff abgebaut (Abb. 4). Bei der Atmung wird thermische Energie frei und in Form von Wärme abgegeben (Abb. 3). Dieser Prozess erfolgt so langsam, dass die Zellen durch die Temperaturerhöhung nicht zerstört werden. Außerdem wird nur ein Teil der Energie der organischen Ausgangsstoffe in thermische Energie umgewandelt. Der andere Teil wird als chemische Energie in dem organischen Stoff ATP in den Zellen gespeichert. Die in dem ATP gespeicherte Energie kann jederzeit wieder für die verschiedensten Lebensprozesse, wie Bewegung und Wachstum, freigesetzt werden (Abb. 4).

3 **Im Blütenstand einer Zimmerpflanze kann man die durch Atmung freigesetzte thermische Energie nachweisen. Man kann hier eine höhere Temperatur messen als sonst im Zimmer.**

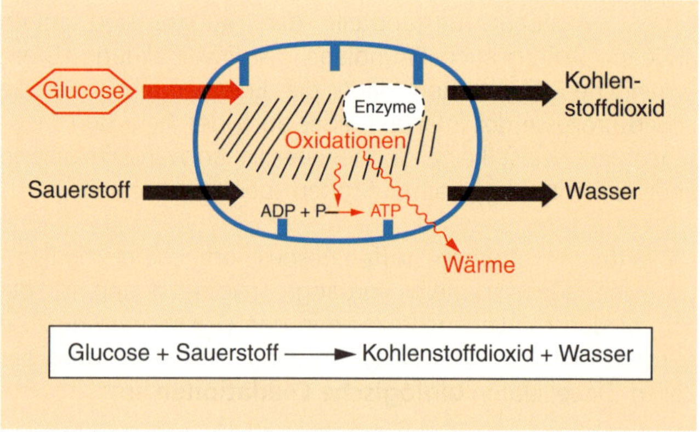

4 **Das Schema stellt den Stoff- und Energiewechsel bei der Atmung in den Zellen dar. In den Mitochondrien läuft eine Oxidation ab, bei der Glucose unter Einwirkung von Enzymen und bei Verbrauch an Sauerstoff abgebaut, thermische Energie frei und Wärme abgegeben wird. Die Atmung ist also eine exotherme chemische Reaktion.**

Energieumwandlungen bei chemischen Reaktionen

Fotosynthese, Atmung und Gärung sind Vorgänge, bei denen entweder Energie von außen zugeführt werden muss oder Energie frei wird, die für die verschiedensten Lebensprozesse sowie für die Energieversorgung des Menschen überhaupt genutzt werden kann. Diese Prozesse der Energieumwandlung sind chemische Reaktionen. Die Atmung z. B. ist eine biologische Oxidation.

Chemische Reaktionen sind Prozesse der Stoffumwandlung, bei denen aus Ausgangsstoffen neue Stoffe mit neuen Eigenschaften als Reaktionsprodukte entstehen. Diese Stoffumwandlungen sind immer mit Energieumwandlungen verbunden.

Bei einem Teil der chemischen Reaktionen, den **endothermen Reaktionen,** muss stets Energie von außen zugeführt werden, damit diese überhaupt ablaufen können. Die von außen zugeführte Energie wird in chemische Energie umgewandelt und in den Reaktionsprodukten gespeichert. Die Reaktionsprodukte haben einen höheren Energiegehalt als die Ausgangsstoffe (Abb. 1). So wird bei der Fotosynthese die Lichtenergie der Sonne in chemische Energie umgewandelt und in den organischen Stoffen (z. B. der Glucose) gespeichert.

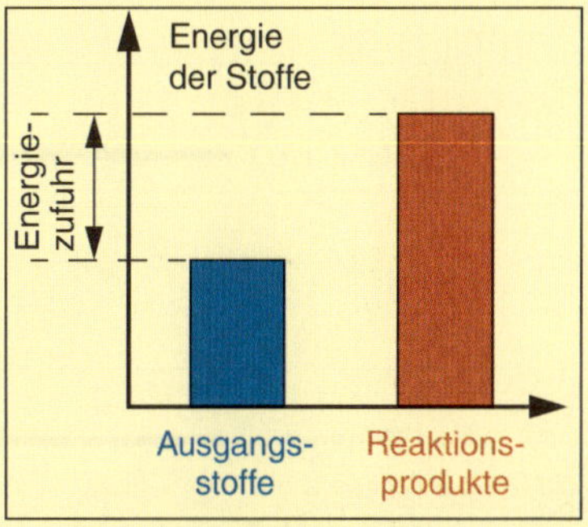

1 Energiegehalt der Stoffe bei endothermen chemischen Reaktionen

Bei einem anderen Teil der chemischen Reaktionen, den **exothermen Reaktionen,** wird Energie frei und nach außen abgegeben. Dabei wird ein Teil der chemischen Energie der Ausgangsstoffe in andere Energieformen (z. B. thermische, mechanische Energie oder Lichtenergie) umgewandelt. Die Reaktionsprodukte haben einen geringeren Energiegehalt als die Ausgangsstoffe (Abb. 2). Solche chemische Reaktionen mit Energiefreisetzung laufen z. B. bei der Atmung und der Gärung ab. Auch die Verbrennung ist eine exotherme chemische Reaktion, bei der chemische Energie frei und als Licht, Wärme und Arbeit abgegeben wird.

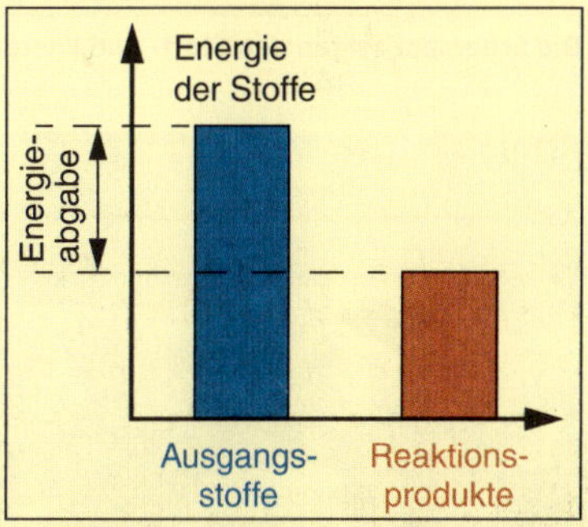

2 Energiegehalt der Stoffe bei exothermen chemischen Reaktionen

Damit Stoffe als Reaktionspartner in eine chemische Reaktion eintreten können, müssen sie zuvor „aktiviert" werden. Dazu wird ihnen zunächst Energie, z. B. in Form thermischer Energie oder Lichtenergie, zugeführt. Diese zugeführte Energie nennt man **Aktivierungsenergie.** Bei der Fotosynthese ist die Lichtenergie auch die Aktivierungsenergie. Manchmal reicht auch die in der Umwelt vorhandene thermische Energie als Aktivierungsenergie aus (Abb. 3).

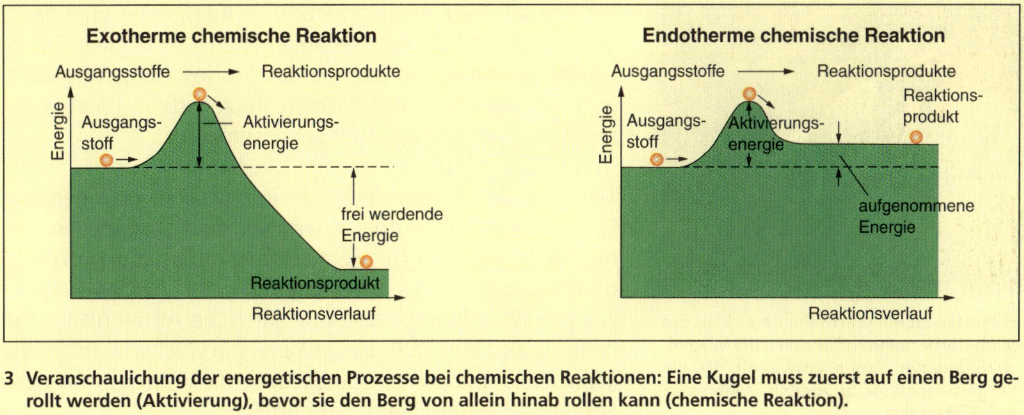

3 Veranschaulichung der energetischen Prozesse bei chemischen Reaktionen: Eine Kugel muss zuerst auf einen Berg gerollt werden (Aktivierung), bevor sie den Berg von allein hinab rollen kann (chemische Reaktion).

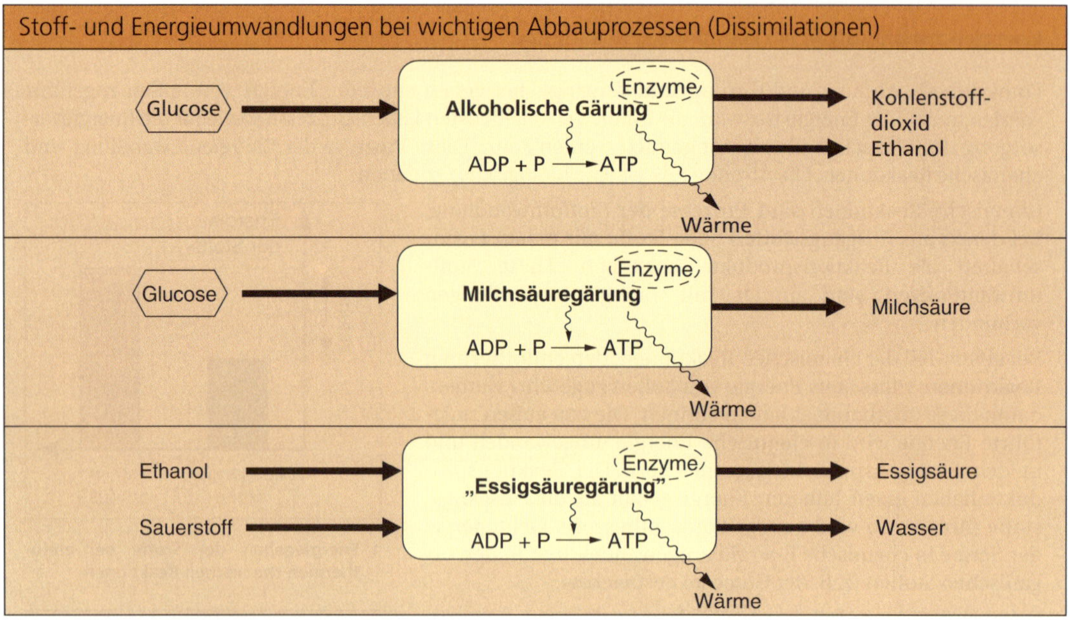

1 Die Schemata zeigen den Stoff- und Energiewechsel bei verschiedenen Abbauprozessen bei Pilzen und Bakterien.

2 Ein Eisbär als gleichwarmes Säugetier erzeugt seine lebensnotwendige Körpertemperatur durch die bei der Atmung freigesetzte thermische Energie.

3 Ein Gecko ist ein wechselwarmes Tier, das seine Körpertemperatur durch die Wärmestrahlung der Sonne entwickelt. Ist die Körpertemperatur zu gering, fällt es in eine Kältestarre.

Ein weiterer biologischer Vorgang, bei dem die in organischen Stoffen gespeicherte chemische Energie umgewandelt und für den Organismus nutzbar gemacht wird, ist die **Gärung.** Dieser Prozess läuft nicht in den Pflanzen, sondern in einigen anderen Organismen, wie Hefepilzen und Bakterien, ab. Im Unterschied zur Atmung verläuft die Gärung, die alkoholische Gärung und die Milchsäuregärung, ohne Sauerstoffzufuhr. Die Glucose als Ausgangsstoff wird nur unvollständig abgebaut. Die entstehenden Reaktionsprodukte Ethanol und Milchsäure sind noch relativ energiereiche Stoffe. Ein weiterer Abbauprozess (Dissimilation) ist die „Essigsäuregärung", die allerdings unter Sauerstoffzufuhr abläuft (Abb. 1).

Auch bei einer Gärung wird ein Teil der chemischen Energie der organischen Ausgangsstoffe in thermische Energie umgewandelt und als Wärme abgegeben. Der andere Teil wird wieder in chemische Energie des Stoffes ATP umgewandelt (s. S. 30). Die Mikroorganismen nutzen diese Energie dann zur Aufrechterhaltung ihrer Lebensprozesse.

Tiere und Menschen sind nicht in der Lage, die Energie der Sonne direkt zum Aufbau energiereicher körpereigener organischer Stoffe und für viele Lebensprozesse zu nutzen. Die gleichwarmen Tiere, wie Säugetiere (Abb. 2) und Vögel, erzeugen ihre Körpertemperatur durch die Atmung selbst und halten sie so konstant. Einige Tiere, die wechselwarmen Tiere (Abb. 3), lassen sich allerdings durch die Wärmestrahlung der Sonne von außen direkt „aufheizen".

Alle Tiere und Menschen benötigen jedoch für die verschiedensten Lebensprozesse Energie. Diese nehmen sie mit energiereichen organischen Stoffen in ihrer Nahrung auf. Im Prozess der **Verdauung** werden die zunächst körperfremden organischen Stoffe mit Hilfe von Enzymen in ihre Grundbausteine aufgespalten. Diese werden durch das Blut (Abb. 1) und die Lymphe zu allen Körperzellen transportiert. Dort werden sie sowohl für den Aufbau körpereigener organischer Stoffe als auch für die Atmung genutzt.

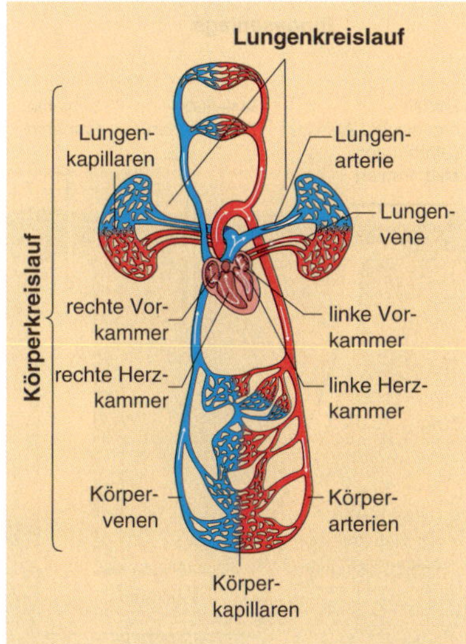

1 Durch das Blut werden die Grundbausteine Glucose und Aminosäuren für den Stoff- und Energiewechsel zu den Zellen transportiert. Auch der für die Atmung notwendige Sauerstoff wird durch das Blut zu den Zellen gebracht.

Ein großer Teil der Tiere und der Mensch sowie andere Lebewesen ernähren sich von den Pflanzen. Sie nehmen mit der Nahrung organische Stoffe auf und wandeln diese in andere Stoffe und in Energie um. Dabei werden u. a. neue organische Stoffe, z. B. Kohlenhydrate, tierische Fette und Eiweiße, gebildet, die als Nahrung für andere Lebewesen zur Verfügung stehen. Auf diese Weise entsteht aus pflanzlicher **Biomasse** die tierische Biomasse.

Als Biomasse bezeichnet man die organischen Stoffe, aus denen Lebewesen bestehen.

Die Biomasse der Pflanzen ist letztlich die Ernährungsgrundlage für Tiere, Menschen und andere Lebewesen. Die Pflanzen sind somit bei der Energieversorgung der Lebewesen die Produzenten (Erzeuger) der energiereichen organischen Stoffe. Konsumenten (Verbraucher) sind die Organismen, die diese energiereichen organischen Stoffe mit der Nahrung aufnehmen und ihre Energie aus dem Abbau von organischen Stoffen beziehen. In der Natur entstehen vielfältige **Nahrungsketten** und über Verzweigungen in den Nahrungsbeziehungen auch **Nahrungsnetze,** in denen Stoffe und Energie weitergegeben werden (Abb. 2).

2 Die Nahrungspyramide macht deutlich, dass von Ernährungsstufe zu Ernährungsstufe nur jeweils etwa 10 % der Biomasse zum Aufbau neuer Biomasse und so zur Weitergabe von Energie genutzt werden. Der Großteil (90 %) der in Biomasse gespeicherten Energie wird vom Organismus selbst genutzt oder an die Umgebung, z. B. durch die Ausscheidung, abgegeben.

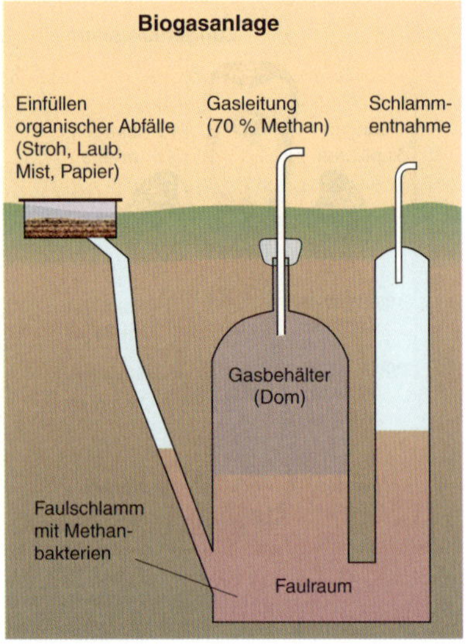

1 **Durch Faulen von tierischen, aber auch pflanzlichen Rückständen entsteht unter Luftabschluss Biogas. Dieses Biogas kann wie Erdgas verbrannt werden.**

Bezogen auf ihre Stellung in einer Nahrungskette kann man die Konsumenten in Primär-, Sekundär- bis hin zu Endkonsumenten einteilen. Die organischen Stoffe der abgestorbenen Konsumenten werden von Bakterien und Pilzen wieder in anorganische Stoffe umgewandelt und dem Stoffkreislauf in der Natur zugeführt (Abb. 2). Diese Organismen nennt man Destruenten (Zersetzer). Sie setzen beim Abbau von organischen Stoffen in anorganische Stoffe Energie frei und nutzen diese auch für die eigenen Lebensprozesse bzw. geben sie ab.

Biomasse ist nicht nur Ernährungsgrundlage für den Menschen, sondern auch eine Grundlage für die Energieversorgung der Menschheit. Durch Verbrennen von Biomasse, z. B. Holz oder Stroh, haben die Menschen schon seit Jahrtausenden Wärme und Lichtenergie freigesetzt und für sich nutzbar gemacht. Auch die fossilen Brennstoffe sind letztlich organische Stoffe, bei deren Verbrennung die durch Pflanzen umgewandelte und gespeicherte Sonnenenergie freigesetzt wird.

Biomasse ist im Gegensatz zu den fossilen Brennstoffen (s. S. 20) allerdings ein erneuerbarer Energieträger und damit für die Energieversorgung der Zukunft von besonderer Bedeutung. Immerhin werden pro Jahr weltweit 155 Mrd. t Biomasse produziert, womit theoretisch der Weltenergieverbrauch neunmal gedeckt werden könnte. Bereits heute spielt auch die Nutzung organischer Abfälle, d. h. der tierischen sowie pflanzlichen Ausscheidungsprodukte bzw. Rückstände, eine wichtige Rolle bei der Energiegewinnung (Abb. 1). So wird aus organischen Abfällen (z. B. Gülle von Nutztieren) mit Hilfe von Mikroorganismen durch Gärungsprozesse ohne Sauerstoffverbrauch Biogas erzeugt, das brennbar ist.

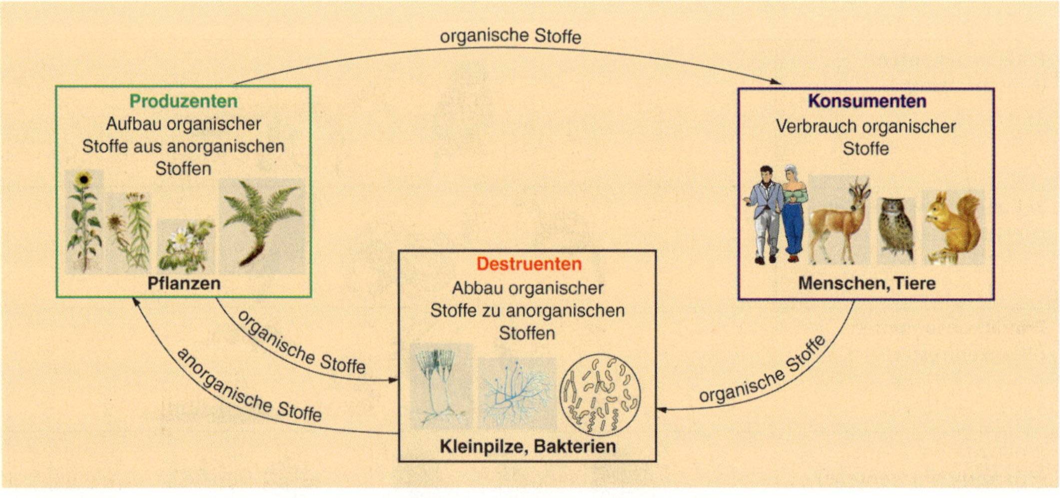

2 **Durch Produzenten, Konsumenten und Destruenten entsteht in der Natur ein Stoffkreislauf, mit dessen Hilfe auch Energie von Organismus zu Organismus übertragen wird (Energiefluss).**

1.2.2 Umwandlung und Übertragung von Energie in der Technik

Auch in der unbelebten Natur und in der Technik können Vorgänge nur ablaufen, wenn dabei Energie umgewandelt wird. Technische Geräte und Anlagen arbeiten nur, wenn ihnen von außen Energie zugeführt wird, die beim Betrieb dieser Geräte und Anlagen umgewandelt und wieder abgegeben werden kann (Abb. 3). Bei allen Vorgängen der Umwandlung und Übertragung von Energie in Natur und Technik gilt das **Gesetz von der Erhaltung der Energie:**

> In einem abgeschlossenen System bzw. bei einem abgeschlossenen Vorgang ist die Summe aller Energien stets konstant. Die Gesamtenergie bleibt erhalten.
>
> $E_1 + E_2 + E_3 \ldots = \text{konstant}$
>
> $E_1, E_2, E_3 \ldots$ verschiedene Energieformen

Dieses Naturgesetz, das auch 1. Hauptsatz der Thermodynamik genannt wird, wurde zuerst von dem deutschen Arzt JULIUS ROBERT MAYER (Abb. 1) und von dem englischen Physiker JAMES PRESCOTT JOULE (Abb. 2) entdeckt. Eine besonders einprägsame Formulierung stammt von dem deutschen Physiker HERMANN VON HELMHOLTZ:

> Energie kann weder erzeugt noch vernichtet werden, sondern nur von einer Form in eine andere umgewandelt werden.

Folglich kann auch in den Kraftwerken keine neue Energie erzeugt, sondern nur aus anderen Energien, die in Energieträgern gespeichert sind, umgewandelt werden.

1 JULIUS ROBERT MAYER (1814–1878) erkannte Wärme als Energieform.

2 JAMES PRESCOTT JOULE (1818–1889) war Physiker, aber auch Ägyptologe.

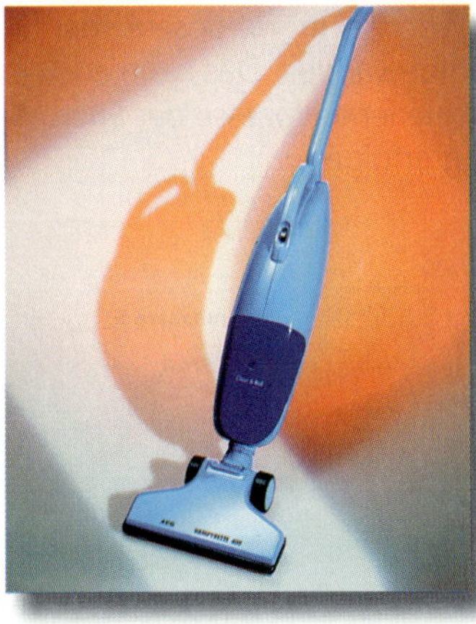

3 Elektrische Haushaltsgeräte können nur mechanische Arbeit verrichten, Licht oder Wärme abgeben, wenn ihnen von außen elektrische Energie zugeführt wird.

1 Obwohl Erdgas ein Primärenergieträger ist, wird es häufig direkt, ohne Zwischenstufe, zum Heizen und Kochen genutzt.

2 Briketts und Koks als Sekundärenergieträger werden in Brikettfabriken oder Kokereien aus Braun- oder Steinkohle hergestellt.

3 In Raffinerien werden aus Erdöl die Sekundärenergieträger Benzin, Heizöl und Dieselkraftstoff gewonnen.

Energieträger, die in der Natur unmittelbar vorhanden sind, nennt man **Primärenergieträger.** Die in ihnen gespeicherte Energie ist die **Primärenergie.** Solche Primärenergieträger sind z. B. Holz, Braun- und Steinkohle, Erdöl, Erdgas, Uranerz, fließendes und gestautes Wasser, Wind, Sonnenstrahlung und Erdwärme. Primärenergie wird heute vom Menschen nicht oder nur im begrenzten Umfang, z. B. zum Heizen, Beleuchten und zum Antrieb von Maschinen und Anlagen, genutzt (Abb. 1).

In der Regel wird Primärenergie in vielfältigen Umwandlungsprozessen in andere Energieformen umgewandelt, die der Mensch heute besser transportieren, verteilen, lagern und für sich nutzen kann. Energie, die dem Menschen unmittelbar nutzt, z. B. beim Antrieb von Geräten oder beim Beleuchten, nennt man **Nutzenergie.**

Eine Zwischenform zwischen Primär- und Nutzenergie ist die **Sekundärenergie,** die unmittelbar aus der Primärenergie hergestellt wird. Sekundärenergieträger sind u. a. Briketts und Koks (Abb. 2), Benzin, Heizöl, Dieselkraftstoff (Abb. 3), Fernwärme und elektrischer Strom. Die wichtigste Form der Sekundärenergie ist die elektrische Energie. Sekundärenergie muss zu den Stellen transportiert werden, an denen sie für den Menschen in Nutzenergie umgewandelt wird. Dazu dienen z. B. große Versorgungsnetze für elektrischen Strom, Stadtgas, Erdgas und Fernwärme.

Bei allen Prozessen der Umwandlung und Übertragung von Energie wird jeweils ein Teil der Energie in thermische Energie umgewandelt und an die Umgebung abgegeben (Abb. 4). Diese thermische Energie kann der Umgebung leider nicht von selbst entzogen und ohne weiteres für den Menschen nutzbar gemacht werden. Deshalb wird bei Energieumwandlungen und -übertragungen die wertvollere elektrische, mechanische oder chemische Energie in wertlosere thermische Energie der Umgebung umgewandelt. Das kann auch in mehreren Schritten durch verschiedene Prozesse der Energieumwandlung und -übertragung erfolgen.

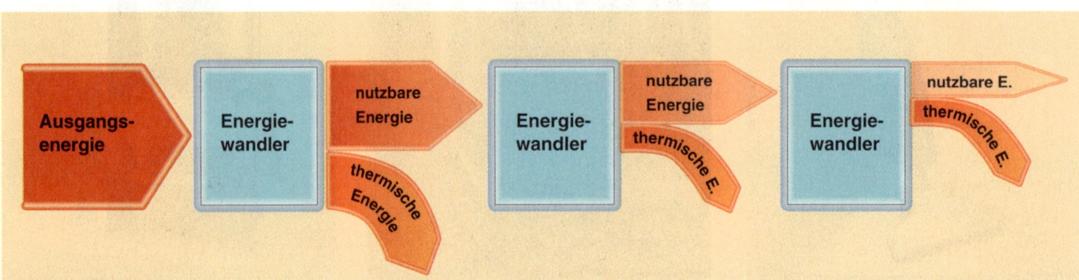

4 Bei der Nutzung von Energie wird die Ausgangsenergie durch verschiedene Prozesse der Energieumwandlung und Energieübertragung schrittweise entwertet. Es ist immer weniger Energie nutzbar.

Energieerhaltung und Energieentwertung

Alle Prozesse in Natur und Technik können nur ablaufen, weil dabei stets Energie umgewandelt wird. Bei vielen Vorgängen muss diese Energie sogar erst von außen zugeführt werden. Nach dem Gesetz von der Erhaltung der Energie bleibt der Gesamtbetrag der Energie bei all diesen Prozessen ihrer Umwandlung und Übertragung konstant und somit erhalten. Warum muss man sich also deshalb Gedanken oder sogar Sorgen um die Energieversorgung der Menschheit machen und sparsam und effektiv mit Energie umgehen?

Die Antwort darauf hängt mit der Energieentwertung zusammen, die bei allen Energieumwandlungen und -übertragungen und gleichzeitig mit der Energieerhaltung auftritt. Um das zu verstehen, muss man sich die Richtung, in der **Prozesse in Natur und Technik** ablaufen, genauer ansehen.

Viele Prozesse laufen in Natur und Technik *von allein nur in eine Richtung* ab und kommen irgendwann zum Erliegen (Abb. 1 und 2). Der Grund besteht darin, dass bei allen Vorgängen thermische Energie entsteht, die als Wärme an die Umgebung abgegeben wird und dieser *nicht wieder von allein entzogen* werden kann. Will man einen Prozess umkehren oder ständig in Gang halten, muss es einen *Antrieb von außen* geben, bei dem hochwertige Energie zugeführt wird. Diese *hochwertige* Energie wird dann bei der Energieumwandlung in *minderwertigere* Energie umgewandelt und so entwertet. Die Energieentwertung ist der eigentliche Antrieb aller natürlichen und technischen Prozesse.

1 Heisser Tee gibt thermische Energie an seine Umgebung ab, die dieser von allein nicht wieder entzogen werden kann.

2 Springt man von einem Turm ins Wasser, so kann man von allein nicht wieder auf den Sprungturm zurückfliegen.

Der Wasserkreislauf auf der Erde (Abb. 3) – ein ständig ablaufender Vorgang – kann nur in Gang gehalten werden, weil die Erde ständig von der Sonne, also von außen, mit hochwertiger Energie versorgt wird. Das Leben eines Organismus ist nur möglich, weil dieser mit der Nahrung hochwertige Energie, die letztlich auch von der Sonne stammt, aufnimmt, die er dann mittels Verdauung, Zellatmung usw. (S. 29 u. S. 30) zu minderwertiger Energie umwandelt. Auch die meisten Primärenergieträger, sind unter dem Einfluss von Sonnenenergie entstanden und speichern diese Energie, die wir schrittweise in minderwertige Energie umwandeln und so „verbrauchen“.

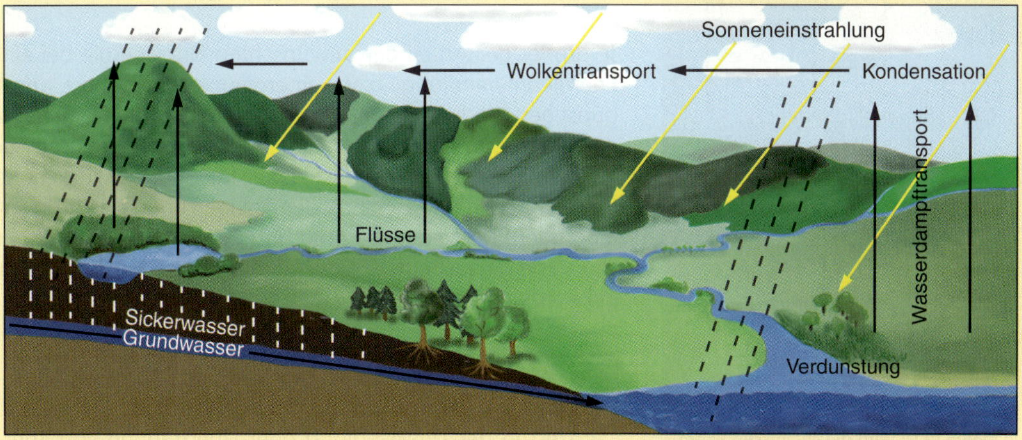

3 Der Wasserkreislauf auf der Erde wird durch die Sonnenenergie von außen in Gang gesetzt und in Gang gehalten.

1 **RUDOLF CLAUSIUS (1822–1888) war Professor in Zürich, Würzburg und Bonn.**

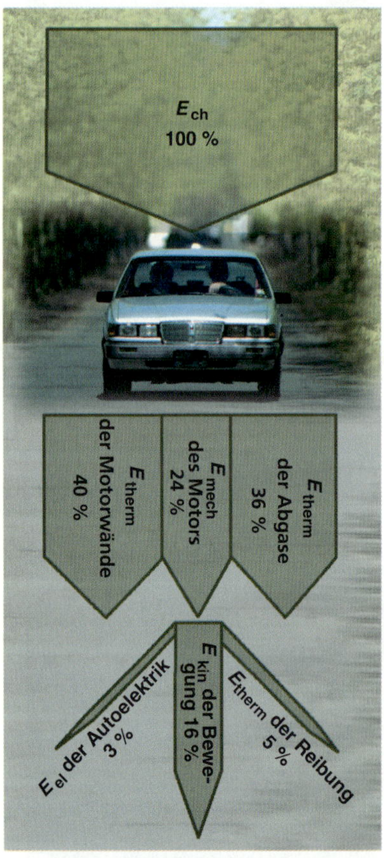

2 **In einem PKW wird die chemische Energie des Benzins in verschiedenen Vorgängen umgewandelt.**

Zum Schluss bleibt thermische Energie von Körpern bei Umgebungstemperatur übrig. Man sagt auch, dass die ursprünglich vorhandene hochwertige Energie *entwertet* wird. Diese Erkenntnisse sind im **Gesetz über die Energieentwertung** zusammengefasst:

> Bei allen Vorgängen in Natur und Technik entsteht thermische Energie. Diese thermische Energie kann der Umgebung von allein weder entzogen noch nutzbar gemacht werden. Die ursprünglich vorhandene Energie wird bei diesen Vorgängen entwertet.
> Thermische Energie kann auch von selbst niemals von einem Körper niederer Temperatur auf einen Körper höherer Temperatur übergehen.

Dieses Naturgesetz, das auch 2. Hauptsatz der Thermodynamik genannt wird, wurde zuerst von RUDOLF CLAUSIUS (Abb. 1) entdeckt.
Energieerhaltung und Energieentwertung treten bei allen Vorgängen in Natur und Technik gleichzeitig auf. Hochwertige Energie wird jedoch in minderwertigere Energie umgewandelt. Insofern wird hochwertige Energie verbraucht bzw. entwertet. Im Alltag spricht man deshalb auch von **„Energieverbrauch"**, da der Anteil der weiter nutzbaren Energie für den Menschen bei fast jedem Umwandlungsprozess abnimmt.

Bei den meisten technischen Prozessen wird eine Energieform in *mehrere* andere Energieformen umgewandelt (Abb. 2). Nur einige der entstehenden Energieformen sind für den beabsichtigten Zweck erwünscht und damit für den Menschen nutzbringend.
Andere sind unerwünscht. Immer entsteht ein Teil thermische Energie, der an die Umgebung abgegeben wird und ohnehin für den gewünschten Zweck verloren ist.

Je größer der Anteil der gewünschten Nutzenergie bei einer Energieumwandlung bzw. Energieübertragung ist, desto günstiger ist die Anlage, um einen bestimmten Nutzen zu erreichen. Die Ausbeute an nutzbringender Energie aus der aufzuwendenden Energie ist dabei für diesen Zweck höher. Diese Güte einer Maschine oder Anlage zur Energieumwandlung oder Energieübertragung unter dem Aspekt der effektiven Energieausbeute wird durch den **Wirkungsgrad** gekennzeichnet.

> Der Wirkungsgrad gibt an, wie groß der Anteil der Nutzenergie an der ursprünglich aufgewandten Energie bei Prozessen der Umwandlung oder Übertragung von Energie ist.

Wirkungsgrad als physikalische Größe

Die Größe Wirkungsgrad gibt an, welcher Anteil der aufzuwendenden Energie in nutzbringende Energie umgewandelt wird.

Als **Formelzeichen** wurde η festgelegt (Abb. 1). Der Wirkungsgrad wird als Zahl oder in Prozent (%) angegeben. Die **Einheit** ist demzufolge 1.

Ein Wirkungsgrad von 0,40 oder 40 % bedeutet: 40 % der aufgewandten Energie werden für den gewünschten Zweck in nutzbringende Energie umgewandelt. Die übrigen 60 % sind für den betreffenden Zweck nicht nutzbar.

Der Wirkungsgrad kann mit folgender **Gleichung** berechnet werden:

$$\eta = \frac{E_{\text{nutz}}}{E_{\text{aufzu}}}$$

E_{nutz} ... nutzbringende Energie
E_{aufzu} ... aufzuwendende Energie

1 Die Elektrizitätswirtschaft hat das Formelzeichen des Wirkungsgrades für eine „Initiative Energievernunft" genutzt.

Bevor ein gewünschter Nutzen erreicht wird, muss in der Regel Energie nicht nur einmal, sondern mehrmals umgewandelt und noch übertragen werden. In diesen Fällen kann nur ein **Gesamtwirkungsgrad** eine vernünftige Aussage über die Güte der Energieumwandlungen bei den technischen Prozessen machen. Der Gesamtwirkungsgrad wird wie folgt berechnet:

$$\eta_{\text{gesamt}} = \eta_1 \cdot \eta_2 \cdot \eta_3$$

η_1, η_2, η_3 ... Einzelwirkungsgrade

2 SADI CARNOT (1796–1832) entdeckte den thermodynamischen Wirkungsgrad.

Hat ein modernes Kohlekraftwerk z. B. einen Wirkungsgrad von 40 %, so gehen noch einmal 10 % der erzeugten elektrischen Energie durch Übertragungsverluste vom Kraftwerk zum Verbraucher verloren. Eine Energiesparlampe im Haushalt hat einen Wirkungsgrad für die Lichtausbeute von 20 %, so dass sich folgender Gesamtwirkungsgrad ergibt:

$$\eta = 0{,}40 \cdot 0{,}90 \cdot 0{,}20 = 0{,}072 = 7{,}2\ \%$$

Nur 7,2 % der eingesetzten Primärenergie können über diesen Weg für den gewünschten Zweck – die Beleuchtung – genutzt werden.

Da eine Umwandlung eines Teils der aufzuwendenden Energie in thermische Energie der Umgebung nicht zu vermeiden ist und diese so entwertet wird, ist der Wirkungsgrad einer technischen Anlage immer kleiner als 1 bzw. 100 %.

Das Nachdenken über eine Verbesserung der Energieausbeute bei Dampfmaschinen hat seinerzeit zur Einführung des Wirkungsgrades und zur Entwicklung der Thermodynamik geführt. SADI CARNOT (Abb. 2) erkannte, dass die Brennstoff- oder besser gesagt Energieausbeute bei Dampfmaschinen umso besser ist, je größer der Temperaturunterschied zwischen der Eintrittstemperatur des Dampfes in die Maschine und seiner Austrittstemperatur ist. Aus diesem Temperaturunterschied ergibt sich ein **thermodynamischer Wirkungsgrad** einer Wärmekraftmaschine, der den theoretisch maximal möglichen Wirkungsgrad einer solchen Anlage angibt. Der **Gesamtwirkungsgrad** ist jedoch noch kleiner, weil z. B. durch die Reibung weitere Energie für den gewünschten Zweck verloren geht.

1 Ein Heizkraftwerk kann einen Gesamtwirkungsgrad von 85 % bis 90 % erreichen.

2 Moderne Klimaanlagen haben Wärmetauscher, in dem die kältere Frischluft durch die wärmere Abluft vorgewärmt wird.

3 Im PKW mit Hybridantrieb – hier der Audi Duo – wird die Nutzbremsung bereits angewendet.

Da eine Energieentwertung nach Naturgesetzen prinzipiell nicht verhindert werden kann, wird im Sinne einer effektiven und sparsamen Energieausnutzung versucht, diese Entwertung so gering wie möglich zu halten oder sogar noch nutzbringend für andere Prozesse einzusetzen.

Ein Beispiel dafür ist die **Kraft-Wärme-Kopplung** in Heizkraftwerken (Abb. 1). Die entstehende thermische Energie, die normalerweise als Abwärme verloren geht, wird bei einem Heizkraftwerk als Fernwärme für die Raumheizung oder als Prozesswärme in der Industrie genutzt. Dazu muss jedoch die Austrittstemperatur des Heißwassers höher bleiben als in einem normalen Wärmekraftwerk. Dadurch werden der Temperaturunterschied zwischen Eintritts- und Austrittstemperatur im Kraftwerksprozess und der thermodynamische Wirkungsgrad geringer. Der Wirkungsgrad für die Elektroenergieerzeugung sinkt zwar von ca. 40 % auf 25 %, aber der Gesamtwirkungsgrad eines Heizkraftwerkes unter Einbeziehung der Wärmeversorgung liegt mit Spitzenwerten zwischen 80 und 90 % deutlich über den Werten der besten Kraftwerke zur ausschließlichen Stromerzeugung.
Weitere Möglichkeiten, effektiv und sinnvoll mit der Energieentwertung umzugehen, sind:
- die Nutzung von Abwärme im Gegenstromprinzip durch **Wärmeaustausch,** z. B. bei der Versorgung mit Frischluft mittels Klimaanlagen (Abb. 2),
- die Nutzung von Energie, die bei Bremsvorgängen frei und normalerweise als Wärme abgegeben wird, für die Gewinnung höherwertiger Energie mittels **Nutzbremsung** (Abb. 3),
- die Verhinderung bzw. Beeinflussung der Energieentwertung durch Wärmeabgabe an die Umgebung mittels guter **Wärmedämmung** (Abb. 4).

4 Durch das Anbringen von Wärmedämmstoffen kann eine Energieentwertung von Raumwärme aus Gebäuden vermindert werden. Ganz vermieden werden kann sie nicht.

1.2.3 Erzeugung, Speicherung und Verteilung elektrischer Energie

Elektrische Energie ist die für den Menschen wertvollste und am häufigsten genutzte Sekundärenergie. Elektrische Energie kann bei Vorhandensein entsprechender Leitungsnetze sehr schnell und über große Entfernungen transportiert und verteilt werden. Man kann sie relativ leicht in Geräten, Maschinen und Anlagen in Formen von Nutzenergie umwandeln. Dabei geschehen die Umwandlungsprozesse an den Orten der Nutzung. Elektrische Energie ist sauber und wenig umweltbelastend. Elektrische Energie hat allerdings den Nachteil, dass sie z. Z. nur mit größerem Aufwand und in kleinen Mengen über längere Zeit gespeichert werden kann.

Elektrische Energie kann man z. B. in einer Batterie aus chemischer Energie oder in einer Solarzelle aus Lichtenergie erzeugen. Großtechnisch lässt sich elektrische Energie gegenwärtig allerdings nur aus mechanischer Energie mittels Generator gewinnen. Der wichtigste Antrieb für Generatoren ist die Turbine.

Elektrische Energie wird großtechnisch in Kraftwerken aus verschiedenen Primärenergieträgern und Energieformen gewonnen. In Deutschland wird elektrische Energie vor allem in Wärmekraftwerken aus Braun- und Steinkohle sowie in Kernkraftwerken aus Kernenergie gewonnen (Abb. 1). Elektrische Energie kann auch aus erneuerbaren Energieträgern erzeugt werden, wobei hier die Nutzung der Wasserkraft in Wasserkraftwerken eine größere Rolle spielt. Andere erneuerbare Energieträger werden heute in der Regel vorrangig in kleineren Anlagen zur Elektroenergieerzeugung genutzt, wie Wind mittels Windkraftanlagen in Windparks, Sonnenstrahlung in Solarkraftwerken sowie Biomasse und Müll in Verbrennungsanlagen (Abb. 2).

In Kraftwerken wird aus der Primärenergie über mehrere Umwandlungsprozesse letztlich elektrische Energie erzeugt. Die Hauptbestandteile der wichtigsten Kraftwerke und die wesentlichen Energieumwandlungen sind überall gleich (Abb. 3, S. 43). Bei jeder Energieumwandlung wird ein Teil der aufzuwendenden Energie in thermische Energie umgewandelt und somit entwertet. Das Verhältnis der erzeugten elektrischen Energie zur aufgewandten Energie bestimmt den Wirkungsgrad eines Kraftwerkes (Abb. 3).

> Der Wirkungsgrad ist neben den Kosten, den Risiken, der Umweltbelastung und der Verfügbarkeit der Primärenergieträger ein wesentliches Kriterium zur Beurteilung von Kraftwerken.

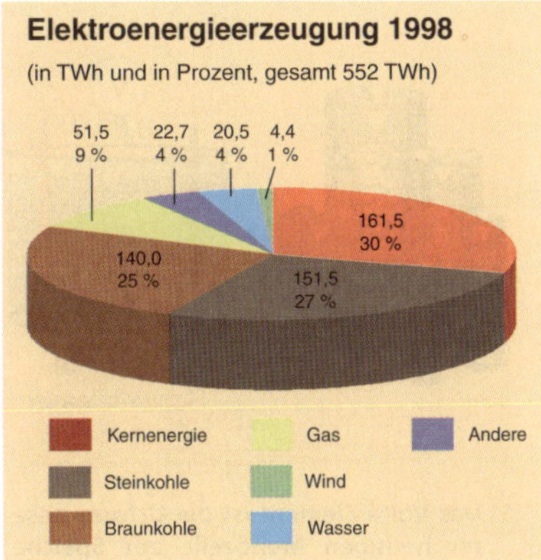

1 Drei Energieträger dominieren gegenwärtig bei der Erzeugung elektrischer Energie in Deutschland.

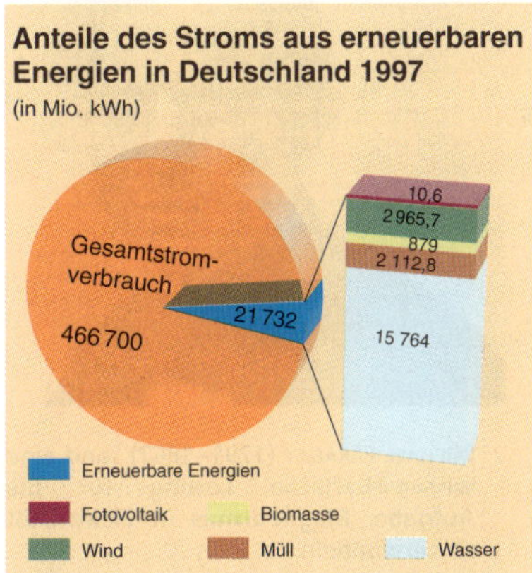

2 Die Anteile der erneuerbaren Energieträger am Nettostromverbrauch in Deutschland ist noch sehr gering.

Art des Kraftwerkes	Wirkungsgrad
Solarkraftwerk Windkraftwerk	20 % 25 % bis 30 %
Kernkraftwerk Modernes Kohlekraftwerk	38 % 40 %
Gasturbinen-Dampfturbinen-Kraftwerk Pumpspeicherkraftwerk	52 % 75 %
Kraftwerk mit Kraft-Wärme-Kopplung Wasserkraftwerk	85 % (25 % Strom) 90 %

3 Die Wirkungsgrade von Kraftwerken ist sehr unterschiedlich.

Erzeugung und Speicherung elektrischer Energie

Elektrizität kannte man schon im Altertum. Eine technische Nutzung elektrischer Energie erfolgte aber erst, nachdem um 1800 eine Reihe wichtiger Entdeckungen gemacht wurden. Dazu gehörte die Entdeckung des Prinzips einer elektrischen Batterie (Abb. 1) durch ALESSANDRO VOLTA (1745–1827). HANS CHRISTIAN OERSTED (1777–1851) entdeckte 1820 den Zusammenhang zwischen Elektrizität und Magnetismus durch die Ablenkung einer Magnetnadel neben einem stromdurchflossenen Leiter. Besonders wichtig war aber die Entdeckung der **elektromagnetischen Induktion** durch MICHAEL FARADAY (Abb. 2) im Jahre 1831. Kurz danach wurde schon der erste einfache Generator gebaut. Besonders viel zur technischen Nutzung des Generators trugen die Entdeckungen WERNER VON SIEMENS (1816–1892) mit seinem **dynamoelektrischen Prinzip** und dem Bau der Dynamomaschinen bei.

In einer **Batterie** bzw. einem **Akkumulator** wird chemische Energie in elektrische Energie umgewandelt. Mit diesen technischen Teilen kann man zwar elektrische Energie speichern, aber nur in kleinen Mengen.

Zur Erzeugung größerer Mengen elektrischer Energie werden **Generatoren** genutzt. Mit diesen Maschinen wird mechanische Energie der Bewegung, also kinetische Energie, in elektrische Energie umgewandelt (Abb. 3). Die Wirkungsweise eines Generators beruht auf der elektromagnetischen Induktion und dem Induktionsgesetz.

Großtechnisch in Kraftwerken erzeugte elektrische Energie muss mit Hilfe eines **Energieverbundsystems** zu den Verbrauchern geleitet werden. Damit das überhaupt und mit möglichst wenigen Verlusten erfolgen kann, müssen die mit Generatoren erzeugten elektrischen Spannungen zuerst in Hochspannungen transformiert (umgewandelt) werden. Dazu benutzt man **Transformatoren,** die ebenfalls auf der elektromagnetischen Induktion beruhen (Abb. 4). In der Nähe der Verbraucher werden die Hochspannungen dann wieder mit Transformatoren auf die gewünschten Spannungen heruntertransformiert.

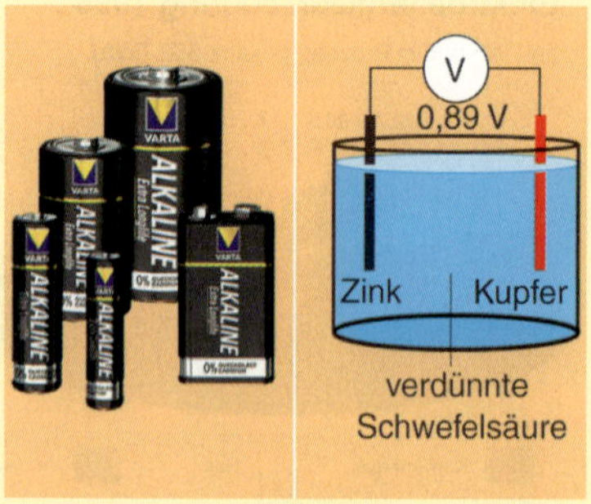

1 Das Volta-Element ist die Urform unserer heutigen Monozelle zur Speicherung elektrischer Energie.

2 MICHAEL FARADAY (1791–1867) fand eine wissenschaftliche Lösung für die Aufgabe, Magnetismus in Elektrizität zu verwandeln.

3 Das Bild zeigt die Montage eines Generators in einem Kraftwerk.

4 Mit Hochspannungstransformatoren wird in Kraftwerken die Spannung auf 220 kV oder 380 kV transformiert.

Die meisten Kraftwerke in Deutschland sind **Wärmekraftwerke.**

In Wärmekraftwerken wird aus den Primärenergieträgern thermische Energie als Wärme frei und zur Erzeugung von heißem Dampf bzw. Gas genutzt. Mit Hilfe des Dampfes bzw. Gases wird in einer Turbine eine Drehbewegung erzeugt, mit der durch einen Generator elektrischer Strom und elektrische Energie bereitgestellt wird.

1 **Im Unterschied zur Dampfmaschine wird bei der Dampfturbine eine Drehbewegung unmittelbar erzeugt. Die hohen Drehzahlen für die Generatoren sind dadurch erreichbar.**

Prinzipiell unterscheidet man die Wärmekraftwerke nach der Art des Energieträgers und der Turbine in **Dampfturbinenkraftwerke** und **Gasturbinenkraftwerke.**

Bei **Dampfturbinenkraftwerken** wird die aus den Primärenergieträgern gewonnene Wärme zur Erzeugung von heißem Dampf bei Temperaturen von ca. 550 °C genutzt. Der heiße Dampf wird in einem Wasser-Dampf-Kreislauf in eine Dampfturbine (Abb. 1) geleitet, wo er dann mittels Schaufelrädern mechanische Arbeit verrichtet und eine Drehbewegung erzeugt (Abb. 2). Anschließend muss der Dampf in einem Kondensator wieder gekühlt werden, wozu verschiedene Kühlverfahren genutzt werden (Abb. 3).

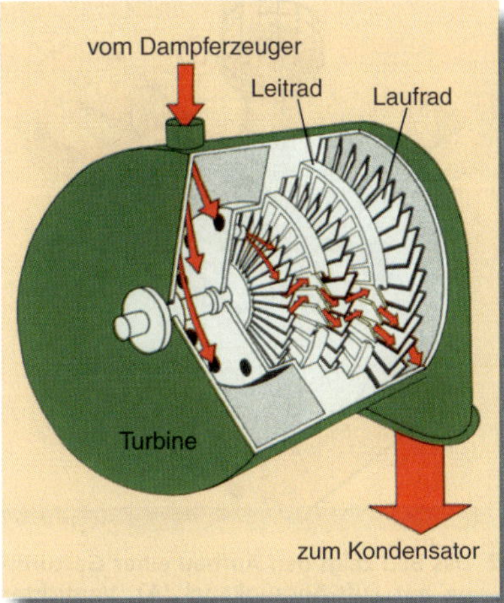

2 **Schnitt durch eine Dampfturbine**

Der heiße Dampf in Dampfturbinenkraftwerken kann aus sehr verschiedenen Energieträgern erzeugt werden, z. B. durch Verbrennung aus Kohle, Gas und Öl, durch Kernspaltung aus der Kernenergie von Uran oder Plutonium, aber auch aus geothermischer Energie oder der Sonnenstrahlung. In Deutschland werden Dampfturbinen hauptsächlich in Kohle- und in Kernkraftwerken eingesetzt, mit denen ca. 90 % der elektrischen Energie bereitgestellt werden.

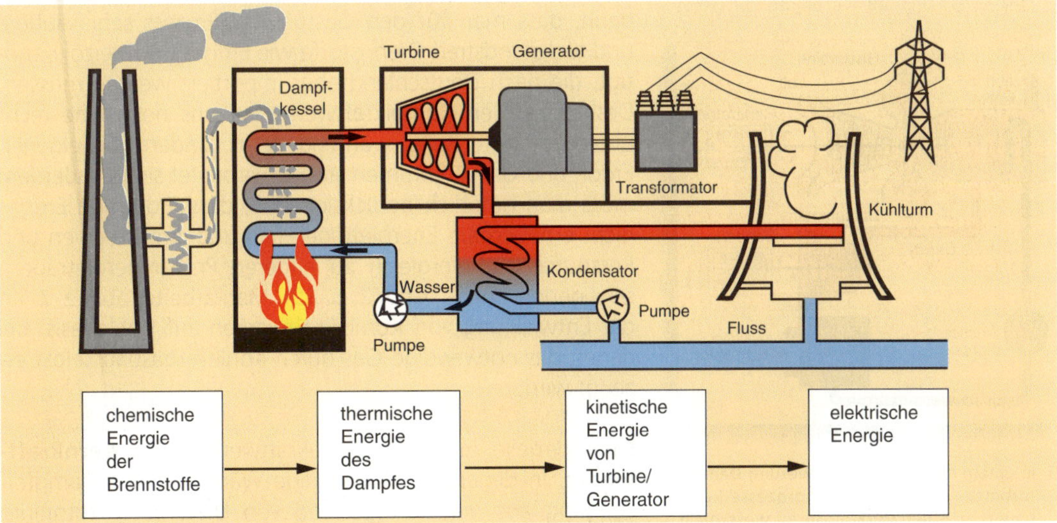

3 **Die Energieumwandlungsvorgänge sind in allen Wärmekraftwerken prinzipiell gleich.**

1 Dieses Gasturbinenkraftwerk wurde vom Siemens-Bereich Energieerzeugung am Stadtrand von Lima errichtet.

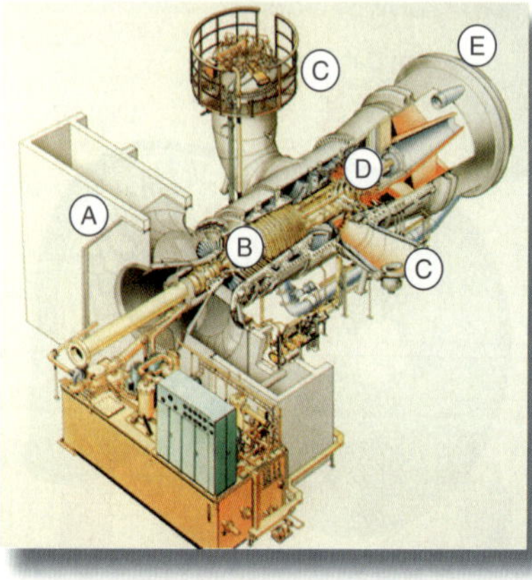

2 Das Bild zeigt den Aufbau einer Gasturbine mit Luft-Ansaugkanal (A), Verdichter (B), Brennkammer (C), Turbine (D) und Abgaskanal (E).

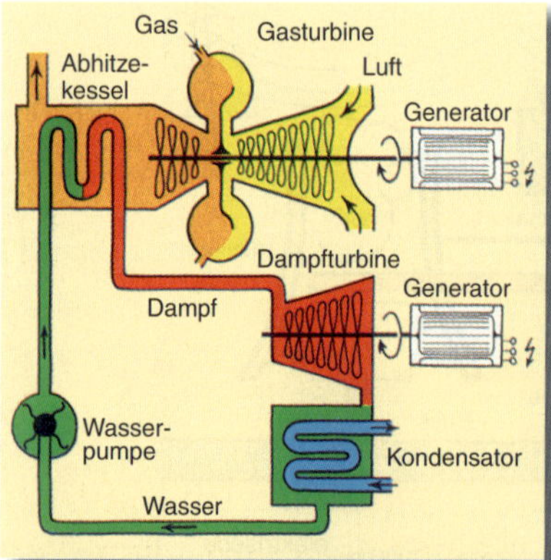

3 In einem Kombikraftwerk werden Dampfturbinen- und Gasturbinenprozesse kombiniert, was den Wirkungsgrad wesentlich erhöht.

In **Gasturbinenkraftwerken** (Abb. 1) wird, ähnlich wie in einem Flugzeug-Strahltriebwerk, mit einem Verdichter Luft aus der Umgebung über Luftfilter und Schalldämpfer angesaugt und sehr stark komprimiert (zusammengepresst). Durch diesen Verdichtungsprozess erwärmt sich die Luft bereits auf Temperaturen zwischen 350 °C und 400 °C. Diese vorgewärmte Luft wird in einer Brennkammer einem Brennstoff (Erdgas oder Heizöl) zugeführt, wobei sich das Luft-Brennstoff-Gemisch entzündet. Es entsteht ein heißes Verbrennungsgas unter sehr hohem Druck und einer Temperatur von 1050 °C bis 1150 °C. Dieses Gas wird in die Gasturbine geleitet, wobei es sich dort entspannt, also der Überdruck abgebaut wird, und damit die Turbine antreibt. Die Turbine wiederum treibt den Generator und den Verdichter an (Abb. 2). Die Luft verlässt die Gasturbine bei noch hohen Temperaturen von 500 °C bis 550 °C, wodurch der Wirkungsgrad bei ca. 32 bis 34 % begrenzt ist und noch unter dem eines modernen Dampfturbinenkraftwerkes liegt (Abb. 3, S. 41).

Besondere Vorteile bringt die Kombination beider Wärmekraftwerksarten in **Gasturbinen-Dampfturbinen-Kraftwerken,** auch GUD- oder Kombikraftwerke genannt (Abb. 3). Der Dampf darf in Dampfturbinen keine höheren Temperaturen als 550 °C haben, weil sonst wesentlich bessere und teuere Werkstoffe eingesetzt werden müssten. Deshalb ist auch hier der Wirkungsgrad begrenzt. In Kombikraftwerken wird das noch heiße Gas aus der Gasturbine bei Temperaturen von 500 °C bis 550 °C anschließend in die Dampfturbine geleitet und treibt damit noch einen Generator an.

Der Vorteil dieser Kombikraftwerke besteht in einem hohen Wirkungsgrad bei 52 %, der in den nächsten Jahren bis zu 60 % betragen kann. Der Nachteil dieser Kraftwerke liegt darin, dass man für den Gasturbinen-Prozess sehr saubere und rückstandsfreie Brennstoffe wie Erdgas und Heizöl benötigt, die nach Deutschland aber importiert werden müssen. Deshalb spielen Kombikraftwerke bei uns noch eine recht untergeordnete Rolle, während sie in Ländern mit eigenen Erdöl- und Gasvorkommen stärker verbreitet sind. Außerdem muss man natürlich berücksichtigen, dass Erdöl und Erdgas nicht erneuerbare Energieträger sind und ihre Reserven und Ressourcen im Vergleich zu anderen Primärenergieträgern sehr gering sind (s. Abb. 2, S. 19). Man arbeitet aber z. Z. an der Entwicklung von Kombikraftwerken auf Kohlebasis, bei denen das notwendige Gas durch Kohlevergasung selbst erzeugt wird.

Eine spezielle Art von Wärmekraftwerken sind **Kernkraftwerke,** in denen die notwendige Wärme für die Dampferzeugung aus der Kernspaltung von Uran oder Plutonium gewonnen wird.

Im Kernreaktor (Abb. 1) wird durch eine Kettenreaktion Kernenergie in thermische Energie umgewandelt. Wasser durchströmt von unten nach oben den Kernreaktor, nimmt die Wärme auf und transportiert diese zu den Turbinen. Wasser wird ebenfalls als Kühlmittel und zum Abbremsen der entstehenden freien Neutronen verwendet. Je nachdem, was für Wasser unter welchen Drücken und in welchen Kreisläufen dafür genutzt wird, unterscheidet man verschiedene Arten von Kernreaktoren, z. B. Leichtwasser-, Siede- und Druckwasserreaktoren sowie Schnelle Brüter.

1 Das Bild zeigt einen Blick in das Reaktorgefäß eines Kernreaktors.

Im Unterschied zu Kohlekraftwerken mit Kraftwerksblöcken von 600 MW bis zu 800 MW haben Kernkraftwerke wesentlich größere Kraftwerksblöcke mit Leistungen bis zu 1400 MW, was u. a. mit den Baukosten zusammenhängt.

Auch **geothermische Kraftwerke** sind eine spezielle Art von Wärmekraftwerken. Hierbei kann die thermische Energie in der Erdkruste direkt für die Dampferzeugung genutzt werden. Die Wärme im Erdinneren stellt ein gewaltiges Energiepotential dar, das heute nur in ersten Ansätzen genutzt wird. Trotzdem ist die geothermische Energie weltweit bereits eine der am meisten genutzten erneuerbaren Energiequellen. 70 % der Wärme im Erdinneren entstehen durch radioaktive Zerfallsprozesse und 30 % sind noch gespeicherte Energie aus der Entstehung unseres Planeten.

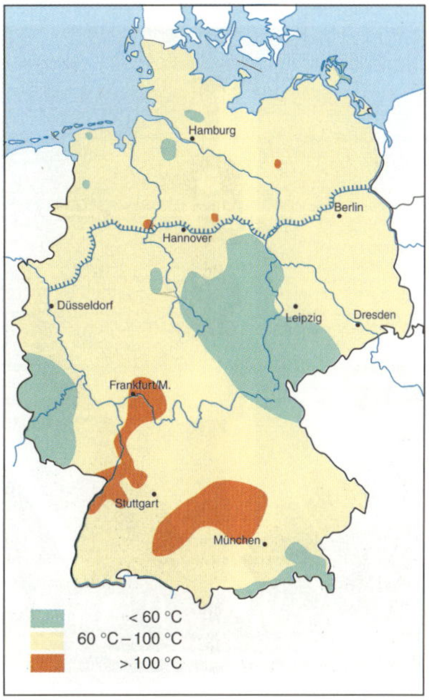

2 Die Karte zeigt die unterschiedlichen geothermischen Verhältnisse in 2 000 m Tiefe.

Mit zunehmender Tiefe erhöht sich die Temperatur in der Erde. In der Regel nimmt diese um 3 K pro 100 m Tiefe zu. In einigen Gebieten der Erde gelangen flüssige Gesteinsmassen, das Magma, bis nahe unter die Erdoberfläche. Dieses Magma hat Temperaturen von über 1 000 °C, die zur Erzeugung elektrischer Energie genutzt werden können. Dringt nämlich Grundwasser in diese Gesteinsmassen ein, so bildet sich Dampf, der Turbinen antreiben kann. Das älteste Kraftwerk dieser Art steht in Larderello in Italien mit 400 MW Leistung.

In Deutschland kann man geothermische Energie zur Elektroenergieerzeugung so einfach nicht nutzen. Allerdings fließt auch bei uns an vielen Stellen in Tiefen zwischen 1 200 und 2 500 m heißes Wasser mit Temperaturen von 40 bis 100 °C, das für die Energieversorgung, vor allem für die Fernwärmeversorgung, genutzt werden kann (Abb. 2). Größere Anlagen dieser Art sind in Erding bei München sowie in Neubrandenburg und Neustadt-Glewe in Mecklenburg-Vorpommern in Betrieb. Die Heißwasservorkommen im Norddeutschen Becken wurden in den 60er Jahren bei der Suche nach heimischen Erdölquellen entdeckt. Es entstanden 1984 in Waren (5,2 MW) und 1988 in Neubrandenburg (9,7 MW) „Geothermische Heizzentralen". Die Anlage in Neustadt-Glewe wurde 1995 mit 10,6 MW in Betrieb genommen (Abb. 3).

3 Das Erdwärmeheizwerk in Neustadt-Glewe nutzt 97 °C warmes Thermalwasser aus 2450 m Tiefe, um Haushalte und Gewerbekunden mit Raumwärme, warmem Wasser und Prozesswärme zu versorgen.

1 Durch die Hohlspiegel wird die Flüssigkeit in den Röhren auf über 300 °C erhitzt.

2 Diese Solarturm-Anlage steht in Almeria in Spanien. Der Turm ist 60 m hoch.

3 Das Fotovoltaik-Versuchskraftwerk der Bayernwerk AG steht in Neunburg vorm Wald. Hier werden auch Forschungen zur Wasserstofftechnologie betrieben.

Die Nutzung der Sonnenenergie kann grundsätzlich durch zwei unterschiedliche Verfahren erfolgen: durch Umwandlung in Wärmeenergie (Solarthermie) oder durch Umwandlung in elektrische Energie (Fotovoltaik). **Solar-** bzw. **Sonnenkraftwerke** können ebenfalls als Wärmekraftwerke bzw. in Kopplung mit ihnen betrieben werden. In **solarthermischen Kraftwerken** kann die Sonnenenergie z. B. für die Dampferzeugung zum Antrieb von Turbinen genutzt werden. Die Sonnenenergie wird mit Kollektoren aufgefangen und in thermische Energie umgewandelt. Um höhere Temperaturen zu erreichen, wird die Sonnenstrahlung mit Spiegeln konzentriert. Für die Erzeugung größerer Mengen an Elektroenergie werden die Spiegel und Kollektoren in Solarfarm-Systemen (Abb. 1) oder in Solarturm-Systemen (Abb. 2) angeordnet.

Ein Erfolg versprechender Weg, die Sonnenenergie in solarthermischen Anlagen zur Elektroenergieerzeugung kostengünstig zu nutzen, besteht möglicherweise darin, die Solarturm-Anlage in den Gasturbinenprozess eines Kombikraftwerkes einzubinden. Die Sonnenenergie wird dabei genutzt, die verdichtete Luft vor der Brennkammer und unter Einsparung von Brennstoff vorzuheizen. Tests dazu werden auch in der Solarturm-Anlage in Almeria in Südspanien (Abb. 2) durchgeführt.

In unseren Breiten aussichtsreicher sind **solarelektrische Anlagen (Fotovoltaik),** mit denen Sonnenlicht direkt ohne Zwischenstufen in elektrische Energie umgewandelt wird. Dabei kann auch der diffuse Anteil der Sonnenstrahlung (s. S. 17) genutzt werden. In Versuchskraftwerken (Abb. 3) werden die verschiedensten Solarzellen auf ihre Eignung für diese Art der Stromerzeugung getestet. Dabei wird auch untersucht, wie mit Hilfe der Solarzellen Wasser gespalten und Wasserstoff hergestellt werden kann. Wasserstoff gilt als aussichtsreicher Energieträger, mit dem in idealer Weise Sonnenenergie gespeichert und in Brennstoffzellen wieder in elektrische Energie umgewandelt werden kann.

Weitere wichtige Kraftwerksarten sind **Wasserkraftwerke,** die in Deutschland aufgrund der geografischen Gegebenheiten leider nicht die große Rolle wie in einigen anderen Ländern, z. B. in Norwegen oder in der Schweiz, spielen können. Weltweit werden immerhin 20 % der elektrischen Energie aus Wasserkraft erzeugt.

In Wasserkraftwerken wird aus der potenziellen Energie des gestauten Wassers oder der kinetischen Energie des fließenden Wassers elektrische Energie erzeugt. Dabei wird mit Hilfe fließenden Wassers in einer Turbine eine Drehbewegung hervorgerufen und ein Generator zur Stromerzeugung angetrieben.

1 In Thüringen entsteht bei Goldisthal am Fluss Schwarza ein neues Pumpspeicherkraftwerk. Es soll 2002/2003 in Betrieb gehen.

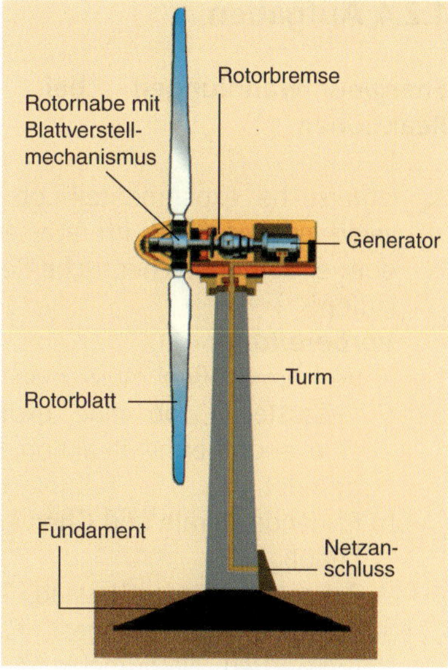

2 Schematischer Aufbau eines Windgenerators

Man unterscheidet prinzipiell **Laufwasserkraftwerke** von **Speicherwasserkaftwerken.** Bei Laufwasserkraftwerken wird die kinetische Energie des strömenden Wassers eines Flusses genutzt. In Speicherwasserkraftwerken reicht die Energie des fließenden Wassers für eine effektive Elektroenergieerzeugung nicht aus. Deshalb wird das Wasser zunächst in Stauseen gespeichert und anschließend zu einem tiefer gelegenen Kraftwerk geleitet.

Spezielle Arten von Wasserkraftwerken sind **Pumpspeicherkraftwerke** (Abb. 1) und **Gezeitenkraftwerke.** Pumpspeicherkraftwerke nutzen den unterschiedlichen Bedarf an Elektroenergie zu verschiedenen Zeiten eines Tages aus und dienen der bedarfsgerechteren Versorgung mit Energie. Wasser wird mit Elektropumpen in Oberbecken über gewaltige Druckrohre gepumpt und zu Spitzenzeiten wieder zur Elektroenergieerzeugung in die Turbinen des tiefer gelegenen Kraftwerks geführt.

In **Windkraftanlagen** wird die kinetische Energie des Windes mittels Windkonverter (Abb. 2) in elektrische Energie umgewandelt. Damit sich die Elektroenergieerzeugung aus Windenergie lohnt, sollte die mittlere Windgeschwindigkeit im Jahr mindestens zwischen 4 m/s und 5 m/s sein. Dies ist in Deutschland nur in einigen Regionen der Fall (Abb. 3). Ähnlich wie bei der Nutzung der direkten Sonnenstrahlung unterliegt auch die Nutzung der Windenergie starken zeitlichen Schwankungen. Zu Windparks zusammengeschaltete Windkraftanlagen können durchaus einen spürbaren Beitrag zur Einspeisung von elektrischer Energie in das örtliche Versorgungsnetz leisten (s. S. 54). Dazu müssen vor allem Großanlagen genutzt werden, die bis zu 3 MW Leistung erbringen können.

3 Die Karte zeigt die Gebiete mit günstigen Windgeschwindigkeiten im Jahresmittel, in denen sich die Nutzung der Windenergie für die Elektroenergieerzeugung lohnt.

1.2.4 Aufgaben

Energieumwandlungen bei chemischen Reaktionen

1. Untersuche experimentell, ob beim Lösen verschiedener Salze im Wasser exotherme oder endotherme chemische Reaktionen ablaufen!

Vorbereitung:

a) Welche Größen muss man messen, um festzustellen, ob eine exotherme oder eine endotherme Reaktion vorliegt? Begründe!

b) Folgende Geräte und Chemikalien werden benötigt:
3 Reagenzgläser, Glasstab, Thermometer, Messzylinder, Waage, Calciumchlorid (wasserfrei), Natriumchlorid, Ammoniumchlorid, Wasser.

Durchführung:

a) Gib 10 ml Leitungswasser in jedes Reagenzglas und miss die Anfangstemperatur ϑ_1!

b) Wäge von jedem Salz 2 g ab und gib es zum Leitungswasser!

c) Rühre gut um und miss die Endtemperatur ϑ_2 nach vollständiger Auflösung!

Auswertung:

a) Trage die Ergebnisse deines Experiments in eine Tabelle ein! Sie sollte im Kopf folgende Spaltenbezeichnungen enthalten: Salz, Ausgangstemperatur ϑ_1, Endtemperatur ϑ_2, Differenz $\Delta\vartheta$ und Reaktionsart. Benutze für die Salze die chemischen Formeln $CaCl_2$, $NaCl$ und NH_4Cl!

b) Interpretiere diese Ergebnisse!

2. Überprüfe mit Hilfe eines Experiments, ob eine höhere Aktivierungsenergie Einfluss auf den Ablauf einer chemischen Reaktion hat. Löse dazu Magnesium in Salzsäure unterschiedlicher Temperatur auf!

Vorbereitung:

Folgende Geräte und Chemikalien werden benötigt:
2 Reagenzgläser, Reagenzglasständer, Brenner, Messzylinder, Magnesiumband, verdünnte Salzsäure (c_{HCl} = 0,5 mol/l).

Durchführung:

a) Zwei ca. 1,5 cm lange Streifen Magnesium werden abgeschnitten!

b) Fülle je 10 ml verdünnte Salzsäure in beide Reagenzgläser!

c) Erhitze eines der Reagenzgläser fast bis zum Sieden!

d) In die abgestellten Reagenzgläser werden gleichzeitig die Magnesiumstreifen gegeben!

Auswertung:

a) Beschreibe deine Beobachtungen!

b) Hat eine höhere Aktivierungsenergie Einfluss auf den Ablauf einer chemischen Reaktion? Begründe!

3. Verbrennungsprozesse sind schnell verlaufende chemische Reaktionen unter Beteiligung von Sauerstoff. Tritt bei der Verbrennung eine Flammenbildung auf, so spricht man von Feuer.

a) Welche Energieumwandlungen treten beim Verbrennen mit Feuer auf?

b) Demonstriere die Energieumwandlungen beim Verbrennen mit offenem Feuer durch Experimente!

c) Welcher Art ist die chemische Reaktion bei der Verbrennung unter energetischer Sicht?

d) Welche Bedingungen sind für das Entstehen eines Feuers notwendig? Erläutere die Bedingungen am Beispiel des Verbrennens einer Kerze!

4. Überprüfe, wie man Alkohol (Ethanol) verbrennen kann!

Vorbereitung:

Folgende Geräte und Chemikalien werden benötigt: Porzellanschalen, Dreifuß, Drahtnetz, Brenner, Holzspan, Ethanol aus dem Kühlschrank.

Durchführung:

a) Fülle in zwei Porzellanschalen je rund 10 ml Ethanol (gut gekühlt)!

b) Versuche das Ethanol im ersten Porzellanschälchen zu entzünden!

c) Wiederhole den Versuch bei Zimmertemperatur!

d) Erhitze das Ethanol im zweiten Porzellanschälchen **vorsichtig!**

e) Versuche es zu entzünden!

Auswertung:

a) Beschreibe deine Beobachtung!

b) Erkläre deine Beobachtung!

Energieumwandlungen in der lebenden Natur

5. Die bei der Fotosynthese unter Lichteinwirkung gebildete Glucose wird in den Pflanzenzellen zu Stärke oder zu anderen organischen Stoffen wie Fetten umgebaut.
Weise experimentell die Stärkebildung in grünen Pflanzenteilen bei Lichteinwirkung nach!
Vorbereitung:
Folgende Geräte und Materialien werden benötigt:
2 Blumentöpfe, schwarzes Papier für die Verdunkelung, Lampe, 4 Bechergläser, Gefäße für Wasserbad, Schere, Brenner, Tropfpipette, 2 Petrischalen, Iod-Kaliumiodid-Lösung, Wasser, Alkohol (Ethanol), Maispflanzen (bzw. Maiskörner).
Durchführung:
a) Ziehe einige Maispflanzen bis zu 20 cm Höhe in einem Blumentopf bei Tageslicht mit Zusatzbeleuchtung auf! In einem zweiten Blumentopf werden Maispflanzen im Dunkeln aufgezogen!
b) Lege einige belichtete und unbelichtete Sprosse getrennt in Alkohol und lasse sie im Wasserbad sieden! Ist sämtliches Chlorophyll aus den Sprossen entfernt (weiße Färbung), spüle die Sprosse in Wasser ab und beträufele sie mit Iod-Kaliumiodid-Lösung!
Auswertung:
a) Trage deine Beobachtungsergebnisse in einer Tabelle zusammen!

Sprosse	Färbung	Chlorophyllgehalt	Färbung in Iod-Kaliumiodid-Lösung	Vorhandensein von Stärke
belichtet				
unbelichtet				

b) Interpretiere die Beobachtungsergebnisse!

6. Bei der Fotosynthese entsteht in Blättern neben Glucose auch Sauerstoff, der nach außen abgegeben wird. Dazu wird die Energie des Sonnenlichts genutzt.
Weise experimentell die unterschiedlichen Ausscheidungsmengen von Sauerstoff bei der Fotosynthese nach, die in Abhängigkeit von der Beleuchtungsstärke entstehen!
Vorbereitung:
Folgende Geräte und Materialien werden benötigt:
3 Reagenzgläser mit Stopfen und Biegeröhrchen, 3 Reagenzglasständer, 2 Zusatzleuchten (200 bzw. 500 Watt), 2 Glasscheiben, Belichtungsmesser, Wasser, Sprosse der Wasserpest.
Durchführung:
a) Fülle drei Reagenzgläser mit Wasser und beschicke jedes mit einem etwa 8 cm langen Sprossende der Wasserpest (Sprossspitze zeigt nach unten)!
b) Verschließe die drei Reagenzgläser durch Stopfen mit Biegeröhrchen!
c) Setze ein Reagenzglas mit Wasserpest in Fensternähe dem direkten Sonnenlicht aus! Zähle die Anzahl der in 1 Minute aufsteigenden Bläschen!
d) Setze ein zweites Reagenzglas mit Wasserpest im Klassenraum einer Zusatzbeleuchtung (200- bzw. 500-Watt-Leuchte) aus (zwischen Leuchte und Reagenzglas Glasscheibe stellen, um Temperatureinfluss zu verringern)! Zähle die Anzahl der in 1 Minute aufsteigenden Bläschen!
e) Stelle das dritte Reagenzglas mit Wasserpest im Klassenraum so auf, dass es nur wenigem Licht ausgesetzt ist! Zähle die Anzahl der aufsteigenden Bläschen!
f) Wiederhole mehrere Male die Messungen und errechne die jeweiligen Mittelwerte!
Auswertung:
a) Trage die Beobachtungsergebnisse in die Tabelle ein!

Lichteinwirkung	Anzahl der Sauerstoffbläschen in 1 Minute				Mittelwert
direktes Sonnenlicht					
Zusatzbeleuchtung (200- bzw. 500-Watt-Leuchte)					
wenig Licht (Klassenraum)					

b) Weise nach, dass die aufsteigenden Bläschen Sauerstoff enthalten!
c) Interpretiere deine Messergebnisse!

7. Durch die Atmung werden unter Sauerstoffverbrauch aus dem energiereichen Stoff Glucose die energieärmeren Stoffe Kohlenstoffdioxid und Wasser.
Weise Kohlenstoffdioxid bei der Atmung von Samenpflanzen nach!

Vorbereitung:
Folgende Geräte und Chemikalien werden benötigt: Keimende Erbsen, Trichter, Glasplatte, Becherglas, Kalkwasser, Vaseline.

Durchführung:
a) Fülle den Trichter mit keimenden Erbsen, decke ihn mit Glasplatte und Vaseline dicht ab und stelle ihn so in das Becherglas, dass der Trichter in Kalkwasser eintaucht!
b) Beobachte das Kalkwasser nach mehreren Stunden!

Auswertung:
a) Beschreibe deine Beobachtung!
b) Erkläre deine Beobachtung!

8. Durch die alkoholische Gärung wird Energie aus energiereichen Stoffen freigesetzt. Es entsteht u.a. Kohlenstoffdioxid.
Weise nach, dass die alkoholische Gärung auf Lebensprozessen der Hefepilze beruht!

Vorbereitung:
Folgende Geräte und Materialien werden benötigt:
2 Erlenmeyerkolben mit Stopfen und Gärröhrchen, Glucoselösung, Calciumhydroxidlösung, Hefepilze.

Durchführung:
Gib in den einen Kolben die Glucoselösung ohne Hefepilze, in den anderen Kolben Glucoselösung mit Hefepilzen! Beobachte die Bariumhydroxidlösungen in den Gärröhrchen!

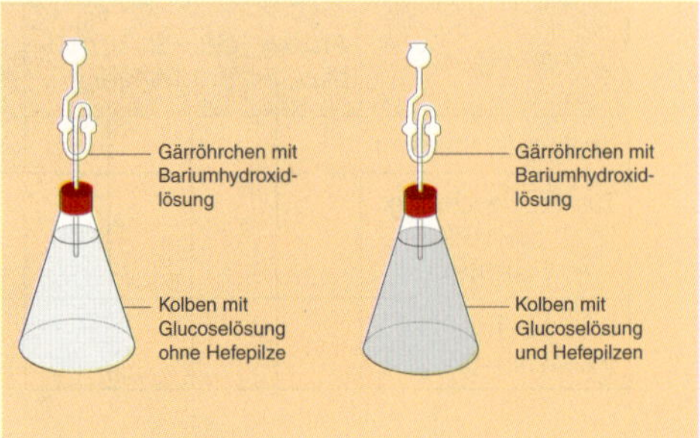

Auswertung:
Beschreibe und erkläre deine Beobachtung!

Energie und Ernährung

9. Mit der Nahrung nehmen Lebewesen nicht nur Stoffe, sondern auch die lebensnotwendige Energie auf. Die Lebewesen sind dabei in Nahrungsketten bzw. Nahrungsnetzen miteinander verbunden.
Beschreibe die Nahrungsbeziehungen der Lebewesen in einer Hecke (Abb.)! Teile die Lebewesen in Produzenten und verschiedene Stufen von Konsumenten ein!

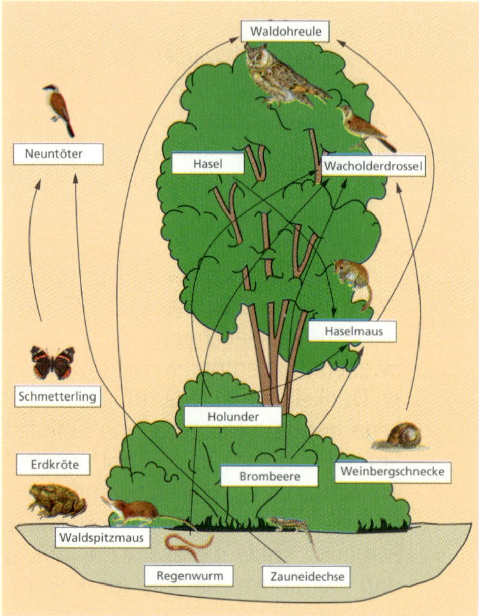

10. Lebewesen können auch in einer Nahrungspyramide angeordnet werden. Nahrungspyramiden geben nicht nur Auskunft über die Einteilung der Lebewesen in Produzenten und verschiedene Stufen von Konsumenten, sondern u. a. auch über die Nahrungsmengen der verschiedenen Ernährungsstufen einer Nahrungskette oder über die Artenanzahl auf den verschiedenen Ernährungsstufen.
Leite aus der Nahrungspyramide auf S. 33 Erkenntnisse ab in Bezug auf
- den Aufbau in Ernährungsstufen,
- die Artenanzahl, die Biomasse und deren Energiegehalt von Stufe zu Stufe und
- die Größe des Lebensraumes zur Aufrechterhaltung der Existenz der Lebewesen von der Stufe der Produzenten bis zur Stufe der Endkonsumenten!

Biomasse – ein erneuerbarer Energieträger

11. In Biomasse ist Energie gespeichert, die für die Energieversorgung der Menschheit genutzt werden kann. Biomasse ist aufgrund des ständigen Nachwachsens von Pflanzen und Tieren eine erneuerbare Energiequelle.
Trage in einer Tabelle verschiedene Verfahren zur Nutzung der Biomasse als Energieträger für die Energieversorgung zusammen!
Gehe dabei auf die Energieumwandlungen ein, die bei diesen Verfahren auftreten!

Verfahren	Energieumwandlungen
Verbrennung von Biomasse (z. B. Holz)	…
…	…

12. Von besonderer Bedeutung für die Nutzung von Biomasse als Energieträger ist die Gewinnung von Biogas aus organischen Abfällen, da dieses Biogas wie Erdgas als Brennstoff genutzt werden kann.
    a) Beschreibe den Aufbau einer Biogasanlage (Abb. 1, S. 34)!
    b) Erläutere die Prozesse in dieser Anlage, die zum Entstehen von Biogas führen!
    c) Wo befinden sich in deiner Umgebung Biogasanlagen?

13. Bringe einmal trockene und einmal keimende Erbsensamen in ein Thermosgefäß bei Zimmertemperatur!

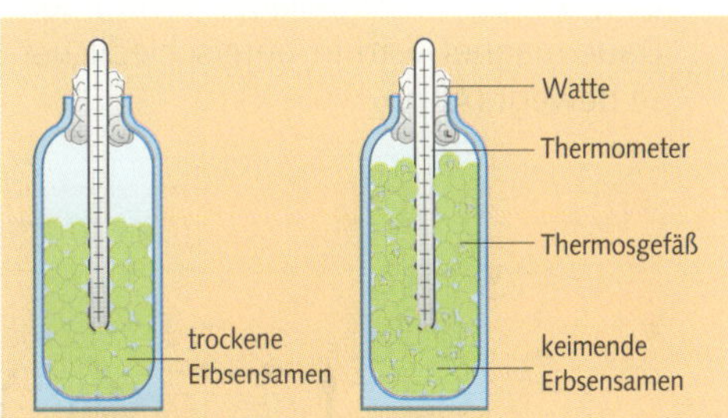

    a) Miss die Temperatur in beiden Gefäßen eine Zeit lang und vergleiche die Temperaturentwicklung!
    b) Erkläre die beobachtete Erscheinung!
    c) Erläutere, was die beobachtete Erscheinung mit der Energiegewinnung aus Biomasse zu tun hat!

Energieerhaltung und Energieentwertung

14. In der Energiewirtschaft unterscheidet man Primärenergie von Sekundärenergie.
Stelle in einer Tabelle Primärenergiequellen und die in ihnen gespeicherten Energieformen zusammen! Gib jeweils ein Beispiel für eine Sekundärenergiequelle an, die aus der Primärenergiequelle produziert wird!

Primärenergie		Sekundärenergie	
Energiequelle	Energieform	Energiequelle	Energieform
Steinkohle	chemische Energie	elektrischer Strom	elektrische Energie
…	…	…	…

15. Bei technischen Anlagen zur Energieumwandlung wird nur ein Teil der aufzuwendenden Energie in Nutzenergie umgewandelt. Der Betrag der Energie insgesamt bleibt jedoch nach dem Energieerhaltungssatz konstant.
Stelle für a) bis c) nach dem folgenden Schema Energiebilanzen auf! Nutze dazu den Energieerhaltungssatz!

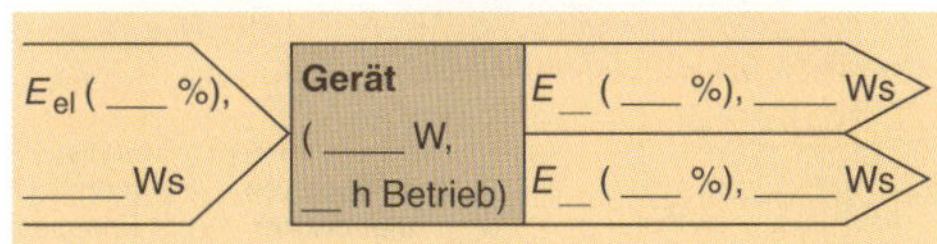

    a) Eine Glühlampe mit 60 W wird 1 h lang betrieben. Von der ihr zugeführten elektrischen Energie von 216 000 Ws werden nur 5 % in Lichtenergie umgewandelt. Wie viel Prozent der elektrischen Energie werden zu thermischer Energie? Wie hoch sind die Anteile von E_{licht} und von E_{therm} in Wattsekunden?
    b) Eine Energiesparlampe mit 20 W ist 1 h in Betrieb. Sie wandelt 25 % der elektrischen Energie in Lichtenergie um. Wie viele Wattsekunden sind für E_{el}, E_{licht} und für die ebenfalls anfallende E_{therm} einzusetzen?
    c) Einem Ventilator mit 200 W werden 1 h lang 720 000 Ws E_{el} zugeführt. 90 % davon werden in E_{mech} umgewandelt. Wie viele Wattsekunden sind das? Wie viele Prozent und wie viele Wattsekunden verbleiben für E_{therm}?

16. Von entscheidender Bedeutung für die Wirtschaftlichkeit einer Anlage zur Energieumwandlung bzw. -übertragung ist der Wirkungsgrad.
Ergänze die nachfolgende Tabelle im Heft!

Gerät/Vorgang	aufzuwendende Energie	nutzbringende Energie	Wirkungsgrad in %
PKW-Motor	100 MJ	20 MJ	20%
Glühlampe	360 kJ	18 kJ	5%
Elektromotor	2 MJ	1,8 MJ	90%
Dieselmotor	100 MJ	~~400~~ 25 MJ	25 %
Mensch beim Treppensteigen	24 kJ	6 kJ	25 %

17. Die folgende Übersicht zeigt die Energieumwandlungen in einem modernen Kohlekraftwerk.

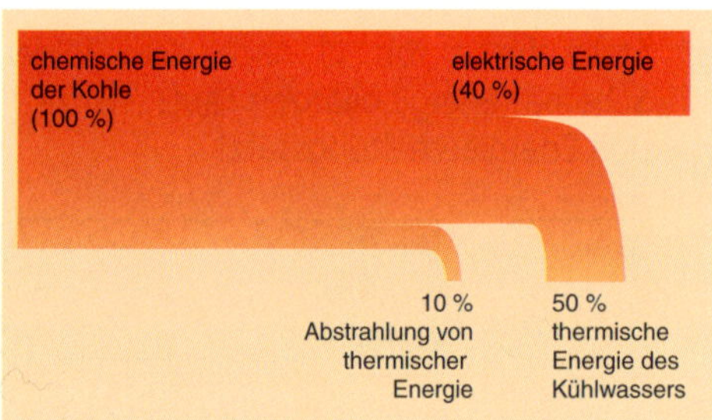

a) Wie groß ist der Wirkungsgrad dieses Kraftwerks? Begründe!
b) Wie groß ist der Gesamtwirkungsgrad in Bezug auf die Beleuchtung mit einer herkömmlichen Glühlampe mit einem Wirkungsgrad von 5 %, wenn durch die Übertragung der elektrischen Energie vom Kohlekraftwerk zum Verbraucher noch einmal 12 % der elektrischen Energie verloren gehen?

Elektrische Energie

18. Eine einfache elektrische Energiequelle kann man sich aus zwei verschiedenen Metallen und einer leitenden Flüssigkeit (Elektrolyt) herstellen. Anstelle einer leitenden Flüssigkeit in einem Becherglas kann man auch die Flüssigkeit in einer Kartoffel verwenden.
Baue dir eine solche „Kartoffelbatterie"!
Nutze dabei verschiedene Metalle!
Was kannst du beobachten!

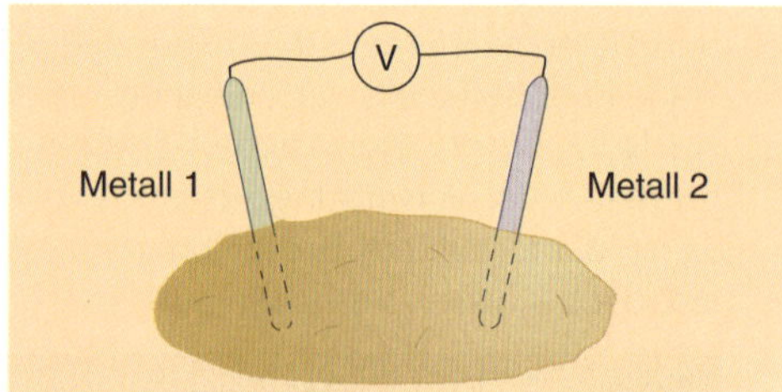

19. Untersuche den Aufbau einer Monozelle!
a) Baue **vorsichtig** eine solche Monozelle auseinander!
b) Fertige eine beschriftete Skizze vom Aufbau einer Monozelle an!
c) Entsorge die Reste umweltgerecht! Denke daran, dass Monozellen und Batterien Sondermüll sind!

20. Mit Hilfe von Generatoren wird mechanische Energie in elektrische Energie umgewandelt. Grundlage der Wirkungsweise von Generatoren ist die elektromagnetische Induktion. Dabei entstehen Wechselspannungen bzw. Wechselströme. Untersuche, unter welchen Bedingungen in einer Spule eine Induktionsspannung entsteht!
Teilexperiment 1
Durchführung:
Eine Spule wird mit einem Spannungsmesser (1 V, Zeiger in Mittellage) verbunden. Der Dauermagnet wird in unterschiedlicher Weise bewegt (Abb.).

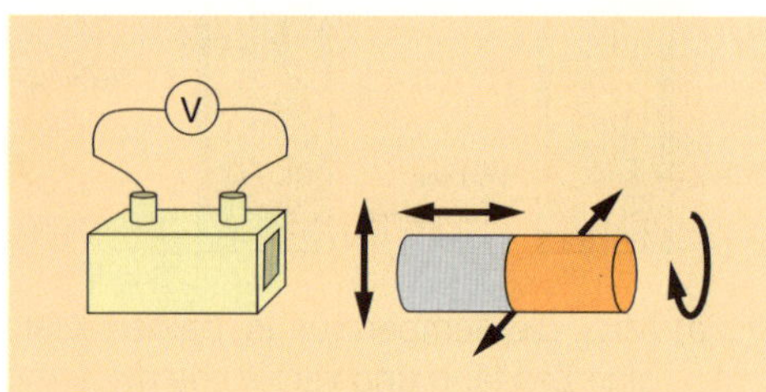

Auswertung:
a) Bei welchen Bewegungen zwischen Spule und Magnet entsteht eine Induktionsspannung, bei welchen Bewegungen nicht?

b) Trage die Ergebnisse deiner Untersuchungen in eine Tabelle ein!

Art der Bewegung	…	…	…	…
Induktionsspannung	…	…	…	…

Teilexperiment 2

Durchführung:

Statt des Dauermagneten wird ein Elektromagnet verwendet. Die Induktionsspule und die felderzeugende Spule werden mit einem Eisenkern verbunden.

Es wird der Schalter betätigt und durch Veränderung des Widerstandes die Stromstärke und damit die Stärke des Magnetfeldes verändert.

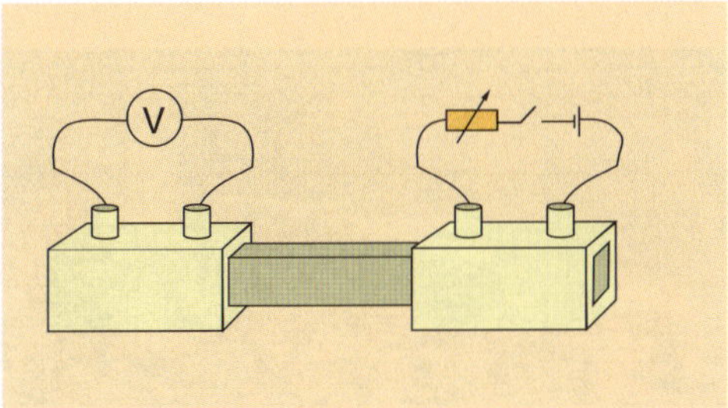

Auswertung:

a) Bei welchen Veränderungen entsteht eine Induktionsspannung?

b) Trage die Ergebnisse deiner Untersuchungen in eine Tabelle ein!

Schalter wird geschlossen	Schalter ist geschlossen	Schalter wird geöffnet	Widerstand wird schnell verändert	Widerstand wird langsam verändert
…	…	…	…	…

c) Formuliere eine allgemeine Aussage über die Entstehung einer Induktionsspannung!

21. Elektrische Energie kann mit Solarzellen auch direkt aus der Lichtenergie der Sonne gewonnen werden.
    a) Betreibe mit einer Solarzelle einen kleinen Elektromotor (Abb.)!
    b) Beschreibe die Energieumwandlungen!

Elektroenergieerzeugung in Kraftwerken

22. Elektrische Energie kann in Kraftwerken aus den verschiedensten Primärenergiequellen gewonnen werden.
    a) Stelle diese für die wichtigsten Kraftwerkstypen in einer Tabelle zusammen und ergänze die gespeicherte Energieform!

Kraftwerkstyp	Primärenergiequelle	Energieform
Wasserkraftwerk	…	…
…	…	…

    b) Benenne für jeden Kraftwerkstyp die wichtigsten Bestandteile für die Erzeugung von Elektroenergie!
    c) Beschreibe für jeden Kraftwerkstyp die Kette der Energieumwandlungen bis zur elektrischen Energie!

23. Vergleiche Vorteile, Nachteile und Risiken verschiedener Arten von Kraftwerken! Gehe dabei auf folgende Gesichtspunkte ein:
    - Verfügbarkeit der Primärenergieträger,
    - Wirkungsgrad,
    - Umweltbelastung,
    - Kosten und
    - Risiken!

    Stelle die Ergebnisse dieser Überlegungen in einer Tabelle zusammen! Berücksichtige auch Heizkraftwerke!

Art des Kraftwerkes	Vorteile	Nachteile
…	…	…

1.3 Energienutzung und Umwelt

Große Stromerzeuger – kleine Heizkraftwerke

In Großkraftwerken kann elektrische Energie mit einem Wirkungsgrad um die 50 % erzeugt werden. In den oft kleineren Heizkraftwerken beträgt der Wirkungsgrad für die Elektroenergieerzeugung zwar nur 25 %, der Gesamtwirkungsgrad aber zwischen 80 und 90 %. In Deutschland werden etwa 10 % der Elektroenergie in Heizkraftwerken erzeugt.

Warum sind Heizkraftwerke trotz des niedrigen Wirkungsgrades für die Elektroenergieerzeugung doch ein sinnvoller Beitrag zum Umweltschutz?
Warum haben Heizkraftwerke nur einen so geringen Anteil an der Energieversorgung?

Treibhauseffekt – auf der Erde wird es warm

Der Treibhauseffekt ist eine grundlegende Bedingung für das Leben auf der Erde. Durch einen erhöhten Anteil z. B. von Kohlenstoffdioxid in der Atmosphäre wird dieser natürliche Treibhauseffekt verstärkt. Wissenschaftler machen u. a. den steigenden Energieverbrauch dafür verantwortlich.

Warum ist es denn so gefährlich, wenn es auf der Erde infolge des zusätzlichen Treibhauseffektes wärmer wird?
Könnten wir nicht teure Heizenergie sparen?

Wind und Sonne als Alternativen?

Wind- und Solarenergie sind erneuerbare Energiequellen, die keine gefährlichen klimawirksamen Stoffe entstehen lassen. Eine Zukunftslösung scheint also gefunden. Trotzdem werden heute erst 2 bis 3 % der Gesamtenergie aus Wind-, Solar- und anderen erneuerbaren Energiequellen gewonnen. In Deutschland tragen diese Quellen mit etwa 7 % zur Elektroenergieerzeugung bei.

Was ist zu tun, um alternative, erneuerbare Energiequellen stärker zu nutzen?
Kann mit erneuerbaren Energiequellen die Energieversorgung der Menschheit gesichert werden?

1.3.1 Energienutzung im Alltag und in der Wirtschaft

Der Mensch benötigt wie alle Lebewesen für die Aufrechterhaltung seiner natürlichen Lebensprozesse Energie. Er nimmt sie mit der Nahrung auf (s. S. 33). Unser modernes **Alltagsleben** mit den heutigen Lebensgewohnheiten und dem entsprechenden Lebensstandard in den Industrieländern ist darüber hinaus ohne technisch bereitgestellte Energie nicht möglich. Für den Antrieb vieler Maschinen, Geräte und Fahrzeuge werden heute Motoren genutzt, die technisch bereitgestellte Sekundärenergie (z. B. elektrische Energie) in Nutzenergie umwandeln (Abb. 3). Für die Wärmeversorgung werden in modernen Heizungsanlagen in der Regel Sekundärenergieträger (z. B. Heizöl, Gas, Briketts oder elektrischer Strom) verwendet (Abb. 1). Durch künstliche Lichtquellen wird der natürliche Lichttag für den Menschen nach Belieben verlängert (Abb. 2).

1 Moderne Heizungsanlagen wandeln Sekundärenergie (z. B. chemische Energie von Öl und Gas) in thermische Energie um. Dabei werden gleichzeitig warmes Wasser und Raumwärme erzeugt.

> Im Alltag benötigt der Mensch Energie u. a. in der Nahrung sowie zur Licht- und Wärmeversorgung und zum Antrieb von Maschinen und Anlagen.

Neben dieser direkten Nutzung von Energie benötigen die Menschen heute für ihr modernes Alltagsleben noch weit mehr Energie. Sie wird für die Herstellung und den Transport der Waren verwendet, die er alltäglich verbraucht. Nahrungsmittel z. B. sind heute häufig industriell hergestellt, verpackt und werden z. T. über weite Strecken angeliefert. Dasselbe gilt für Bekleidungsgegenstände und andere Waren des alltäglichen Bedarfs, nicht zuletzt für das lebensnotwendige Wasser. In den Waren, die wir täglich nutzen und verbrauchen ist also ebenfalls viel technisch bereitgestellte Energie gespeichert. Man bezeichnet diese mitunter auch als **graue Energie,** weil man diesen Energieverbrauch häufig gar nicht bewusst wahrnimmt.

2 Moderne Beleuchtungsanlagen wandeln elektrische Energie in Lichtenergie um.

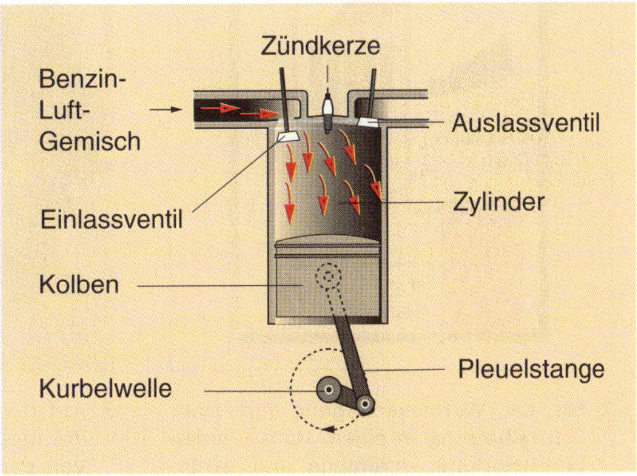

3 In Elektro- und Verbrennungsmotoren wird Sekundärenergie (elektrische und chemische Energie) in Nutzenergie, z. B. in Bewegungsenergie, umgewandelt.

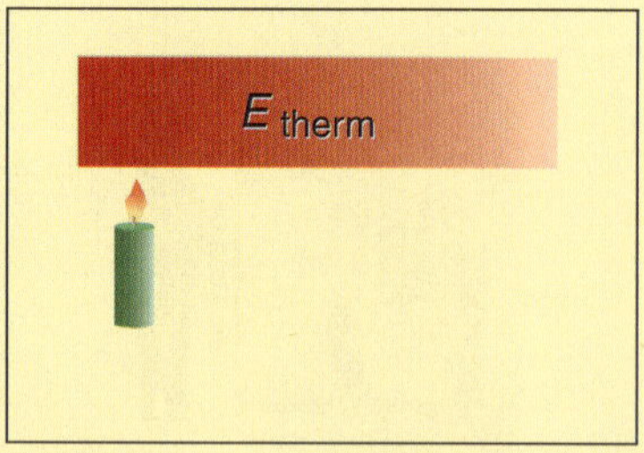

1 Wärmeleiter übertragen thermische Energie von einer Stelle höherer zu einer Stelle niedrigerer Temperatur.

Wärmeübertragung und ihre Nutzung im Haushalt

Wärme zur Heizung und zur Warmwasserbereitstellung wird heute in Haushalten meistens an zentralen Stellen in der Wohnung, im Haus oder in Heizwerken erzeugt und erst dann zu den Stellen des Verbrauchs transportiert. Dabei werden die verschiedenen Prozesse der **Wärmeübertragung** zum Transport thermischer Energie genutzt.

Durch **Wärmeleitung** kann innerhalb eines Körpers thermische Energie von einer Stelle höherer Temperatur zu einer Stelle niedrigerer Temperatur übertragen werden (Abb. 1). Die Wärmeleitung ist abhängig vom Stoff, aus dem der Körper besteht. Es gibt gute und schlechte Wärmeleiter.

Durch **Wärmeströmung** von Flüssigkeiten und Gasen kann thermische Energie übertragen werden (Abb. 2). Bei der Wärmeströmung erfolgt gleichzeitig ein Stofftransport.

Durch **Wärmestrahlung** kann thermische Energie von einem Körper höherer Temperatur auf einen Körper niedrigerer Temperatur übertragen werden. Wärmestrahlung breitet sich ohne Mitwirkung eines Stoffes aus (Abb. 2).

Bei zentralen Heizungen werden alle drei Prozesse genutzt, um die Wärme aus dem Heizkessel in die einzelnen Räume zu übertragen und dort gut zu verteilen (Abb. 3). Durch Wärmeströmung wird die Wärme aus dem Heizkessel in die Heizkörper der Zimmer transportiert. Dort wird die Wärme mittels Wärmeleitung und Wärmestrahlung vom Heizkörper abgegeben und anschließend durch Wärmeströmung und Wärmestrahlung im Zimmer wieder gut verteilt.

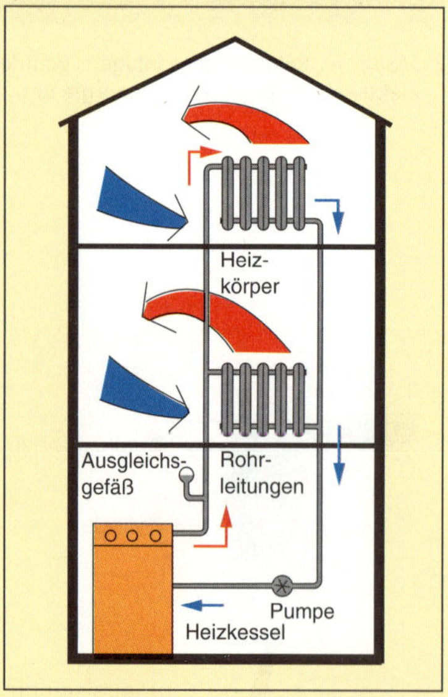

2 Für die Wärmeversorgung mit einer Zentralheizung in einem Haus werden Wärmeleitung, -strömung und -strahlung benutzt.

3 Auf den Heizkörper einer Warmwasserheizung wird Wärme durch Wärmeströmung des im Heizkessel erwärmten Wassers übertragen. Von der Außenfläche des Heizkörpers erfolgt die Wärmeabgabe an die Luft durch Wärmestrahlung.

Am Gesamtenergieverbrauch haben die einzelnen Bereiche der Gesellschaft unterschiedliche Anteile. Das gilt für alle Länder, so auch für Deutschland (Abb. 1). Heute haben hier die **privaten Haushalte** und der **Verkehr** insgesamt einen höheren Energieverbrauch als die Industrie. Auch beim Verbrauch elektrischer Energie haben die privaten Haushalte in den letzten Jahren fast immer zugelegt (Abb. 2). Das Verkehrsaufkommen im Güter- und Personenverkehr hat ebenfalls stark zugenommen, was immer auch mit einer Steigerung des Energieverbrauchs in diesem Bereich verbunden war.

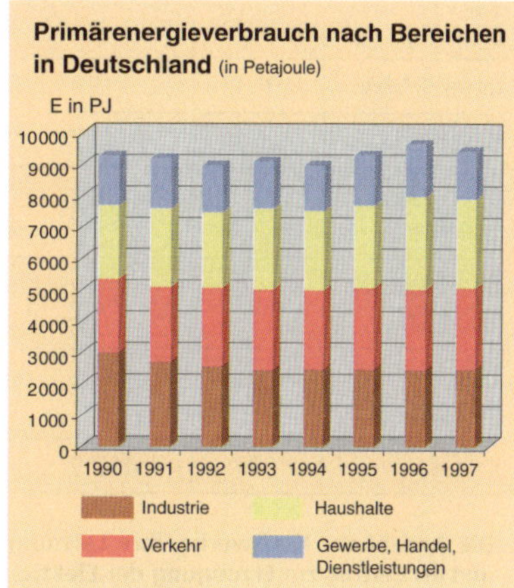

1 Die Entwicklung der letzten Jahre zeigt deutliche Anstiege des Energieverbrauchs durch Haushalt und Verkehr. Beide Bereiche haben mittlerweile die Industrie überholt.

Die bereitgestellte Energie wird in den privaten Haushalten für sehr unterschiedliche Zwecke verwendet. Der größte Anteil an ihrem gesamten Energieverbrauch entfällt auf die Heizung der Räume. Früher wurden dazu Holz- und Kohleöfen geheizt, die sich in den einzelnen Räumen befanden. Heute gibt es in der Regel zentrale Heizungsanlagen in der Wohnung, im Haus oder auch im Heiz- bzw. Heizkraftwerk, von wo aus die thermische Energie mittels Wärmeübertragung dann in die einzelnen Wohnungen und Räume transportiert wird. Bei dieser Wärmeübertragung wird stets auch ein Teil thermische Energie an die Umgebung abgegeben und damit entwertet (s. S. 36).

In der **Wirtschaft** wird Energie selbstverständlich auch zur Beheizung und Beleuchtung von Arbeitsräumen und -plätzen benötigt.

> Der größte Teil des Energieverbrauchs in der Wirtschaft entfällt auf den Antrieb von Maschinen und Anlagen sowie auf die Bereitstellung von Wärme für die Aufrechterhaltung von technischen Prozessen als so genannte Prozesswärme.

Die einzelnen Bereiche der Wirtschaft haben nicht nur unterschiedliche Anteile am Gesamtenergieverbrauch, sondern auch am Verbrauch elektrischer Energie. Innerhalb der Industrie verbraucht die chemische Industrie mit ca. 25 % die meiste Elektroenergie. Es folgen Metallerzeugung und -bearbeitung mit ca. 20 % und Papierindustrie mit ca. 8 %. Noch geringer sind die Anteile der Kraftfahrzeugherstellung (7 %) und des Maschinenbaus (4 %) am Elektroenergieverbrauch.

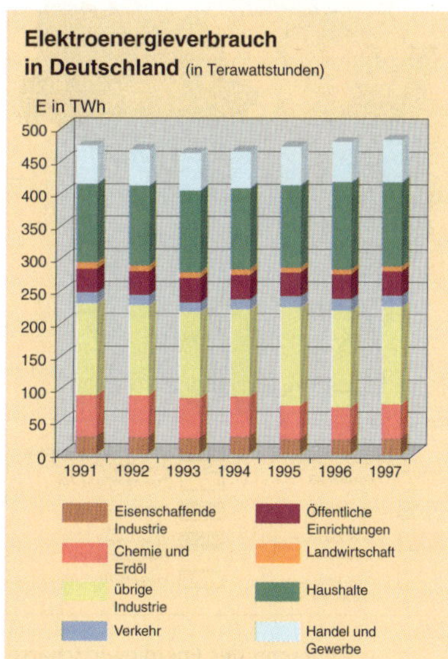

2 Der Anteil der Haushalte am Stromverbrauch nimmt jährlich zu.

Die technisch notwendige Energie für den Alltag und die Wirtschaft wird durch die **Energiewirtschaft** bereitgestellt und verteilt. Zu dieser technischen Bereitstellung von Sekundärenergie verbraucht die Energiewirtschaft selbst einen sehr beachtlichen Teil Primärenergie. 1997 waren es in Deutschland ca. 35 % der gesamten Primärenergie, die durch die Energiewirtschaft selbst verbraucht wurden.

Leistung	Anzahl	Mrd. kWh
unter 1 MW	351	0,9
1 bis 10 MW	278	4,7
über 10 bis 100 MW	195	21,5
über 100 bis 200 MW	52	17,7
über 200 MW	111	406,1
insgesamt	987	450,9

1 Die Anzahl der Kraftwerke, ihre Leistung und ihr Beitrag zur Erzeugung der Elektroenergie in Deutschland differiert nach Größenklassen.

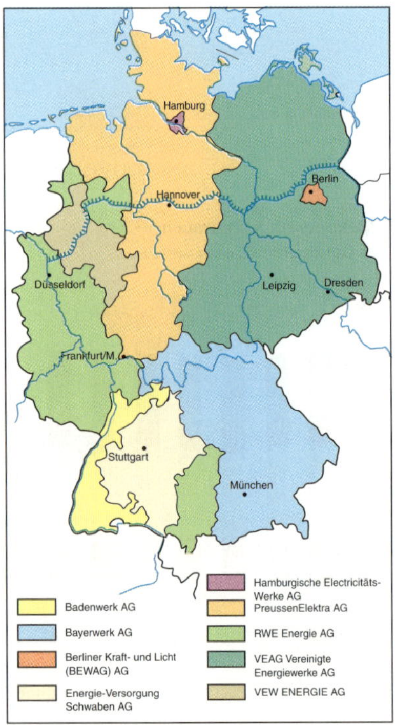

2 Bis zur Änderung des Energiewirtschaftsgesetzes galten in Deutschland diese festen Arbeitsbereiche der Energieverbundgesellschaften.

Zur Energiewirtschaft zählt man gewöhnlich die Betriebe des Kohlebergbaus, der Fernwärmeversorgung, der Mineralölverarbeitung, der Gasversorgung und der Elektrizitätsversorgung. Insbesondere in der Elektrizitätswirtschaft gibt es sowohl große Konzerne mit riesigen Kraftwerken und überregionalen Verbundsystemen als auch kleinere regionale Unternehmen, die Strom und Wärme erzeugen und vertreiben. Diese kleineren Unternehmen sind meistens kommunale Firmen, gehören manchmal aber auch zu größeren Konzernen und werden oft als **Stadtwerke** bezeichnet. Stadtwerke betreiben häufig Heizkraftwerke (s. S. 40), mit denen gleichzeitig Strom und Fernwärme bereitgestellt werden kann. Derzeit arbeiten in Deutschland etwa 570 derartige Stadtwerke.

Die größte Anzahl von Kraftwerken in Deutschland liegt im unteren Leistungsbereich, die meiste Elektroenergie wird jedoch durch die Großkraftwerke mit über 100 MW Leistung erzeugt (Abb. 1). Eine stabile und auch preiswerte Versorgung mit Elektroenergie wird derzeit durch die Großkraftwerke, die in der Regel Dampfkraftwerke sind, gesichert. Der Vorteil der regionalen Heizkraftwerke besteht darin, dass der Gesamtwirkungsgrad dieser Anlagen höher als in normalen Kraftwerken ist. Allerdings können diese Heizkraftwerke aufgrund der Wärmeverluste beim Transport der Wärme nur in der Nähe der Verbraucher effektiv betrieben werden. In Deutschland haben die Werke mit Kraft-Wärme-Kopplung, zu denen die Heizkraftwerke gehören, einen Anteil von ca. 10 % an der Stromerzeugung. In Österreich sind es 26 %, in den Niederlanden 40 % und in Dänemark sogar 50 %.

Die Energiewirtschaft wird durch entsprechende Gesetze geregelt, z. B. durch das **Stromeinspeisungsgesetz,** das Energieversorgungsunternehmen verpflichtet, Strom aus erneuerbaren Energieträgern auch von Privatpersonen abzunehmen und dafür Mindestvergütungen zu zahlen.

Durch das 1998 geänderte **Energiewirtschaftsgesetz** kann jetzt jeder Stromkunde, ob Privatperson oder Unternehmen, selbst bestimmen, von welchem Anbieter bzw. Vertreiber er die elektrische Energie beziehen möchte. Die örtlichen Energiebetriebe müssen mit ihren Versorgungsnetzen auch den Strom anderer Energieanbieter zum Verbraucher durchleiten. Bisher vorhandene Gebietsaufteilungen der Elektrizitätsunternehmen (Abb. 2) sind damit hinfällig geworden. Der Strommarkt ist innerhalb der Europäischen Union für den Wettbewerb geöffnet worden. Neue Unternehmen, die Strom anbieten und verkaufen, sind gegründet worden. Große Energiekonzerne schließen sich zu noch größeren zusammen, um auf dem europäischen und weltweiten Strommarkt arbeiten zu können. Damit haben im Wesentlichen auch *zwei Entwicklungen* eingesetzt:

Einerseits gibt es einen sehr harten **Preiswettbewerb** zwischen den Anbietern, damit diese neue Kunden gewinnen und behalten können. Andererseits nutzen die Energieanbieter die Möglichkeit, die **Strompreise** nach der Art der Herstellung *differenzierter* zu gestalten (Abb. 1). Damit hat auch der Verbraucher die Möglichkeit, bestimmte Stromerzeugungsarten zu fördern. So wird z. B. der Strompreis danach unterschieden, ob der Strom in den örtlichen Heizkraftwerken, aus erneuerbaren Energieträgern oder aus Großkraftwerken einschließlich Kernkraftwerken kommt.

1 Mit solchen Großplakaten werden die Stromkunden über die neuen Möglichkeiten informiert.

Zum Teil wird „Billigstrom" angeboten, der in ganz Europa zusammengekauft wird. Bei diesem Strom kann man nicht mehr nachvollziehen, aus welchem Kraftwerk er stammt, mit welcher Technologie und unter Beachtung welcher Umweltaspekte er erzeugt wird.

„Ökostrom" stammt aus erneuerbaren Energieträgern oder z.T. aus Heizkraftwerken und wird gesondert gekennzeichnet (Abb. 2). Er ist heute in der Regel teurer als der herkömmliche Strom, da noch viel Geld in neue, teure Anlagen investiert werden muss, während viele Großkraftwerke bereits abbezahlt sind. So kostet die Herstellung 1 kWh Strom aus Windenergie gegenwärtig noch zwischen 0,10 und 0,15 €, aus Fotovoltaikanlagen zwischen 0,90 und 1,80 €, aber aus herkömmlichen Kraftwerken nur etwa 0,03 €. Die Herstellungspreise für Strom aus erneuerbaren Energieträgern werden zwar fallen, sind aber noch weit von denen der traditionellen Stromerzeugung entfernt. Hier wird sich also in Zukunft u. a. zeigen, wie umweltbewusst die Bürger auch in ihrem Verbraucherverhalten sind, wenn sie nur durch einen höheren Energiepreis die Nutzung erneuerbarer Energieträger fördern können.

2 Ökostrom wird häufig auch mit dem blauen Umweltengel gekennzeichnet.

Der Wettbewerb auf dem Energiemarkt hat dazu geführt, dass die Energieunternehmen sich jetzt nicht nur als Versorgungsbetriebe, sondern auch als Dienstleistungsunternehmen sehen. **Energiedienstleistungen** heißt das neue Wort, unter dem sich Energiebetriebe als Serviceleister für alle Energiefragen den Kunden anbieten. Sie verkaufen nicht nur Strom und Gas, sondern beraten die Kunden auch hinsichtlich einer rationellen und sparsamen Energieanwendung, bei dafür erforderlichen Baumaßnahmen sowie bei der Nutzung erneuerbarer Energieträger (Abb. 3). Dies tun die Energieunternehmen nicht nur zur Kundenbindung, sondern auch aus ökonomischen Gründen. Durch Energiesparmaßnahmen können nämlich teilweise die teuren Investitionen in neue Kraftwerke oder Verteilungssysteme gespart oder zeitlich verschoben werden, was die Kostensituation stark entlastet. Für solcherart eingesparte Kraftwerksleistung wurde in den USA der Begriff „Negawatt" geprägt.

3 In über 1 000 solcher Beratungsstellen der Energiewirtschaft werden Kunden über Möglichkeiten einer rationellen Energieanwendung beraten.

1 Der Straßenverkehr ist mit den Verbrennungsprozessen in den Verbrennungsmotoren ein großer Faktor der Umweltbelastungen bei der Energienutzung.

1.3.2 Energienutzung und Umweltbelastungen

Die natürliche Umwelt des Menschen auf der Erde wurde und wird durch zahlreiche Naturereignisse, wie Erdbeben, Waldbrände, Vulkanausbrüche, Stürme und Überschwemmungen, stark beeinflusst. Im Laufe der Geschichte hat auch der Mensch zunehmend Einfluss auf seine Umwelt genommen. Ein großer Teil dieser Umweltbeeinflussungen durch den Menschen ist unmittelbar mit der technischen Bereitstellung und Nutzung von Energie verbunden. Die Belastungen der Umwelt durch die technische Energienutzung des Menschen sind groß und nehmen aufgrund des ständig steigenden Energieverbrauchs weiter zu.

Eine große Rolle in Bezug auf die Umweltbelastungen im Zusammenhang mit der Energienutzung spielen **Verbrennungsprozesse.** Der Großteil der Sekundärenergie wird in Kraftwerken durch die Verbrennung von fossilen Primärenergieträgern (Kohle, Erdöl und Erdgas) erzeugt. Auch einige erneuerbare Energieträger, wie Biomasse und Müll, werden durch Verbrennungsprozesse für den Menschen nutzbar gemacht und tragen so zu Umweltbelastungen bei. Sekundärenergieträger, wie Benzin, Dieselkraftstoff oder Heizöl, werden ebenfalls in Verbrennungsmotoren und Heizungsanlagen verbrannt (Abb. 1).

Bei Verbrennungsprozessen entstehen neben der frei werdenden Energie zahlreiche gasförmige Stoffe sowie feste Rückstände, wie Asche, Ruß, Staub und Schwermetalle.

Nur einige dieser Reaktionsprodukte können umweltverträglich entsorgt werden. Die meisten dieser Stoffe belasten die Umwelt, wenn sie in diese gelangen (Abb. 2). Vor allem die gasförmigen Stoffe, aber auch Ruß und Staub, können in die Atmosphäre gelangen und zu solchen Erscheinungen, wie Smog, saurer Regen, zusätzlicher Treibhauseffekt oder Ozonloch, führen.

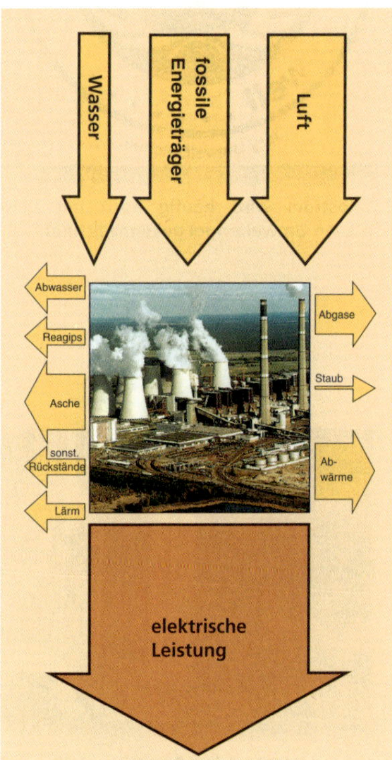

2 Wärmekraftwerke, die Verbrennungsprozesse nutzen, beeinflussen auf sehr unterschiedliche Weise die Umwelt.

Eine Reihe von gasförmigen Stoffen, die bei Verbrennungsprozessen entstehen, können das Klima auf der Erde beeinflussen. Man nennt sie deshalb auch **klimawirksame Gase.**

Zu diesen Gasen gehören vor allem das Kohlenstoffdioxid (CO_2), das bei allen Verbrennungsprozessen entsteht, aber auch der Wasserdampf und das Methan. Methan (CH_4) ist als Hauptbestandteil des Erdgases brennbar. Es entsteht durch die Wirkung der Methanbakterien nicht nur in Biogasanlagen (s. S. 34), Mülldeponien und Güllegruben, sondern auch auf nassen Reisfeldern und in Rindermägen. Die Rinder der Erde produzieren jährlich etwa 55 Mio. t Methan.

Die Verbrennung fossiler Energieträger als chemische Reaktion

Verbrennungsprozesse sind schnell verlaufende, exotherme chemische Reaktionen mit Beteiligung von Sauerstoff, bei denen thermische Energie frei wird. Als Reaktionen, bei denen Sauerstoff verbraucht wird, sind Verbrennungen Oxidationen. Sie laufen mit Feuererscheinungen ab (Abb. 1).

Beim Verbrennen fossiler Primärenergieträger (z.B. Kohle, Erdgas, Erdöl) und auch von Sekundärenergieträgern (z.B. Benzin, Dieselkraftstoff, Heizöl) sind für die Energiefreisetzung vor allem die chemischen Reaktionen kohlenstoffhaltiger Substanzen mit Sauerstoff von Bedeutung. Für die Verbrennung von Kohlenstoff, z. B. aus der Kohle, gilt folgende Reaktionsgleichung:

$$C + O_2 \longrightarrow CO_2$$

Erdöl, Heizöl, aber auch Benzin und Dieselkraftstoff sind Gemische von Kohlenwasserstoffen, die bei der Verbrennung gemeinsam mit Sauerstoff reagieren. Dafür gilt folgende Reaktionsgleichung:

$$2\,C_6H_{14} + 19\,O_2 \longrightarrow 12\,CO_2 + 14\,H_2O$$

Erdgas besteht bis zu 95 % aus dem Kohlenwasserstoff Methan. Für die vollständige Oxidation von Methan gilt folgende Reaktionsgleichung:

$$CH_4 + 2\,O_2 \longrightarrow CO_2 + 2\,H_2O$$

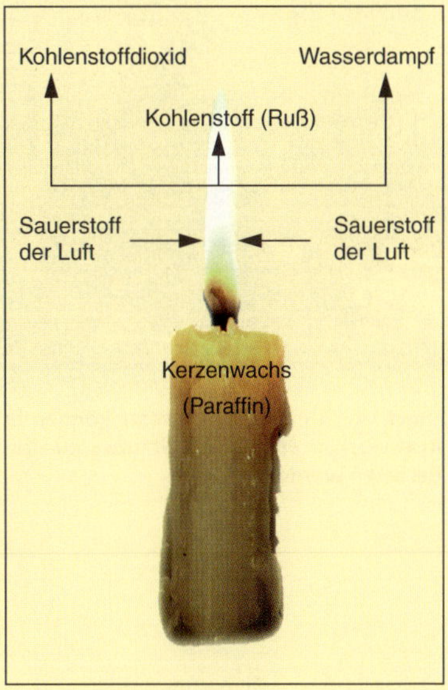

1 Bei Verbrennungsprozessen wird Sauerstoff verbraucht, Kohlenstoffdioxid und Wasser entstehen.

Bei all diesen Verbrennungsprozessen entstehen als Reaktionsprodukte Kohlenstoffdioxid und z.T. Wasserdampf. Beide sind klimawirksame Gase. Aufgrund der unterschiedlichen Anteile von Kohlenstoff und Wasserstoff in den jeweiligen Energieträgern werden bei einzelnen Verbrennungsprozessen auch unterschiedliche Mengen Kohlenstoffdioxid gebildet, bezogen auf die Freisetzung einer bestimmten Menge von Energie (Abb. 2). Da Wasserstoff ebenfalls brennbar ist, wirkt sich die Nutzung „kohlenstoffärmerer" Energieträger (mit höherem Wasserstoffgehalt) günstig auf die Verringerung der CO_2-Emission bei der Energiegewinnung aus.

Da Kohle, Erdöl, Erdgas, Benzin und Dieselkraftstoff Gemische aus verschiedenen Stoffen sind, entstehen bei deren Verbrennung nicht nur Kohlenstoffdioxid und z. T. Wasserdampf, sondern auch viele andere Gase, die die Umwelt beeinflussen. Zu solchen umweltwirksamen Gasen gehören vor allem Schwefeldioxid, das u.a. bei der Verbrennung schwefelhaltiger Kohle entsteht, und Kohlenstoffmonooxid, das durch unvollständige Reaktionen bei Verbrennungen gebildet wird. Außerdem entstehen bei verschiedenen Verbrennungsprozessen Stickstoffoxide, von denen vor allem Stickstoffdioxid die Umwelt belastet. Diese Stoffe entstehen ebenfalls bei Reaktionen mit Sauerstoff, also durch Oxidationen. Lediglich Kohlenstoffmonooxid kann auch durch Reaktion von Kohlenstoffdioxid mit Kohlenstoff selbst gebildet werden.

Energieträger	Verhältnis von Kohlenstoff- zu Wasserstoffatomen im Energieträger	Ausstoß von CO_2 für die Freisetzung von 1 t SKE Energie
Braunkohle	Bruchteile von H-Atomen auf ein C-Atom	3,25 t
Steinkohle	Bruchteile von H-Atomen auf ein C-Atom	2,68 t
Erdöl	ca. 2 H-Atome auf ein C-Atom	2,30 t
Erdgas	4 H-Atome auf ein C-Atom	1,50 t

2 Bei Verbrennung verschiedener fossiler Rohstoffe werden unterschiedliche Mengen Kohlenstoffdioxid frei, um eine bestimmte Menge Energie freizusetzen.

1 **Durch solch einen Elektrofilter können in Kraftwerken 99,7 % des Staubes zurückgehalten werden.**

Viele Luftschadstoffe, wie Schwefeldioxid, Stickstoffoxide, Ruß und Staub, können und werden durch technische Maßnahmen, z. B. Katalysatoren in PKW sowie Filter- und Reinigungsanlagen in Kraftwerken (Abb. 1), heute schon recht wirksam zurückgehalten und nötigenfalls auf Sondermülldeponien und in Endlagern gelagert. Dadurch konnten die Luftbelastungen durch Kraftwerke in den letzten Jahrzehnten deutlich verringert werden (Abb. 3).

Ein Reaktionsprodukt bei allen Verbrennungsprozessen ist bis heute jedoch prinzipiell nicht durch technische Maßnahmen zurückzuhalten. Es ist das **Kohlenstoffdioxid.**

Bis vor einigen Jahrzehnten nahm man an, dass das Kohlenstoffdioxid, das durch Verbrennungsprozesse entsteht, den natürlichen Kohlenstoff-Kreislauf nicht beeinflusst. Seit 1958 wird jedoch regelmäßig die Konzentration des Kohlenstoffdioxids in der Atmosphäre gemessen. Diese Messungen haben ergeben, dass die CO_2-Konzentration in der Atmosphäre von Jahr zu Jahr ansteigt.

Nun ist CO_2 zwar nur in einer sehr geringen Konzentration (gegenwärtig etwa 0,035 %) in der Atmosphäre vorhanden, aber bereits die geringste Änderung dieser Konzentration kann den natürlichen **Treibhauseffekt** (s. S. 18) und damit das Klima auf der Erde beeinflussen. Auch wenn andere Gase ebenfalls zum zusätzlichen Treibhauseffekt beitragen, so hat das CO_2 doch den größten Anteil daran (Abb. 2).

Maßnahmen zur Reduzierung des CO_2-Ausstoßes sind daher besonders notwendige und auch wirkungsvolle Beiträge zum langfristigen **Klimaschutz.**

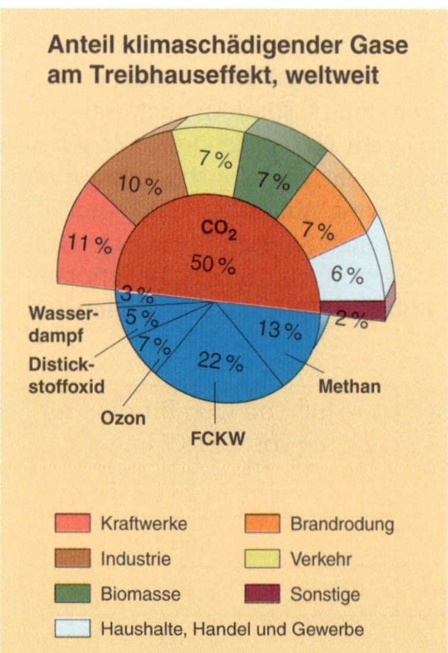

2 **Zum zusätzlichen Treibhauseffekt tragen CO_2 und andere Gase bei. Am CO_2-Ausstoß haben viele Bereiche Anteil.**

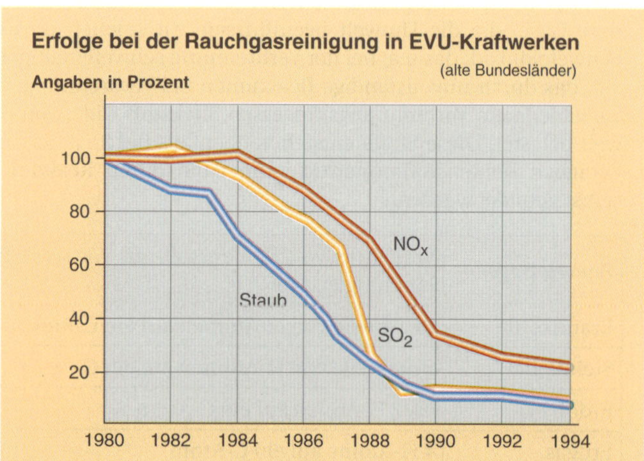

3 **In den Kraftwerken der deutschen Stromversorger (= Elektrizitätsversorgungsunternehmen = EVU) wurde die Belastung der Luft durch SO_2, NO_x und Stäube deutlich verringert.**

Energie und Klima

Eine relative Stabilität des Klimas auf der Erde wird durch den **natürlichen Treibhauseffekt** (s. S. 17 und S. 18) gesichert. Trotzdem war das Klima auf der Erde im Laufe der Erdgeschichte auch ständigen Veränderungen unterworfen. Dabei gab es Zeiten mit erdgeschichtlich kurzfristigeren Klimaschwankungen, z. B. zwischen Kaltzeiten und Warmzeiten. Natürliche Vorgänge, wie Veränderungen in der Sonneneinstrahlung auf die Erde oder der Neigung der Umlaufbahn der Erde um die Sonne, werden dafür als Ursache angesehen. Diese Klimaschwankungen unterliegen gewissen Zyklen. So begann um 1350 eine „Kleine Eiszeit“, die bis 1850 andauerte. Danach kam es zu einer Erwärmung, die um 1940 einen Höhepunkt hatte und dann wieder abnahm.

Seit Ende der siebziger Jahre des 20. Jahrhunderts steigt die globale Temperatur in einem bisher unbekannten Maße schnell an. 1998 war das wärmste Jahr seit 1860, dem Beginn der systematischen Temperaturmessungen. Die globale Temperatur an der Erdoberfläche lag 0,58 K über der langjährigen mittleren Temperatur. 1998 war das zwanzigste Jahr in Folge mit überdurchschnittlich hohen Temperaturen. Viele Wissenschaftler sind sich darin einig, dass dieser schnelle und außerhalb der natürlichen Zyklen liegende Temperaturanstieg durch die Beeinflussung des Menschen auf die Umwelt hervorgerufen wird (Abb. 1).

Aus Messungen, Berechnungen und Computermodellierungen vermutet man, dass durch den verstärkten Ausstoß klimawirksamer Gase der natürliche Treibhauseffekt beeinflusst wird. Durch die menschliche Tätigkeit, insbesondere durch die industrielle Entwicklung, wird dieser Treibhauseffekt verstärkt. Man spricht deshalb auch von einem **zusätzlichen** oder **anthropogenen** (vom Menschen hervorgerufenen) **Treibhauseffekt.**

Insbesondere das Kohlenstoffdioxid (CO_2) ist ein klimawirksames Gas. Es hatte noch 1750 in der Atmosphäre einen Anteil von ca. 0,028 %. Er ist bis heute auf ca. 0,035 % gestiegen. Dies konnte dazu führen, dass die Wärmestrahlung von der Erde an den oberen Schichten der Atmosphäre stärker reflektiert wird. Es kann weniger Wärmestrahlung in den Weltraum gelangen, die Erdatmosphäre wird aufgeheizt. Wissenschaftler sagen voraus, dass sich der Anteil des CO_2 in der Atmosphäre bis 2050 auf 0,060 % und mehr erhöhen kann, wodurch die globale Temperatur um 1,5 bis 4,0 K ansteigen könnte.

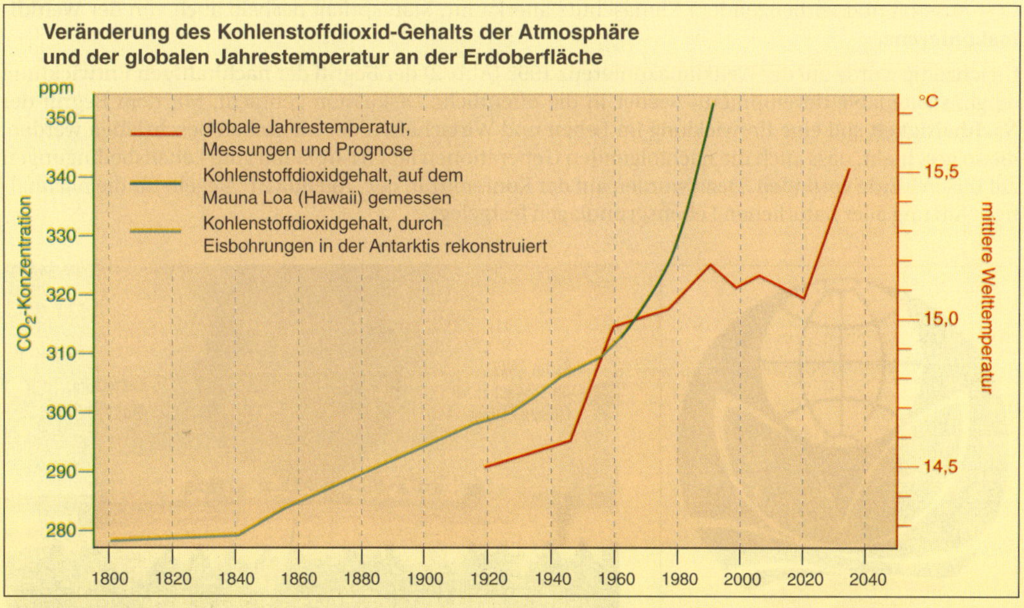

1 Zwischen der Entwicklung des Kohlenstoffdioxid-Gehalts des Atmosphäre und der Höhe der weltweiten durchschnittlichen Jahrestemperaturen gibt es eindeutige Zusammenhänge. Eine besondere Verstärkung der CO_2-Anreichenrung ist seit etwa 1950 zu verzeichnen. Seit 1987 liegen die globalen Jahrestemperaturen an der Erdoberfläche ständig über der durch den natürlichen Treibhauseffekt entstehenden langjährigen Durchschnittstemperatur von 15 °C.

1 **Weltbevölkerung, Energieverbrauch und CO_2-Ausstoß steigen ständig an.**

Diese Temperaturanstiege scheinen auf den ersten Blick relativ gering, bewirken aber gewaltige Veränderungen des Klimas auf der ganze Erde. Heute würde ein Anstieg der globalen Temperatur von wenigen Kelvin zu **globalen Auswirkungen auf Klima, Wasserkreislauf, Meeresspiegel und Vegetation** führen. An den Polen würde das Eis schmelzen, das Wasser der Ozeane würde sich ausdehnen, was den Meeresspiegel ansteigen ließe. Viele Menschen, vor allem in den Küstenregionen Süd- und Südostasiens, wären noch stärker von Überschwemmungen und Überflutungen bedroht. In anderen Ländern, z. B. Nordafrikas und im Nahen Osten, würde das Wasser noch knapper werden. Dürren und die weitere Ausbreitung der Wüsten wären die Folgen. Insgesamt wären mehr extreme Witterungserscheinungen (Sturmfluten, Überschwemmungen, Wirbelstürme) zu befürchten. Auch das verstärkte Auftreten des El Niño mit seinen extremen Auswirkungen wird bereits in Zusammenhang mit globalen Klimaveränderungen gebracht. Mehr Wasser, verlängerte Vegetationsperioden und höhere Ernteerträge würde es in Europa, Nordamerika und China geben. Das alles hätte große Auswirkungen auf die Lebensweise, die Versorgungslage, die Gesundheit und die soziale Lage der Menschen in allen Teilen der Welt.

Da man als Ursache dieser Entwicklungen den verstärkten Ausstoß von CO_2 im Zusammenhang mit der technischen Bereitstellung und Nutzung von Energie (Abb. 1), aber auch im Zusammenhang mit anderen menschlichen Eingriffen in die Natur (z. B. der Rodung des Regenwaldes) ansieht, gibt es seit längerer Zeit große Bemühungen in Wissenschaft, Politik und Wirtschaft, den CO_2-Ausstoß weltweit zu reduzieren. Spätestens seit der **UNO-Konferenz für Umwelt und Entwicklung** 1992 in Rio de Janeiro, an der Delegationen aus mehr als 170 Ländern teilnahmen, haben die Regierungen der Länder den Zusammenhang von Energieverbrauch, CO_2-Ausstoß und vorbeugendem Klimaschutz anerkannt. Man spricht deshalb auch von der **Weltklimakonferenz.**

Gleichzeitig wurde auf der Weltklimakonferenz 1992 (Abb. 2) der Begriff der **nachhaltigen Entwicklung** (engl.: sustainable development) wieder in die öffentliche Diskussion gebracht. Mit dem Begriff der **Nachhaltigkeit** soll eine Entwicklung im Leben und Wirtschaften der Menschen beschrieben werden, die so geschieht, dass auch die nachfolgenden Generationen langfristig stabil gute Lebensbedingungen auf unserer Erde vorfinden. Dazu wurden auf der Konferenz in der **„Agenda 21“** Regeln für die nachhaltige Nutzung aller natürlichen Lebensgrundlagen festgelegt.

2 **Dieses Zeichen wird auf den UN-Weltkonferenzen seit 1992 verwendet.**

3 **Die Eröffnungsveranstaltung der ersten Nachfolgekonferenz der Weltklimakonferenz der UNO 1995 fand in Berlin statt.**

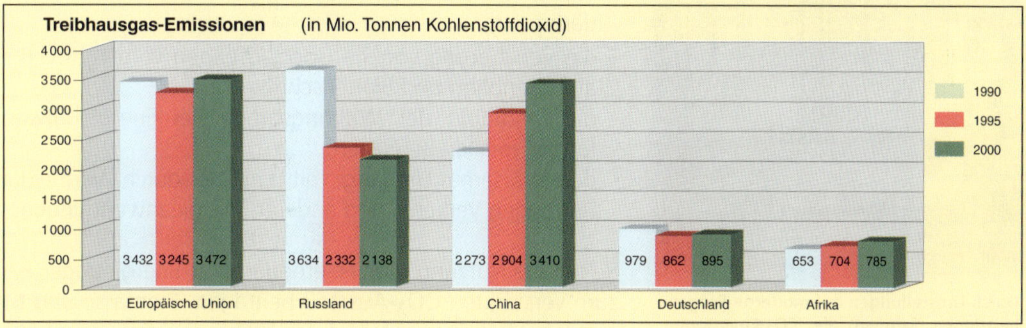

1 Die Treibhausgas-Emissionen der Länder und Regionen unterscheiden sich in Niveau und Tendenz. Deutschland stößt z. B. mehr Kohlenstoffdioxid aus als ganz Afrika.

Auf den Nachfolgekonferenzen, z. B. in Berlin (Abb. 3, S. 64) und Kyoto, haben die Delegationen versucht, verbindliche Festlegungen für eine Reduzierung des CO_2-Ausstoßes und Maßnahmen zur Erreichung dieses Ziels sowie der Kontrolle seiner Umsetzung zu treffen. Dabei gibt es erhebliche Interessenunterschiede zwischen den einzelnen Ländern, Ländergruppen und Vertretern einzelner Wirtschaftszweige. Versicherungsunternehmen sind z. B. sehr an wirksamen Klimaschutzmaßnahmen interessiert, weil sie durch die zunehmenden Naturkatastrophen immer größere Versicherungssummen auszahlen müssen und ihre Risiken schwerer kalkulierbar werden. Die Vertreter der Entwicklungsländer weisen darauf hin, dass sie im Zusammenhang mit ihrer wirtschaftlichen Entwicklung, der Anhebung des Lebensniveaus und dem Bevölkerungswachstum den Energieverbrauch stark anheben müssen. Die Industrieländer dagegen können von einem hohen Verbrauchsniveau aus reduzieren (Abb. 1). Die Länder haben deshalb in Kyoto einen Vertrag mit der Verpflichtung ausgehandelt, ihren Ausstoß an Treibhausgasen bis 2008/2012 im Vergleich zu 1990/1995 um durchschnittlich 5,2 % zu reduzieren (Abb. 2).

Für die Umsetzung dieses Ziels gibt es unterschiedliche Ansichten. Einige Industrieländer wollen die „Reduktion" auch mit dem Kauf von Emissionszertifikaten erfüllen. Das bedeutet, dass sie oder ein Unternehmen entsprechende Ausstoßmöglichkeiten von einem anderen Land abkaufen, wenn dieses weniger CO_2 als vereinbart emittiert.

Land	Veränderung auf Prozent
Australien	108
Belgien	92
Deutschland	92
Frankreich	92
Island	110
Italien	92
Japan	94
Kanada	94
Neuseeland	100
Niederlande	92
Norwegen	101
Österreich	92
Polen	94
Russland	100
Schweiz	92
USA	93

2 Die einzelnen Länder haben in Kyoto unterschiedliche Reduktionziele vorgesehen.

Die einzelnen Bereiche der Gesellschaft tragen unterschiedlich viel zum CO_2-Ausstoß bei (Abb. 3). Auch bei der Verbrennung der verschiedenen Primärenergieträger wird unterschiedlich viel CO_2 freigesetzt (Abb. 2, S. 61).

Eine **Reduzierung des CO_2-Ausstoßes** bei der Energienutzung kann und muss auf verschiedene Weise und durch verschiedene Maßnahmen erfolgen. Dazu gehören u. a.
- die Umstellung von Kohle- und Öl-Heizungen auf Erdgas-Heizungen (Abb. 1, S. 66),
- die stärkere Nutzung der Kraft-Wärme-Kopplung in Heizkraftwerken oder Blockheizkraftwerken,

Bereich	1975	1985	1995
Kraftwerke	351	399	339
Industrie	291	259	156
Verkehr	139	164	181
Haushalte	234	242	192

3 Auf die Entwicklung des CO_2-Ausstoßes in der BRD in Mio. t hat die Herstellung der deutschen Einheit großen Einfluss genommen, z. B. durch die Schließung von Betrieben, die Zunahme des Straßenverkehrs und die Umstellung auf Erdgasheizung.

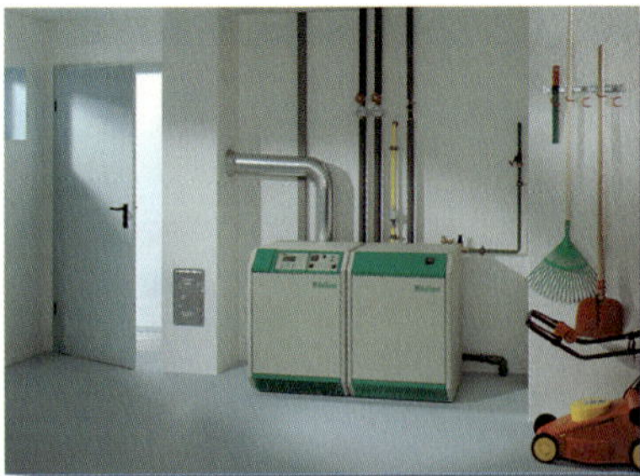

1 **Durch Umstellungen auf moderne Erdgasheizungen können die CO_2-Emissionen der Haushalte reduziert werden.**

- die Verringerung des Heizenergieverbrauchs durch Wärmedämmung,
- die Verlagerung von Transportaufgaben vom Autoverkehr auf Eisenbahn und Binnenschiff,
- die Erhöhung der Wirkungsgrade bei Energieumwandlungen in allen Bereichen,
- der sparsame Umgang mit Energie durch Vermeidung unnötigen Verkehrs und anderer Energieanwendungen.

Selbst die Nutzung einiger erneuerbarer Energieträger kann zum verstärkten CO_2-Ausstoß beitragen. Biomasse und Müll werden nämlich ebenfalls durch Verbrennungen genutzt, bei denen CO_2 entsteht. Bei der Nutzung von Biogas entsteht Methan, das ebenfalls ein klimawirksames Gas ist.

2 **Durch die großen Braunkohletagebaue gibt es große Auswirkungen auf Grundwasser, Boden und Ökosysteme.**

Durch die technische Bereitstellung und Nutzung von Energie gibt es noch zahlreiche andere Umweltbelastungen. Dazu gehört z. B. der große **Landschaftsverbrauch** und die starke **Beeinflussung von Boden und Wasser** im Bereich der Braunkohlentagebaue (Abb. 2). Durch die Anlage von Stauseen für große Wasserkraftwerke werden ebenfalls **Ökosysteme** und bisher anders genutzte Flächen vernichtet oder stark verändert. So kann auch die Wasserkraft durchaus zu Umweltbelastungen führen. Windenergieparks beeinflussen nicht nur optisch und akustisch das Landschaftsbild, sondern können auch den Vogelzug stören. Sonnenkraftwerke, die eine nennenswerte Leistung erbringen sollen, benötigen große Flächen für die Aufstellung der Solaranlagen, die für andere naturnahe Nutzungen verloren gehen.

> Die technische Energienutzung führt zu Belastungen von Luft, Wasser und Boden. Deshalb gibt es zu einem sparsamen und effektiven Umgang mit Energie keine Alternative.

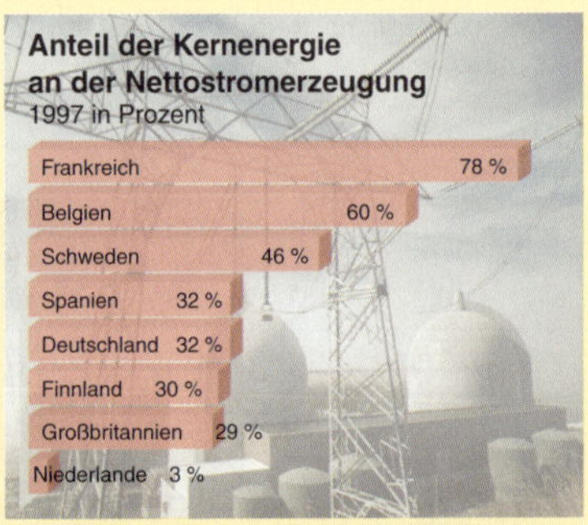

3 **Der Anteil der Kernenergie an der Stromerzeugung ist in der EU unterschiedlich. Damit scheint eine sichere Energieversorgung ohne Kernenergie in einigen Ländern auf absehbare Zeit gar nicht möglich.**

Für und wider Kernenergie

Eine mögliche Maßnahme zur Reduzierung des CO_2-Ausstoßes bei der Bereitstellung von elektrischer Energie durch Kraftwerke ist die Nutzung der Kernenergie. Tatsächlich wird bei der Nutzung von Kernenergie durch Kernspaltung kein Kohlenstoffdioxid frei. Allerdings ist die Nutzung der Kernenergie mit vielen anderen Problemen und Risiken verbunden. Sie stößt in immer breiteren Schichten der Bevölkerung auf Ablehnung. Die größten **Probleme** bereiten:

1. die Gewährleistung der **Sicherheit der Kraftwerke** im Betrieb und die Vermeidung von Störfällen sowie
2. der sichere **Umgang mit dem radioaktiven Abfall** bis hin zu einer sicheren Endlagerung.

Die größte Gefahr besteht darin, dass durch technische Defekte, menschliches Versagen oder durch äußere Einflüsse (z. B.

Flugzeugabstürze, Terroranschläge oder Erdbeben) die gesteuerte Kernspaltung außer Kontrolle gerät, der Kernreaktor explodiert und große Mengen an radioaktivem Material in die Umwelt gelangen. Dies war z.B. beim GAU (= **g**rößter **a**nzunehmender **U**nfall) im Kernkraftwerk in Tschernobyl 1986 der Fall.

Noch umstritten ist das Problem der sicheren Endlagerung des radioaktiven Abfalls, der z. T. noch Jahrhunderte und Jahrtausende gefährliche radioaktive Strahlungen aussenden kann. Beim Betrieb eines Kernkraftwerks mit 1 000 MW Leistung entstehen pro Jahr 30 t abgebrannter Kernbrennstoffe. Diese können z.T. durch **Wiederaufbereitung** in wiederverwertbare Brennstoffe und Abfallstoffe (ca. 4 %) getrennt werden. In der **Endlagerung** müssen die Abfallstoffe oder die Brennelemente selbst für sehr lange Zeit sicher verwahrt werden. Dies soll mit Hilfe von sog. Castor-Behältern z. B. in stillgelegten Salzbergwerken erfolgen (Abb. 1).

Auch beim Transport von radioaktiven Stoffen zwischen Kraftwerken, Wiederaufbereitungsanlagen und Endlagern kann es Gefahren für die Menschen geben.

Vor dem Hintergrund dieser Gefahren gibt es in der Gesellschaft seit langem heftige Diskussionen über die Notwendigkeit der **Elektroenergieerzeugung aus Kernenergie** (Abb. 2) und ihre Alternativen. Dabei geht es auch darum, ob die Endlagerung wirklich so sicher ist, dass keine radioaktiven Stoffe in das Grundwasser und damit über Stoffkreisläufe in Lebewesen gelangen können.

Es werden auch noch andere Aspekte in die Diskussion einbezogen. So gibt es unterschiedliche Ansichten darüber, wie kostengünstig eigentlich die Energieerzeugung durch Kernspaltung ist. Der Bau und der Betrieb von Kernkraftwerken ist aufgrund der geforderten Sicherheitsmaßnahmen heute im Vergleich zu den herkömmlichen Kraftwerken und den z. T. geringen Rohstoffpreisen für fossile Brennstoffe (s. S. 20) teuer. So werden bereits heute in den USA aus reinen Kostengründen keine neuen Kernkraftwerke mehr gebaut. Allerdings ist sie noch wesentlich billiger als die Nutzung der meisten erneuerbaren Energiequellen (z. B. Wind und Sonne). Andererseits wird behauptet, dass die Betreiber von Kernkraftwerken keine ausreichende finanzielle Vorsorge für das hohe Risiko treffen wie etwa die chemische Industrie. Würden sie entsprechende Versicherungen abschließen, so wäre der Strom aus Kernenergie noch wesentlich teurer und die erneuerbaren Energiequellen wieder konkurrenzfähig wären.

Es wird auch darüber diskutiert, ob ohne Kernenergie heute und in Zukunft überhaupt eine ausreichende und stabile Energieversorgung gewährleistet werden kann (Abb. 3, S. 66). Einerseits wird behauptet, dass allein durch Energiesparmaßnahmen sowie die verstärkte Nutzung erneuerbarer Energieträger die Kernenergie nicht ersetzt werden könne. Andererseits befürchtet man, dass bei einem Verzicht auf Kernenergie diese verstärkt durch fossile Energieträger ersetzt werden wird, was langfristig sicher auch keine gute Alternative zur Kernenergie sein würde.

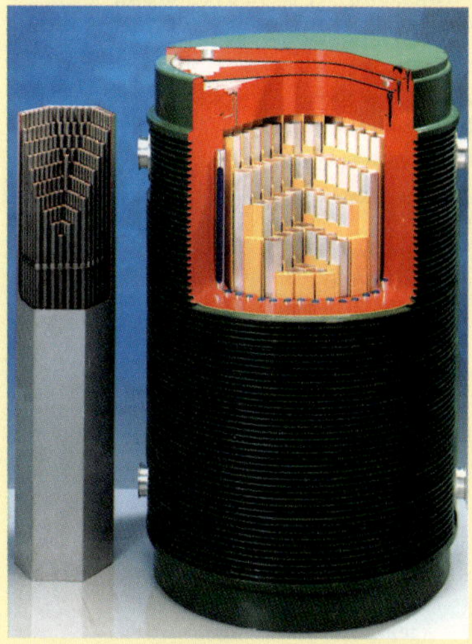

1 In Castor-Behältern sollen die hoch radioaktiven Glaskokillen oder die bestrahlten Brennelemente sicher eingeschlossen werden.

2 Die deutschen Kernkraftwerke arbeiten mit verschiedenen Arten von Reaktoren. Zu diesen Standorten kommen noch weitere mit stillgelegten Reaktoren. Weitere Stilllegungen sind vorgesehen.

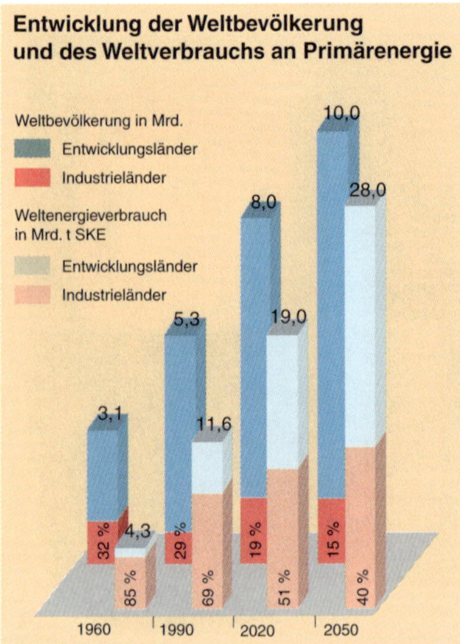

1 Die Daten und Prognosen des Weltenergierates 1998 über die Bevölkerungsentwicklung und Energieverbrauchs zeigen insgesamt steigende Tendenz.

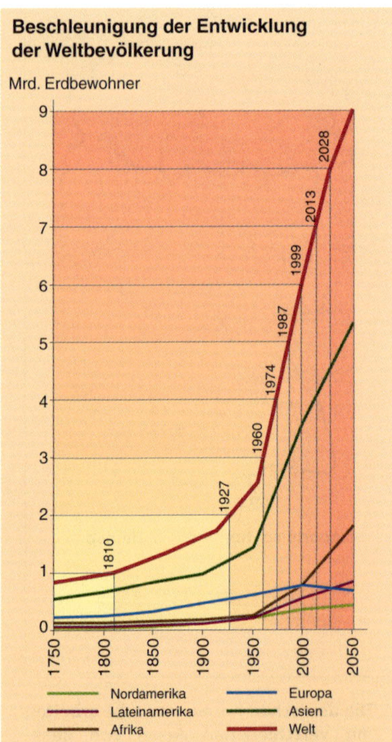

2 Die Weltbevölkerung wird zwar regional unterschiedlich, aber insgesamt weiter wachsen.

1.3.3 Verantwortungsvoller Umgang mit Energie und ihren Quellen

Die heutige Lebensweise der Menschen und ihr Lebensstandard hängen eng mit der Verfügbarkeit und der Nutzung von Energie zusammen. Die Industrieländer mit ihrem hohen Lebensstandard benötigen z. Z. über 75 % des gesamten Energieverbrauchs der Erde, obwohl sie nur etwa ein Drittel der Weltbevölkerung stellen (Abb. 1). Aufgrund dieses hohen Niveaus steigt der Energieverbrauch in den Industrieländern nur noch langsam oder gar nicht mehr, z. B. in Deutschland.

Der Energieverbrauch auf der Erde insgesamt wird sich in den nächsten Jahrzehnten jedoch stark erhöhen. Das ist auf zu erwartende Veränderungen in den **Entwicklungsländern** zurückzuführen. Dazu gehören vor allem zwei Tendenzen:

- der **Anstieg der Bevölkerungszahlen** (Abb. 2) und
- die notwendige wirtschaftliche Entwicklung und die damit verbundene **Erhöhung des Lebensniveaus.**

Die Weltbevölkerung entwickelte sich bisher immer schneller. Eine Zunahme um jeweils 1 Mrd. Menschen ging in immer kürzeren Zeiträumen vor sich. Eine Verringerung des Wachstumstempos wird erst für die Zeit nach 2028 erwartet.

Der Anstieg des Energieverbrauchs stellt die Menschheit immer wieder vor große Probleme. Eine ganze Reihe von Primärenergieträgern, die wir heute nutzen, sind nur in begrenztem Umfang auf der Erde vorhanden. Außerdem stellt die Nutzung der Energie schon im heutigen Ausmaß einen so gewaltigen Eingriff in die Natur dar, dass die Gefahr besteht, die natürlichen Lebensgrundlagen von Pflanzen, Tieren und Menschen zu zerstören.

> Die Menschheit hat für ihre weitere Existenz zwei grundlegende Aufgaben zu lösen:
> 1. Es müssen **ausreichend Energieträger** erschlossen und für den Menschen nutzbar gemacht werden, bei Begrenztheit der nicht erneuerbaren Rohstoffe.
> 2. Die Energie muss so umweltverträglich erschlossen und genutzt werden, dass die natürlichen Lebensgrundlagen des Menschen langfristig erhalten bleiben. Diese **umweltverträgliche Nutzung** gilt auch für erneuerbare Energieträger.

Unter den Gesichtspunkten eines weltweit steigenden Energieverbrauchs und der sich bereits heute abzeichnenden Klimaveränderungen muss sich die Menschheit außerdem auf die Klimaveränderungen sowie deren Folgen (s. S. 64) einstellen und vernünftige Strategien des Umgangs damit entwickeln.

Energieprobleme früher und heute

Seit 400 000 Jahren nutzt der Mensch das Feuer. Als Energiequelle wurde lange Zeit fast ausschließlich das **Holz** eingesetzt. Holz ist zwar ein nachwachsender, erneuerbarer Rohstoff, aber in dem Ausmaße, wie das Holz immer mehr zur wirtschaftlichen Tätigkeit genutzt wurde, konnte es gar nicht schnell genug nachwachsen. Immerhin benötigte man für die Herstellung von 1 kg Schmiedeeisen im Mittelalter 30 kg Holz. Riesige Wälder wurden in Europa abgeholzt, aber auch die tropischen Wälder in Südamerika. Im 18. Jahrhundert wurden dann in Mitteleuropa die Holzvorräte sehr knapp. Die Zerstörung von Wald und Landschaft waren so groß, dass man von einer Energiekrise und einer Umweltkatastrophe sprach. In Griechenland und Spanien hat diese Zeit bis heute waldlose Landschaften hinterlassen. Auch in Deutschland gab es damals viel weniger Wald als heute. Erst im 19. Jahrhundert wurde die Waldfläche hier wieder vergrößert. Im Zusammenhang mit diesen Aufforstungen wurde der Begriff der **Nachhaltigkeit** (s. S. 65) eingeführt.

Bereits im 17. Jahrhundert begann man in England verstärkt **Steinkohle** als Brennstoff zu nutzen. Einer Deckung des Bedarfs an benötigter Steinkohle standen aber Probleme mit der Wasserhaltung in den Bergwerken entgegen. Die Erfindung der Dampfmaschine und deren Weiterentwicklung konnten im 18. Jahrhundert Abhilfe schaffen (Abb. 1 u. 2). Nun wurde mehr Steinkohle gefördert und verfeuert, dafür weniger Holz. Auch **Braunkohle** wurde verstärkt als Brennstoff genutzt.

Allerdings führte das Verbrennen von Steinkohle zu dunklen Qualmwolken über Städten und anderen Siedlungen. Der Begriff „Smog" (engl.: smoke = Rauch, fog = Nebel) kommt aus dem England des 17. Jahrhunderts und beschreibt die gelbschwarzen Qualmwolken in London, die bei der Kohleverbrennung entstanden. Vor allem die Nutzung von Braunkohle als Brennstoff erzeugte den sogenannten „sauren Regen". Um die Stadt Halle herum wurden frühzeitig die Wälder beeinträchtigt.

Die Dampfmaschine half also bei der Überwindung des damaligen Energieproblems. Gleichzeitig führte sie zusammen mit der Entwicklung von Generatoren, Elektromotoren und Verbrennungsmotoren langsam zu neuen Energie- und Umweltproblemen. Die Entdeckung und Förderung großer Vorkommen von Kohle, **Erdöl** und **Erdgas** hat zu einer starken und sorgloseren Nutzung dieser Energieträger und zu einem enormen Anstieg des Energieverbrauchs beigetragen. Allein im 20. Jahrhundert ist der weltweite Energieverbrauch auf das 30fache gestiegen. Das wirtschaftliche Wachstum, die Erhöhung der Produktivität in Industrie und Landwirtschaft durch den Einsatz von Maschinen mit Motorantrieb, die Verbesserung des Lebensniveaus, das Bevölkerungswachstum und die umfangreiche Bereitstellung von Roh- und Brennstoffen haben den Energieverbrauch gegenseitig in die Höhe getrieben. Dadurch stehen wir heute wieder vor neuen Energie- und Umweltproblemen.

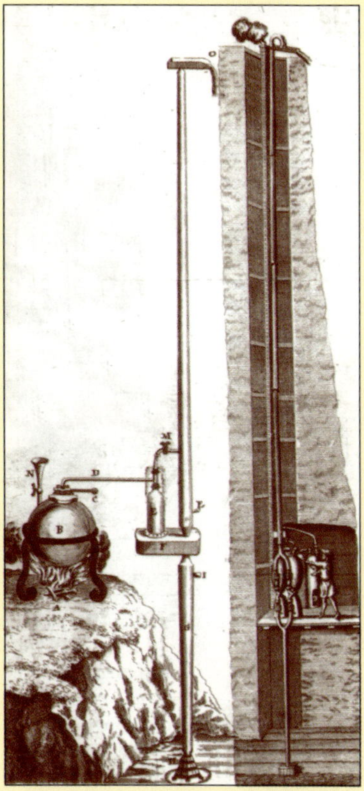

1 THOMAS SAVERY ließ sich 1698 diese kolbenlose Dampfpumpe patentieren. Sie verbrauchte Unmengen Brennstoff.

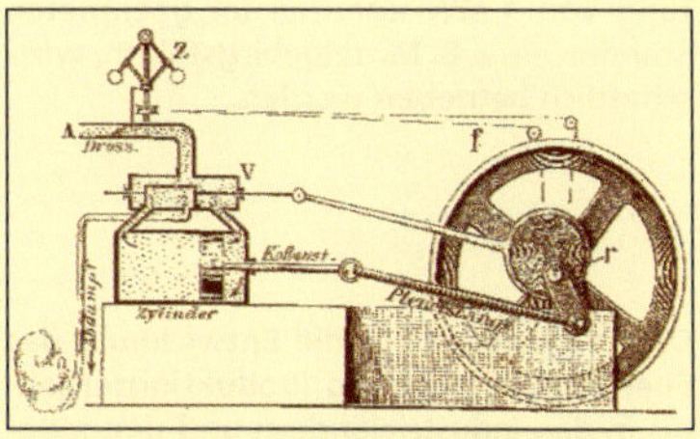

2 Die historisch Darstellung einer Kolbendampfmaschine verdeutlicht auch die Umwandlung einer geradlinigen Bewegung in eine kreisförmige.

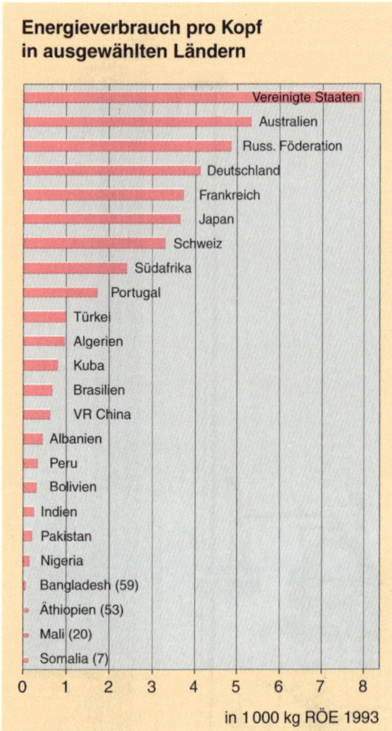

1 Der Energieverbrauch pro Kopf der Bevölkerung in den ausgewählten Ländern weist im Vergleich extreme Unterschiede auf.

2 Kleinwasserkraftwerke bis zu einer Leistung von 1 MW könnten an geeigneten Standorten, z. B. Mittelgebirgstälern, wirtschaftlich betrieben werden.

3 Das Diagramm zeigt die Entwicklung des Energieverbrauchs pro Produktionsergebnis in den Industrieländern und den möglicher Verlauf dieses Verhältnisses in den Entwicklungsländern. Dort ist ein effektiver Energieeinsatz möglich, wenn diese Länder über die modernen Technologien verfügen können.

Die notwendige wirtschaftliche Aufwärtsentwicklung in den Entwicklungsländern ist mit einem erhöhten Energieverbrauch verbunden. Dazu gibt es keine Alternative. Es ist das legitime Recht der Menschen auch in diesen Ländern.

Deshalb kann und muss eine Änderung im **Umgang mit Energie** und eine **Verringerung des Energieverbrauchs** vor allem in den Industrieländern erfolgen (Abb. 1). Das muss nicht zwangsläufig mit einer Verringerung von Wohlstand und Lebensniveau verbunden sein. Wohl aber können sich auch angenehme Lebensweisen entwickeln, die mit einem verringerten Energieverbrauch einhergehen. Schließlich ist Energie und Energienutzung nicht Selbstzweck, sondern nur Mittel zum Zweck, das Leben der Menschen zu erleichtern und reichhaltiger zu gestalten.

Maßnahmen, technische Entwicklungen und Lebensweisen zur Verringerung des Energieverbrauchs in den Industrieländern können dann auch in den Entwicklungsländern zu einem nicht so starken Anstieg des Energieverbrauchs bei der Entwicklung von Wirtschaft und Lebensniveau führen (Abb. 3).

Als Wege zu einem **verantwortungsvollen Umgang mit Energie** zeichnen sich vor allem ab:

1. die stärkere Nutzung erneuerbarer Energieträger und
2. die rationellere und sparsamere Verwendung von Energie.

Bei der **stärkeren Nutzung erneuerbarer Energieträger** (s. S. 21) geht es bei uns vor allem um die Nutzung von Windenergie, Sonnenstrahlung, Biomasse und Biogas, Müll sowie der Umweltwärme mittels Wärmepumpen. Das Potenzial für die Nutzung der Wasserkraft in größeren Kraftwerken ist in Deutschland und anderen Ländern fast vollständig ausgeschöpft. Lediglich Kleinwasserkraftwerke können noch sinnvoll erneuert oder neu gebaut werden (Abb. 2).

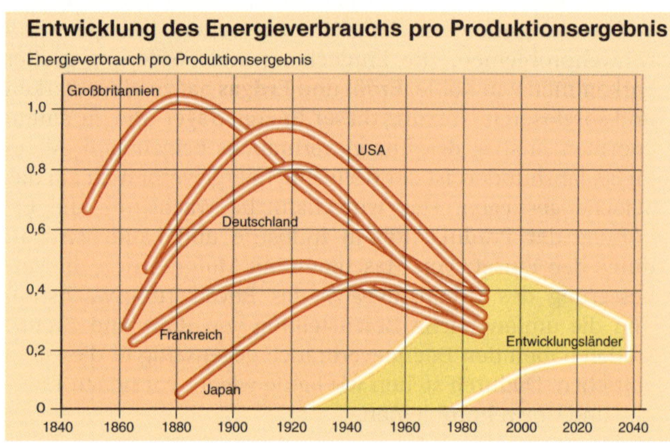

Sonne aufs Dach

Auch wenn in unseren Breiten richtige Sonnenkraftwerke (s. S. 46) wahrscheinlich auch in Zukunft weniger effektiv sein werden als in größerer Äquatornähe, kann die Solarenergie zur Energieversorgung schon heute einen spürbaren Beitrag leisten. Dabei geht es vor allem um die Nutzung der Sonnenstrahlung zur Gewinnung von thermischer Energie für die Wärmeversorgung (Solarthermie) und von elektrischer Energie (Fotovoltaik).

Bei der **Solarthermie** wird mit Hilfe von **Sonnenkollektoren** auf direktem Wege aus der Wärmestrahlung der Sonne thermische Energie gewonnen, die zur Warmwasserbereitung, Schwimmbadheizung und zur Raumheizung genutzt werden kann (Abb. 1). In Wohnhäusern können heute schon ca. 60 % des Jahresenergiebedarfs für die Warmwasserbereitung durch Solarthermie gedeckt werden. Für die Raumheizung können dagegen lediglich 10–20 % des Energiebedarfs durch Sonnenkollektoren erzeugt werden, weil gerade im Winter die Sonnenstrahlung gering ist.

Solarzellen und **Fotovoltaik-Anlagen** (Abb. 4) können zum Betrieb elektrischer Geräte genutzt werden. Solarzellen (Abb. 2) nutzt man heute schon effektiv für den Betrieb elektrischer Kleingeräte, u. a. für Uhren, Taschenrechner oder Parkscheinautomaten. Für die Stromversorgung ganzer Haushalte sind die Wirkungsgrade der Solarzellen noch zu gering (in der Regel unter 20 %) und ist die Herstellung der Anlagen noch zu teuer. Außerdem wird elektrische Energie nur bei Lichteinfall erzeugt. Damit wird das Problem ihrer Speicherung für die unbeleuchteten Zeiten des Tages deutlich.

Da die Herstellung von Solaranlagen gegenwärtig noch sehr teuer ist, wird ihre Anschaffung und ihr Betrieb durch staatliche Zuschüsse und Gesetze gefördert. Davon verspricht man sich, dass es zu einer stärkeren Nachfrage nach diesen Anlagen, folglich zu einer Massenproduktion und damit zu einer Preisminderung in der Herstellung kommt. So könnte langfristig auch mit Fotovoltaik-Anlagen elektrische Energie wirtschaftlich erzeugt werden. Energieunternehmen fördern die Anschaffung von Solaranlagen auch bei Schulen (Abb. 3).

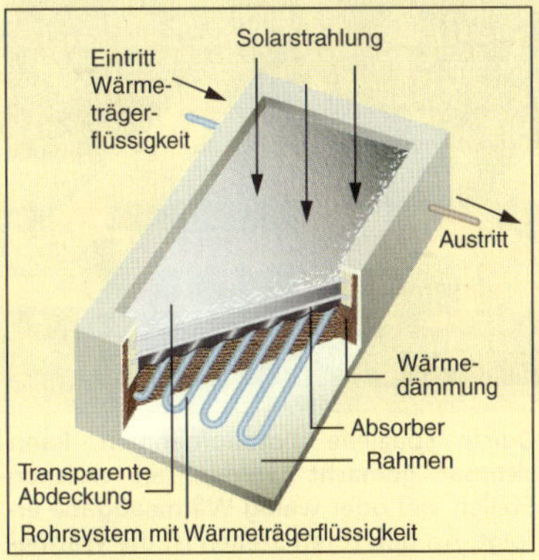

1 In einem Sonnenkollektor wird in Glasröhren vor schwarzem Hintergrund Wasser durch die Wärmestrahlung der Sonne erhitzt.

2 Solarzellen zur Erzeugung von Elektroenergie eignen sich heute besonders für kleine elektrische Leistungen, wie die Zusatzversorgung von Tankstellen, und für einzeln gelegene Standorte.

4 Dieses moderne Haus nutzt durch die Sonnenkollektoren und Solarzellen auf dem Dach sowohl die Solarthermie als auch die Fotovoltaik. Solche Häuser sind noch zu wenig verbreitet.

3 Auf Schuldächern werden bereits häufig Solaranlagen installiert. Mit deren Energie kann experimentiert werden.

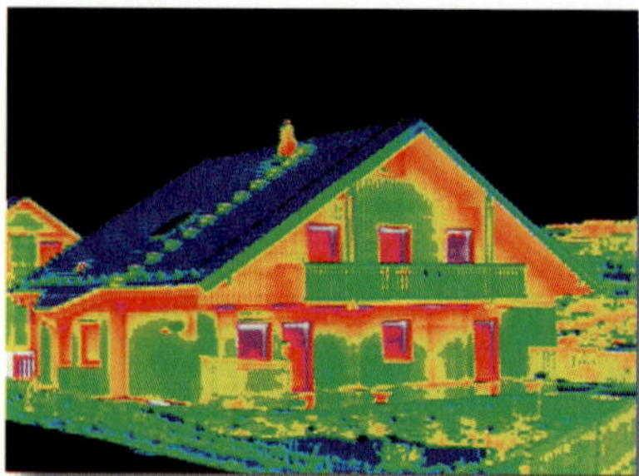

1 Durch spezielle Fotoaufnahmen kann sichtbar gemacht werden, an welchen Stellen viel oder wenig Wärmeabgabe erfolgt. An den roten Stellen ist die Wärmeabgabe besonders groß, an den blauen Stellen gering.

Durch **Förderprogramme und Gesetze** von Bundes- und Landesregierungen soll die stärkere Nutzung erneuerbarer Energieträger gefördert werden. Dazu gehören Investitionszuschüsse und Finanzierungshilfen sowie das Stromeinspeisungsgesetz, das Mindestvergütungen für den Strom aus erneuerbaren Energieträgern von privaten Erzeugern durch die regionalen Energiebetriebe vorsieht.

Zur **rationellen und sparsamen Verwendung von Energie** gibt es mehrere Möglichkeiten. Dabei geht es insbesondere darum, die Energieverluste bei den verschiedenen Energieumwandlungen auf dem Wege zur Nutzenergie für die Menschen zu reduzieren (Abb. 3). Gegenwärtig werden nur ca. 30 % der Primärenergie und 50 % der Sekundärenergie schließlich in Nutzenergie umgewandelt.

In der **Wirtschaft,** insbesondere auch in der **Energiewirtschaft,** sind der Energieverbrauch und die Energieverluste durch höhere Wirkungsgrade der Maschinen und Anlagen zu verringern. Dazu kann u. a. das Betreiben von Heizkraftwerken mit ihrer Wärme-Kraft-Kopplung (s. S. 40) und von Gas- und Dampfturbinen-Kraftwerken (s. S. 43) mit ihren hohen Wirkungsgraden beitragen.

Um den Energieaufwand bei der **Wärmeversorgung in Haushalten** zu verringern sind insbesondere Maßnahmen zur **Wärmedämmung** (Abb. 1) und zur **Wärmerückgewinnung** sinnvoll, denn immerhin werden mehr als 75 % der gesamten in Haushalten verwendeten Energie zum Heizen genutzt. Für die Wärmerückgewinnung, aber auch zur Nutzung von Umweltwärme für die Energieversorgung werden Wärmepumpen (Abb. 2) eingesetzt.

2 Mit Wärmepumpen kann thermische Energie aus der verbrauchten Luft oder aus der Umgebung (in der Luft, im Grundwasser oder im Boden) für die Wärmeversorgung nutzbar gemacht werden.

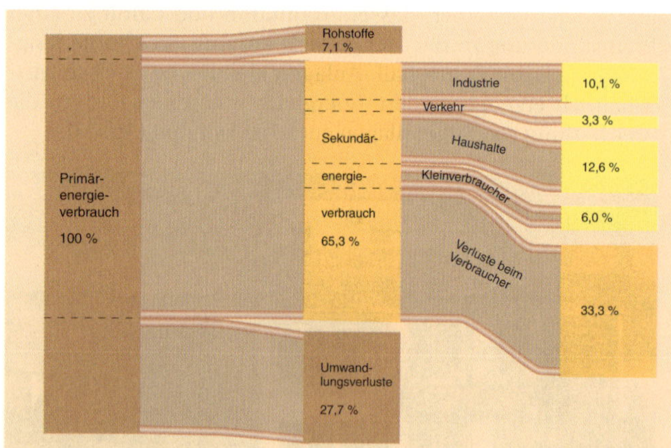

3 Das Diagramm zeigt den Energiefluss in Deutschland 1999. Die Energieverluste sind in den einzelnen Bereichen sehr unterschiedlich. Bei der Umwandlung von Primärenergie in Sekundärenergie gehen bereits rund 35 % verloren. Von der Sekundärenergie kann wiederum nur etwa die Hälfte in Nutzenergie überführt werden.

Auf dem Wege zum Null-Energie-Haus

Da der größte Teil (über 75 %) des Energieverbrauchs im Haushalt auf die Heizung entfällt, wird seit längerem versucht, den Energieverbrauch für die Bereitstellung von Raumwärme zu reduzieren. Dies kann vor allem durch eine bessere Wärmedämmung am und im Haus erfolgen (Abb. 3). Zur Förderung der Wärmedämmung hat der Staat seit langem **Wärmeschutzverordnungen** erlassen, in denen der maximale Energieaufwand zum Heizen pro Quadratmeter Wohnfläche für Neubauten vorgeschrieben wird. Dieser zulässige Energieaufwand wurde im Laufe der letzten Jahre immer weiter reduziert. Dadurch wurden immer mehr und bessere Wärmedämmungen an den Häusern notwendig (Abb. 4).

Als **Niedrigenergiehaus** (Abb. 4, S. 71) wird ein Haus bezeichnet, das höchstens 100 kWh Energie pro Quadratmeter Fläche im Jahr verbraucht. In einigen Ländern, z. B. Schweden, dürfen nur noch solche Häuser neu gebaut werden. Auch bei uns gibt es immer mehr solcher Häuser, sind sie doch nicht nur ein Beitrag zum Umweltschutz, sondern schonen auch den Geldbeutel der Besitzer aufgrund des geringeren Energieverbrauchs. Dieser geringere Energieeinsatz kann durch verschiedene Maßnahmen erreicht werden. Es sind z. B.:

- kompakte Bauweise mit gut wärmedämmenden Stoffen,
- viele Fenster in Richtung Süden, wenige oder keine nach Norden,
- Wintergärten nach Süden,
- Abluftanlagen mit Wärmetauscher zur Frischluftzufuhr (Abb. 2, S. 40),
- moderne Wärmeschutzfenster,
- Solaranlagen und Wärmepumpen zur Erzeugung von Heizenergie,
- energiesparende Lampen und Haushaltsgeräte.

Mittlerweile gibt es schon **Passivhäuser** (Abb. 1), die weniger als 15 kWh Heizenergie pro Quadratmeter und Jahr verbrauchen. Im Test sind bereits **Null-Energie-Häuser,** die gar keine Energie von außen mehr benötigen, sondern sogar noch Energie abgeben können. Solche Versuchshäuser stehen z. B. in Freiburg (Abb. 2), Berlin und Leipzig. Sie drehen sich nach der Sonne und nutzen die Sonnenenergie, um Wasser in Wasserstoff und Sauerstoff zu spalten, um die Energie zu speichern. Der Wasserstoff kann dann wieder zur Energiegewinnung verbrannt werden.

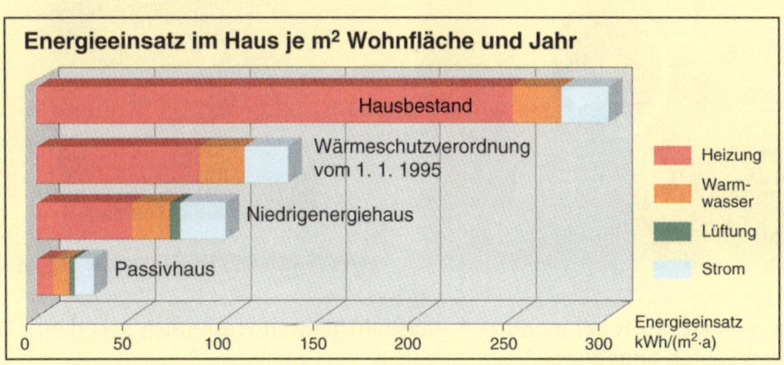

1 Passivhäuser haben einen wesentlich geringeren Heizenergiebedarf als Niedrigenergiehäuser.

2 Dieses Null-Energie-Haus ist eine Versuchsanlage und steht in Freiburg. Es dreht sich mit der abgebildeten Front immer zur Sonne und speichert die Sonnenenergie in Brennstoffzellen durch Spaltung von Wasser.

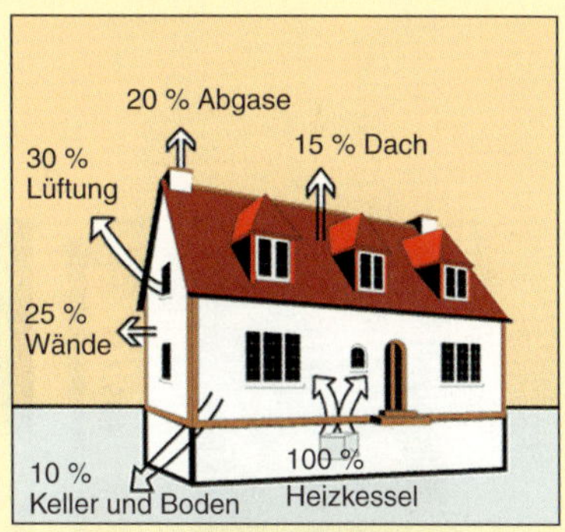

3 Bei einem Haus gehen große Mengen der thermischen Energie, die in der Heizungsanlage gewonnen wird, an die Umgebung durch Wärmeabgabe verloren.

4 In der Wärmeschutzverordnung sind die maximalen Werte für den Energieverbrauch im Haus pro Jahr festgelegt.

1 Energiesparlampen brauchen bei gleicher Helligkeit nur 20 % der Elektroenergie, die normale Glühlampen benötigen.

2 Elektronische Geräte wie Fernseher, Video-, Audio- und Computertechnik verbrauchen heute schon mehr als 6 % des Haushaltsstroms.

Auch **im Haushalt** können Maschinen und Geräte mit **besseren Wirkungsgraden** eingesetzt werden, um den Energieverbrauch bei gleichem Nutzen für den Menschen zu verringern. Dazu gehören u. a. Energiesparlampen (Abb. 1) und moderne Haushaltsgeräte (Abb. 3). In den letzten Jahren konnte der Energieverbrauch moderner Haushaltsgeräte z. T. stark reduziert werden. Allerdings ist trotz dieser höheren Wirkungsgrade der Energieverbrauch der Haushalte insgesamt weiter gestiegen (Abb. 1, S. 57).

In den letzten Jahren sind gerade in den Haushalten viele neue elektrische Geräte hinzugekommen und sie werden verstärkt genutzt. Dazu gehören z. B. die Mikrowelle, der Wäschetrockner, der elektrische Rasenmäher oder die gesamte Audio-, Video- und Computertechnik (Abb. 2). Hinzu kommt, dass viele Geräte im Stand-By-Modus gelassen werden, wenn man nicht mit ihnen arbeitet.

Verantwortungsvoll mit Energie umgehen kann man auch durch eine **Veränderung der Lebensweise,** wenn man dadurch einfach weniger Energie benötigt. Das geht bei der Nichtbenutzung bestimmter elektrischer Haushaltsgeräte los, wenn sie viel Energie benötigen und der Zweck auch anders erreicht werden kann (z. B. beim Wäschetrockner). Es geht weiter mit dem Abschalten des Stand-By-Modus elektronischer Geräte und hört beim Verzicht auf bestimmte Tätigkeiten, z. B. unnötige Fahrten mit dem Auto, auf. Auch durch die Anschaffung und den Verbrauch unnötig vieler Stoffe und Gegenstände, z. B. Kleidung, Lebensmittel, Haushaltswaren und „Mitbringsel“, wird Energie verschwendet. Eine Verteuerung des Stoff- und Energieverbrauchs durch Steuern, z. B. einer „Ökosteuer“, kann das Nachdenken der Menschen und ein bewussterer Umgang mit Energie angeregt und gefördert werden.

3 Im Zeitraum vom 1978 bis 1991 hat sich der Energieverbrauch bei modernen Haushaltsgeräten wesentlich verringert. Die Energieeinsparung in diesem Zeitraum wird in den Säulen angegeben.

1.3.4 Aufgaben

Energienutzung in Alltag und Wirtschaft

1. Modernes Alltagsleben ist ohne Nutzung von Energie nicht möglich. Besonders ohne elektrische Energie ist unser Alltag schwer vorstellbar.
   Schreibe einen Aufsatz zum Thema: „Mein Alltag ohne elektrische Energie"!
   Gehe darauf ein, welche elektrischen Geräte durch andere ersetzt werden müssten, ob es diese heute überhaupt noch gibt und ob du sie bedienen könntest! Denke auch an die vielen Geräte, die mit Batterien oder Akkumulatoren betrieben werden! Beziehe deine Beschreibung nicht nur auf den Haushalt, sondern auch auf die Schule, den Verkehr und deine Freizeitgestaltung!

2. Baue dir mit einfachen Mitteln einen kleinen Elektromotor! Du benötigst dazu ein Holzbrett, einen Korken, eine Stricknadel, etwa 3 m dünnen, isolierten Kupferdraht (Klingeldraht), 2 längere dünne Nägel oder Stecknadeln, 2 Stücke dickeren Kupferdraht (abisoliert) von je etwa 20 cm Länge, 4 längere Nägel, 2 Reißzwecken, einen Dauermagneten und eine Taschenlampenbatterie.
   Der Anker des Motors wird folgendermaßen hergestellt (s. erste Skizze):
   In den Korken werden zwei Rillen geschnitten, die Stricknadel wird durch die Mitte gesteckt und die zwei dünnen Nägel werden angebracht. Wickle dann das abisolierte Ende des dünnen Drahtes um einen Nagel und anschließend den dünnen Draht in den Rillen um den Korken. Das andere Ende des Kupferdrahtes wird abisoliert und um den anderen Nagel gewickelt.

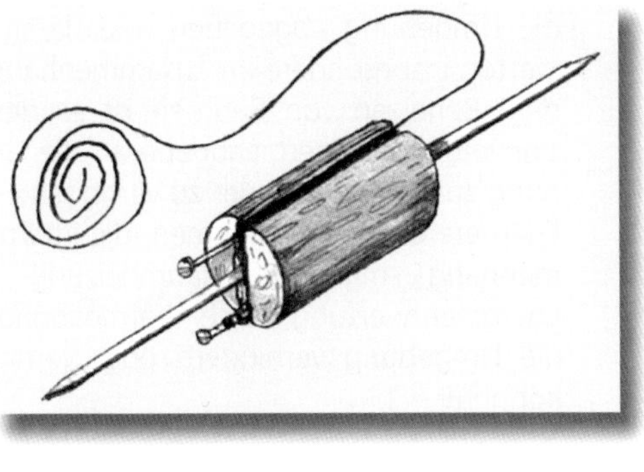

   Der weitere Aufbau erfolgt so, wie in der zweiten Skizze dargestellt:

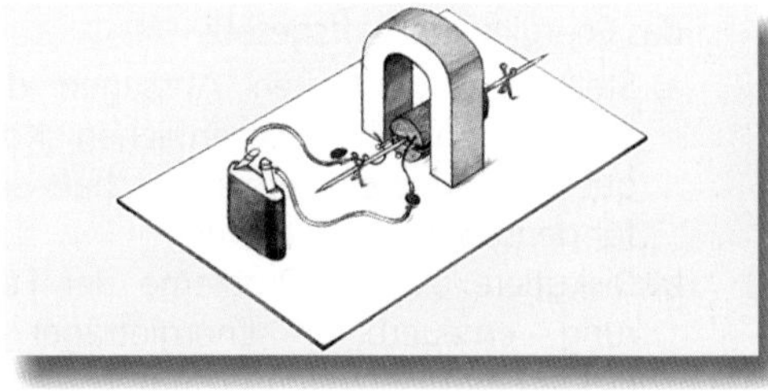

   Probiere, ob sich der Korken leicht drehen lässt!
   Verbinde zum Schluss die dickeren Drähte mit den Polen der Batterie, versetze den Korken in Drehung und beobachte!

3. Die einzelnen Bereiche der Gesellschaft haben unterschiedliche Anteile am Energieverbrauch.
   a) Berechne anhand der Zahlen für das Jahr 1997 (Abb. 1, S. 57) die prozentualen Anteile der einzelnen Bereiche am gesamten Primärenergieverbrauch und stelle die Ergebnisse in einem Kreisdiagramm dar!
   b) Berechne anhand der Zahlen für das Jahr 1997 (Abb. 2, S. 57) die prozentualen Anteile der einzelnen Bereiche am Elektroenergieverbrauch und stelle die Ergebnisse in einem Kreisdiagramm dar!
   c) Wie viel Prozent der gesamten Primärenergie von 14 510 PJ gingen 1997 in der Energiewirtschaft selbst verloren, wenn diese allein für die Energieumwandlung 4 012 PJ Primärenergie verbraucht hat?

4. Die Energiewirtschaft umfasst die Gewinnung, die Umwandlung und die Verteilung der Energie. Unter Energieversorgung wird die bedarfsgerechte Bereitstellung von Energie verstanden.
   a) Beschreibe die zweigliche und die räumliche Struktur der Energiewirtschaft! Beachte die verschiedenen Unternehmen! Welche Veränderungen vollziehen sich seit 1999 mit der Liberalisierung der Strommarktes?
   b) Welche Betriebe der Energiewirtschaft sind in deiner Region tätig? Welche Aufgaben der Energieversorgung nehmen sie wahr?

5. Die Energiewirtschaft wird durch spezielle staatliche Gesetze geregelt. Insbesondere sind das das Stromeinspeisungsgesetz und das Energiewirtschaftsgesetz.
   a) Stelle die wichtigsten Aussagen dieser Gesetze und ihre wesentlichen Konsequenzen für die Energiewirtschaft sowie für den Energiekunden vor!
   b) Diskutiere aktuelle Probleme der Förderung erneuerbarer Energieträger zur Elektroenergieerzeugung unter den Bedingungen der beiden oben genannten Gesetze!
   c) Derzeit kann man seinen Stromlieferanten selbst bestimmen und zwischen verschiedenen Stromtarifen auswählen. Wähle verschiedene Lieferanten und Tarife aus deiner Region aus und berechne für den Jahresverbrauch deines Haushaltes die jeweils entstehenden Kosten!
   Welche Vor- und Nachteile haben die unterschiedlichen Tarife für den Stromkunden und für die Energiewirtschaft?

Wärmeleitung, Wärmestrahlung, Wärmeströmung

6. Stelle in einer Tabelle zusammen, wie die Energieformen E_{mech}, E_{ch}, E_{el} und E_{therm} transportiert oder übertragen werden können! Gib jeweils ein Beispiel für die Energieübertragung aus Natur und Technik an!

Energieform	Art der Energieübertragung	Beispiel aus Natur und Technik
...	...	...

7. Gib an, ob es sich bei den Vorgängen a) bis e) um Wärmeleitung, Wärmeströmung oder Wärmestrahlung handelt! Begründe deine Antwort!
   a) Ein Metalllöffel im heißen Tee erwärmt sich.
   b) Durch Südwind wird warme Luft transportiert.
   c) Infolge der Sonnenstrahlung erwärmt sich der Erdboden.
   d) Der Golfstrom bringt warmes Wasser.
   e) Die Sonne erwärmt die Haut.

8. Untersuche experimentell den Temperaturverlauf beim Abkühlen eines Körpers in Abhängigkeit von der Wärmedämmung!
   Vorbereitung:
   a) Welche Größen müssen gemessen werden? Was muss jeweils konstant gehalten werden?
   b) Lege verschiedene Dämmstoffe (z. B. Sand, Wolle, Watte, Sägespäne, Styropor), eine Flasche und ein Gefäß bereit. In das Gefäß muss die Flasche mit Dämmstoffumhüllung hineinpassen!
   Durchführung:
   a) Baue die Anordnung nacheinander mit verschiedenen Dämmstoffen auf!
   b) Fülle die Flasche vollständig mit heißem Wasser, und miss im Abstand von 5 Minuten die Temperatur des Wassers! Die Ausgangstemperatur des Wassers sollte bei allen Messungen möglichst gleich sein.
   Auswertung:
   a) Trage Namen der Dämmstoffe und die Werte für die Temperatur in eine Tabelle ein!

Zeit in min.	Temperatur in °C	
	ohne Dämmstoff	...
...	...	...

   b) Zeichne die Messwerte in ein Temperatur-Zeit-Diagramm ein!
   c) Vergleiche und interpretiere den Kurvenverlauf!

9. Durch Prozesse der Wärmeübertragung wird stets ein Teil der aufgewendeten Energie an die Umgebung abgegeben und damit entwertet. Insbesondere im Zusammenhang mit dem Beheizen von Räumen ist es deshalb sinnvoll, diese Energieabgabe an die Umgebung zu verhindern oder zu verringern.
   Erläutere einige Maßnahmen, die im Zusammenhang mit der Raumheizung eine Energieentwertung durch Wärmeabgabe an die Umgebung verhindern oder verringern können!

Energienutzung und Umweltbelastung

10. Durch die Verbrennung von Energieträgern werden neben Energie auch klima- und umweltwirksame Gase frei.
Trage in einer Tabelle wichtige Erkenntnisse zu den klima- und umweltwirksamen Gasen Kohlenstoffdioxid, Schwefeldioxid, Kohlenstoffmonooxid und Stickstoffdioxid, die bei Ver-brennungen entstehen, zusammen!

Gas	Formel	Bildung und Bau	Eigenschaften
...	...	...	...

11. Eine der wichtigsten Aufgaben des Umweltschutzes ist die Verringerung und Verhinderung von Abgasen sowie von Asche, Ruß und Staub aus Verbrennungsprozessen.
    a) Nenne einige wichtige Maßnahmen, Gesetze und Verordnungen von Bund und Ländern zur Verringerung der genannten Emissionen!
    Erläutere die Bedeutung der Maßnahmen für den Umweltschutz!
    b) Durch Katalysatoren in PKW wird der Ausstoß von umweltwirksamen Abgasen durch den Straßenverkehr verringert bzw. verhindert. Warum ist die Nutzung von Katalysatoren in PKW kein wirksamer Beitrag zum Klimaschutz auf der Erde?
    c) In Kraftwerken sind verschiedene Filter- und Reinigungsanlagen eingebaut, die die Luftbelastungen durch Kraftwerke in den letzten Jahren deutlich verringert haben (Abb. 1, S. 62).
    Erläutere die Wirkungen der verschiedenen Filter- und Reinigungsanlagen! Welche Stoffe werden in den jeweiligen Anlagen zurückgehalten?

12. Beträchtliche Umweltbelastungen im Zusammenhang mit der Energienutzung durch den Menschen treten nicht nur durch Verbrennungsprozesse und dabei frei werdende Luftschadstoffe auf. Solche Umweltbelastungen treten auch im Zusammenhang mit folgenden Vorgängen auf:
    a) Einrichtung und Betrieb von Tagebauen zur Gewinnung von Bodenschätzen,
    b) Anlage von Stauseen für große Wasserkraftwerke,
    c) Bau und Betrieb von Windenergieparks und
    d) Errichtung großer Sonnenkraftwerke.
    Erläutere die auftretenden Umweltbelastungen durch die genannten Vorgänge! Denke dabei z. B. an Flächen- bzw. Landschaftsverbrauch, Beeinflussung von Boden und Grundwasser oder an optische und akustische Wirkungen! Beziehe die aktuelle Situation in deiner Region mit ein!

Kohlenstoffdioxidausstoß und Klimaschutz

13. Zum Ausstoß von Kohlenstoffdioxid tragen unterschiedliche Bereiche mit ihren Verbrennungsprozessen bei (vgl. Abb. 3, S. 65).
Berechne aus den Zahlen für das Jahr 1995 die prozentualen Anteile der einzelnen Bereiche am Kohlenstoffdioxidausstoß und stelle die Ergebnisse in einem Kreisdiagramm dar! Interpretiere das Diagramm!

14. Einen überaus großen Anteil am CO_2-Ausstoß in Deutschland haben die Kraftwerke. Dabei tragen die einzelnen Kraftwerksarten unterschiedlich zum CO_2-Ausstoß bei.
Beurteile die einzelnen Kraftwerksarten hinsichtlich ihres CO_2-Ausstoßes! Berücksichtige dabei auch die unterschiedlichen Wirkungsgrade der einzelnen Kraftwerksarten!

15. Bisher gibt es keine wirksame Technik, die den CO_2-Ausstoß in die Umwelt bei Verbrennungsprozessen verhindern kann. Trage einige Möglichkeiten zusammen, wie in Deutschland der CO_2-Ausstoß in einzelnen Bereichen trotzdem gesenkt werden könnte!
Gehe dabei auf die mögliche Senkung des CO_2-Ausstoßes
–bei der Energienutzung allgemein,
–bei Heizungsanlagen und
–im Verkehrswesen ein!

16. Diskutiere die Vor- und Nachteile bei der Umsetzung einzelner Möglichkeiten zur Senkung des CO_2-Ausstoßes! Gehe dabei insbesondere ein auf

a) die Ersetzung von Kohle und Erdöl durch den Energieträger Erdgas,
b) die Nutzung der Kernenergie und
c) die Nutzung regenerativer Energiequellen!

17. Nenne und erläutere einige aktuelle Maßnahmen, Gesetze und Verordnungen von Bund und Ländern, die den CO_2-Ausstoß in Deutschland verringern sollen!
Berücksichtige dabei u. a. die Wärmeschutzverordnung, die Kraftfahrzeugsteuer und andere Steuern sowie die Kleinfeuerungsanlagen-Verordnung!

18. Als eine Möglichkeit zur Reduzierung des CO_2-Ausstoßes und zur langfristigen stabilen Energieversorgung wird die Nutzung der Kernenergie durch Kernspaltung angesehen. Gestalte ein Poster zum Thema „Für und wider Kernenergie"!
Gehe nicht nur auf den CO_2-Ausstoß, sondern auch auf Fragen der Rohstoffreserven, der radioaktiven Abfälle, der Sicherheit und der Akzeptanz in der Bevölkerung ein!

19. In den nächsten Jahrzehnten erwarten Wissenschaftler im Zusammenhang mit dem weltweiten Anstieg der Energienutzung und der CO_2-Emissionen einen Anstieg der mittleren Welttemperatur auf der Erde um 1,5 bis 4,0 K. Dies würde zu gewaltigen Veränderungen des Klimas und des Lebens auf der Erde führen.
Entwickle eine Übersicht über die Folgen eines Temperaturanstiegs für das Klima und das Leben auf der Erde!

Unmittelbare Folgen des Temperaturanstiegs	Folgen für die Natur	Folgen für den Menschen
Eisschmelze an den Polen und Ausdehnung des Meereswassers		
Vermehrte Verdunstung		
Veränderungen des Klimas		

Wirtschaftliche Entwicklung und Energieverbrauch

20. Der Primärenergieverbrauch auf der Erde steigt ständig an.

Jahr	1970	1975	1980	1985	1990	1995	2020
Energie pro Jahr in 10^{20} J	2,0	2,3	2,6	2,8	3,4	3,7	5,9

a) Stelle die Entwicklung des Primärenergieverbrauchs auf der Erde von 1970 bis 2020 grafisch dar!
b) Erläutere, woraus sich die ständige Steigerung des Primärenergieverbrauches auf der Erde in der Vergangenheit ergeben hat und sich in Zukunft ergeben wird! Gehe dabei auf unterschiedliche Entwicklungen in den Industrieländern und den Entwicklungsländern ein!
c) Diskutiere Konsequenzen, die sich aus dem weltweiten Anstieg des Primärenergieverbrauchs und den unterschiedlichen Entwicklungen in den Industrie- und den Entwicklungsländern für beide Ländergruppen ergeben können!

21. Der gesamte Energieverbrauch in einem Land ergibt sich sowohl aus dem Energieverbrauch je Einwohner als auch aus der Einwohnerzahl. Beide Werte unterscheiden sich von Land zu Land.
In einem Diagramm kann der gesamte Energieverbrauch als Fläche wie folgt dargestellt werden:

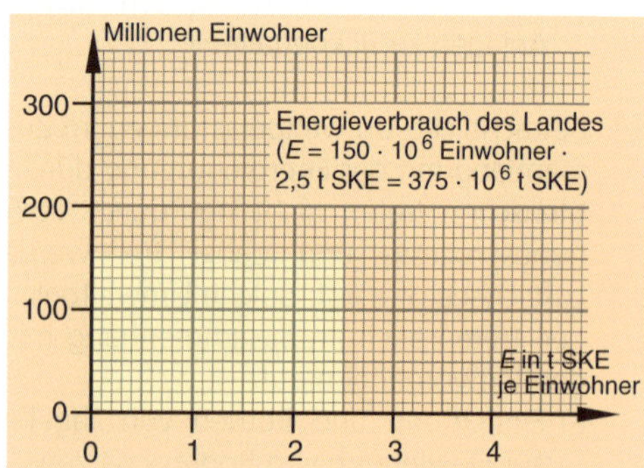

In der Abb. 1 auf S. 70 ist der Energieverbrauch je Einwohner für verschiedene Länder dargestellt.

a) Zeichne für folgende Länder auf Millimeterpapier Diagramme, die den gesamten Energieverbrauch des Landes darstellen: USA, Deutschland, Russische Föderation, Japan, Brasilien, China, Schweiz, Indien!
b) Vergleiche die Diagramme und diskutiere einige mögliche Konsequenzen aus den Vergleichen!
c) Zeichne in die Diagramme von China und Indien den gleichen Energieverbrauch je Einwohner ein, wie ihn die USA besitzen, sowie die sich daraus ergebende Fläche für den Energieverbrauch der Länder!
Um das Wievielfache würde in beiden Ländern der Energieverbrauch steigen?
Diskutiere Konsequenzen aus dieser möglichen Entwicklung!
d) Zeichne in das Diagramm für die USA den gleichen Energieverbrauch je Einwohner ein, wie ihn China besitzt! Wie würde sich der Energieverbrauch in den USA verändern?

22. Eine Möglichkeit, auch in der Zukunft eine sichere und umweltverträglichere Energieversorgung der Menschheit zu sichern, ist die stärkere Nutzung erneuerbarer Energieträger. In Deutschland geht es dabei aufgrund geografischer Besonderheiten vor allem um die stärkere Nutzung der Windenergie, der Sonnenstrahlung, der Biomasse, der geothermischen Energie und der Umweltwärme, die mittels Wärmepumpen genutzt wird. Zum Teil wird die Nutzung dieser Energiequellen in Deutschland durch Förderprogramme und Gesetze unterstützt.
a) Informiere dich und berichte über aktuelle Förderprogramme und Gesetze zur stärkeren Nutzung erneuerbarer Energiequellen in Deutschland!
b) Berichte über den derzeitigen Stand und die Wirtschaftlichkeit der Nutzung einzelner Arten erneuerbarer Energiequellen! Berücksichtige bei der Wirtschaftlichkeit die Investitionskosten und die laufenden Kosten sowie den Einfluss von Förderprogrammen und Gesetzen auf die Kosten!
c) Berichte über Probleme und deren Ursachen, die eine stärkere und schnellere Nutzung erneuerbarer Energiequellen bei uns behindern! Durch welche Maßnahmen könnten einige dieser Probleme beseitigt oder gemildert werden?

Rationeller und sparsamer Umgang mit Energie

23. Ein herkömmlicher Kühlschrank verbraucht pro Tag 0,82 kWh Elektroenergie, ein Öko-Kühlschrank dagegen nur 0,27 kWh. Dafür kostet der Öko-Kühlschrank auch 150 € mehr als der herkömmlicher Kühlschrank.
a) Berechne für die nächsten 15 Jahre den wirtschaftlichen Effekt, wenn man sich bei der Anschaffung für den billigeren Kühlschrank entscheidet!
b) Bewerte die Entscheidung für den billigeren Kühlschrank unter dem wirtschaftlichen Aspekt!
c) Bewerte die Anschaffung des billigeren Kühlschrankes unter dem Aspekt des sparsamen Umgangs mit Energie!

24. Die Wirkungsgrade elektrischer Haushaltsgeräte haben sich in den letzten Jahrzehnten sehr verbessert. Das wirkt sich positiv auf Energieverbrauch und Kosten aus.
a) Fertige für die Waschmaschine, den Kühlschrank und den Geschirrspüler in deinem Haushalt folgende Tabelle an:

Anschaffungsjahr	Elektroenergieverbrauch pro Jahr	Energiekosten pro Jahr
...	...	...

b) Erkundige dich nach den heute günstigsten Werten für den Verbrauch an Elektroenergie und den Anschaffungskosten dieser Geräte!
c) Berechne die Energiekosten, wenn in deinem Haushalt die vorhandenen Geräte durch die modernen heutigen Geräte ersetzt würden! Bewerte die Anschaffung neuer elektrischer Geräte für deinen Haushalt unter wirtschaftlichem Gesichts-

punkt! Berücksichtige bei entsprechenden Geräten auch den Wasserverbrauch!

d) Diskutiere Vor- und Nachteile des Ersatzes älterer gegen neuere elektrische Haushaltsgeräte unter dem Gesichtspunkt der Schonung der Umwelt! Berücksichtige dabei auch den Material- und Energieverbrauch bei der Herstellung neuer Geräte.

25. In einem Haushalt sind 12 Glühlampen (40 W und 60 W) im Einsatz, die pro Jahr durch ihren Einsatz 600 kWh Elektroenergie verbrauchen. Würde man diese Glühlampen durch gleich helle Energiesparlampen (7 W und 11 W) ersetzen, so würde sich der Elektroenergieverbrauch aufgrund des höheren Wirkungsgrades auf 120 kWh verringern.
   a) Berechne die Kosten für die Beleuchtung im Haushalt pro Jahr einmal für den Einsatz von Glühlampen und sowie von Energiesparlampen und vergleiche diese!
   b) Eine Energiesparlampe kostet 3,50 €, während eine normale Glühlampe nur 0,50 € kostet. Bewerte die Anschaffung von Energiesparlampen im Vergleich zur Anschaffung von Glühlampen unter wirtschaftlichem Gesichtspunkt! Beachte dabei, dass Energiesparlampen im Durchschnitt eine siebenfache Lebensdauer im Vergleich zu Glühlampen haben!
   c) Berechne überschlagsmäßig die Einsparung an Elektroenergie und Energiekosten in deinem Haushalt, wenn alle vorhandenen Glühlampen durch Energiesparlampen ersetzt würden!

26. Viele elektronische Geräte besitzen heute eine Stand-by-Funktion. Ein durchschnittlicher Haushalt mit Fernseher, Videorekorder, Computer und Hi-Fi-Geräten benötigt für die Aufrechterhaltung der Stand-by-Funktionen der Geräte eine elektrische Energie von 50 W pro Stunde.
   a) Berechne den Verbrauch an Elektroenergie pro Jahr und die Kosten für diese Energie zur Aufrechterhaltung der Stand-by-Funktionen! Bewerte die Ergebnisse der Berechnung!
   b) Durch welche Maßnahmen können die Leerlaufkosten für die Stand-by-Funktionen verringert werden?

27. Der größte Teil der Energie (z. T. über 75 %) wird im Haushalt für die Raumheizung benötigt. Deshalb ist eine Reduzierung der Heizkosten ein besonders wirkungsvoller Beitrag zur Energieeinsparung der Haushalte.
   a) Nenne und erläutere Maßnahmen zur Einsparung von Heizenergie in Haushalten!
   b) Durch Wärmeschutzverordnungen bewirkt der Staat, dass die benötigte Heizenergie in Neubauten bestimmte Werte nicht übersteigt. Erläutere wichtige Aussagen und Kennzahlen der aktuellen Wärmeschutzverordnung!
   c) In Bezug auf den Energieverbrauch unterscheidet man u. a. Niedrigenergiehäuser, Passivhäuser und Null-Energie-Häuser. Erläutere diese verschiedenen Arten von Häusern! Beziehe dabei die Wärmeschutzverordnung und die verschiedenen Kennzahlen für diese Häuser ein!

28. Der Anstieg des Energieverbrauchs der Haushalte hat auch etwas mit der wachsenden Wohnfläche in Deutschland pro Person in den letzten Jahrzehnten zu tun. So ist die mittlere Wohnfläche pro Person von 22 m^2 im Jahr 1965 auf 36,8 m^2 1995 gestiegen. Berechne für einen 4-Personen-Haushalt den Anstieg der Mietkosten und der Nebenkosten 1965 gegenüber 1995 allein aufgrund der größeren Wohnfläche bei 5 € Miete und 1,50 € Nebenkosten je m^2!

29. Auch beim Kochen kann man durch geschicktes Nutzen von Kenntnissen Energie sparen. Nenne anhand der Abbildungen Möglichkeiten des Energiesparens beim Kochen! Begründe deine Aussagen!

2 Luft – auch in Zukunft noch zum Atmen?

Saubere Luft brauchen wir nicht nur zum Leben

Luft brauchen die Menschen und viele andere Lebewesen wie das Wasser unmittelbar zum Leben. Ohne Luft könnten wir nur sehr viel kürzere Zeit als ohne Wasser überleben. Die Luft der Atmosphäre ist ein entscheidendes Lebens-Mittel für die Bewohner unseres Planeten.

Luft gibt es zwar immer und überall an der Erdoberfläche, doch besitzt sie unterschiedliche Qualität. Nicht nur für unsere Gesundheit und das Leben auf der Erde muss Luft bestimmte Eigenschaften aufweisen. Auch für viele technische Prozesse sind diese vonnöten. Der Zustand der Luft wird u. a. durch Luftgütemessmobile oder -stationen ständig überwacht.

Die Eigenschaften der Luft unserer Erdatmosphäre, z. B. ihre Temperatur oder ihre stoffliche Zusammensetzung, haben sich in einem langen erdgeschichtlichen Entwicklungsprozess herausgebildet. Unsere Sauerstoff-Atmosphäre stellt eine Einmaligkeit unter den Planeten unseres Sonnensystems dar. Ändern sich die Lufteigenschaften, so hat das Folgen für das heutige und künftige Leben auf der Erde. In der Erdgeschichte aufgetretene Änderungen des Anteils der Luftbestandteile werden auch für das Aussterben von Arten verantwortlich gemacht. Aber die Organismen ihrerseits beeinflussen auch den Luftzustand.

Wie sind die wechselseitigen Zusammenhänge zwischen den Eigenschaften der Luft und dem Leben auf der Erde beschaffen?
In welchem Maße können sich die Organismen an Eigenschaften der Luft anpassen?

Die Luft wird in der Luftfahrt, die wirtschaftlichen, aber auch touristischen und sportlichen Zwecken dient, genutzt. In der Gegenwart ist man dabei, die Luftfahrttechnik in unterschiedliche Richtung weiterzuentwickeln. Dort, wo es nicht auf Geschwindigkeit, sondern auf den Transport von schwersten Lasten ankommt, wird der umweltfreundliche „Cargo-Lifter" seine Chance nutzen. Aber auch in vielen anderen technischen Prozessen und Verfahren werden die Luft oder ihre Bestandteile in der Produktion oder im Alltag genutzt.

Was geschieht bei der großen Anzahl von technischen Nutzungen mit der Luft?
Weshalb wären auch viele technische Prozesse ohne Luft nicht durchführbar?

Der Mensch greift in steigendem Maße in natürliche Stoffkreisläufe ein. Viele Prozesse in Siedlungen, Industrie, Landwirtschaft oder im Verkehrswesen nutzen die Luft gratis und tragen vor allem durch Stoffemissionen zur Veränderung der Lufteigenschaften bei. Diese Veränderungen wirken sich direkt oder über Folgeerscheinungen zunehmend spürbar nachteilig für das Leben auf der Erde aus. Waldsterben und Bodenversauerung, Klimaveränderungen und Abbau der stratosphärischen Ozonschicht bergen die Gefahr in sich, die Lebensgrundlagen auf der Erde zu zerstören.

Können technische Prozesse so gestaltet werden, dass sich ihre nachteiligen Wirkungen auf die Eigenschaften der Luft verringern oder gar umgekehren lassen?
Durch welche Maßnahmen kann das weltweite Problem der anthropogenen Luftverunreinigung auf nationaler Ebene gemindert werden?

2.1 Die Atmosphäre und ihre Entstehung

Farblose Luft – blauer Himmel

Die Luft, die uns umgibt, ist unsichtbar. Dennoch erscheint uns der Himmel in unterschiedlichen Farben. Besonders blau kann er in den tropischen Regionen sein.

Wodurch sind die unterschiedlichen Färbungen des Himmels zu erklären?
Welche besonderen Eigenschaften besitzen die Luft und die Atmosphäre?

Lebensfeindliche Atmosphäre?

Luft brauchen Mensch und Tier zum Atmen. In großen Höhen reicht die Luft dafür aber oft nicht mehr aus. Bergsteiger müssen sich auch vor Kälte und Strahlung schützen.

Warum sind in größeren Höhen andere Bedingungen als auf Meeresniveau gegeben?
Bestehen Unterschiede zwischen der Luft und der Atmosphäre?

Das Klima bleibt nicht wie es ist

Wetter und Klima interessiert die meisten Menschen. Viele sorgen sich nicht nur um den schnellen Wetterwechsel, sondern auch um die Zukunft des Klimas auf der Erde.

Was sind eigentlich Wetter, Witterung und Klima?
Betreffen mögliche Veränderungen des Klimas nur die Zeit, in der wir leben?

2.1.1 Eigenschaften der Luft und der Atmosphäre

Die Luft ist nicht nur eine unverzichtbare Voraussetzung für das Leben auf der Erde. Ohne sie könnten auch keine Luftfahrzeuge verkehren, würden Reifen der Straßenfahrzeuge nicht funktionieren, gäbe es keine Staubsauger, könnten wir uns nicht akustisch verständigen. Luft ist farblos, geruchlos und in der Natur gasförmig. Luftbewegungen können wir spüren und indirekt beobachten. Die Luft war schon sehr lange Gegenstand von Wissenschaft und Forschung.

Bereits im Griechenland der Antike wurde neben Erde, Wasser und Feuer die Luft zu den vier „Urelementen" gezählt. Diese Urstoffe sollten unveränderlich sein, sich lediglich mischen oder entmischen können und so die vielgestaltige irdische Welt bilden (Abb. 1). Noch fast bis zum Ende des 18. Jh. sah man die Luft als einen einheitlichen Stoff an.

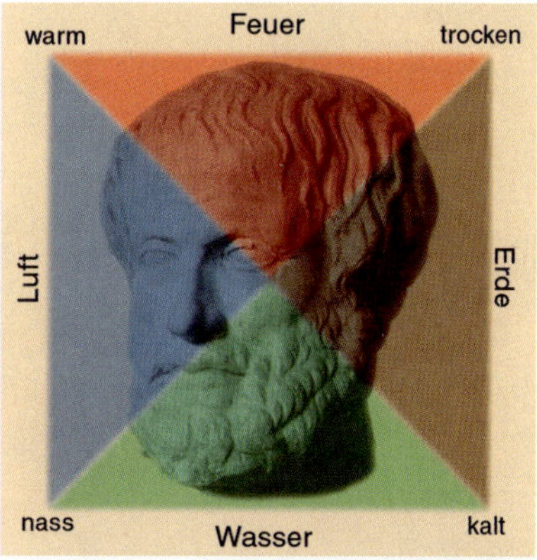

1 Aristoteles (384 bis 322 v. u. Z.) schuf ein umfassendes Weltbild. Für die irdische Welt sind Veränderung, Entstehen und Vergehen charakteristisch. Diese ergeben sich aus der unterschiedlichen Mischung der „Urelemente" Erde, Wasser, Luft und Feuer.

Erst im Jahre 1774 konnte der französische Chemiker Antoine Lavoisier (1743–1796) die **Hauptbestandteile der Luft,** Stickstoff und Sauerstoff, nachweisen. **Stickstoff** ist ein farbloses, geruchloses und sehr reaktionsträges Gas. Es ist nicht brennbar und unterhält auch nicht die Verbrennung. Obwohl Stickstoff ungiftig ist, ersticken Lebewesen darin. **Sauerstoff** ist das auf der Erde am weitesten verbreitete Element. Es ist ein farbloses und geruchloses Gas, das selbst nicht brennt, aber die Verbrennung fördert. Sauerstoff kann sich in Wasser lösen. Seine Löslichkeit nimmt mit zunehmender Wassertemperatur ab. Menschen und Wirbeltiere führen ihrem Körper über die Atmungsorgane (Lungen bzw. Kiemen) ständig Sauerstoff zu. Ein erwachsener Mensch braucht täglich etwa 0,6 m^3 Sauerstoff.

Später haben genauere Untersuchungen erbracht, dass Luft aus mehreren Gasen zusammengesetzt ist (Abb. 2). Diese gasförmigen Stoffe behalten ihre besonderen Eigenschaften auch innerhalb des **Stoffgemischs Luft** bei.

Die Luft ist ein Stoffgemisch, das sich im trockenen Zustand im wesentlichen Stickstoff, Sauerstoff, Edelgasen und Kohlenstoffdioxid zusammensetzt.

Nicht nur die einzelnen Bestandteile der Luft haben Eigenschaften, sondern auch die Luft als Stoffgemisch. Dazu gehören z. B. ihre Dichte ($\rho = 1{,}29\ kg \cdot m^{-3}$ bei 0 °C und 101,3 kPa), ihre molare Masse ($M = 28{,}96\ g \cdot mol^{-1}$) und ihre Siedetemperatur ($\vartheta = -194{,}3$ °C). Wichtige Eigenschaften der Luft sind aber auch ihre Verbreitung, ihre Temperaturen, ihr Druck und ihre Fähigkeit, Feuchtigkeit und andere Gase aufnehmen zu können.

Mittlere Zusammensetzung von trockener Luft in der Troposphäre (Volumenanteile in Prozent)	
Stickstoff	78,08
Sauerstoff	20,95
Argon	0,934
Neon	0,001 8
Helium	0,000 5
Krypton	0,000 1
Xenon	0,000 009
Kohlenstoffdioxid	0,035
Methan	0,000 17
Distickstoffmonooxid	0,000 03
Kohlenstoffmonooxid	0,000 02
Wasserstoff	0,000 05
Ozon	0,000 001

2 Diese Zusammensetzung gilt für trockene und aerosolfreie Luft. Sie ist eine mittlere Zusammensetzung.
Mit zunehmender Höhe über der Erdoberfläche nimmt z. B. der Sauerstoffgehalt ab. Die Luft im Boden kann einen Kohlenstoffdioxid-Gehalt bis 6 % haben.

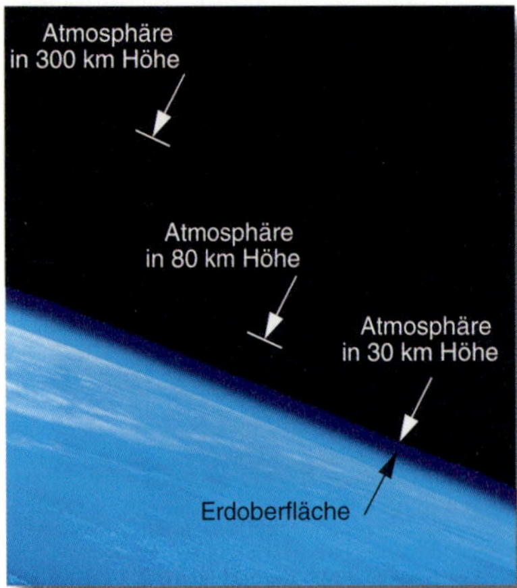

1 In 30 km Höhe befindet sich etwa die Ozonschicht, die für das Leben besondere Bedeutung besitzt. Innerhalb dieser ersten 30 km sind ca. 99 % der gesamten Luft enthalten. Etwa bei 80 km beginnt die Ionosphäre, die bis 300 km reicht.

2 Während die Luft der Atmosphäre bei starker Einstrahlung blau erscheint, entstehen durch den tiefen Stand der Sonne Morgen- und Abendrot, wenn das rötliche Licht von unten her die Wolken bestrahlt.

3 Federwolken (Cirrus-Wolken) sind die höchsten Wolken innerhalb der Troposphäre. Sie befinden sich in etwa 10 km Höhe und bestehen aus Eiskristallen. Diese zarten, glänzenden Wolken künden oft von einer Wetterverschlechterung.

Die Luft umgibt den festen Erdkörper als eine geschlossene Hülle, als Lufthülle oder **Atmosphäre.** Für ihre Dicke gibt es je nach dem gewählten Gesichtspunkt unterschiedliche Angaben (Abb. 1 und 2, S. 87). Während man früher eine Dicke von 80 km annahm, zieht man heute die Grenze bis zu 3 000 km, obwohl dort Verhältnisse herrschen, die einem technischen Vakuum entsprechen. Unabhängig davon stellt die Atmosphäre insgesamt nur eine dünne Hülle dar: 80 km entsprechen nicht viel mehr als 1 % vom Erdradius. Der Übergang in den Weltraum ist fließend.

Die Existenz der Lufthülle der Erde beruht darauf, dass ein Gleichgewichtszustand zwischen der Gravitation, der Anziehung der Erde, und den Eigenbewegungen der Atome bzw. Moleküle der Luft existiert: Durch die Schwerkraft werden die Gasteilchen – genauso wie alle anderen Körper auch – von der Erde angezogen. Dies wirkt dem Bestreben der Gasteilchen nach einem Konzentrationsausgleich, der **Diffusion,** entgegen, so dass die Teilchen nicht in den Weltraum entweichen können.

Die Erde erscheint aus dem Weltraum überwiegend blau, unterbrochen nur durch einzelne weiße Flecken, die Wolken. Die blaue Farbe kommt durch die Streuung des Sonnenlichtes in der Atmosphäre zustande: In der Lufthülle wird das kurzwellige blaue Licht etwa zehnmal stärker in alle Richtungen gestreut als das langwellige rote Licht. Dieses kann fast ungehindert die Atmosphäre durchdringen. Aus demselben Grund sehen wir von der Erdoberfläche aus den Himmel blau, während die Farbe des ankommenden direkten Sonnenlichtes, dessen blauer Anteil weitgehend zerstreut wurde, ins Gelbliche verschoben ist. Bei tief stehender Sonne geht die Farbe sogar ins Rötliche über, weil durch den dann sehr langen Weg des Lichtes durch die Lufthülle der blaue Anteil fast völlig gestreut wurde (Abb. 2).

Die Atmosphäre besteht jedoch nicht nur aus dem trockenen und aerosolfreien Gasgemisch Luft (Abb. 2, S. 85). Die Zusammensetzung der Luft entspricht nicht der Zusammensetzung der Atmosphäre. Die Atmosphäre besitzt folglich andere Eigenschaften als die Luft.

Die Atmosphäre unserer Erde enthält auch unsichtbaren Wasserdampf mit sich zeitlich und räumlich ständig verändernden Anteilen bis zu 4 %. **Wasser** kommt ebenfalls in Form von Wassertröpfchen oder Schnee und Eispartikeln vor, die als Wolken, Nebel oder Regen sichtbar sind (Abb. 3). Der Wassergehalt in der Atmosphäre und die mit dem Verdunsten bzw. Kondensieren von Wasser zusammenhängenden Energieumsetzungen haben eine große Bedeutung für Wetter und Klima (s. Abschnitt 2.1.3).

In der Atmosphäre befinden sich außerdem feste und flüssige Teilchen unterschiedlichster Art und Herkunft, die nicht aus Wasser bestehen. Sie werden als **Aerosole** oder auch als **luftfremde Stoffe** bezeichnet. Dazu gehören neben Wüstenstaub, Partikeln von Vulkanausbrüchen, Pollen und Geruchsstoffen auch Teilchen, die ihren Ursprung in menschlichen Aktivitäten haben (z. B. Industriestaub, Schwefelsäure oder Ruß). Diese Stoffe sind nicht wie die Gase der Luft in großen Teilen der Atmosphäre mit gleichen Anteilen vertreten, sondern treten räumlich und zeitlich in stark unterschiedlichen Konzentrationen, vor allem in der Nähe ihres Entstehungsortes auf. Eine Reihe der luftfremden Stoffe sind Schadstoffe (s. Abschnitt 2.3) oder können es von einer bestimmten Konzentration an sein. Sie haben aber auch für die Wolkenbildung und für das Klima (Abb. 1) größte Bedeutung.

> Die Atmosphäre bildet keine einheitliche Hülle um die Erde, sondern sie weist eine deutliche vertikale Gliederung in einzelne Schichten auf.

Diese Schichtung ist mit unterschiedlichen Eigenschaften und Prozessen verbunden, mit dem Temperaturverlauf, der stofflichen Zusammensetzung, dem Ionisierungsgrad oder der Reibung der Luft (Abb. 2).

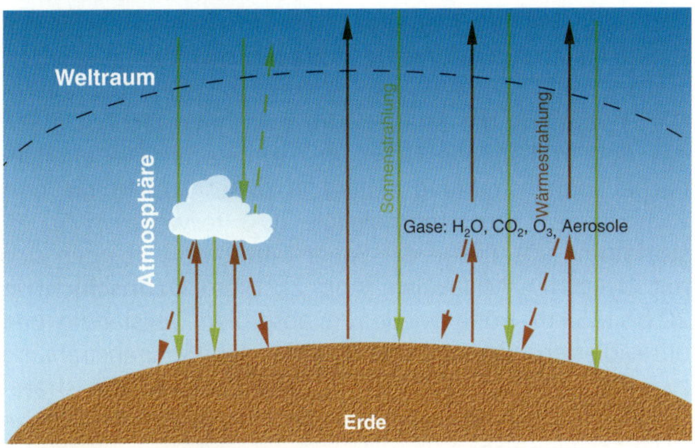

1 Aerosole sind als Kondensations- bzw. Gefrierkerne für die Wolkenbildung erforderlich. Ozon hält nicht nur lebensfeindliche Strahlung auf, sondern ist zusammen mit dem Wasserdampf am natürlichen Treibhauseffekt beteiligt, der für die mittlere Temperatur von 15 °C an der Erdoberfläche sorgt.

2 Die Atmosphäre der Erde wird am häufigsten nach der Temperatur gegliedert. Die dabei ausgegliederten Teilsphären unterscheiden sich auch nach weiteren Eigenschaften. So ist die Troposphäre nicht nur durch eine Temperaturabnahme mit der Höhe gekennzeichnet, sondern sie wirkt als Wettersphäre der Erde. In der Stratosphäre herrscht im Vergleich zur Troposphäre nicht nur große Trockenheit, sondern sie enthält auch die lebenswichtige Ozonschicht. Andere Gliederungen folgen den Gesichtspunkten stoffliche Zusammensetzung, Ionisierung und Reibung.

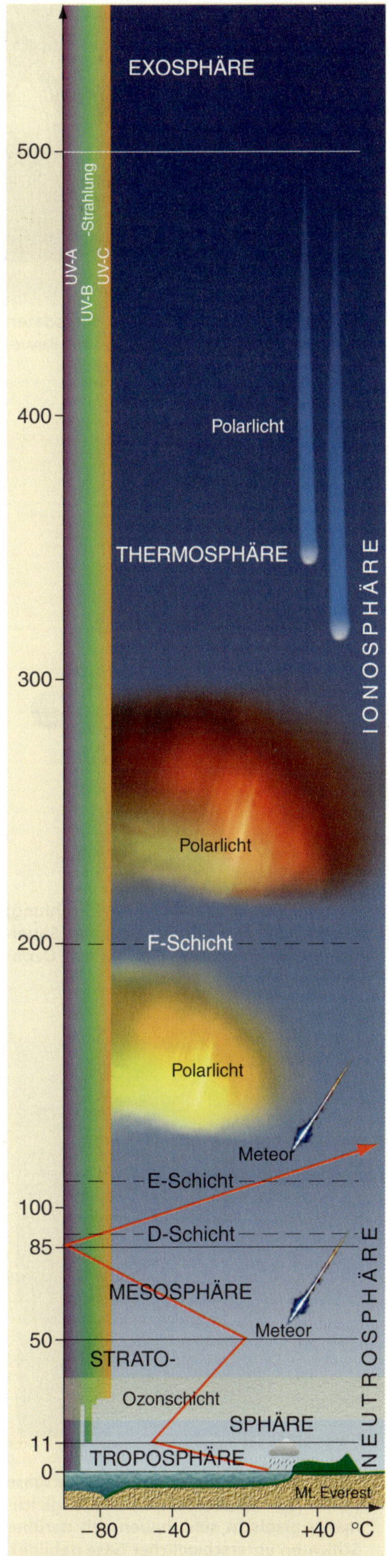

1 Mittels Radiosonden können Messdaten zu Temperatur, Druck, Feuchte und Bewegungen der Luft gewonnen werden.

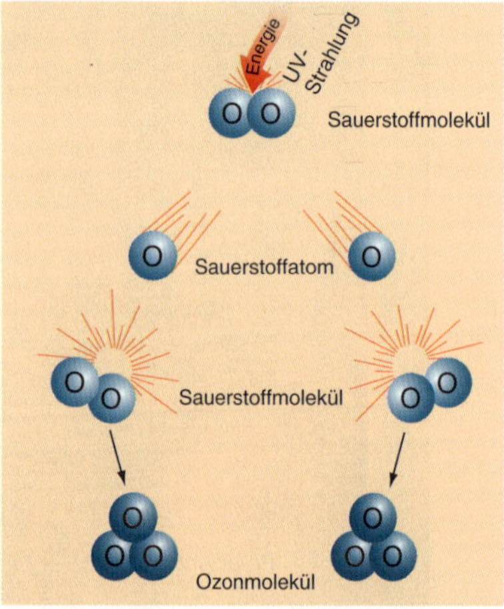

2 Kurzwelliges Sonnenlicht (UV-Strahlung) bewirkt die Aufspaltung einzelner Sauerstoffmoleküle und die Bildung von Ozonmolekülen.

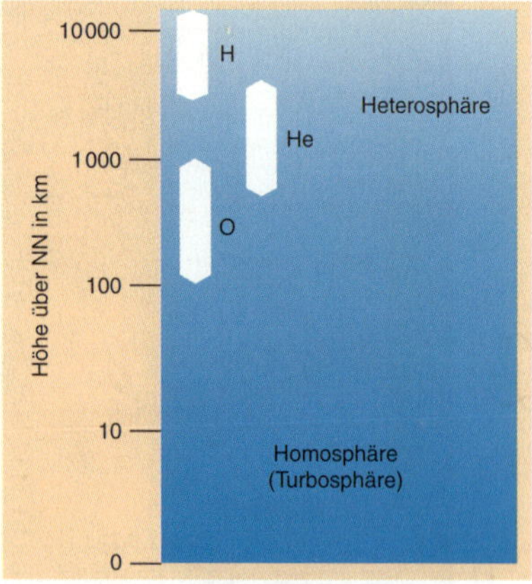

3 Während in der Homosphäre die Luftgase (nicht der Wasserdampf!) noch gleichmäßig gemischt sind, haben sich darüber Schichten unterschiedlicher Gase gebildet.

Die unterste Schicht, die **Troposphäre,** nimmt in den mittleren Breiten etwa die untersten 11 km der Atmosphäre ein. Rotationsbedingt misst sie über den Polen nur 6 bis 8 km, während sie in Äquatornähe bis in 17 km Höhe aufragt. Diese Werte schwanken auch jahreszeitlich. Die Troposphäre ist durch eine Abnahme der Lufttemperatur mit zunehmender Höhe um ca. 6,5 K je 1 000 m gekennzeichnet (s. S. 98). An ihrer Obergrenze, der Tropopause, werden in der Troposphäre etwa –55 °C gemessen. Diese Abnahme erklärt sich aus der Erwärmung der Luft von der Erdoberfläche aus. Auch die Dichte und der Druck der Luft (s. S. 85) nehmen innerhalb der Troposphäre ab.

In der Troposphäre befinden sich etwa 80 % der Masse der gesamten Atmosphäre. Sie ist diejenige Schicht, in der sich das Wettergeschehen abspielt (Abb. 1), wobei heftige Durchmischungen der Luft auftreten können. Fast der gesamte Wasserdampf der Atmosphäre befindet sich in dieser Schicht. Flüssiges und festes Wasser sind hier so konzentriert, dass sie durch Lichtreflexion als Wolken oder Dunst sichtbar werden.

Oberhalb der Tropopause nimmt die Temperatur erst allmählich, später aber stärker zu und erreicht in etwa 50 km Höhe mit ca. 0 °C ihren größten Wert. Dieses „Stockwerk" der Atmosphäre wird als **Stratosphäre** bezeichnet. Sie ist sehr trocken und erhält Aerosole nur noch aus Vulkanausbrüchen und verglühenden Meteoriten. Im Unterschied zur Troposphäre halten sich luftfremde Stoffe hier mehrere Jahre auf.

Die Erwärmung der Stratosphäre wird hauptsächlich durch das dort vorhandene Ozon (O_3) verursacht: Die energiereiche Sonnenstrahlung zerlegt in dieser Schicht die dort vorhandenen Sauerstoffmoleküle (O_2) teilweise in Sauerstoffatome (O). Einige der Sauerstoffatome verbinden sich mit O_2- zu O_3-Molekülen (Abb. 2). Diese **Ozonschicht** in 20 bis 35 km Höhe wiederum absorbiert vollständig den ultravioletten Wellenlängenbereich der Sonnenstrahlung zwischen 200 nm und 300 nm. Damit schirmt das stratosphärische Ozon das Leben auf der Erde gegen die tödliche UV-B-Strahlung ab.

Oberhalb der Stratopause nehmen die Temperaturen in der **Mesosphäre** wieder ab und erreichen bei etwa 85 km Höhe mit etwa –100 °C ihr Minimum. In der **Thermosphäre** (bis 500 km Höhe) steigt die Temperatur mit zunehmender Höhe wieder an, weil dort sehr kurzwellige Teile der Sonnenstrahlung (Wellenlängen unter 200 nm) absorbiert werden.
Innerhalb der Thermosphäre beginnt die Auflösung der bis dahin in der Atmosphäre gegebenen weitgehend gleichmäßigen Durchmischung der Gase der Luft. Es treten Schichten von Sauerstoff, Helium und Wasserstoff auf (Abb. 3).

Nicht nur die Luft ist für das Leben auf der Erde von großer Bedeutung. Auch die Atmosphäre mit der Gesamtheit ihrer Eigenschaften ist eine unabdingbare Voraussetzung für das Leben auf der Erde. Sie sichert die für das Leben erforderlichen Temperaturbedingungen und bietet Schutz vor lebensfeindlicher Strahlung. Eine solche Atmosphäre besitzt unter den Planeten unserer Sonne nur die Erde. Bereits die Nachbarplaneten Venus und Mars besitzen Atmosphären mit anderen Eigenschaften, die die Entstehung von Leben nicht fördern. Diese Unterschiede hängen mit der Entfernung zur Sonne (Erde: etwa 150 Millionen km) zusammen, die bei anderen Planeten entweder zur Aufheizung oder zur völligen Vereisung führt. Die Erde ist ein besonderer Planet (s. S. 92).

Durch ihre stoffliche Zusammensetzung (Spurengase, Wasserdampf, Wolken), ihre mit der Schichtung verbundenen Eigenschaften (Ozonschicht) und Prozesse (Wettergeschehen) ermöglicht die Atmosphäre das Leben auf der Erde.

Ähnlich wie das Wasser in den Ozeanen erzeugt auch die Atmosphäre einen Druck auf ihre Unterlage, die Erdoberfläche. Entsprechend des Hauptbestandteils der Atmosphäre wird dieser Druck als **Luftdruck** bezeichnet.

Luftdruck ist der Schweredruck der Lufthülle. Er entsteht durch die Gewichtskraft der Luft.

Der Luftdruck wirkt auf alle Körper, die sich in der Atmosphäre befinden oder in diese hineinragen (Abb. 1). Seine Höhe ist von der Höhe der über den Körpern liegenden Luftsäule abhängig. Unmittelbar an der Erdoberfläche ist er am größten, mit zunehmender Höhe nimmt der Luftdruck ab (Abb. 2). In Höhe des Meeresspiegels wurden für den Luftdruck im Mittel 101,3 kPa gemessen. Der Druck an der Erdoberfläche wird auch als Normdruck (Normaldruck) bezeichnet. Als Normdruck ist der mittlere Luftdruck in Meereshöhe festgelegt. Den Luftdruck gibt man oft auch in den Einheiten Hektopascal (1 hPa) bzw. Millibar (1 mbar) an. Der Normdruck beträgt 101,3 kPa = 1 013 hPa = 1 013 mbar.

Die ungleichmäßige Abnahme des Luftdrucks hängt mit der Eigenschaft der Luft zusammen, verdichtbar zu sein. In der Nähe der Erdoberfläche ist die Dichte der Luft größer als in höheren Schichten der Atmosphäre (Abb. 3). Der genaue Zusammenhang wird mit der „barometrischen Höhenformel", einer Exponentialfunktion, beschrieben.

Auswirkungen auf den Luftdruck ergeben sich aber auch dann, wenn sich die Dichte der Luft durch Temperatureinflüsse oder durch Luftverwirbelungen ändert. Dann bilden sich Hoch- und Tiefdruckgebiete (s. S. 96).

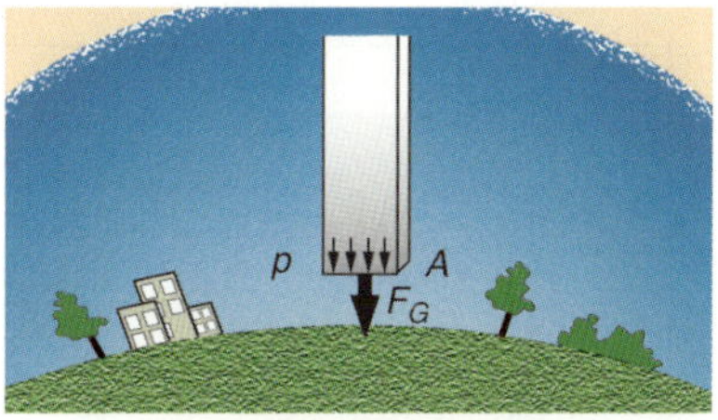

1 Der Luftdruck wirkt auf alle Gegenstände auf der Erdoberfläche, so auch auf uns Menschen.

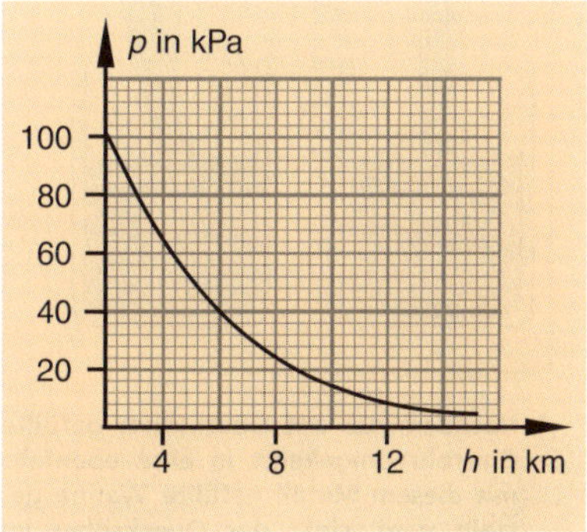

2 Die Abnahme des Luftdrucks in der Atmosphäre mit zunehmender Höhe über dem Meeresspiegel erfolgt nicht linear.

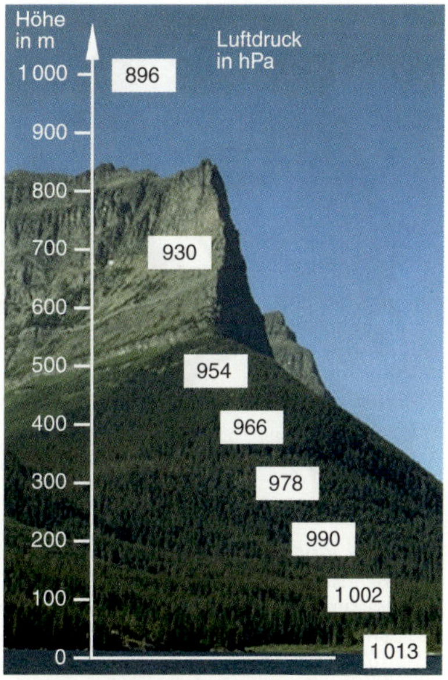

3 Luftdruckunterschiede sind auch in verhältnismäßig geringen Höhen über dem Meeresspiegel vorhanden, unabhängig davon, ob wir sie spüren oder nicht.

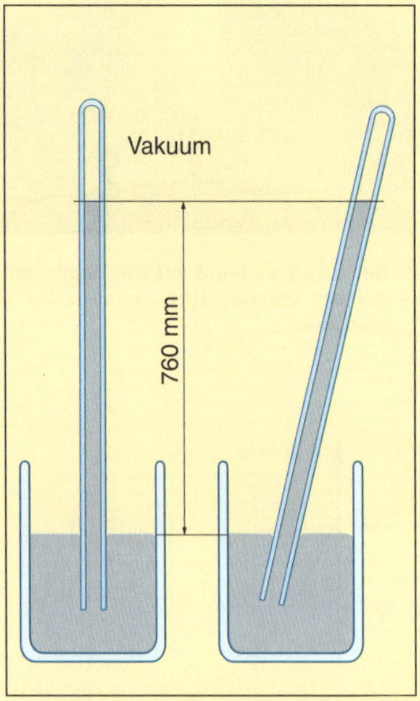

1 Nachdem das mit Quecksilber gefüllte Glasrohr umgekehrt in eine ebenfalls mit diesem Metall gefüllte Wanne gestellt wird, sinkt das Quecksilber im Rohr so weit, bis der Schweredruck des Quecksilbers und der Schweredruck der Luft ausgeglichen sind.

2 VON GUERICKE studierte in Leipzig, Helmstedt, Jena und Leiden Rechtswissenschaft, Mathematik, Mechanik und Bauwesen. In Magdeburg wurde er 1626 Ratsherr und Bürgermeister. 1654 führte er vor dem Reichstag in Regensburg sein Experiment mit den Halbkugeln durch.

Zur Entdeckung des Luftdruckes

Die Entdeckung des Luftdrucks war eng mit der Suche nach dem luftleeren Raum, dem Vakuum, verbunden.

Seit der Antike dominierte das Weltbild des ARISTOTELES (s. S. 85). In diesem Weltbild ist der Kosmos endlich und in sich geschlossen: Außerhalb der Sphäre des Sternenhimmels gibt es nichts, auch keinen leeren Raum. Nach ARISTOTELES hat die Natur eine Abscheu vor dem Leeren („horror vacui"). Diese Annahme galt bis in das Mittelalter unangefochten.

Erst die im 17. Jahrhundert durchgeführten experimentellen Untersuchungen brachten neue Argumente in die Auseinandersetzung um die Existenz des Vakuums. Dabei waren die Auffassungen oft sehr widersprüchlich: GALILEI (1564 bis 1642) abstrahierte bei seinen Experimenten zum freien Fall von den umgebenden Medien und ließ das Vakuum als Denkmöglichkeit zu. Adhäsion und Kohäsion erklärte er hingegen mit einem Widerstand der Natur gegen das Vakuum.

Um 1630 wurde GALILEI von Brunnenbauern aus Florenz mit einem praktischen Problem konfrontiert: Sie hatten festgestellt, dass sie mit ihren Pumpen das Wasser nur bis aus einer Tiefe von ca. 10 m saugen konnten. Eine richtige Erklärung für diese Erscheinung konnte GALILEI nicht geben. Er suchte die Ursache dafür noch in einer Art Widerstand vor dem leeren Raum.

Die Beobachtungen der Brunnenbauer wurden später auch experimentell bestätigt. GALILEIS Schüler TORRICELLI (1608 bis 1647) setzte diese Versuche mit dichteren Flüssigkeiten – u. a. mit Quecksilber – fort. Er füllte ein ca. 1 m langes, mit nur einer Öffnung versehenes Glasrohr vollständig mit Quecksilber. Dann verschloss er die Öffnung mit einem Finger und stellte das Rohr umgekehrt in eine Quecksilberwanne. Die Quecksilbersäule sank so weit, bis sie noch eine Länge von ca. 760 mm hatte (Abb. 1).

TORRICELLI wiederholte die Experimente mit unterschiedlich geformten Röhren. Außerdem beobachtete er, dass die Länge der Quecksilbersäule in Abhängigkeit vom Wetter geringe Schwankungen aufwies. Da aber der „horror vacui" kaum vom Wetter abhängen konnte, erklärte er seine Beobachtungen unter der Annahme eines äußeren Luftdrucks.

PASCAL (1623 bis 1662) erweiterte die torricellischen Experimente: Er vermutete auch eine Abhängigkeit der Höhe der Quecksilbersäule vom Luftdruck. Da dieser vom Gewicht der Luftsäule bestimmt wird, erwartete er eine Abnahme der Steighöhe mit wachsender Höhe des Messortes über dem Meeresspiegel. 1648 erbrachten sorgfältig ausgeführte Versuche eine Differenz der Quecksilbersäulenlängen von 7,5 cm zwischen einem Messpunkt am Fuße eines Berges und einem ca. 800 m höher gelegenen Ort. Damit kann PASCAL auch als Erfinder des Barometers angesehen werden.

Großes Aufsehen erregten in jener Zeit die Experimente des Magdeburgers OTTO VON GUERICKE (1602 bis 1686, Abb. 2).

Er vertrat die Meinung, dass in einem Raum ein Vakuum entsteht, wenn aus ihm die darin befindliche Substanz, z. B. Wasser oder Luft, entfernt wird. Als wichtiges Hilfsmittel für seine Versuche erfand er die Luftpumpe.

Mit deren Hilfe gelang es ihm, aus Metallgefäßen Luft herauszupumpen und dadurch ein Vakuum zu erzeugen. Dabei konnten viele der zunächst verwendeten Metallbehälter dem äußeren Luftdruck nicht standhalten und wurden zusammengedrückt. Nachdem es gelungen war, Gefäße mit entsprechender Festigkeit (z. B. stabile Halbkugeln) herzustellen, konnte VON GUERICKE seine Aufsehen erregenden Versuche durchführen (Abb. 1).

An die Untersuchungen von PASCAL bzw. VON GUERICKE schließen die Versuche des Franzosen MARIOTTE (1620 bis 1684) und des Engländers BOYLE (1627 bis 1691) an. Sie fanden die Gesetzmäßigkeiten zwischen Druck und Volumen einer abgeschlossenen Gasmenge (Boyle-mariottesches Gesetz, 1662).

1 Sechzehn Pferde waren nicht in der Lage, die zu einer Kugel zusammengefügten und ausgepumpten Halbkugeln auseinander zu ziehen. Der äußere Luftdruck hielt sie zusammen.

Der in der Atmosphäre enthaltene Wasserdampf wird im Unterschied zu Nebel oder Wolken, die Kondensationsprodukte darstellen, als **Luftfeuchtigkeit** bezeichnet.

Die **absolute Luftfeuchtigkeit** gibt den Wasserdampfgehalt der Luft zu einem bestimmten Zeitpunkt in g/m^3 an. Meist enthält die Luft jedoch weniger Feuchtigkeit, als sie aufnehmen könnte. Bei hohen Temperaturen kann die Luft mehr Wasserdampf aufnehmen als bei niedrigen. Die höchstmögliche Menge an Wasserdampf, die die Luft aufnehmen kann, ist von ihrer jeweiligen Temperatur abhängig. Diese Menge wird als **maximale Luftfeuchtigkeit** bezeichnet und ebenfalls in g/m^3 angegeben (Abb. 3).

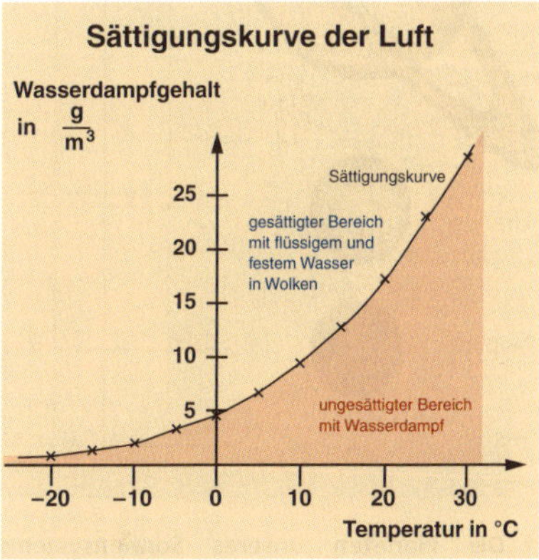

2 Entlang der Sättigungskurve erreicht die Luft den Taupunkt, wenn sie genügend Feuchtigkeit enthält. Die Sättigungskurve trennt Wasserdampf von Wassertröpfchen bzw. Eiskristallen. An ihr ist in jedem Falle die relative Luftfeuchtigkeit gleich 100 %.

Wird die maximale Luftfeuchtigkeit erreicht, ist die Luft mit Wasserdampf gesättigt (Abb. 2). Sie kann keinen weiteren Wasserdampf aufnehmen. Der überschüssige Wasserdampf kondensiert am sog. **Taupunkt.** Es bilden sich Nebel, Tau, Reif oder Wolken.

Am Taupunkt sind absolute und maximale Feuchte der Luft gleich, die Luft enthält 100 % Luftfeuchtigkeit. Diese prozentuale Angabe wird als **relative Luftfeuchtigkeit** bezeichnet. Die relative Luftfeuchtigkeit ist der Quotient aus der vorhandenen Menge an Wasserdampf und dem Maximum an aufnehmbarem Wasserdampf bei der jeweiligen Temperatur. Sie ist meist kleiner als 100 %, weil die maximale Feuchte selten erreicht wird.

3 Die Tabelle enthält die Werte für die maximale Luftfeuchtigkeit (in g/m^3) bei jeweiligen Temperaturen (in °C).

Temperatur in °C	–25	–20	–15	–10	–5	0	5	10	15	20	25	30
Wasserdampfgehalt in g	0,6	0,9	1,4	1,9	3,3	4,5	6,8	9,2	12,8	17,5	23,0	28,8

1 Die Planeten unseres Sonnensystems unterscheiden sich nicht nur durch ihren Radius (A, in km) und ihre Entfernung zur Sonne (B, in Mio. km) voneinander, sondern auch durch ihre Masse (C, im Vergleich zur Erde) und ihre mittlere Dichte (D, in g/cm³).

2 Obwohl Venus, Erde und Mars benachbarte Planeten sind, unterscheidet sich die Zusammensetzung ihrer Atmosphären beträchtlich.

2.1.2 Die Entstehung der Erdatmosphäre

Jeder Planet, der ein genügend großes Gravitationsfeld besitzt, kann eine Atmosphäre, eine Gashülle, bilden. Die Gravitation ist die Voraussetzung dafür, dass die Gasteilchen nicht in den Weltraum entweichen können.

Die Planeten unseres Sonnensystems (Abb. 1) besitzen Atmosphären, die sich hinsichtlich ihrer Schichtdicke, ihres Aufbaus und ihrer chemischer Zusammensetzung gravierend unterscheiden. Extrem dünne Atmosphären weisen der innerste Planet unseres Sonnensystems, der Merkur, und der äußerste Planet, der Pluto auf. Sie konnten erst in jüngster Zeit mit modernen Forschungsmethoden nachgewiesen werden.

Ursachen für die unterschiedlichen Atmosphären sind in der Entstehungsgeschichte unseres Sonnensystems zu suchen. Die Planeten in Sonnennähe – Merkur, Venus, Erde, Mars – waren und sind höheren Temperaturen und stärkeren Gravitationskräften ausgesetzt als sonnenfernere Planeten. Deshalb reicherten sich hier schwerere und schwerer flüchtige chemische Elemente wie Eisen oder Silicium an. Die äußeren Planeten unseres Sonnensystems hingegen bestehen zum großen Teil aus gasförmigen Bestandteilen, weshalb ihre Dichten wesentlich geringer sind als die der Erde.

Die Atmosphären der äußeren Planeten Jupiter, Saturn, Uranus und Neptun sind in ihrer chemischen Zusammensetzung sehr ähnlich. Sie bestehen etwa zu 90 % aus Wasserstoff und zu 10 % aus Helium. In Spuren sind Methan, Ammoniak und Wasserdampf vorhanden.

Beim Vergleich der Atmosphären der erdähnlichen Planeten kommt der Atmosphäre der Erde eine Sonderstellung zu (Abb. 2). Während Venus und Mars vorwiegend von Kohlenstoffdioxid umhüllt werden, ist dieser Bestandteil in der Erdatmosphäre nur zu 0,03 % zu finden. Vermutlich würde auch unsere Erdatmosphäre aus Kohlenstoffdioxid bestehen, wenn sie nicht im Verlaufe ihrer Geschichte einigen besonderen Bedingungen ausgesetzt gewesen wäre.

	Venus	Erde	Mars
Kohlenstoffdioxid	93–97 Vol. %	0,03 Vol. %	95 Vol. %
Stickstoff	2–5 Vol. %	78,09 Vol. %	2,7 Vol. %
Sauerstoff	0 Vol. %	20,95 Vol. %	0,4 Vol. %
Wasserdampf	0,4–1,1 Vol. %		0,01–0,1 Vol. %
Argon		0,93 Vol. %	
Spurengase	H_2, He, CO, Ar, Ne, HCl, ...	Ne, He, H_2, O_3, ...	CO, Ar, H_2, Kr, Xe, ...

Die gegenwärtige Atmosphäre der Erde durchlief einen langen Entwicklungsprozess mit mehreren Stadien.

Die Entwicklung der Erdatmosphäre führte von der anfänglichen Uratmosphäre über die Wasserdampf-Kohlenstoffdioxid-Atmosphäre, die Kohlenstoffdioxid-Atmosphäre und die Stickstoff-Atmosphäre zur Sauerstoff-Atmosphäre.

Die Erde entstand nach heutigem Wissen vor etwa 4,5 Milliarden Jahren als heiße, feurig-flüssige Kugel. Die Bestandteile ihrer ersten Atmosphäre, der **Uratmosphäre,** waren Methan, Ammoniak, Wasserstoff und Wasser. Sie entstammten vermutlich den äußeren Erdschichten. Diese enthielten zu dieser Zeit verschiedene leicht flüchtige Verbindungen, die sich durch das Auftreffen gasreicher Gebilde aus den Randzonen des sog. Solarnebels anreicherten.

Durch Aufheizung und Entgasung, die im wesentlichen mit unserem heutigen Vulkanismus (Abb. 1) verglichen werden können, verließen die leicht flüchtigen Bestandteile (Wasserstoff, Ammoniak und Methan) das Schwerefeld der Erde. Dadurch bildete sich eine **Wasserdampf-Kohlenstoffdioxid-Atmosphäre** (Abb. 2). Ähnliche Prozesse liefen auch auf den Planeten Venus und Mars ab. Im Gegensatz zur Erde blieb dort jedoch die Uratmosphäre weitgehend erhalten.

Als Besonderheit der Erdentwicklung kann die Entstehung der **Hydrosphäre** gewertet werden. Die Ursache für die Bildung der Hydrosphäre ist im spezifischen Abstand der Erde von der Sonne zu suchen. Während die Venus durch ihre Sonnennähe zu heiß war, damit Wasserdampf kondensieren konnte, war der Abstand des Mars dafür wiederum zu groß. Nur auf der Erde wurde der **Taupunkt,** an dem die Kondensation des Wasserdampfes stattfindet, erreicht. Als Folge der Kondensation führten gewaltige Regenfälle zur Bildung riesiger **Urozeane** aus Süßwasser in Hohlformen der Erde. Der Wasserkreislauf begann.

Die Kondensation führte dazu, dass sich der Wasserdampfgehalt der Atmosphäre sprunghaft reduzierte. Es entstand eine **Kohlenstoffdioxid-Atmosphäre.** Durch die relativ gute Löslichkeit von Kohlenstoffdioxid in Wasser konnte dieses in den Urozeanen gelöst werden und mit Metall-Ionen Salze bilden. Als Folge davon bildete sich eine **Stickstoff-Atmosphäre.** Atmosphärischer Sauerstoff lag – wenn überhaupt – anfangs nur in Spuren vor (Abb. 3). Gleichzeitig leitete diese Entwicklung die Versalzung des Ozeane ein.

Unsere heutige **Sauerstoff-Atmosphäre** wurde nur durch die Entstehung des Lebens auf der Erde möglich.

1 Vulkanausbrüche gehören bis heute zu den natürlichen Vorgängen auf der Erde. Sie sind besonders an die Störungszonen in der Erdkruste gebunden.

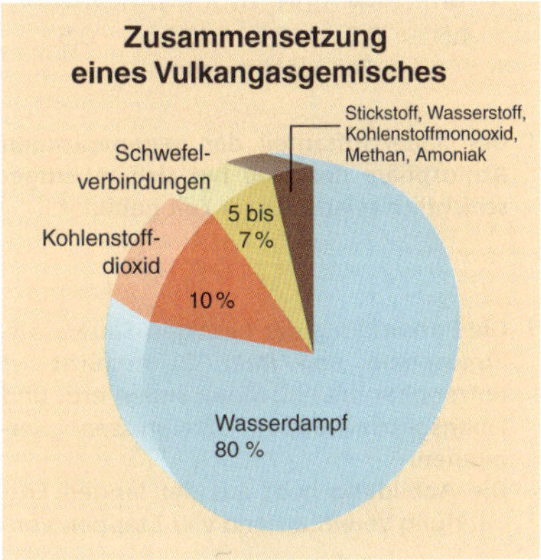

2 Die Gase, die bei Vulkanausbrüchen in die Atmosphäre gelangen, haben meist eine charakteristische Zusammensetzung. Ihr entsprach die zweite Erdatmosphäre.

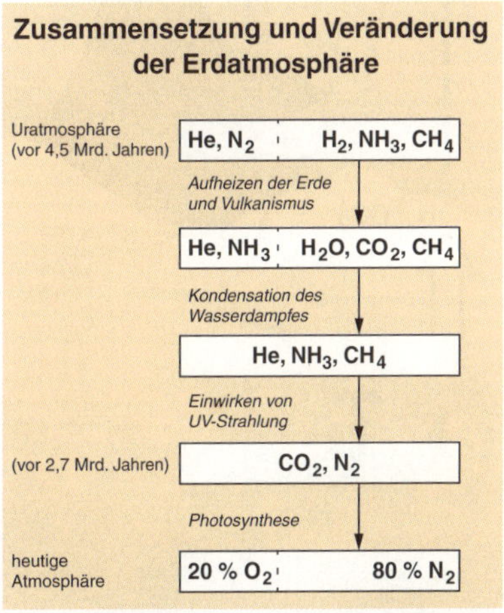

3 Die Entwicklung der Erdatmosphäre und die damit eng verknüpfte Entstehung der Hydrosphäre waren eine Voraussetzung auch für das Leben auf der Erde.

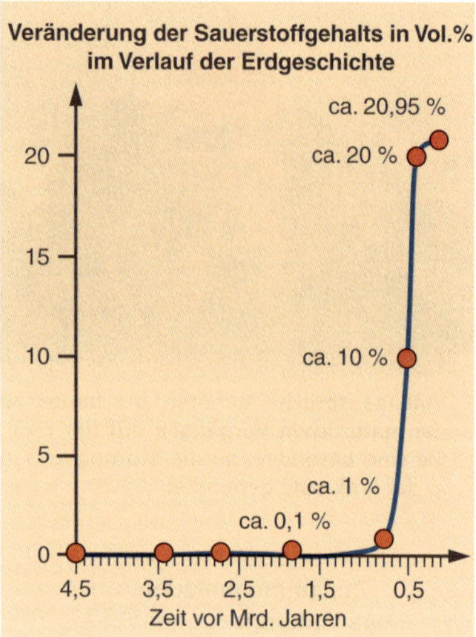

1 Der Sauerstoffanteil der gegenwärtigen Atmosphäre der Erde hat sich in erdgeschichtlich relativ kurzer Zeit gebildet.

2 Die Entwicklung der heutigen Sauerstoffatmosphäre und ihrer Ozonschicht ist untrennbar mit einschneidenden erd- und lebensgeschichtlichen Ereignissen verbunden.
Die Abbildung hebt aus der langen Entwicklung vereinfachend vier Etappen vor.

Erste zellähnliche Strukturen bildeten sich vor ca. 3,4 bis 3,8 Milliarden Jahren. Sie hatten einen anaeroben, also sauerstoffunabhängigen Stoffwechsel. Die Entwicklung des Lebens war zu dieser Zeit nur etwa 10 Meter unter der Wasseroberfläche möglich, da diese Wasserschicht die Funktion der jetzigen Ozonschicht der Atmosphäre (s. S. 88) übernahm.

Vor etwa 2,7 Milliarden Jahren wurden die ersten Sauerstoffproduzenten wirksam, die Blaualgen. Sie waren in der Lage, durch Fotosynthese (s. S. 110) organische Verbindungen herzustellen. Als „Abfallprodukt" fiel dabei der Sauerstoff an. Dieser oxidierte zunächst Eisen(II)-Verbindungen zu Eisen(III)-Verbindungen, die sich als eisenreicher Schlamm absetzten. Danach konnte freier Sauerstoff in die Atmosphäre gelangen (Abb. 1). Innerhalb von zwei Milliarden Jahren erhöhte sich so der Sauerstoffgehalt von 0,1 auf 1 Prozent. Damit war gleichzeitig die Voraussetzung für die Entstehung und die Anreicherung von Ozon in der Stratosphäre gegeben. Die Ozon-Konzentration reichte aus, die Besiedlung der Flachwasserzonen und den Übergang von primitiven Lebewesen zur Sauerstoffatmung zu ermöglichen.

Vor etwa 400 Millionen Jahren waren dann der Sauerstoffgehalt der Atmosphäre mit ca. 10 % und die Abschirmung durch die Ozonschicht hoch genug, um für die Besiedlung des Festlandes zu ermöglichen (Abb. 2). Nach weiteren 100 Millionen Jahren soll schließlich der heutige Sauerstoffgehalt erreicht worden sein.

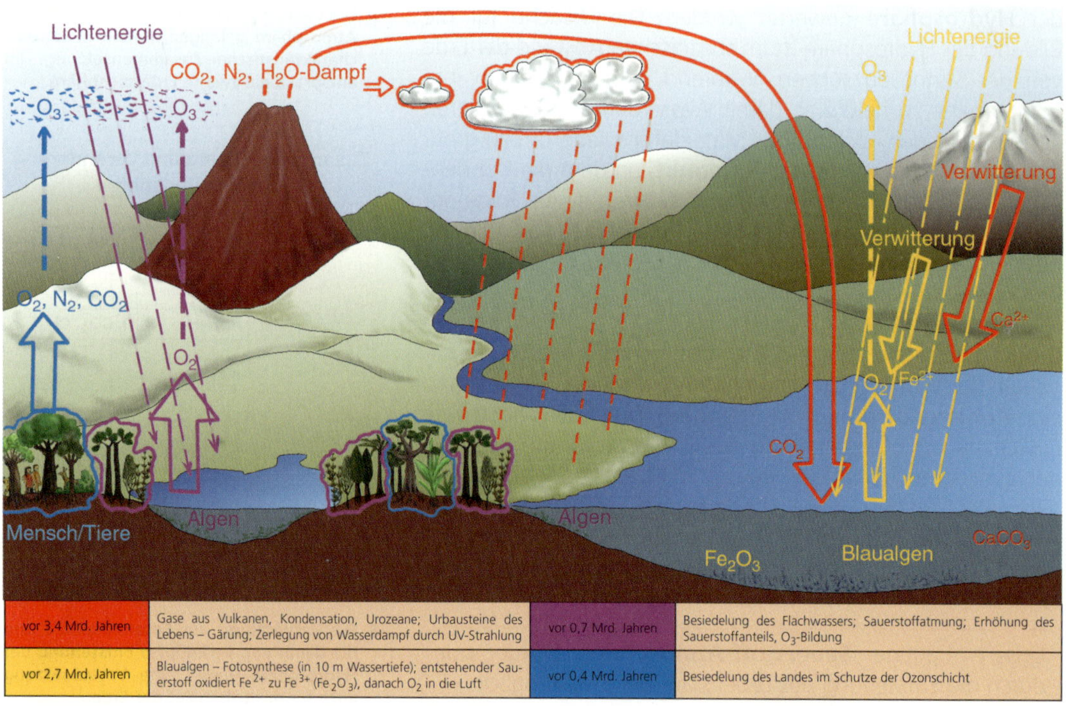

vor 3,4 Mrd. Jahren	Gase aus Vulkanen, Kondensation, Urozeane; Urbausteine des Lebens – Gärung; Zerlegung von Wasserdampf durch UV-Strahlung	vor 0,7 Mrd. Jahren	Besiedelung des Flachwassers; Sauerstoffatmung; Erhöhung des Sauerstoffanteils, O_3-Bildung
vor 2,7 Mrd. Jahren	Blaualgen – Fotosynthese (in 10 m Wassertiefe); entstehender Sauerstoff oxidiert Fe^{2+} zu Fe^{3+} (Fe_2O_3), danach O_2 in die Luft	vor 0,4 Mrd. Jahren	Besiedelung des Landes im Schutze der Ozonschicht

2.1.3 Wetter und Klima

Wetter und Klima sind primär vom Entwicklungszustand der Atmosphäre (s. Abschnitt 2.1.2), von der Einstrahlung der Sonnenenergie (Abb. 1) und von der atmosphärischen Zirkulation (Abb. 2) abhängig. Sie sind direkt an die Troposphäre gebunden.

Wetter und Klima sind mit der troposphärischen Luft, ihrem Wassergehalt und ihren luftfremden Stoffen verbunden.

Sowohl Wetter als auch Klima werden durch gleiche Merkmale der Luft gekennzeichnet. Es sind vor allem deren Temperatur, Feuchtigkeit, Bewölkung und Niederschläge sowie Luftdruck und Winde, die als **Wetter- und Klimaelemente** gelten und die konkret beobachtet und gemessen werden können (Abb. 3). Solche Beobachtungen werden unter dem Dach der WMO, der World Meteorological Organization, einer Spezialorganisation der UNO zusammengeführt.

Wetter und Klima sind trotz ihrer Gemeinsamkeiten unterschiedliche Dinge: Wenn in einem strengem Winter Seen und Flüsse zufrieren, so hat das nichts mit einer neuen Eiszeit zu tun. Oder wenn mehrere Jahre in Folge die Sommer überdurchschnittlich warm und trocken sind, so ist das noch kein Beweis für eine anhaltende Erwärmung.
Wetter und Klima unterscheiden sich vor allem durch den zeitlichen und räumlichen Bezug voneinander.

Das **Wetter** kennzeichnet den *augenblicklichen Zustand* der Troposphäre an einem bestimmten Ort auf der Erde.

Das Wetter kann sich innerhalb weniger Minuten ändern und schon in kürzester Entfernung zur gleichen Zeit an einem anderen Ort anders sein. Den Wetter*ablauf* an mehreren Tagen, Wochen oder Monaten bezeichnet man als **Witterung.**

Aussagen zum Klima hingegen beruhen auf mindestens 30-jährigen Durchschnittswerten vom Zustand der Troposphäre.

Das **Klima** ist der *langjährige* mittlere Zustand der Troposphäre mit dem durchschnittlichen Witterungsverlauf an einem Ort oder in einem größeren Gebiet der Erde.

Das Klima gilt nicht nur für einzelne Orte, sondern für Klimagebiete und ganze Klimazonen der Erde. Innerhalb dieser räumlichen Einheiten kann das Wetter natürlich sehr unterschiedlich sein. Klimaveränderungen können nur über langfristige Messreihen oder an ihren Auswirkungen, z. B. der Veränderung von Gletschern, festgestellt werden.

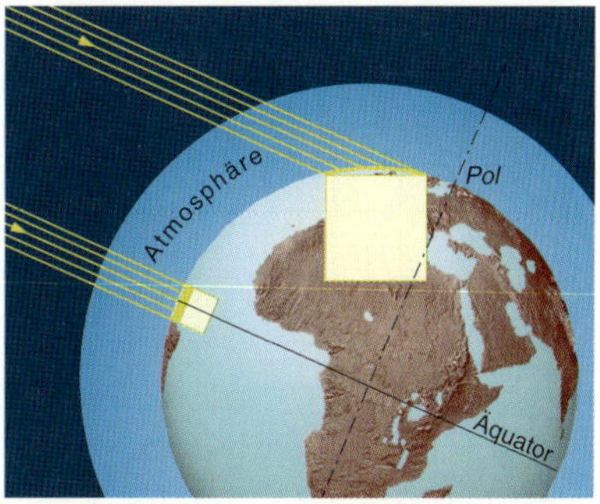

1 Die geografische Breite bestimmt die Sonnenhöhe über der Erdoberfläche, hat Einfluss auf die Länge des Strahlenweges durch die Atmosphäre und auf die Größe der von einem gleichen Strahlenbündel erreichten Fläche.

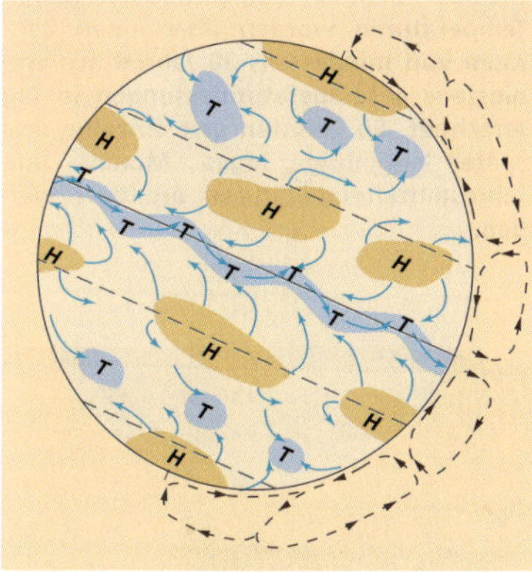

2 In der troposphärischen Zirkulation sind horizontaler und vertikaler Luftaustausch gekoppelt. Wichtige Teilsysteme sind die tropische Passatzirkulation, die tropische Monsunzirkulation und die verwirbelte Zirkulation der Außertropen.

3 Weltweit gibt es ein abgestimmtes Netz zur Beobachtung und Erfassung dieser Eigenschaften der troposphärischen Luft. Es umfasst etwa 10 500 Stationen. In 950 von ihnen werden regelmäßig Radiosonden (Abb. 1, S. 88) aufgelassen.

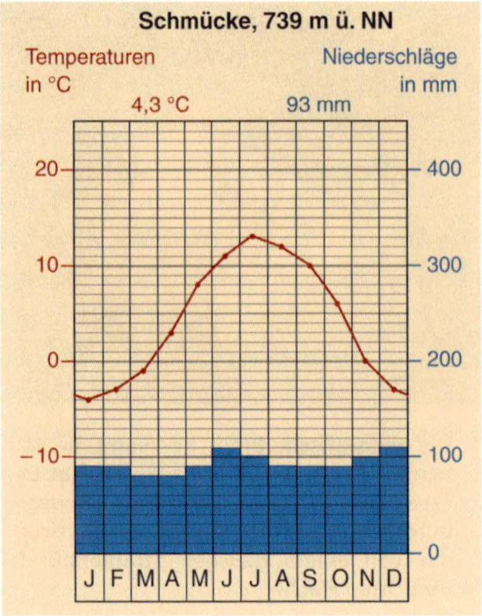

1 Die aus einem Klimadiagramm ablesbaren Temperaturen wurden über einen Zeitraum von mindestens 30 Jahren aus wenigstens 4 Temperaturmessungen je Tag errechnet. So konnten erst einzelne und später langjährige Tages-, Monats- und Jahresmitteltemperaturen ermittelt werden.

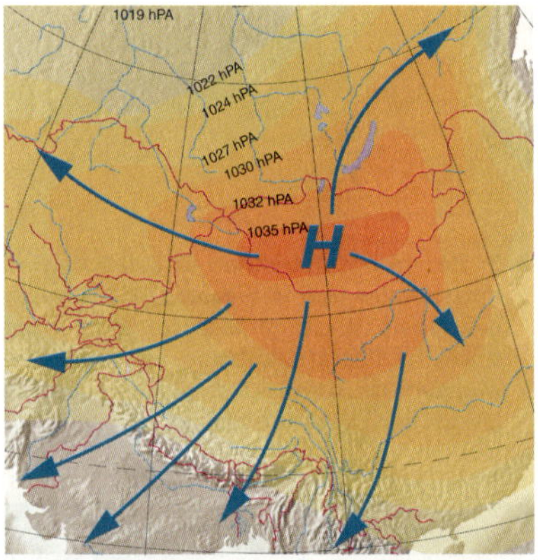

2 Im Januar treten im Bereich der Mongolei Temperaturen zwischen –20 °C und –30 °C auf. Die Luft sinkt ab und erhöht den Luftdruck am Boden. Aus dem Hochdruckgebiet strömt sie im Urzeigersinn aus. Da keine Meeresluft zuströmen kann, ist es sehr trocken. Wolkenlosigkeit verstärkt die nächtliche Auskühlung.

3 Nach der Temperatur sind drei grundlegende Luftmassen auf der Erde vorhanden. Sie sind durch Fronten voneinander getrennt sind. Die Luftmassen bewegen sich innerhalb ihres Entstehungsgebiets, verwirbeln sich aber in den Außertropen.

Besonders wichtig ist die Beachtung der *Durchschnittswerte,* mit denen das Klima charakterisiert wird (Abb. 1). Die Jahres- und die Monatstemperaturen eines Klimadiagramms sind *keine* gemessenen Temperaturen. Man darf demnach nicht erwarten, dass sie am gegebenen Ort in jedem Jahr oder gar an jedem Tag des Monats auch tatsächlich eintreten. Dem gegenüber werden Temperaturen eines Wetterberichts bzw. einer Wettervorhersage einer einzigen Uhrzeit eines Tages zugeordnet.

Die bei Klimaangaben verwendeten **Mittelwerte** ergeben sich aus einer Vielzahl von Einzelwerten, die mehr oder weniger von diesen Mittelwerten abweichen können.

Wetter und Klima werden durch den Komplex der Lufteigenschaften, wie Temperatur, Feuchte oder Druck, bestimmt. Folglich sind unterschiedliches Wetter und Klima auf unterschiedliche Lufteigenschaften zurückzuführen, auf unterschiedliche **Luftmassen.**

Luftmassen sind großräumige Luftkörper mit einheitlichen Eigenschaften. Unterschiedliche Luftmassen haben folglich unterschiedliche Eigenschaften.

Luftmassen können einheitliche Eigenschaften nur dann annehmen, wenn sie längere Zeit ihren Aufenthalt nicht wechseln. Diese Eigenschaften sind vom Charakter ihres Aufenthaltsgebietes abhängig. Luftmassen sind voneinander durch **Fronten** getrennt (Abb. 3).

Die **Entstehungsgebiete von Luftmassen** werden vor allem durch ihre jeweilige Energiezufuhr von der Sonne, die davon abhängige Erwärmung der Erdoberfläche und durch ihr Angebot an Wasser gekennzeichnet. Davon abhängig sind die Erwärmung der Luft, die Aufnahme von Feuchtigkeit durch die Luft, die Entstehung unterschiedlichen Luftdrucks und der dadurch ausgelöste vertikale und horizontale Luftaustausch (Abb. 2 und 3).

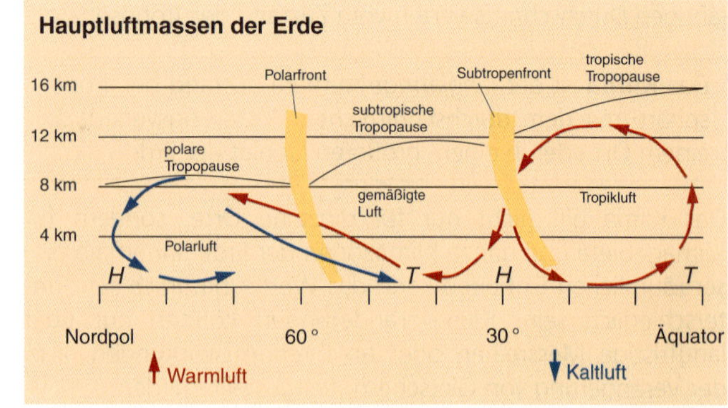

Der unterschiedliche Charakter der Entstehungsgebiete von Luftmassen wird bestimmt durch ihre Breitenlage (Äquator- bzw. Polnähe), ihre Lage über Ozeanen oder Kontinenten, ihre Höhenlage (Tiefland bzw. Hochgebirge) und die Art des Pflanzenbewuchses (z. B. Wald oder Halbwüste). Er führt zur Entstehung unterschiedlicher Luftmassen mit ihren Folgen für Wetter, Witterung und Klima.

Aufgrund der geringen Sonneneinstrahlung und des Wechsels von Polartag und Polarnacht in den **Polargebieten** der Erde kann sich die Luft dort nur gering und nicht ganzjährig erwärmen. Mit ihrer Eigenschaft *kalt* zu sein, bestimmt sie dort ganzjährig Wetter und Klima. **Polarluft** ist außerdem *trocken*, weil ihre maximale Feuchte (s. S. 91) wegen der herrschenden Temperaturen sehr gering ist.

In den **Tropen** bilden sich Luftmassen, die wegen der starken Einstrahlung der Sonne ganzjährig *sehr warm* sind. Die **Tropikluft** kann jedoch außerdem trocken oder feucht sein. Warme, *trockene* Luftmassen führen z. B. ganzjährig die NO-Passate aus Asien nach Nordafrika. Daher ist es dort ganzjährig warm und trocken. Warme, *feuchte* Luftmassen befinden sich ganzjährig im Bereich des Äquators. Daher ist es dort ganzjährig warm, feucht und niederschlagsreich.

Luftmassen sind nicht stationär, sondern werden horizontal verlagert. Diese **Luftmassenverlagerung** geschieht u. a. durch ein jahreszeitliches Wandern ihrer Entstehungsbedingungen (Abb. 1).

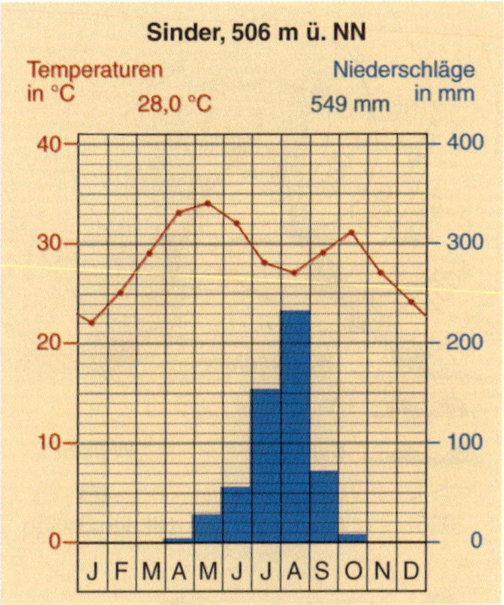

1 An diesem Klimadiagramm ist ein jahreszeitlicher Wechsel von Luftmassen ablesbar. Sie unterscheiden sich hinsichtlich der Temperatur kaum, sind beide Tropikluft. Sie haben jedoch deutlich unterschiedlichen Feuchtigkeitsgehalt und führen daher zum Wechsel von Trocken- und Regenzeit.

2 In Mitteleuropa wechseln die eingesteuerten Luftmassen und damit das Wetter oft. Die beiden Hauptluftmassen Polarluft (P) und Tropikluft (T) können trocken (c – continental) oder feucht (m – maritim) sein. Besonders kalte Luft stammt aus der Arktis (A), besonders warme aus der Sahara (S).

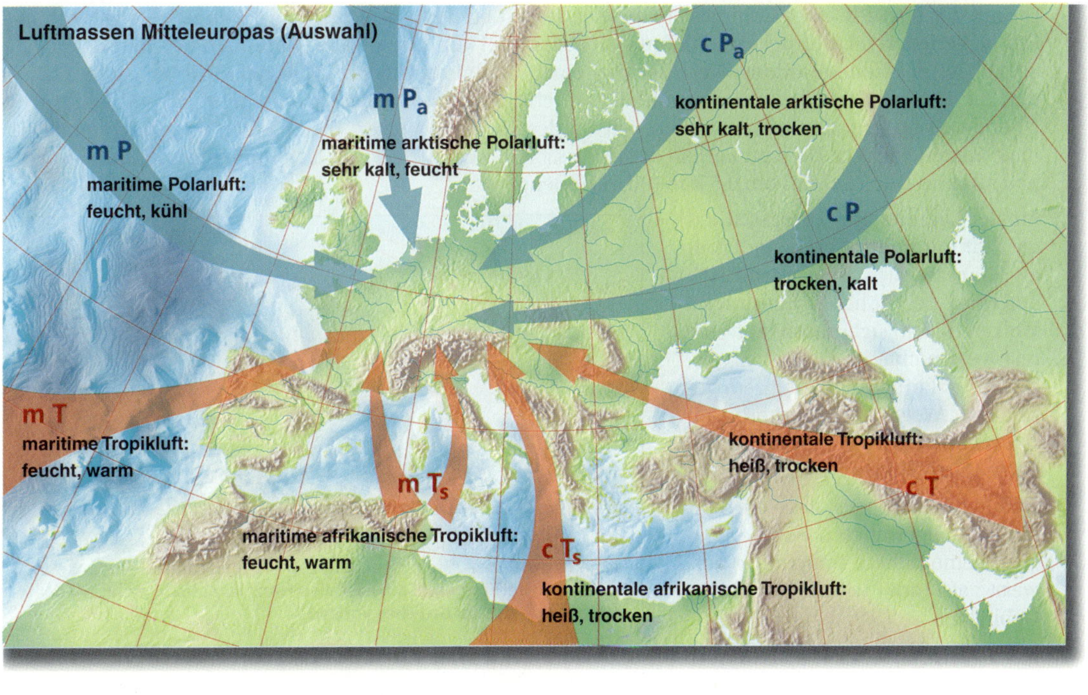

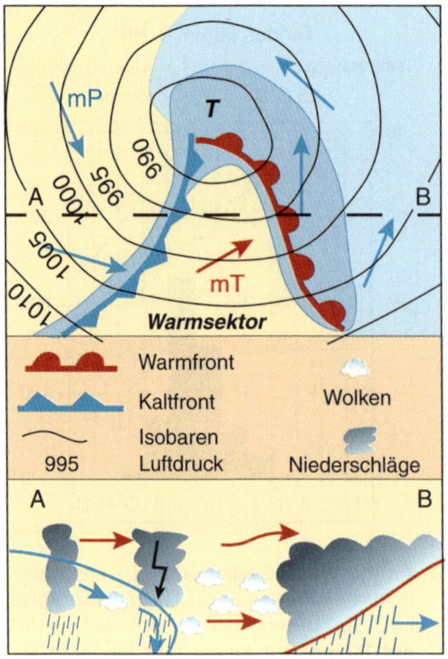

1 Zyklonen sind wandernde Tiefdruckgebiete, in denen sich Polarluft und Tropikluft verwirbeln. Sie ziehen aus Richtung Westen über unser Gebiet. Dabei wechselt das Wetter besonders rasch.

Auch der oft kurzfristige Wechsel der Wettersituation in der nördlichen **gemäßigten Zone** (Abb. 1) wird durch Luftmassenverlagerung und -verwirbelung verursacht (Abb. 2, S. 97).

Bei ihrem Ortswechsel behalten die Luftmassen ihre im Entstehungsgebiet erworbenen Eigenschaften noch einige Zeit und geben sie nach und nach an die neue Umgebung ab, in der sie das Wetter für eine gewisse Zeit bestimmen.

Dadurch kommt es auch zur gleichen Jahreszeit zu einem häufigen Wechsel der Temperaturen, der nicht auf den Einstrahlungswinkel der Sonne zurückzuführen ist. In Mitteleuropa selbst können Luftmassen nur entstehen, wenn sich über mehrere Tage oder Wochen hinweg ein Hochdruckgebiet aufbaut, das seine Lage nicht verändert.

Die Bildung von Luftmassen und die Änderung ihrer Eigenschaften ist *mit Wärmeaustausch* zwischen ihnen und ihrer Umgebung verbunden. Im Unterschied zu diesen *diabatischen* Vorgängen kann sich Luft auch *adiabatisch, ohne Wärmeaustausch* mit der Umgebung verändern. Das ist bei vertikalen Luftbewegungen, die mit **Stau** und **Föhn** an Gebirgen verbunden sind, der Fall.

Das Relief verändert Luftmassen und Wetter

Stau- und Föhnerscheinungen (Abb. 2) differenzieren Wetter und Klima, *ohne* dass unterschiedliche Luftmassen wirksam sind.

Die auf der **Luvseite** eines Gebirges ankommende Luft wird zum Aufsteigen gezwungen. Sie gelangt in Höhen geringeren Luftdrucks und dehnt sich aus. Dabei kühlt sie sich ab. Unterhalb des Taupunkts (s. S. 91) bzw. des Kondensationsniveaus erfolgt eine Abkühlung von ca. 1 K je 100 m Höhengewinn. Da dort die Luft lediglich Wasser*dampf* enthält, spricht man von einer *trockenadiabatischen* Abkühlung. Über dem Kondensationsniveau bilden sich auf der Stauseite Wolken, da die Luft eine geringere maximale Feuchte besitzt. Die Luft enthält damit Wassertröpfchen. Sie kühlt sich nun *feuchtadiabatisch* ab und zwar im Durchschnitt um 0,5 K je 100 m Höhengewinn.

Auf der **Leeseite** des Gebirges stürzt die Luft mit hoher Geschwindigkeit als Föhn abwärts. Sie erwärmt sich aufgrund des höheren Luftdrucks, Wolken lösen sich rasch auf, die relative Feuchte sinkt. Die Erwärmung der Luft erfolgt auf ihrem gesamten Weg nach unten auf *trockenadiabatische* Weise, also um 1 K je 100 m Höhenverlust.

Dadurch kommt es, dass die Luft am windabgewandten Fuß des Gebirges eine höhere Temperatur aufweist als am windzugewandten Gebirgsfuß.

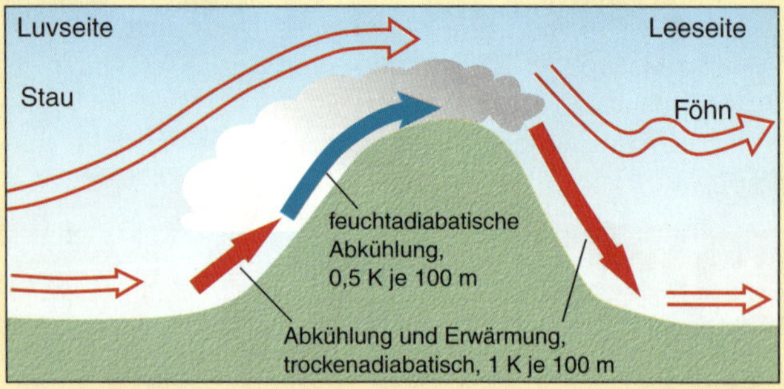

2 Stau- und Föhnerscheinungen sind immer an deutliche Reliefunterschiede gebunden. Sie prägen auch unterschiedliches Kleinklima auf kurzen Entfernungen. So weist der Harz klimatisch mehr Niederschläge auf als sein östliches Vorland.

Stau und Föhn im Luv- bzw. Leebereich von Gebirgen sind typische **Wetterveränderungen,** die auch unmittelbar beobachtet (Wolken) und gespürt (Temperaturen) werden können. **Klimaveränderungen** sind wegen ihrer Langfristigkeit nicht unmittelbar beobachtbar. Dennoch haben sie bereits in der Vergangenheit stattgefunden.

Solange die Erde existiert, gab es Klimaveränderungen (s. Abschnitt 2.1.2). Sie standen in Wechselwirkungen mit der Entwicklung des Sonnensystems, der gesamten Geschichte der Erde und des Lebens auf ihr. Heute interessiert uns vor allem, ob sich die klimatischen Bedingungen, die zu den jetzigen Lebensvoraussetzungen geführt haben, auch in der jüngsten Erdgeschichte verändert haben und in der Gegenwart verändern. Die jüngste Zeit der Erdgeschichte, das **Quartär,** reicht etwa 1,8 Mio. Jahre zurück. In dieser Zeit lag die mittlere globale Temperatur zwischen ca. 9 °C in den Kalt- und ca. 16 °C in den Warmzeiten. Die gegenwärtige globale Jahresmitteltemperatur beträgt etwa 15 °C (Abb. 1).

Auch wenn oft die Temperaturen in Betrachtungen von Klimaänderungen hervorgehoben werden, weil sie noch am ehesten gemessen und vor allem rekonstruiert werden können, so betreffen Klimaveränderungen ausnahmslos alle Klimaelemente, also auch Niederschläge und Winde.

Klimaveränderungen bedeuten aufgrund ihrer Verwobenheit mit anderen Bereichen an der Erdoberfläche – gleichzeitig oder zeitlich versetzt – auch Veränderungen der Hydrosphäre (Meeresspiegelhöhe, Eisbedeckung, Salzgehalt), der Lithosphäre (Verwitterungsprozesse), der Bodensphäre (Bildung und Abbau von Böden) und nicht zuletzt der Vegetation und Tierwelt (Veränderung oder Aussterben von Arten).

Da Klimaveränderungen auf der Erde stets wirksam waren, der Mensch jedoch erst in den letzten 10 000 Jahren eine starke zahlenmäßige Entwicklung genommen hat und die natürliche Umwelt vor allem seit Beginn des Ackerbaus zu prägen begann, kann das Wirken der Menschheit nicht die Ursache für die bisherigen Klimaveränderungen sein. Zu den **natürlichen Ursachen,** die noch längst nicht alle aufgeklärt sind (Abb. 2), gehören u. a. Schwankungen der Energiezufuhr von der Sonne und der Erdumlaufbahn um die Sonne, Kontinentalverschiebungen, die Größe der Eisbedeckung und der Vulkanismus.

Doch für die letzten 150 Jahre und besonders für die letzten Jahrzehnte muss eine wirksame Beeinflussung des Klimas und des Wetters durch den Menschen angenommen werden (s. Abschnitt 2.3.2).

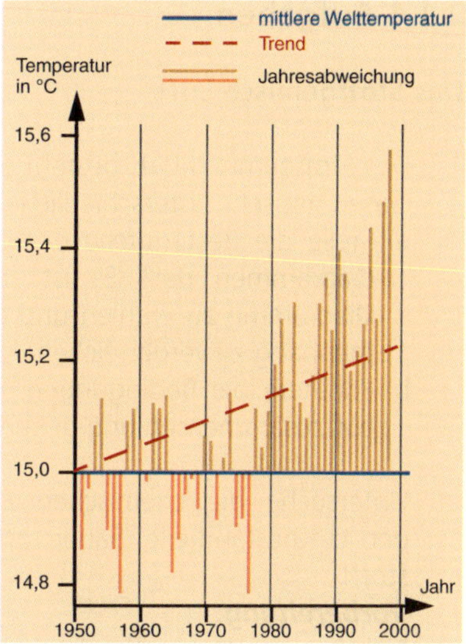

1 Die Temperaturen das Wetters und der Witterung schwanken stets recht deutlich um einen langjährigen Mittelwert. Er beträgt gegenwärtig 15 °C. In den letzten 50 Jahren und besonders seit 1977 überwogen jedoch die positiven Abweichungen davon gegenüber den negativen. Das kann als ein Zeichen für Klimaveränderungen gewertet werden.

2 Da erst seit 1680 (in Zentralengland) Temperaturmessungen vorgenommen wurden, sind zur Erforschung der Klimageschichte der Erde u. a. Eiskernbohrungen in der Antarktis erforderlich.

2.1.4 Aufgaben

Das Stoffgemisch Luft

1. Das Stoffgemisch Luft besteht aus mehreren Gasen mit sehr unterschiedlichen Anteilen.
   a) Stelle die Bestandteile der Luft in Kreisdiagrammen dar! Es ist sinnvoll, zwei Diagramme zu wählen und ihren Zusammenhang zu verdeutlichen!
   b) Erläutere die Bedingungen, die für diese Luftzusammensetzung gelten!

2. Untersuche die chemischen Eigenschaften der Luftbestandteile Sauerstoff und Stickstoff!

   Vorbereitung:
   Fülle aus den Vorratsflaschen „über Wasser" einen Standzylinder mit Sauerstoff, einen zweiten mit Stickstoff! Verwende dazu ein großes, mit Wasser gefülltes Vorratsgefäß (pneumatische Wanne, Aquarienglas)! Die Zylinder werden vollständig mit Wasser gefüllt, indem man sie ganz untertauchend flach in das Gefäß legt und dann mit der Öffnung nach unten aufrichtet. Anschließend füllt man die Gase durch einen Schlauch ein. Die Zylinder werden bis zur Durchführung verschlossen und dem Wasser entnommen.

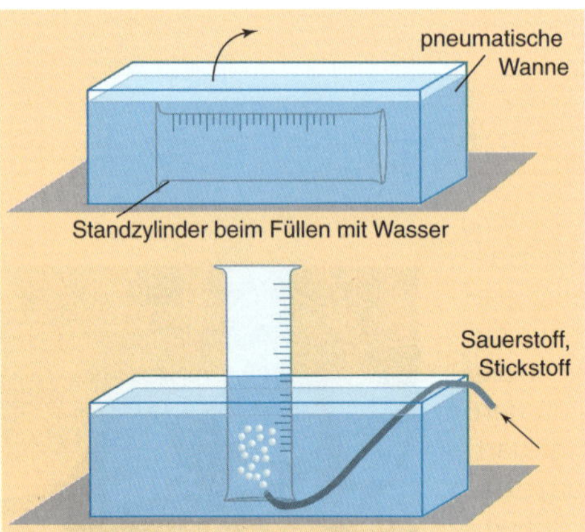

   Durchführung:
   a) Ermittle Farbe und Geruch der Gase!
   b) Bringe in die Zylinder jeweils eine brennende Kerze. Vergleiche das Verhalten der Flammen und leite eine Eigenschaft der jeweiligen Gase ab!
   c) Entscheide, ob die Dichte von Sauerstoff größer oder kleiner als die von Luft ist! Nutze dazu die „Spanprobe": Fertige einen langen, dünnen Holzspan an. Zünde ihn an und blase die Flamme erst dann aus, wenn er richtig brennt. Bringe den dann noch glimmenden Holzspan in das mit Sauerstoff gefüllte Gefäß! Verfahre nach der Abbildung!

   Auswertung:
   a) Stelle deine Erkenntnisse über die Eigenschaften der beiden Hauptbestandteile der Luft zusammen!
   b) Welche dieser Eigenschaften behält die Luft als Stoffgemisch?

3. Untersuche das Verhalten einer Flamme!
   a) Lass ein angezündetes Teelicht auf einer Wasserfläche schwimmen (pneumatische Wanne, Fotoschale o. Ä.). Stülpe ein großes Becherglas darüber und beobachte, was geschieht!
   b) Erkläre deine Beobachtungen!

4. Führe folgende Experimente durch!
   a) Besorge dir eine große, leere Glasflasche und eine Münze, die die Flaschenöffnung gerade abschließt! Feuchte den Flaschenrand an und lege die Münze so darauf, dass die Flasche luftdicht verschlossen ist! Umfasse die Flasche fest mit beiden Händen und halte sie möglichst senkrecht! Beobachte, was mit der Münze geschieht und erkläre deine Beobachtungen!
   b) Stülpe einen Luftballon über den Rand eines größeren Erlenmeyerkolbens, eines Rundkolbens oder einer Plastikflasche! Erwärme die Luft im Kolben, indem du ihn eine gewisse Zeit mit den Händen umfasst hältst oder ihn vorsichtig mit einer Kerze erwärmst! Du kannst auch wie im Foto dargestellt verfahren!

Was geschieht? Erkläre deine Beobachtung! Kühle anschließend den Kolben ab! Lege dazu einen mit kaltem Wasser getränkten Lappen um den Kolben!
Beobachte und erkläre!

5. Die Atmosphäre ist nicht nur ein Gasgemisch, sondern enthält weitere Bestandteile. Nenne diese Bestandteile, erläutere ihre Herkunft und weise nach, dass ihr Vorkommen in der Atmosphäre weitreichende Folgen besitzt!

6. Könnte man mit einem Ballon, der mit Sauerstoff gefüllt ist, in die Atmosphäre aufsteigen? Begründe deine Antwort!

7. Stickstoff unterhält die Atmung nicht. Dennoch kann man behaupten, dass Stickstoff lebensnotwendig ist.
Erkläre diesen scheinbaren Widerspruch!

Schichtung und Eigenschaften der Atmosphäre

8. Im Unterschied zu festen Stoffen und Flüssigkeiten haben die Teilchen in Gasen keinen festen Zusammenhang und können sich frei bewegen.
   a) Warum besitzt die Erde trotz der freien Bewegung der Gasteilchen eine Lufthülle?
   b) Warum verließen einige Gase der Uratmosphäre das Schwerefeld der Erde?

9. Die Atmosphäre der Erde stellt von der Erdoberfläche bis zum Weltraum keine einheitliche Hülle dar. Sie ist vertikal gegliedert.
Entwirf eine grafische Darstellung, die die vertikale Gliederung der Atmosphäre darstellt! Beachte dabei, dass die Gliederung nach den Merkmalen Temperatur, stoffliche Zusammensetzung, Ionisierung und Reibung erfolgen kann! Erläutere deine Grafik!

10. Campingtouristen führen oft Trinkwasser mit sich. Zu Beginn einer Tagesfahrt wurde am norwegischen Sognefjord ein Plaste-Wasserkanister über die Hälfte gefüllt und normal verschlossen. Gegen Mittag war das Dovrefjell in ca. 1 800 m Höhe erreicht. Der Kanister zeigte Ausbeulungen, beim Öffnen war ein deutliches Zischen zu vernehmen.
Erkläre die beschriebenen Erscheinungen!

11. Forscher wie TORRICELLI und VON GUERICKE führten Experimente zum Luftdruck und zum Vakuum durch.
Vollzieht das historische Experiment OTTO VON GUERICKEs zum Wasserbarometer nach!
Vorbereitung:
   a) Informiert euch über die Geschichte der Entdeckung des Luftdrucks durch Naturwissenschaftler und besonders über Versuche, die TORRICELLI und VON GUERICKE durchgeführt haben!
   b) Bereitet folgende Geräte und Materialien vor: einen etwa 11 m langen, durchsichtigen Plastikschlauch (Gartenschlauch), eine mindestens ebenfalls 11 m lange Schnur (stabiler Bindfaden), ein großes Vorratsgefäß für Wasser (Wanne o. Ä.), ein Messband (Messlänge > 10 m) und ein Massestück (z. B. 5 kg)!

c) Bittet eure Lehrer, das Experiment im Schulgebäude (mit einem genügend hohen Treppenhaus) durchführen zu können!

Durchführung:

a) Errichtet ein Wasserbarometer nach der folgenden Skizze!

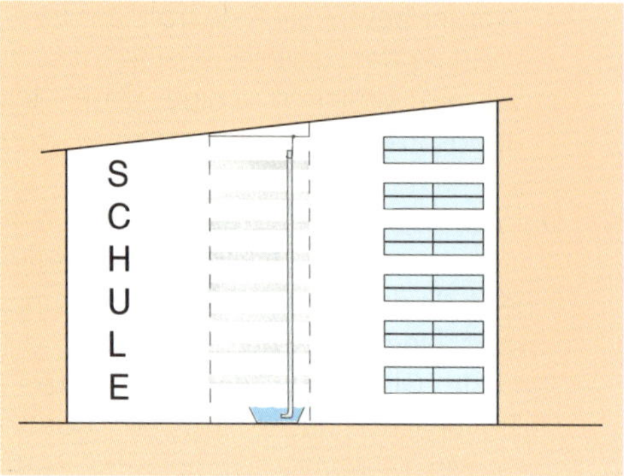

b) Registriert über mehrere Tage hinweg – möglichst im Abstand von jeweils einigen Stunden – den Stand der Wassersäule!

c) Führt Vergleichsmessungen mit handelsüblichen Barometern durch!

Auswertung:

a) Stellt die Untersuchungs- und die Vergleichsmessungen am Computer grafisch dar!

b) Berechnet den Luftdruck in verschiedenen Höhen über der Erdoberfläche mit Programmiersprachen oder Tabellenkalkulation!

12. Vor einem Gewitter fällt der Luftdruck von 1 030 hPa auf 980 hPa.
Um wie viel Zentimeter fällt die Wassersäule des Wasserbarometers?

13. Nutze ein handelsübliches Dosenbarometer, um die Höhe eines hohen Gebäudes zu bestimmen! Führe eine Vergleichsmessung über eine direkte Längenbestimmung durch!

14. Führe das nachfolgend beschriebene Experiment durch! Die ersten Versuche solltest du besser im Freien oder über einer Badewanne ausführen!
   a) Fülle ein Trinkglas bis zum Rand mit Wasser und bedecke die Öffnung des Glases mit einem Stück stärkerem Papier (Postkarte o. Ä.)!
   Drehe das Glas mit der Öffnung nach unten und drücke dabei das Papier gut an!
   b) Was passiert und welche Erklärung kannst du dafür abgeben?
   c) Ersetze das Papierstück durch feinporigen Tüll und wiederhole damit das Experiment!

15. Untersuche das Verhalten von zwei Reagenzgläsern zueinander!
Für diesen Versuch brauchst du zwei Reagenzgläser, die man gerade noch ineinander stecken kann. Falls solche nicht vorhanden sind, kannst du es auch mit Medikamentenröhrchen versuchen.
Lege ein Tuch in ein Waschbecken oder Auffanggefäß, damit beim Misslingen des Versuches kein Glasbruch entstehen kann!
   a) Fülle das größere der beiden Gläser etwa zur Hälfte mit Wasser! Stecke dann das leere kleinere Glas so weit in das größere hinein, dass etwas Wasser über den Rand des größeren austritt (Abb.).

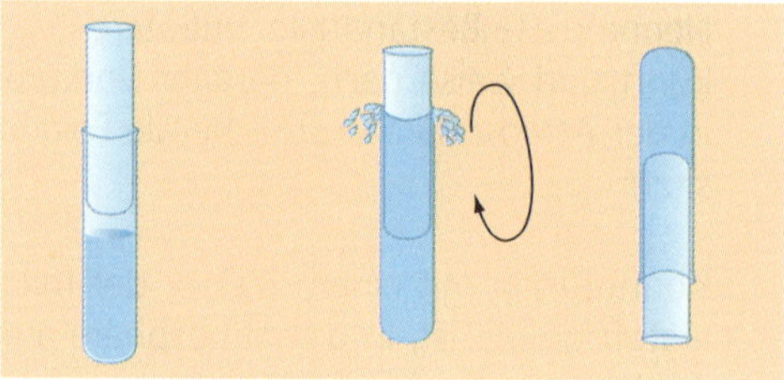

   b) Drehe beide Gläser schnell um 180°! Was geschieht?
   (Sollte sich das kleinere Glas leicht verkantet haben, genügt oft ein kleiner Anstoß.)
   c) Erkläre deine Beobachtung!

Besonderheiten der Erdatmosphäre

16. Die heutige Atmosphäre der Erde ist das Ergebnis eines langen Entwicklungsprozesses.
    a) Beschreibe die wichtigsten Etappen der Entwicklung der Erdatmosphäre und stelle ihre stofflichen Veränderungen dar!
    b) Begründe, warum im Gegensatz zur Erde auf den Planeten Mars und Venus die Uratmosphäre weitgehend erhalten geblieben ist!
    c) In welche Stoffe können sich bei Einwirken von Strahlung u. a. Ammoniak und Methan umwandeln?
    d) Warum befinden sich in der heutigen Erdatmosphäre nur ganz geringe Mengen an Wasserstoff, obwohl ca. 84 % aller im Weltall vorkommenden Atome Wasserstoffatome sind?

17. Im Zusammenhang mit der Entwicklung der Atmosphäre entstand auf der Erde die Hydrosphäre.
    a) Erläutere die besonderen Bedingungen auf der Erde, die zur Bildung der Hydrosphäre und damit zur Entstehung des Wasserkreislaufes führten!
    b) Welche chemischen Reaktionen führten zur Versalzung des ehemals aus Süßwasser bestehenden Urozeans?
    Formuliere die entsprechenden Reaktionsgleichungen!

18. Sauerstoffatmosphäre und Leben bilden einen engen Zusammenhang.
    a) Begründe, wieso die Sauerstoffatmosphäre erst durch die Entstehung des Lebens auf der Erde möglich wurde!
    b) Erläutere, dass die Spurengase der Atmosphäre und ihr Gehalt an Wasserdampf sowie an Aerosolen zu weiteren wichtigen Lebensbedingungen auf der Erde führen!
    c) Vergleiche mit den Verhältnissen auf anderen Planeten! Nutze zur Information über die Atmosphären der Planeten unseres Sonnensystems auch das Internet!

19. Die Luftfeuchtigkeit stellt eine wichtige Eigenschaft der Atmosphäre dar. Sie kann jedoch nicht mit einer Größe erfasst werden.
    a) Nenne und erkläre die drei Größen der Luftfeuchtigkeit! Beziehe den Begriff „Taupunkt" mit ein!
    b) Erläutere, dass Luftfeuchtigkeit und Wassergehalt der Atmosphäre nicht gleich sind!
    c) Erkläre, was unter den Begriffen Kondensation und Kristallisation in der Atmosphäre zu verstehen ist!
    Wo innerhalb der Atmosphäre können diese Vorgänge stattfinden?

20. Bei „schönem" Wetter kann häufig beobachtet werden, dass sich erst gegen Mittag Wolken bilden, die sich am späten Nachmittag wieder auflösen.

    a) Erläutere die Vorgänge in der Atmosphäre bei dieser Art der Wolkenbildung und Wolkenauflösung!
    b) Beschreibe die Entstehung von Schicht- oder Stratuswolken und von Haufen- oder Cumuluswolken! Welche Wetterwirkung können sie haben?
    c) Informiere dich in Lexika oder anderen Nachschlagewerken über weitere Arten der Wolken! Fertige eine Fotodokumentation dazu an und beschreibe die Wetterwirksamkeit der Wolkenarten!

Luft und Wetter

21. Die Wetterelemente wirken in der Troposphäre stets zusammen.
    a) Fertige eine Tabelle an, die über die Wetterelemente und die Möglichkeiten ihrer Beobachtung bzw. Messung Auskunft gibt!

b) Beschreibe das Zusammenwirken der Wetterelemente am Beispiel des Fotos!

Das Vorhandensein von Wolken über dem Land und ihr Fehlen über der See gibt dir wichtige Anhaltspunkte. Denke auch an den Unterschied zwischen Tag und Nacht!

c) Beschreibe das Zusammenwirken der Wetterelemente bei einer selbst erlebten Schlechtwettersituation!

22. Bei Stau- und Föhnvorgängen wird das lokale Wetter durch Oberflächenerhebungen beeinflusst.
    a) Erkläre diese Zusammenhänge am Beispiel des Thüringer Beckens und seiner Gebirgsumrahmung!
    b) Berechne den Temperaturunterschied zwischen dem Ort A auf der Stauseite eines Gebirges und dem Ort B auf der Föhnseite des Gebirges! Fertige dazu eine Profilskizze an, in der du folgende Daten berücksichtigst:
    Ort A liegt 500 m über dem Meeresspiegel, es werden 10 °C gemessen;
    das Kondensationsniveau befindet sich in 1 000 m Höhe, die Luft muss eine Höhe von 2 500 m überwinden;
    Ort B liegt 600 m hoch!
    Wie hoch sind die relative und die absolute Luftfeuchte an den Orten A und B?
    c) Beschreibe die Föhnkrankheit!

23. Beobachte zu entgegengesetzten Jahreszeiten mindestens je eine Woche das Wetter!
    a) Erfasse die Mess- und Beobachtungswerte von möglichst vielen Wetterelementen (Temperatur, Bewölkungsgrad, Wolkenarten, Niederschlagshöhe, Niederschlagsart, Windrichtung, Windstärke, Luftdruck, Luftfeuchtigkeit) tabellarisch!
    b) Erstelle am Computer Datenbanken und Diagramme zu den einzelnen Wetterelementen!
    c) Beschreibe den Witterungsablauf in den beobachteten Zeiträumen! Beachte dabei Zusammenhänge zwischen den Wetterelementen!
    d) Prüfe, ob deine Beobachtungsergebnisse für den Beweis geeignet sind, dass die bei uns auftretenden Temperaturen keineswegs ausschließlich von der Sonneneinstrahlung anhängen!
    e) Sammle langfristig – auch über Jahre hinweg – Angaben zu besonderen Wetterereignissen, z. B. zu Gewittern, Starkregen, Trockenperioden, Spätfrösten, Hagelschlag usw.! Erfasse auch, welche Folgen sich aus solchen Ereignissen für die Landschaft und die Menschen ergeben haben!
    f) Erkundige dich bei langjährigen Bewohnern deines Wohnortes nach ihren Erfahrungen mit Wettererscheinungen, die für eine lokale Wettervorhersage geeignet erscheinen! Prüfe solche Aussagen mit genauen Messungen!

24. In Mitteleuropa sind häufiger und kurzfristiger Wechsel des Wetterablaufs die Regel, über längere Zeit gleichbleibende Wetterlagen die Ausnahme.
    a) Welche Ursachen hat die genannte Feststellung?
    b) Beschreibe die Wetterveränderungen beim Durchzug eines wandernden Tiefdruckgebietes, einer Zyklone! Unterscheide dabei vor allem zwischen den Vorgängen bis zur Warmfront, im Warmsektor und von der Kaltfront ab!

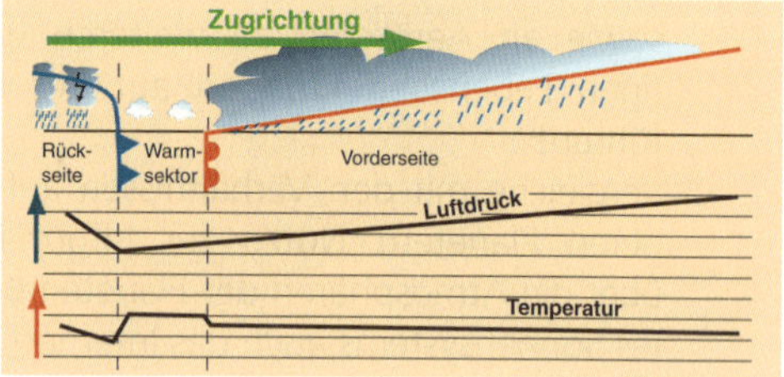

    c) Versuche, einen Zyklonendurchgang durch Messungen und Fotografien zu dokumentieren!

Wetter und Klima

25. Im Unterschied zum Wetter wird das Klima mittels langjähriger Durchschnittswerte beschrieben.
    a) Erläutere, wie die in einem Klimadiagramm enthaltenen Werte entstanden sind und wie sie deshalb verstanden werden müssen!
    b) Berechne Durchschnittswerte aus deinen Wetterbeobachtungen! Welchen Anspruch kannst du damit erheben?

26. Die Energiebilanz der Erde in Bezug zum Weltraum ist die Grundvoraussetzung für das Klima auf unserem Planeten.
    a) Beschreibe die in der Abbildung dargestellten Prozesse der Ein- und Ausstrahlung und begründe sie!

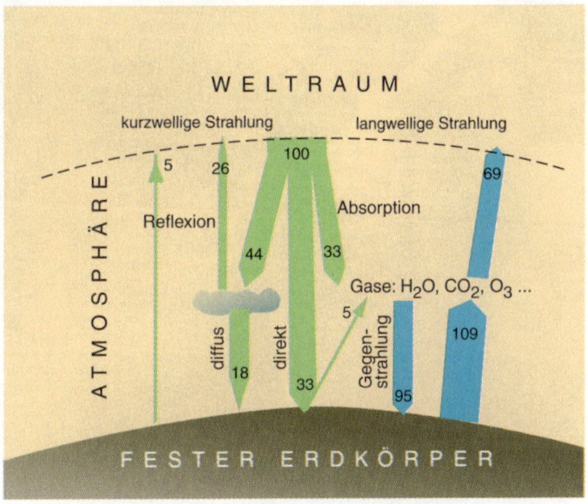

    b) Stelle mittels der angegebenen Werte (alle in Prozent) eine exakte Energiebilanz der Erde auf! Beachte, dass 27 % auf Wärmeflüsse von der Erdoberfläche in die Atmosphäre fallen, die in der Zeichnung nicht dargestellt sind!
    c) Begründe, warum die dargestellte Energiebilanz nur für die Erde als Gesamtheit, nicht aber für einzelne ihrer Zonen gilt!

27. Die Zirkulation in der Atmosphäre und in der Hydrosphäre sorgt für das in bestimmten Gebieten und an konkreten Orten der Erde tatsächlich vorhandene Klima.
    a) Nenne und erläutere Beispiele dafür, wie Luft- und Wasserströmungen das Klima beeinflussen! Nutze auch deinen Atlas!
    b) Übernimm die folgende Zeichnung vergrößert in deinen Hefter!

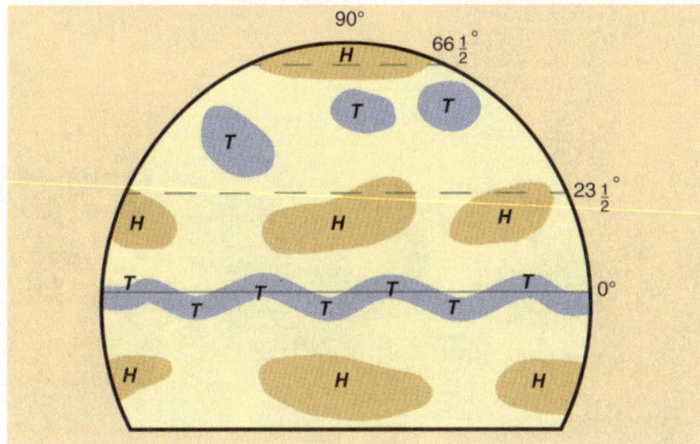

    Ergänze:
    - die Druckgebiete auf der Südhalbkugel,
    - die sich zwischen den Gebieten unterschiedlichen Luftdrucks ergebenden Luftströmungen und
    - eine Profildarstellung der Winde in der Atmosphäre vom Nordpol über den Äquator zum Südpol!

28. Klimaveränderungen finden seit der Existenz der Erde statt.
    a) Bereite dich auf einen Vortrag über den Wechsel von Kalt- und Warmzeiten in den letzten 2,5 Mio. Jahren und deren Folgen im heutigen Europa vor!
    b) Werte das Diagramm aus! Beschreibe
    - die Temperaturentwicklung der letzten 100 000 Jahre (rote Kurve im Vergleich zur heutigen Welttemperatur) und
    - die Schwankungen des Meeresspiegels im gleichen Zeitraum (blaue Kurve)!

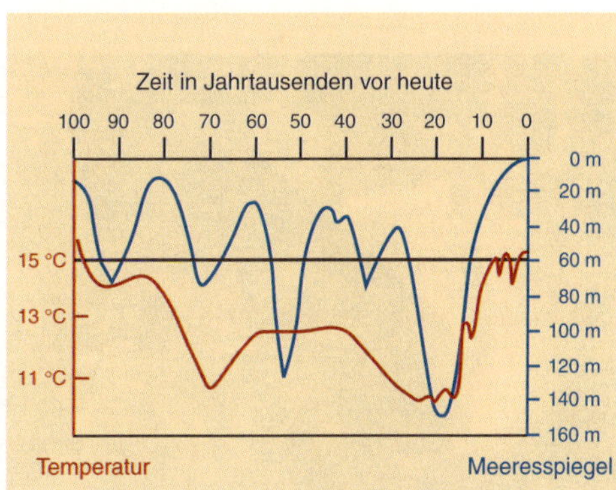

    c) Informiere dich über Folgen der Temperaturschwankungen für Organismen!

2.2 Die Nutzung der Luft in Natur und Technik

Atmung verbraucht Sauerstoff

Menschen und Tiere verbrauchen beim Atmen Sauerstoff. Dabei werden unterschiedliche Organe benutzt. Auch Pflanzen atmen, können aber unter bestimmten Bedingungen auch Sauerstoff produzieren.

Wie funktioniert die unterschiedliche Atmung bei Lebewesen?
Wodurch wird gesichert, dass der Sauerstoffanteil an der Luft nicht verändert wird?

Der Mensch erfindet nach

Die Libelle wendet zur Verhinderung des Vibrierens der Flügel aerodynamische Lösungen an, auf die die Flugzeugkonstrukteure erst nach langen Überlegungen gekommen sind: Ballasteinlagen.

Welche weiteren Patente aus der fliegenden Tierwelt hat der Mensch nachgenutzt?
Warum waren die ersten Versuche, den Vögeln gleich zu fliegen, nicht von Erfolg gekrönt?

Keine Technik ohne Luft?

Es gibt kaum technische Herstellungsprozesse oder Erzeugnisse, an denen die Luft nicht beteiligt wäre. Sie wird häufig auf physikalische oder chemische Weise genutzt.

Welche Funktionen hat die Luft als Stoffgemisch und in ihren Bestandteilen in der Technik?
Warum tritt Luft manchmal störend in Erscheinung und wird durch Vakuum „ersetzt"?

2.2.1 Verbrauch und Bildung von Sauerstoff

Nur wenige Lebewesen auf unserer Erde können ohne Sauerstoff auskommen. Einige Bakterien gewinnen die von ihnen benötigte Energie durch Gärungsprozesse, sie leben *anaerob*, ohne Sauerstoff. Alle anderen Organismen, die Pflanzen, die Tiere und natürlich auch wir Menschen, setzen Energie durch biologische Oxidation mittels Sauerstoff frei, leben *aerob*, brauchen den Sauerstoff zum Leben.

So wie man den Kohlenstoff als materielle Grundlage allen irdischen Lebens bezeichnen kann, ist dem **Sauerstoff** eine ähnlich existenzielle Bedeutung für den Ablauf der Lebensprozesse beizumessen.

Ohne Sauerstoff können wir nur kurze Zeit überstehen. Besonders empfindlich reagiert das Gehirn auf Sauerstoffmangel. Bereits nach wenigen Minuten treten bleibende Schäden der Hirnzellen ein, Atem- und Kreislaufstillstand können die Folge sein. Der durch die steigende Luftverschmutzung bedingte Rückgang des Sauerstoffgehaltes in der Luft großer Städte hat sogar manche Menschen, beispielsweise in Japan, veranlasst, Sauerstoff-Stände an den Straßen oder tragbare Sauerstoffgeräte zu nutzen. Wissenschaftler sehen auch einen Zusammenhang zwischen der Sauerstoffkonzentration in der Atemluft und der Häufigkeit von Krebserkrankungen. Die Sauerstoff-Mehrschritt-Therapie wurde als eine Methode der Krebsvorsorge entwickelt (Abb. 1).

Menschen und Tiere nehmen Sauerstoff bei der **Atmung** auf. Sauerstoff wird dabei verbraucht.

Die Atmung erfolgt mittels bestimmter Organe. Der äußerlich wahrnehmbare Vorgang wird auch als *äußere* Atmung bezeichnet.

Kleinere, im Wasser oder in feuchter Umgebung lebende Tiere, wie Einzeller, Hohltiere und viele Würmer, atmen durch die *Haut* (Abb. 2). Bei größeren Tieren nimmt die Körpermasse im Verhältnis zur Oberfläche immer mehr zu, die Haut ist allein nicht mehr in der Lage, die benötigte Menge an Sauerstoff aufzunehmen. Ausstülpungen der Haut in das Innere des Körpers, aber auch nach außen vergrößern die Atmungsflächen deutlich. Tracheen, Kiemen und Lungen sind dadurch entstanden.

Insekten verfügen über ein weit verzweigtes Röhrensystem, welches die Luft direkt zu den Körperzellen führt. Von kleinen Atemlöchern an den Seiten jedes Körperabschnittes gehen die Luftröhren oder *Tracheen* aus (Abb. 3), verzweigen sich immer mehr und umspinnen schließlich alle Organe. Der

1 Fächerübergreifendes Denken und Forschen führte beim Physiker MANFRED VON ARDENNE (1907–1997) auch zu Ergebnissen für die Medizin: die Sauerstoff-Mehrschritt-Therapie. Der Universalgelehrte war Inhaber von über 600 Patenten und veröffentlichte mehr als 700 Publikationen, darunter 30 wissenschaftliche Bücher.

2 Regenwürmer haben kein besonderes Atmungsorgan. Die Aufnahme von Sauerstoff und die Abgabe von Kohlenstoffdioxid erfolgt durch ihre dünne und schleimige Haut.

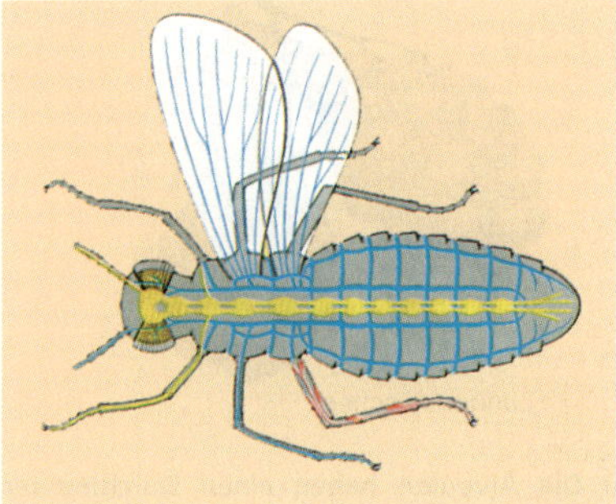

3 Das Tracheensystem der Insekten ist ein Röhrensystem, das mit Luft gefüllt wird. In den Flügeln sind die Tracheen sichtbar.

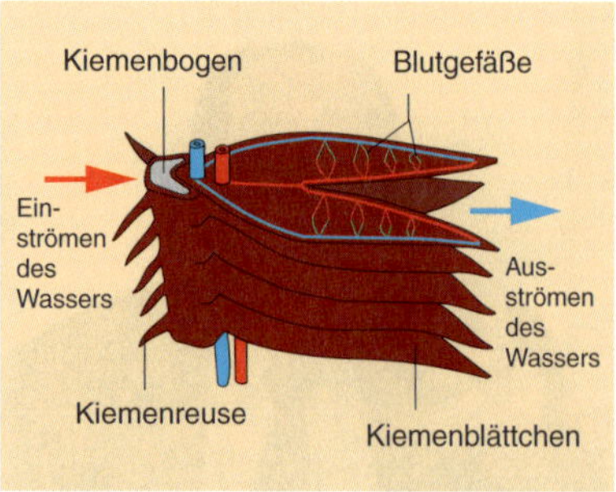

1 An den Kiemen mit ihren Bögen und Blättchen strömt das durch das Maul aufgenommene Wasser vorbei, das durch die Kiemendeckel den Fisch verlässt. In den Kiemenblättchen wird der im Wasser gelöste Sauerstoff von den Blutgefäßen aufgenommen.

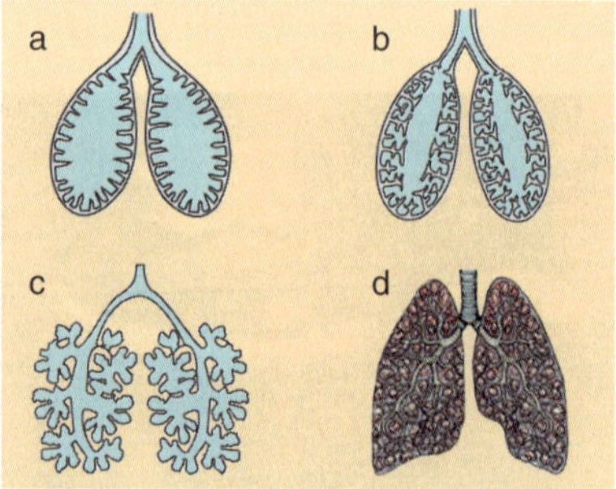

2 Bei den auf dem Land lebenden Wirbeltieren kann eine deutliche Entwicklung der Lungen von den Lurchen (a) über die Reptilien (b) und Vögel (c) zu den Säugern (d) festgestellt werden.

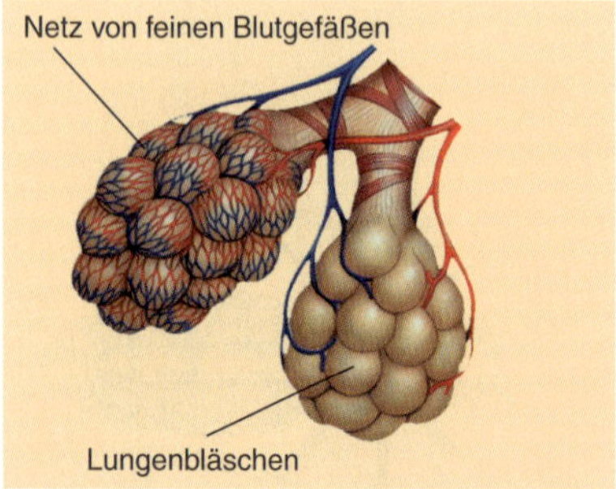

3 Die Alveolen haben einen Durchmesser von ca. 0,2 mm und sind traubenartig angeordnet. Sie sind von einer dünnen Haut umgeben, in der sich feinste Blutgefäße, die Lungenkapillaren befinden.

Gasaustausch erfolgt durch **Diffusion.** Größere Insekten unterstützen diesen Vorgang durch rhythmische Pumpbewegungen des Körpers, vor allem vor dem Fliegen.

Fische, die Larven der Lurche und viele der im Wasser lebenden wirbellosen Tiere atmen mit *Kiemen* (Abb. 1). Wasser enthält gegenüber Luft wenig Sauerstoff und ist auch schwerer zu transportieren. Ein Hinein- und Herauspumpen größerer Wassermengen in den Körper wäre zu energieaufwändig. Die Kiemen ragen deshalb frei in das Wasser hinein oder werden von einem Wasserstrom umspült. Das Blut in den Kiemenblättchen der Fische strömt zudem entgegen dem Wasserstrom durch die Kapillaren (Gegenstromprinzip), so dass ein hoher Sauerstoffanteil des Atemwassers aufgenommen werden kann.

Auch *Lungen* haben sich im Tierreich mehrfach herausgebildet, so bei Landschnecken und Landkrebsen, bei den Spinnen und den Wirbeltieren (Abb. 2). Die Lungen der Lurche sind meist sackartig, sie besitzen eine nur relativ kleine Oberfläche für den Gasaustausch. Vergrößert ist die Lungenoberfläche bei den Reptilien durch zahlreiche Falten und Kammern. Vögel- und Säugerlungen sind schwammartig aus einer Vielzahl kleiner Lungenbläschen aufgebaut, wodurch die Fläche für den Gasaustausch entscheidend vergrößert ist. Beim Menschen beträgt diese etwa 100 m^2 pro Lungenflügel.

Beim **Atmungsvorgang** gelangt die Luft über den Mund, meist aber über die Nase, wo sie zunächst gefiltert, erwärmt, befeuchtet und auf Duftstoffe überprüft wird, in den Rachenraum. Von hier gelangt sie durch den Kehlkopf, die Luftröhre und die Bronchien in die beiden Lungenflügel zu den blind endenden Lungenbläschen oder Alveolen (Abb. 3). Sauerstoff aus der eingeatmeten Luft diffundiert durch die Haut in das Kapillarnetz und wird über Blutgefäße zum Herzen und von dort weiter durch den Körper transportiert. Im Gegenzug diffundiert CO_2 aus den Kapillaren in den Gasraum der Lungenbläschen und kann somit ausgeatmet werden. Der Konzentrations- bzw. Gasaustausch (Diffusion, Osmose) erfolgt immer vom Ort der höheren zur niedrigeren Konzentration. Hierauf beruht auch die Aufnahme des Sauerstoffs und die Abgabe des Kohlenstoffdioxids.

Der Atmungsvorgang ist mit einer bestimmten **Atemtechnik** verbunden. Säugetiere vollziehen die Belüftung ihrer Lungen durch Volumenvergrößerung (Unterdruck), die Ausatmung hingegen erfolgt durch Volumenverkleinerung (Überdruck) der Lunge (Abb. 1, S. 109).
In Ruhe beträgt der durch Zwerchfellatmung (Bauchatmung) zustande gekommene Anteil an der Einatmung etwa 2/3 des Atemvolumens.

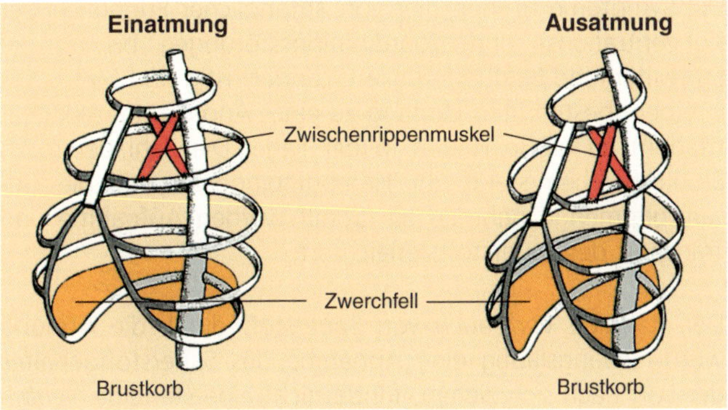

1 Die Einatmung wird durch Kontraktion der Zwischenrippenmuskulatur und des Zwerchfells ausgelöst. Der Brustkorb wird gehoben, der Brustraum nach unten ausgedehnt und damit der Brustraum vergrößert. Dadurch fällt der Druck in der Lunge unter den atmosphärischen Luftdruck und Luft wird eingesogen. Das Ausatmen erfolgt umgekehrt durch das Erschlaffen von Zwischenrippenmuskulatur und Zwerchfell.

Körperliche Betätigung erhöht den Anteil der Brustatmung. Der erwachsene Mensch atmet in Ruhe bei jedem Atemzug ca. 500 ml Luft ein und aus (Abb. 2).

	Frequenz Atemzug/Minute	**Volumen** eingeatmete Luft/Atemzug
Erwachsener	ca. 15	500 ml
Jugendlicher	15–20	300–400 ml
Schulkind	ca. 20	200–300 ml
Kleinkind	ca. 25	100–200 ml
Säugling	ca. 40–60	ca. 20 ml

2 Das maximale Luftvolumen, welches ein- und ausgeatmet werden kann (Vitalkapazität), beträgt bei jungen Frauen etwa 3400 ml, bei jungen Männern etwa 4800 ml.

Alle Organismen benötigen zur Aufrechterhaltung ihrer Lebensvorgänge, so zum Transport von Stoffen, für Wachstum und Bewegung, zur Bildung von Wärme, Energie.

Prinzipiell verläuft der Prozess der Energieproduktion bei den Pflanzen, Tieren und Menschen in gleicher Weise (Abb. 3). Dieser Vorgang der **biologischen Oxidation** von Stoffen in den Zellen wird auch als „innere Atmung" oder „Zellatmung" bezeichnet. Der hierfür benötigte Sauerstoff wurde bei Tier und Mensch durch die „äußere Atmung" aufgenommen und über das Blut zu den Zellen transportiert (Abb. 4).

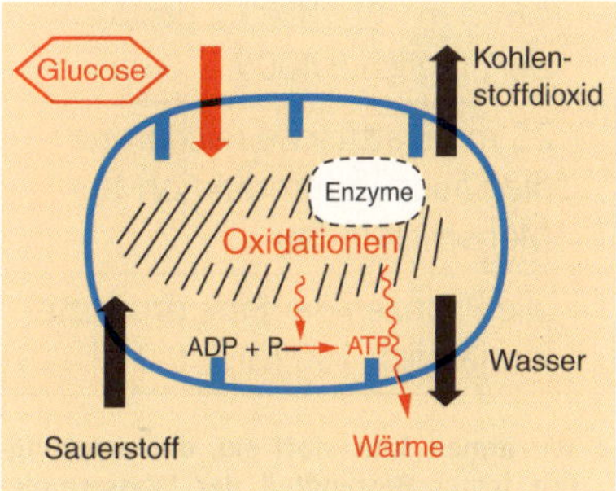

3 Energiereiche organische Stoffe, wie Traubenzucker (Glucose), werden in den Zellen oxidiert. Die dabei frei werdende Energie wird im ATP, dem Adenosintriphosphat, gespeichert, an die Verbrauchsorte geleitet oder als Wärmeenergie abgegeben.

Die Atmung des Menschen wird auch von den jeweiligen äußeren Bedingungen beeinflusst:
Die Erdatmosphäre enthält unter normalen Bedingungen 21 Volumenprozent Sauerstoff. Diesem Volumenanteil entspricht ein **Sauerstoffpartialdruck** von 213 mbar. An Schwankungen dieses Partialdruckes, wie sie beim *Tauchen* oder beim *Bergsteigen* auftreten, kann sich der Organismus nur bedingt anpassen. Atmet ein Taucher ein Gasgemisch mit einem Sauerstoffpartialdruck von 160 mbar oder weniger ein, können infolge Sauerstoffmangels Bewusstlosigkeit und Tod eintreten. Bei einem Partialdruck von 0,5 bar und darüber wirkt Sauerstoff zeit- und konzentrationsabhängig als Gift. Lungenschäden, Krämpfe und Koma mit tödlichen Ausgang können die Folge sein. In gesetzlich vorgeschriebenen Lehrgängen lernen die Taucher, die Gefahren dieses schönen Sportes zu minimieren.

	Einatemluft	Ausatemluft
Stickstoff	78 %	73,5 %
Sauerstoff	21 %	15,5 %
Restgase	1 %	0,9 %
Wasserdampf	–	5,9 %
Kohlendioxid	–	3,9 %

4 Eine Analyse der ein- und ausgeatmeten Luft zeigt deutlich den Verbrauch an Sauerstoff und die Bildung von Kohlenstoffdioxid bei der „Zellatmung".

Auch mit zunehmender Höhe in der Atmosphäre vermindert sich der Sauerstoffpartialdruck. Erfolgt der Aufstieg sehr rasch, z. B. bei Ballonfahrten oder mit der Seilbahn, kann sich in Höhen ab 3000 m die so genannte **Höhenkrankheit** einstellen.

Fotosynthese:

$$6\,CO_2 + 6\,H_2O \longrightarrow C_6H_{12}O_6 + 6\,O_2$$

Atmung:

$$C_6H_{12}O_6 + 6\,O_2 \longrightarrow 6\,CO_2 + 6\,H_2O$$

1 Die beiden Bruttogleichungen für die Fotosynthese und für die Atmung stehen in der Natur im Zusammenhang. Zwischen Sauerstoffbildung und Sauerstoffverbrauch hat sich ein Gleichgewicht herausgebildet.

Die Symptome reichen hier von anfänglicher Euphorie über Konzentrations- und Koordinationsstörungen bis hin zu Erbrechen und Bewusstlosigkeit. Längerfristig sind Menschen in einem bestimmten Umfang zu einer Anpassung (Akklimatisation) an große Höhen in der Lage: Die Zahl der roten Blutkörperchen steigt, ihr Hämoglobingehalt und die Gesamtblutmenge nehmen zu. Somit werden Aufnahme und Transport des Sauerstoffs erleichtert.

Der ständige *Verbrauch* von Sauerstoff durch die Atmung würde zwangsläufig eine Abnahme des Sauerstoffgehaltes der Luft nach sich ziehen, fände nicht eine ständige *Neubildung* dieses lebenswichtigen Gases statt. Andererseits würde auch der CO_2-Anteil der Luft durch die Fotosynthese bald aufgebraucht sein, wenn er nicht durch die Atmung der Organismen und durch Zersetzungsprozesse ständig ergänzt werden würde (Abb. 1).

Beispiele für die Sauerstoffproduktion durch Fotosynthese
– 1 Laubbaum von 15–20 m Höhe produziert 3 Mio. l im Jahr, 370 l/Std.
– 1 einhundertjährige Buche mit 1 600 m^2 Blattfläche produziert täglich 9 400 l
– 25 m^2 Blattfläche reichen für die Sauerstoffproduktion für 1 Menschen je Tag
– alle Pflanzen der Erde produzieren jährlich 100 Mrd. t O_2

2 Wir atmen Sauerstoff ein, der ursprünglich fester Bestandteil der Wassermoleküle war und erst durch die Tätigkeit der grünen Pflanzen in die Atmosphäre gelangt.

Pflanzen, in denen Chlorophyll enthalten ist, nehmen anorganische, energiearme Stoffe wie Kohlenstoffdioxid und Wasser auf, um daraus körpereigene organische Stoffe, beispielsweise Traubenzucker zu bilden. Dabei entstehender Sauerstoff wird als „Abfallprodukt" an die Luft abgegeben. Da die Herstellung (Synthese) energiereicher organischer Stoffe in den Chloroplasten nur unter Aufnahme von Lichtenergie erfolgen kann, nennt man diesen Vorgang **Fotosynthese.**

Durch wissenschaftliche Experimente mit markiertem Sauerstoff konnte nachgewiesen werden, dass der frei werdende Sauerstoff (Abb. 2) *nicht* vom aufgenommenen CO_2, sondern aus dem Wasser stammt, das durch die Energie des Lichtes gespalten wird.

Fotosynthese und Atmung der Organismen bedingen einander. Die beteiligten Stoffe sind Elemente eines geschlossenen Kreislaufs (Abb. 3).

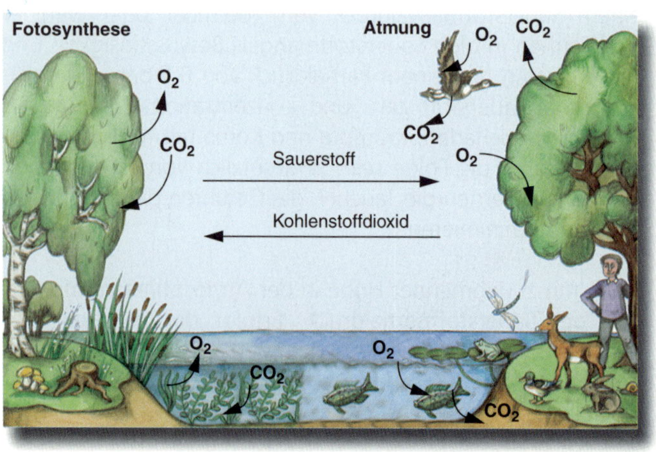

3 Pflanzen, Tiere und Menschen atmen. Dabei nutzen und verbrauchen sie Sauerstoff der Atmosphäre. Sie geben Kohlenstoffdioxid an die Atmosphäre ab. Dennoch bleibt der Sauerstoffanteil in der Luft nahezu konstant bei 21 %. Der Ausgleich erfolgt durch Pflanzen dann, wenn sie Lichtenergie erhalten, im Prozess der Fotosynthese.

2.2.2 Fortbewegung in der Luft

Seit langem ist es nahezu selbstverständlich, dass sich der Mensch mittels unterschiedlichster Technik in der Luft fortbewegen kann. Doch dafür erhielt er vielfältige Anregungen aus der belebten Natur (Abb. 1). Für das Fliegen standen besonders die Vögel als Vorbild und Studienobjekt zur Verfügung. Ihr Flug bietet auch heute noch Nachahmungsmöglichkeiten für die menschliche Technik. So soll in den nächsten Jahrzehnten die Fähigkeit der Vögel, sowohl die Flügelform als auch das Flügelprofil den jeweiligen Strömungsverhältnissen anzupassen, auch im Flugzeugbau mit technischen Mitteln möglich werden. Verbesserte Flugeigenschaften und eine deutliche Treibstoffeinsparung sind das Ziel.

Die meisten **Vögel** können sich hervorragend in der Luft fortbewegen. Ihr stromlinienförmiger und fester Körper bei relativ geringem Gewicht, ihre starken Brustmuskeln, Federn sowie die Auftrieb erzeugenden Flügel sind Merkmale ihrer Angepasstheit an die Luft und wichtige Voraussetzungen für das Fliegen.

Unsere heutigen Vögel (Abb. 2) beherrschen meist den Ruder- und den Segelflug. Es gibt jedoch auch wahre Spezialisten. Die typischen **Segelflieger** erkennt man an großen, ausgezogenen Flügeln. Damit nutzen sie Thermik und Windbewegungen geschickt aus (Abb. 4). **Ruderflieger** dagegen haben kurze, gedrungenen Flügel, mit deren Hilfe sie die Luft verdichten und sich somit abstoßen können (Abb. 3).

So wie die Vögel sind auch die Insekten von großem Interesse für die Entwicklung neuer oder verbesserter Fluggeräte. **Geflügelte Insekten** tragen meist am 2. und 3. Brustabschnitt zwei Paar häutige Flügel. Ihre Flugmuskeln sind mit dem Außenskelett aus Chitin verbunden. Die Muskelbewegungen übertragen sich über Gelenke mit großer Hebelwirkung auf die Flügel, die dadurch gehoben und gesenkt werden.

4 Schon an ihren typischen Flugbildern kann man mit einiger Übung erkennen, um welchen Segler es sich hoch in der Luft handelt.

1 Nicht nur Vögel, auch eine ganze Reihe anderer Tiere werden durchaus zu den echten Fliegern gerechnet, so manche Spinnenarten, die fliegenden Fische, sowie einige Reptilien und Säuger. Hier fliegt eine Langzungenfledermaus eine Bananenblüte an.

2 Der Rote Milan, Vogel des Jahres 2000, ist durch seinen tief gegabelten Stoß (Schwanz) gekennzeichnet. Er ist ein ausgesprochener Waldvogel, der jedoch weit über Felder und Wiesen segelt und nach Beutetieren späht. Als Zugvogel überwintert er in den Mittelmeerländern.

3 Ähnlich den Kolibris verhalten sich einige zu den Schmetterlingen gehörende Schwärmer beim Flug an einer Blüte: Das Taubenschwänzchen „steht“ schwirrend in der Luft und saugt mit seinem Rüssel Nektar.

Vogelzug, Artenschutz und rote Liste

Wie der Milan verlassen auch andere Vogelarten (z. B. Störche, Kraniche, Graugänse und viele Singvogelarten) Gebiete mit jahreszeitlich stark wechselnden Klimabedingungen, um vor Beginn der für sie ungünstigen Jahreszeit in wärmeren Zonen günstigere Nahrungsbedingungen zu finden. Der kleine Goldregenpfeifer z. B. ist ein Bodenbrüter Alaskas. Dort findet er während des arktischen Sommers reichlich Nahrung und hat praktisch keine Feinde. Im Winter könnte er nicht überleben und zieht nach Süden. Vögel orientieren sich auf ihrem Zug an bekannten Landmarken, am Stand von Sonne (Tagzieher) bzw. Gestirnen (Nachtzieher) sowie am Magnetfeld der Erde.

Jährlich werden in Europa etwa 3,8 Mio. Vögel beringt, davon etwa 90 000 wiedergefunden. Die gemeldeten Funde erlauben Auskünfte über das Zugverhalten der Vögel sowie über die Entwicklung ihres Bestandes. Beringungen sind damit ein unverzichtbares Hilfsmittel für den Natur- und Artenschutz.

Der Schutz vieler Vogelarten ist angesichts zunehmender Gefahren für die Tiere ein wesentliches Erfordernis. Jedes Jahr sterben in einigen südeuropäischen Ländern hunderttausende Zugvögel, wie Drosseln, Laubsänger, Rotschwänze und Kiebitze, auf ihrem Heimflug im Frühjahr in Netzen und Fallen, um dann als Delikatessen verspeist zu werden. Naturschutzorganisationen bemühen sich um eine Lösung dieses Problems. Doch Maßnahmen zum Vogelschutz sind auch bei uns sehr wichtig. Durch Jagdverbote, Bewachung von Neststandorten, Ausweisung von Schutzgebieten und den Erhalt bzw. die Neuschaffung natürlicher Lebensräume konnte erreicht werden, dass einige Arten, wie Habicht, Sperber, Uhu oder Kranich, nicht mehr so stark gefährdet sind wie vor einigen Jahren.

Die Situation von Schwarz- und Weißstorch sowie der Wanderfalken hat sich etwas verbessert. Doch z. B. Rohrdommel, Sumpfohreule, Großtrappe und Kornweihe sind weiterhin vom Aussterben bedroht.

Um allen Menschen die Gefährdung der Artenvielfalt, die für das Funktionieren des ökologischen Gleichgewichts erforderlich ist und die auch unser Leben bereichert, bewusst zu machen, wurden rote Listen aufgestellt. Sie zeigen auf, welche Tiere und Pflanzen in den einzelnen Bundesländern oder in der gesamten Bundesrepublik Deutschland ausgestorben bzw. verschollen, vom Aussterben bedroht oder gefährdet sind. Sie entstehen durch intensive Untersuchungsarbeiten von Wissenschaftlern und insbesondere ehrenamtlichen Naturschutzhelfern. Ein Vergleich der Daten über mehrere Jahre hinweg ermöglicht eine fundierte Beurteilung der Bestandsentwicklung sowie der Gefährdung der Arten.

Für die „Rote Liste gefährdeter Tiere“ für Gesamtdeutschland wurden von den rund 45 000 heimischen Tierarten mehr als 16 000 als gefährdet bewertet (Abb. 2).

Die Ursachen für den drastischen Bestandsrückgang bei den Fledermäusen (Abb. 1) in den letzten Jahrzehnten liegen vor allem in der Verringerung bzw. der Giftbelastung ihrer Nahrungsgrundlage (Insekten), die durch den Einsatz von Pestiziden zustande kommt, und im totalen Abschluss oder der Zerstörung ihrer Winterquartiere (Dachböden, Kellergewölbe, Höhlenbäume).

1 Die Große Hufeisennase (Rhinolophus ferrumequinum) gehört wie alle Fledermäuse zu den bedrohten und geschützten Tierarten in Deutschland. Sie ist ein Langsamflieger und erreicht Geschwindigkeiten bis zu 15 km/h.

Tierartengruppe	Zahl der untersuchten Arten	bedrohte/gefährdete Arten	
		absolut	prozentual
Brutvögel	256	70	27
Säugetiere	100	33	33
Großschmetterlinge	1 450	451	31
Käfer	6 537	2 635	40
Libellen	80	44	55
Fische	257	66	26
Lurche	21	13	62
Kriechtiere	14	11	79

2 Die „Rote Liste gefährdeter Arten“ von 1999 enthält eine Vielzahl von Arten, die sich in der Luft fortbewegen können. Darunter befinden sich alle in Deutschland lebenden Fledermausarten. Fledermäuse werden an Wendigkeit kaum von anderen Tierarten überboten. Der Große Abendsegler kann 50 km/h erreichen. Langohren können ähnlich wie Kolibris im Rüttelflug auf der Stelle verweilen.

Wissenschaftliche Untersuchungen haben z. B. gezeigt, dass **Libellen** mühelos das Zweieinhalbfache ihres Gewichtes anheben können. Umgerechnet ist das dreimal mehr als bei von Menschen erbauten Luftfahrzeugen. Libellen besitzen zwei voneinander unabhängig nach allen Seiten bewegbare Flügelpaare (Abb. 2, S. 106). Damit können sie in der Luft stehen, vorwärts und rückwärts fliegen, ihr langgestreckter Körper dient dabei der Stabilisierung. Im Querschnitt gesehen, haben ihre Flügel eine die Festigkeit erhöhende zickzackförmige Knitterstruktur. Bei der Jagd nach Insekten erreichen sie im Flug Geschwindigkeiten bis zu 100 km/h. Manche paaren sich auch in der Luft. Bis heute sind etwa 5 000 Libellenarten bekannt, wovon in Europa ungefähr 100 – meist geschützte Arten – leben.

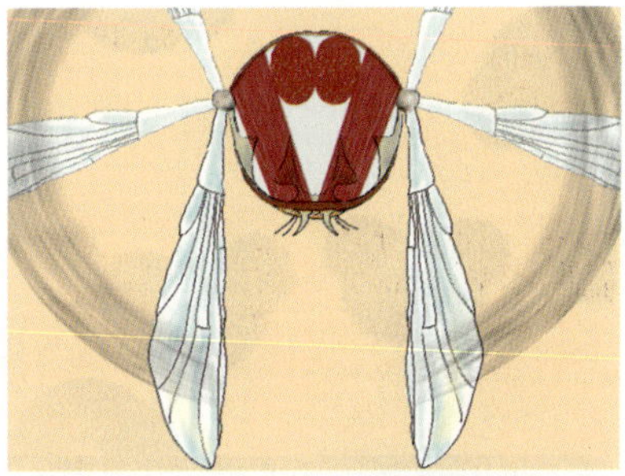

1 Insekten besitzen kein Flügelskelett. Die Flügel werden indirekt durch zwei Muskelgruppen im Innern des Brustbeins nach dem Hebelprinzip bewegt.

Bei **Stubenfliegen** ist das zweite Flügelpaar zu einem besonderen Gleichgewichtsorgan, dem Schwingkölbchen umgebildet. Die Fliegen können ihren raschen Flug sehr schnell verlangsamen, auf der Stelle schweben und sogar kopfunter an der Decke landen. Raffiniert gebaute, leichte, feste und doch bewegliche Flügel sind weitere Einrichtungen, die diese Leistungen ermöglichen (Abb. 1).

2 Der Rosenkäfer ist an warmen Sommertagen auf blühenden Sträuchern und Stauden oder an ausfließenden Baumsäften anzutreffen. Er gehört wie der Hirschkäfer und der Nashornkäfer zur Gruppe der Blatthornkäfer. Ihre Larven entwickeln sich in toten Baumstümpfen.

Die Hinterflügel der **Käfer** schützen als feste Deckflügel die häutigen Vorderflügel und den Hinterleib. Beim Flug werden sie wie beim Rosenkäfer, dem „Insekt des Jahres 2000" (Abb. 2), nur leicht angehoben, so dass sie auf dem Hinterleib liegen bleiben. Bei anderen Arten werden sie weit abgespreizt oder sie vibrieren mit ähnlicher Frequenz, aber viel geringerer Amplitude mit.

Erstaunliches über fliegende Tiere

Flügelschlagfrequenz von Kriebelmücken	bis 1 200/sec	schnellster Flieger: Amerikanische Hirschbremse	1 300 km/h
Flügelspannweite südamerikanischer Libellen	bis 18 cm	weitester Flieger: Küstenseeschwalbe	36 000 km
Flügelspannweite der kleinsten Libellen	18 mm	größte Flügellänge: Andenkondor	1,40 m
Flügelspannweite des größten Schmetterlings (Eulenfalter Thysania agrippina)			35 cm
Flügelspannweite der kleinsten Falter (Urmotte Micropterygidae)			6 mm
größte Flügelfläche bei Schmetterlingen (Herkulesspinner)			300 cm^2
kürzeste Flügellänge: Kolibris (Hummelelfe)	2,5 cm	die meisten Flügelschläge: Kolibris	bis 80/sec
schnellster Sturzflug (Wanderfalke)	350 km/h	die wenigsten Flügelschläge: Pelikan	1/sec

3 Setzt man die Leistungsfähigkeit vieler Tiere mit ihrer Körpergröße ins Verhältnis und vergleicht sie mit den Menschen sowie seinen technischen Errungenschaften, sind sie uns häufig haushoch überlegen.

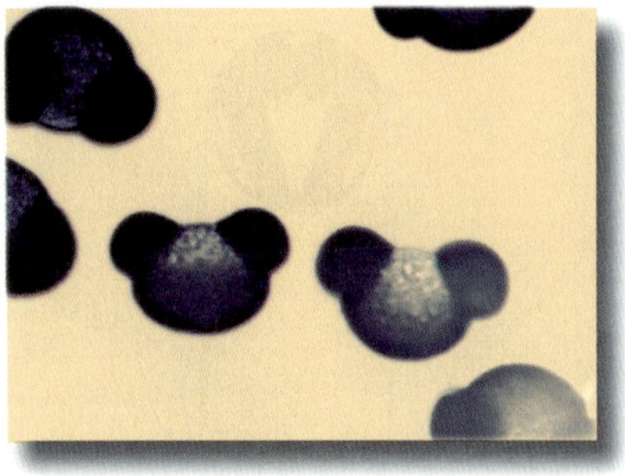

1 Jedes einzelne Pollenkorn der Kiefern besitzt zwei seitliche Luftkammern, damit die Verbreitung erleichtert wird.

2 Neben der Verbreitung durch Tierfraß sowie Haft- und Schleudereinrichtungen steht vielen Samen dank ihrer Flugeinrichtungen auch der Weg durch die Luft offen.

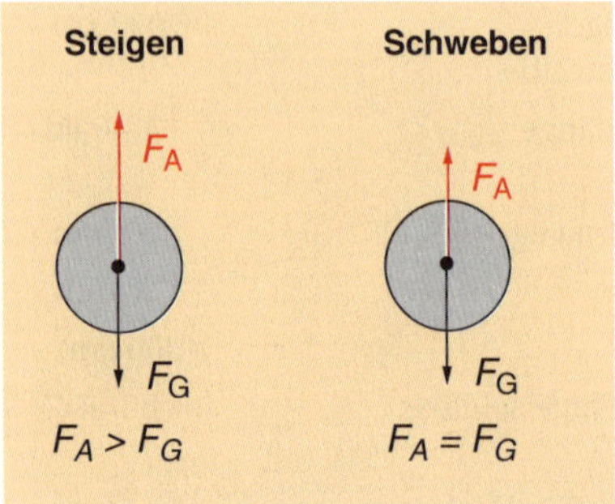

3 Während beim Schweben zwischen Auftriebs- und Gewichtskraft ein Gleichgewicht besteht, ist beim Steigen die Auftriebskraft größer als die Gewichtskraft.

Nicht nur tierischen Organismen verhilft die Luft zur Fortbewegung. Auch Pflanzenteile werden durch die Luft transportiert. Das geschieht zur Übertragung von **Pollen** sowie zur Verbreitung von Samen und Früchten. Vor allem bei weniger attraktiv gestalteten Blüten, die Insekten nicht anlocken, übernimmt die Pollenübertragung der Wind. Windbestäubung findet z. B. bei Gräsern, Birken, Haseln und Kieferngewächsen statt (Abb. 1).

Samen werden nach der Reife im einfachsten Fall aus dem Fruchtknoten entlassen, indem sich die Frucht öffnet und die Samen herausfallen oder herausgeschleudert werden. Zu diesen sog. Öffnungs- oder Streufrüchten zählen Balgfrüchte (Hahnenfußgewächse), Hülsenfrüchte (Schmetterlingsblütengewächse), Schoten (Kreuzblütengewächse) und Kapseln (Mohngewächse). Bei Schließfrüchten (Beeren, Steinfrüchte, Nüsse) werden die Samen mit der Frucht oder Teilen der Frucht verbreitet. Flugeinrichtungen in Form von scheiben-, lappen- oder haarartigen Auswüchsen der Samenschale oder der Fruchtwand, aber auch zu Haaren umgewandelte Kelchblätter und flügelig vergrößerte Vorblätter sind nicht selten. Je nach Form und Funktion unterscheidet man Schirm- (Löwenzahn, Bocksbart), Segel- (Ulme, Birke) und Schraubenflugeinrichtungen (Ahorn, Linde, Weißbuche) (Abb. 2).

Die **Fortbewegung des Menschen** in der Luft, sein Fliegen mit Segel- oder motorisierten Flugzeugen und Hubschraubern, sein Fahren mit Ballons oder Luftschiffen, funktioniert jedoch nur mittels Technik und beruht auf der Kenntnis und der Nutzung von Naturgesetzen. Dabei muss grundsätzlich unterschieden werden zwischen dem Fortbewegen in der Luft mit Geräten, die leichter, und solchen, die schwerer als Luft sind.

Bei der Bewegung von Körpern in der Luft und im Wasser gibt es viele Ähnlichkeiten. Auf alle Körper wirkt aufgrund ihrer Masse eine in Richtung Erde gerichtete Kraft, die **Gewichtskraft** (F_G). Ähnlich wie im Wasser gibt es auch in der Luft einen **statischen Auftrieb.** Er beruht wie im Wasser auf dem Druckunterschied zwischen der Unterseite und der Oberseite des Körpers und bewirkt eine **Auftriebskraft** (F_A) nach oben, die der Gewichtskraft entgegengesetzt gerichtet ist. Damit ein Körper in der Luft *schweben* kann, muss eine Auftriebskraft (F_A) vorhanden sein, die der Gewichtskraft gleich ist. Ist die Auftriebkraft größer als die Gewichtskraft des jeweiligen Körpers, so kann er *aufsteigen* (Abb. 3). Für die Auftriebskraft gilt das **archimedische Gesetz.**

Die Auftriebskraft eines Körpers, der sich in einem Gas befindet, ist gleich der Gewichtskraft der von ihm verdrängten Gasmenge.

Aus der Geschichte des Flugwesens

Das Fliegen gehört zu den ältesten Träumen der Menschheit. Aus der Märchen- und Sagenwelt sind uns Figuren auf fliegenden Teppichen oder auf Besenstielen reitende Hexen bekannt. Nachdem das Fliegen ursprünglich ausschließlich den Göttern vorbehalten war, tauchten bereits in der griechischen Sage die ersten Menschen mit Flügeln auf.

Die Erfüllung des Traumes vom Fliegen – von der ersten bedeutenden wissenschaftlichen Beschäftigung damit durch den Italiener LEONARDO DA VINCI (Abb. 1) über das Missgeschick des „Schneiders von Ulm", der noch 1811 IKARUS nachahmte, bis zum heutigen Massen-Ferntourismus in der Luft – war die Geschichte menschlichen Forscherdrangs, mutiger Taten von Männern und Frauen und auch von Fehlschlägen und persönlichen Opfern. Diese Geschichte und ihre Erfolge waren eng verwoben mit der allgemeinen Entwicklung von Technik und Industrie. Die Luftfahrt trug ihrerseits zum wissenschaftlichen und gesellschaftlichen Fortschritt bei (Abb. 2). Sie wurde jedoch auch immer wieder für die Vernichtung von Menschen und die Zerstörung der Ergebnisse ihres Schaffens missbraucht (Abb. 3).

Doch nicht die Versuche, die Vögel nachzuahmen führten zu ersten Erfolgen, sondern die genaue Beobachtung der Wirkung des **statischen Auftriebs** und die Nutzung dieses physikalischen Prinzips. Hier begann 1782 eine Entwicklungslinie, die über den **Heißluftballon** und den mit Wasserstoff gefüllten Freiluftballon schließlich zum lenkfähigen **Luftschiff** führte.

Interessante Etappen auf diesem Wege waren:
- die Vorführung des Heißluftballons der Brüder MONTGOLFIER am 4. Juni 1783 auf dem Marktplatz von Annonay,
- der Start ihres Ballons im September 1783 auf Einladung König LUDWIGS XVI. mit lebenden Tieren an Bord in Versailles,
- der Beginn der bemannten Luftfahrt im Oktober 1783,
- Aufstiege des französischen Physikers CHARLES mit wasserstoffgefüllten Ballons ab August 1783 bis in 1 000 m Höhe bei 4 h und 20 min Gesamtflugzeit,
- der erste Ballonaufstieg einer Frau, ELISABETH THIBLE, am 4. Juni 1784,
- die Überquerung des Kanals zwischen Dover und Calais durch den Franzosen BLANCHARD und den Amerikaner JEFFRIES am 7. Januar 1785,
- die erste Fahrt mit einem lenkfähigen Luftschiff 1883 nach der Erfindung des Elektromotors durch SIEMENS,
- der Start des Großluftschiffes „LZ 1" des Konstrukteurs FERDINAND VON ZEPPELIN am 2. Juli 1900 (Abb. 1, S. 116) und
- die Atlantiküberquerung eines englischen Verkehrsluftschiffes im Juli 1919.

Diese Entwicklung wurde nach der Explosion des LZ 129 „Hindenburg" im Mai 1937 bei seiner Landung in den USA für lange Zeit unterbrochen. Erst in der Gegenwart kommen die Luftschiffe zu neuen Ehren (Abb. S. 82 / 83).

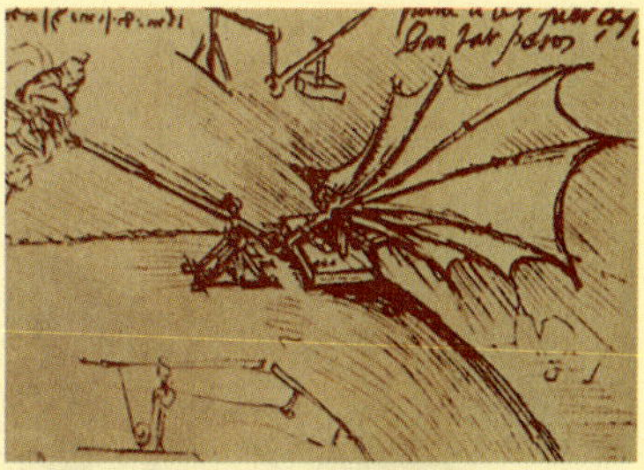

1 LEONARDO DA VINCI (1492–1519) erkannte bereits, dass die Arm- und Brustmuskulatur des Menschen nicht ausreicht, um ein Fluggerät in die Lüfte zu heben. Deshalb konstruierte er Vorrichtungen, die über Rollen und Seile auch die Kraft der Beine nutzen sollten.

2 1804 führten die französischen Gelehrten GAY-LUSSAC und BIOT bei Ballonaufstiegen in mehr als 2 000 m Höhe Messungen zur Atmosphäre, zur Stärke des Magnetfeldes, zum Pulsschlag und zur Atmung sowie zum Verhalten von Tieren durch.

3 Deutsche Flugzeuge (Messerschmitt 110) zerstörten im Mai 1940 die französische Stadt Dünkirchen.

1 Die LZ 1 hatte eine Länge von 128 m und einen Durchmesser von ca. 12 m. In 17 Gaszellen waren 11 300 m^3 Wasserstoff gespeichert. Zwei 16-PS-Motoren ermöglichten eine Geschwindigkeit bis zu 32 km/h.

2 Nach mehr als 2 000 gesteuerten Flügen verunglückte der Gleitflugpionier OTTO LILIENTHAL bei einem seiner Versuche.

3 Nach neueren Forschungen vollführte der Deutschamerikaner GUSTAV WEISSKOPF bzw. WHITEHEAD (1874–1927) am 14. August 1901, über zwei Jahre vor den WRIGHTs, mit seiner „Nr. 21" den ersten Motorflug der Geschichte.

4 C. LINDBERGH war für die Bewältigung der 5 810 km langen Strecke 33 Stunden und 39 Minuten in der Luft. Der Flug mit dem Eindecker „Spirit of St. Louis" endete am 21. Mai 1927 in Le Bourget.

Parallel zum Bau von Heißluftballons und Luftschiffen suchten viele Erfinder nach anderen Möglichkeiten des Fliegens und orientierten sich dabei am Vogelflug. Diese Entwicklungslinie führte zum **Flugzeug.**

Einen wesentlichen Schritt dazu vollbrachten dabei die Brüder GUSTAV und OTTO LILIENTHAL. Nach ersten Flugversuchen wandten sie sich ab 1871 auf wissenschaftliche Art den Problemen des Fliegens zu: Sie bauten Modelle, stellten Berechnungen an und nahmen aerodynamische Messungen vor. Sie experimentierten mit leicht gewölbten Tragflächen, die wesentlich mehr Auftrieb lieferten als ebene. Bei praktischen Flugversuchen erreichte OTTO LILIENTHAL (1848–1896) Weiten bis zu 300 m (Abb. 2).

Flugpioniere in den USA, in Großbritannien und in anderen Ländern bauten auf LILIENTHALs Ergebnissen auf (Abb. 3). In Europa waren die französischen Flugpioniere zunächst am erfolgreichsten: Kanalüberquerung im Juli 1909 durch LOUIS BLÉRIOT, Überflug des Mittelmeeres zwischen Frankreich und Tunesien 1913 durch ROLAND GARROS.

Diese Erfolge waren vor allem durch die Weiterentwicklung der Flugzeugmotorisierung möglich geworden. Die schweren wassergekühlten Motoren wurden durch luftgekühlte ersetzt und ab 1911 fand der Einbau mehrerer Motoren in den Flugzeugbau Eingang.
Zu den weiteren markanten Ereignissen der Flugzeugentwicklung zählen u. a.:

- das erste völlig geschlossene Cockpit im Flugzeug des Russen SIKORSKY im Jahre 1913,
- der Flug des ersten freitragenden Ganzmetallflugzeuges der Welt „J 1" im Dezember 1915 bei HUGO JUNKERS,
- die erste Atlantiküberquerung durch die Engländer ALCOCK und BROWN im Juni 1919 zwischen Neufundland und Irland, sowie Fernflüge nach Australien 1919 und Südafrika 1920,
- regelmäßiger Passagierflugverkehr ab 1919 z. B. zwischen Berlin und Weimar oder zwischen London und Paris,
- der erste Nonstopflug von New York nach Paris durch den Amerikaner CHARLES LINDBERGH im Mai 1927 (Abb. 4) oder

- das einziehbare Fahrwerk des Verkehrsflugzeugs „Heinkel He 70“ 1932.

Nachdem bereits im Ersten Weltkrieg Flugzeuge mit Maschinengewehren ausgerüstet und so für Tod und Zerstörung eingesetzt wurden, steigerte sich diese Entwicklung im Zweiten Weltkrieg auf ein nicht gekanntes Maß: Flugzeuge wurden nicht nur zu unmittelbaren Kampfhandlungen eingesetzt. Bombenangriffe unterbrachen Verkehrsverbindungen und damit Nachschubwege. Brandbomben, erstmals aus deutschen Flugzeugen auf Warschau abgeworfen, hinterließen Trümmerstädte mit Tausenden von Opfern unter der Bevölkerung und eine zerstörte Industrie. Für die Vervollkommnung der dafür nötigen Flugtechnik, z. B. in der Aerodynamik, im Triebwerksbau und in der Luftfahrtelektronik, wurden immense Summen ausgegeben.

Nach dem Zweiten Weltkrieg begannen 1945 die Luftverkehrsgesellschaften in aller Welt wieder mit dem Flugbetrieb. Ohne dass die Entwicklung von Kriegsflugzeugen beendet wurde, entwickelte sich auch die Luftverkehrstechnik weiter: Druckkabinen ermöglichten größere Flughöhen und damit einen ruhigeren Flug. Verlängerungen des Flugzeugrumpfes ergaben Raum für mehr Passagiere und mehr Kraftstoff. Damit erhöhte sich die Reichweite beträchtlich.

Im September 1956 stellte die sowjetische Fluggesellschaft „Aeroflot“ mit der „Tu 104“ des Konstrukteurs TUPOLEW die erste Passagiermaschine mit Strahltriebwerken in Dienst (Abb. 1). 1958 eröffnete die „Pan American Airways“ (USA) mit einer „Boeing B 707“ den Nonstopverkehr zwischen New York und London (Abb. 2). 1970 wurde mit der „Boeing B 747“ das erste Großraumflugzeug (Jumbo-Jet) in Dienst gestellt (Abb. 4). 1976 nahmen die Sowjetunion mit der „Tu 144“ sowie Frankreich und England mit der „Concorde“ den Linienverkehr mit Überschallpassagierflugzeugen auf. Die enormen Betriebskosten und extremen Umweltbelastungen (Flüge in der Stratosphäre) führten dazu, dass die „Tu 144“ nicht mehr eingesetzt wird und die „Concorde“ (Abb. 3) sehr umstritten ist.

1 Die „Tu 104“ war vom September 1956 bis zum Oktober 1958 das einzige strahlgetriebene Verkehrsflugzeug der Welt. Sie erreichte in 10 000 m Höhe eine Geschwindigkeit von 900 km/h.

2 Die erste Boeing 707 verließ 1954 die Werkhalle. Sie leitete das Düsenzeitalter für die USA ein. Die Pan American World Airways stelle die erste Maschine am 26. Oktober 1958 in Dienst.

4 Die „Boeing 747“ ist das gewaltigste unter den Großraumflugzeugen. Sie hat eine Länge von 70,51 m, eine Spannweite von 59,56 m und eine Höhe von 19,47 m. Die Lufthansa-Version hat 365 Sitzplätze.

3 Die „Concorde“ ist eine englisch-französische Entwicklung. Sie erreicht eine Geschwindigkeit von Mach 2,2.

1 **Der erste voll steuerbare Hubschrauber der Welt war der Focke-Wulf „Fw 61". Zwischen 1937 und 1939 erreichte er sicheren Senkrechtstart und sichere Senkrechtlandung. Er machte 360°-Wendungen, flog vorwärts, rückwärts und seitwärts.**

Ein Kubikmeter Luft hat bei 0 °C in Meereshöhe eine Masse von 1,293 kg. Ein Kubikmeter Wasserstoff hat unter denselben Bedingungen aufgrund seiner geringen Dichte die deutlich kleinere Masse von 0,089 kg. Seine Gewichtskraft beträgt nur ca. 0,87 N. Ein mit Wasserstoff gefüllter **Ballon** erfährt also einen Auftrieb und kann emporsteigen. Die hervorragende Eignung des Wasserstoffs für den Ballonflug wurde schon frühzeitig erkannt (s. S. 115).

Diese sog. **statische Luftfahrt** wird auch durch die Wärmestrahlung der Sonne beeinflusst. Bei Sonneneinstrahlung erwärmt sich das Gas in der Hülle, nicht aber die umgebende Atmosphäre. Beim unvollständig gefüllten Ballon vergrößert sich das Volumen und der Auftrieb nimmt weiter zu. Bei Abkühlung, z. B. durch Wolkenschatten, zieht sich das Gas wieder zusammen, das Volumen und der Auftrieb werden geringer.

Die Flugeigenschaften eines **Hubschraubers** ähneln in vielen Punkten denen eines Ballons bzw. Luftschiffes. Beide können sich senkrecht vom Erdboden in die Luft erheben und ebenso zur Erde zurückkehren. Zusätzlich sind sie in der Lage, entfernte Ziele anzufliegen. Für eine derartige horizontale Fortbewegung eines Körpers in der Luft muss zusätzlich zum Auftrieb ein **Antrieb** hinzukommen. Im Unterschied zum Luftschiff (s. S. 116) ist der Hubschrauber jedoch schwerer als die Luft. Daher folgt sein Flug *nicht* den Gesetzmäßigkeiten des statischen Auftriebs. Entsprechende Fluggeräte standen erst 50 Jahre nach dem Luftschiff bereit (Abb. 1).

Der für das Aufsteigen von Hubschraubern notwendige Auftrieb wird dadurch erzeugt, dass die Rotorblätter Luft nach unten, also in Richtung Erdoberfläche, beschleunigen. Mit den grundlegenden **newtonschen Gesetzen** lässt sich die Entstehung des **aerodynamischen Auftriebs** genauer erklären: Um den Körper Luft zu beschleunigen, muss eine Kraft auf ihn einwirken. Da Kräfte aber immer paarweise auftreten („actio = reactio"), erfährt der zweite beteiligte Körper, also der Hubschrauber, eine rückwirkende Kraft. Diese Reaktionskraft wird auch „Rückstoß" genannt. Der Rückstoßeffekt ist aus vielen anderen Beispielen bekannt (Abb. 2).

2 **Beim Raketenantrieb werden im Ergebnis von Verbrennungsvorgängen Gase nach hinten ausgestoßen. Die Reaktionskraft bewegt den Flugkörper nach vorn. Weitere Beispiele sind der Antrieb eines Ruderbootes, aber auch die Propellertriebwerke an Flugzeugen.**

Damit beim Hubschrauber die Reaktionskraft als Auftriebskraft möglichst groß wird, muss viel Luft stark nach unten beschleunigt werden. Das folgt unmittelbar aus dem **newtonschen Grundgesetz** „Kraft ist gleich Masse mal Beschleunigung". Die **Auftriebskraft** (F_A) ist folglich von der bewegten Luftmenge und von der Strömungsgeschwindigkeit abhängig. Hubschrauber besitzen deshalb große, für diesen Zweck geformte Rotorblätter, die sich ausreichend schnell bewegen müssen. Durch das Verändern des Anstellwinkels der Rotorblätter kann zusätzlich eine Vortriebskraft hervorgerufen werden.

Der Auftrieb an den Tragflächen von **Flugzeugen** bzw. an den Flügeln von **Vögeln** lässt sich auf analoge Weise erklären. Bewegt sich ein Körper im Vergleich zur Luft, so tritt eine **Luftströmung** auf, ganz gleich, ob sich – wie bei Fahrten mit Fahrrad, Moped, Motorrad oder Skiern – Körper bewegen, oder ob – wie bei aerodynamischen Experimenten an Realobjekten oder Modellen in Windkanälen – die Luft bewegt wird. Die Luftströmungen können mit Schwebekörpern (Öl- bzw. Wassertröpfchen, Rauchpartikel) oder mit Fadensonden in **Stromlinienbildern** (Abb. 1) sichtbar gemacht werden.

Je größer die Anzahl der Stromlinien in einem Gebiet ist, desto größer ist die dort vorhandene **Strömungsgeschwindigkeit** der Luft.

Für das Entstehen der Auftriebskraft (F_A) ist das **Strömungsverhalten** an den Flügeln der Vögel oder an den Tragflächen der Flugzeuge von entscheidender Bedeutung. Bei aller Unterschiedlichkeit haben diese viele Gemeinsamkeiten. Die Strömung wird am umströmten Objekt aufgeteilt (Abb. 2).

Tragflügel von Flugzeugen sind so konstruiert, dass möglichst keine Turbulenzen entstehen können. Zur Ablenkung der den Flugzeugflügel umströmenden Luft ist eine Kraft erforderlich. Die dazugehörige Reaktionskraft ist die Auftriebskraft F_A. Dieser **aerodynamischer Auftrieb** ist senkrecht zur Luftströmung nach oben gerichtet (Abb. 3).

Messungen der **Druckverteilung** an Tragflächenprofilen gewähren Einblick in diesen Sachverhalt. Die von vorn angeströmte Tragfläche erzeugt durch ihr Profil Unter- bzw. Überdruck, der in starkem Maße vom Anstellwinkel α abhängig ist (Abb. 4).

1 Stromlinienbilder zeigen, wie ein Körper umströmt wird. Die Dichte der Stromlinien kennzeichnet die im jeweiligen Raumgebiet herrschende Strömungsgeschwindigkeit.

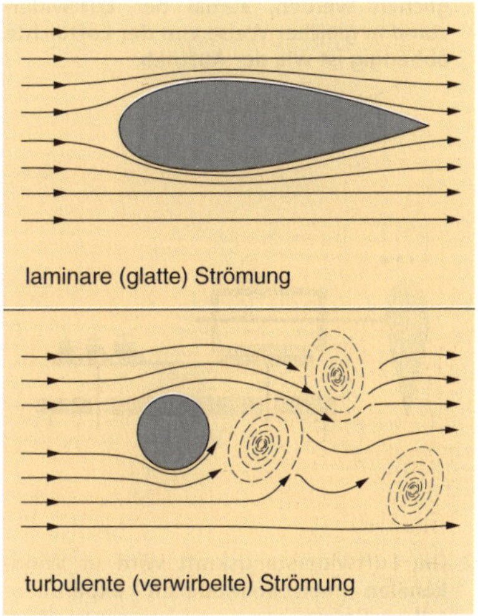

2 In Abhängigkeit vom Profil des umströmten Objekts sind unterschiedliche Strömungsverhältnisse möglich, z. B. eine lineare bzw. glatte Strömung oder eine turbulente bzw. verwirbelte Strömung.

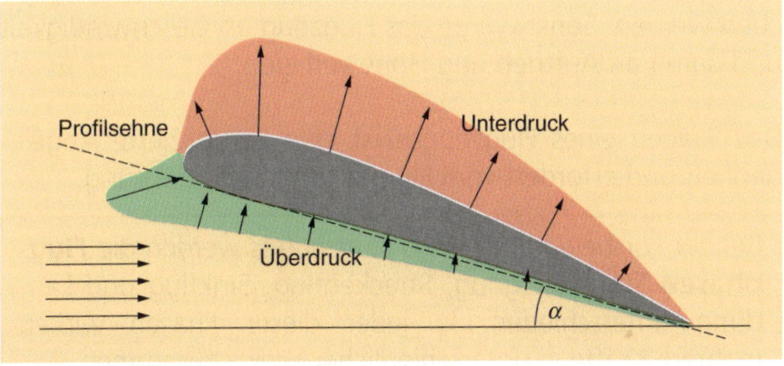

4 Bei einem Anstellwinkel $\alpha = 10°$ entsteht an der Oberfläche des Profils ein Unterdruck bzw. Sog. Die Luft wird nach unten gesaugt. Von der Unterseite der Tragfläche wird die Luft nach unten gedrückt. Es herrscht daher Überdruck vor.

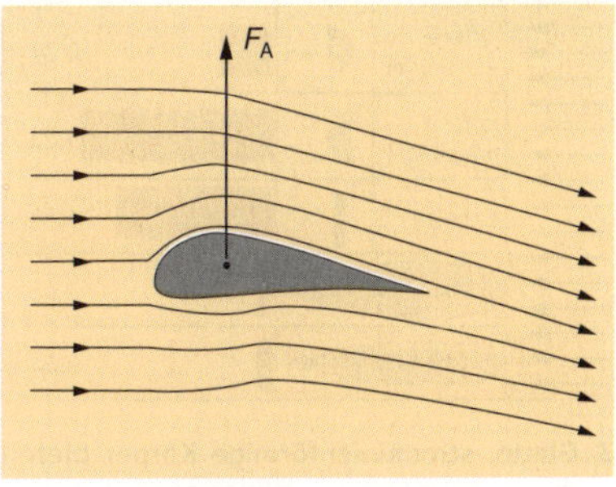

3 Das Strömungsbild der Luft, die einen Flugzeug-Tragflügel umströmt, zeigt eine Ablenkung nach unten. Die gleiche Wirkung entsteht bei einem Vogelflügel.

1 Der Luftdruck beträgt in 12 000 m Höhe nur noch etwa ein Viertel des Luftdrucks an der Meeresoberfläche. Folglich ist die Luftdichte in dieser Höhe auch auf ein Viertel gesunken und damit auch die Auftriebskraft. Durch höhere Geschwindigkeiten kann dieser Verlust leicht ausgeglichen werden, zumal der Luftwiderstand in gleicher Weise von der Luftdichte abhängig ist wie der Auftrieb.

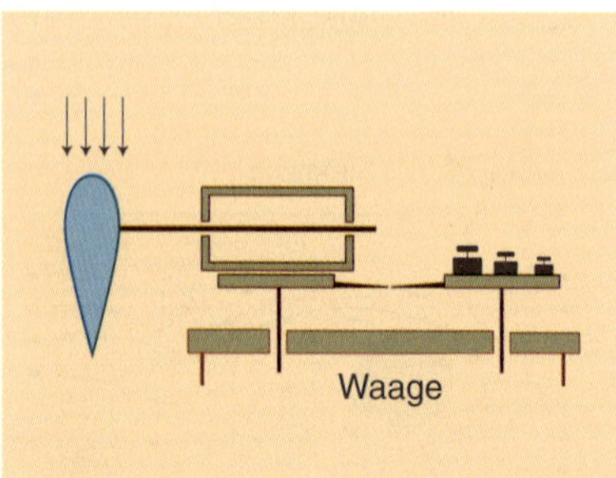

2 Die Luftwiderstandskraft wird in Windkanälen – meist an Modellen – experimentell bestimmt.

Anblasrichtung	Körperform		Luftwiderstand	Cw-Wert
→	Kugel			0,47
→	offene Halbkugel			0,34
→	offene Halbkugel			1,33
→	Scheibe			1,10
→	Luftschiff LZ 129			~ 0,05
→	Körper geringst. Widerst.			0,04

3 Glatte, stromlinienförmige Körper bieten den geringsten Widerstand. Durch vergleichende Messungen wurden für die verschiedenen Formen Zahlen, die als „Widerstandsbeiwert" (Cw) bezeichnet werden, gewonnen.

Im Ergebnis dieser Druckverhältnisse wirkt auf das Profil die nach oben gerichtete Auftriebskraft F_A. Diese Kraft nimmt bis zu einem Anstellwinkel von 20° zu, da die Luftströmung in der unmittelbaren Umgebung des Tragflächenprofils seiner geometrischen Form folgt. Wird der Anstellwinkel jedoch weiter vergrößert, geht der Auftrieb zurück, weil sich an der hinteren oberen Seite des Profils Wirbel bilden und die Strömung abreißt.

Der Auftrieb ist noch von weiteren Faktoren abhängig. Die Auftriebskraft F_A

- ist proportional zum Quadrat der Relativgeschwindigkeit zwischen Profil und Luftströmung,
- nimmt mit der Größe der tragenden Profilfläche zu und
- sinkt mit zunehmender Flughöhe.

Flugzeuge mit hohen Reisegeschwindigkeiten benötigen folglich im Gegensatz zu langsam fliegenden keinen großen Anstellwinkel. Hohe Geschwindigkeiten sind auch aufgrund der großen Flughöhen erforderlich (Abb. 1).

Der **Luftwiderstand,** der einem Flugzeug in senkrechter Richtung den Auftrieb gibt, wirkt auch in waagerechter Richtung auf die Tragflächen und auf alle anderen Teile ein, die vom Luftstrom getroffen werden. Diese Wechselwirkung zwischen Flugzeug und umströmender Luft führt zu einer Kraft, die der Bewegung einen Widerstand entgegensetzt. Diese **Luftwiderstandskraft** (F_W) wirkt in Richtung der Luftströmung (Abb. 2).

Der Luftwiderstand ist abhängig

- von der angeströmten **Querschnittsfläche** des Körpers,
- von der **Relativgeschwindigkeit** zwischen dem Körper und der Luft,
- von der **Form** und der **Oberflächenbeschaffenheit** des Körpers (Abb. 3) und
- von der **Dichte der Luft.**

Die Luftwiderstandskraft (F_W), die das Flugzeug rückwärts zu drücken versucht, muss durch eine Antriebskraft ausgeglichen werden. Sonst würde das Flugzeug an Geschwindigkeit und damit an Auftrieb und Höhe verlieren.

Das Fliegen eines Flugzeuges ist eine komplizierte Angelegenheit und erfordert vom Flugpersonal viel Erfahrung.

Bei der Fortbewegung eines Flugzeuges werden die **Flugphasen** Start, Steigflug, Streckenflug, Sinkflug und Landung unterschieden. In jeder dieser Phasen wirken mehrere Kräfte in unterschiedlicher Weise zusammen.

Beim **Starten** und beim **Steigflug** muss eine Auftriebskraft vorhanden sein, die größer ist als die Gewichtskraft des Flugzeuges. Dazu wird das Flugzeug durch den Antrieb auf einer Startbahn zunächst in Bewegung gesetzt, wodurch eine Luftströmung um die Tragflächen entsteht. Damit die Relativgeschwindigkeit zwischen der Luft und dem Flugzeug möglichst groß wird, startet ein Flugzeug in der Regel gegen den Wind. Ein voll beladener Jumbo-Jet „Boeing 747" hebt bei einer Geschwindigkeit von etwa 300 km/h von der Startbahn ab.

Die Luftströmung bewirkt einen dynamischen Auftrieb und damit eine Auftriebskaft, die zum Abheben führt. Die notwendige Größe dieser Kraft wird durch zwei Maßnahmen des Piloten erreicht:
Erstens wird der Anstellwinkel der Tragflächen erhöht. Die die Nase des Flugzeugs hebt zuerst ab. Bei modernen Maschinen wird ein Steigwinkel von 25° bis 30° gewählt.
Zweitens werden die Querschnittsfläche der Tragflügel und ihre Wölbung vergrößert. Dazu werden u. a. spezielle Klappen (Vorflügel, Doppelklappen) ausgefahren (Abb. 1).

Nach Erreichen der Reiseflughöhe stellt sich beim horizontalen, gleichförmigen **Streckenflug** ein Gleichgewicht zwischen der Gewichtskraft F_G, der Auftriebskraft F_A, der Luftwiderstandskraft F_W und der Antriebskraft F_{An} ein (Abb. 2). Dazu werden die Klappen vollständig eingefahren. Gleichzeitig wird dadurch der Strömungswiderstand verkleinert. Seiten-, Quer- und Höhenruder dienen zur **Änderung der Flugrichtung.** Durch die Stellung der Ruder werden die Luftströmungen so verändert, dass zusätzliche Kräfte auftreten, die eine Richtungsänderung bewirken.

Zur Vorbereitung auf die **Landung** geht das Flugzeug zunächst in einen **Sinkflug** über. Der Pilot reduziert die Antriebskraft (Schubkraft) stark. Infolge des Luftwiderstandes wird die Fluggeschwindigkeit und damit auch der Auftrieb geringer. Damit der Luftwiderstand nicht zu stark anwächst, wird das Höhenruder so eingestellt, dass das Flugzeug in schräger Bahn zunächst zur Erde gleitet. Im Endanflug werden Fahrwerk, Vorflügel und Landeklappen ausgefahren. Beim langsamen Gleiten besteht die Gefahr, dass sich Wirbel schon an der Vorderkante der Tragflächen bilden und dadurch die Strömung abreißt. Durch spezielle Konstruktionen (z. B. Spaltöffnungen zwischen Tragflügeln und Vorflügeln bzw. Klappen), die ihre Vorbilder im Vogelflug haben, wurden diese Probleme reduziert.
Nach dem Aufsetzen auf der Landebahn werden zusätzliche Bremsklappen senkrecht aufgestellt, hinter denen sich Wirbel bilden, die eine große Widerstandskraft hervorrufen (Abb. 3). Zusätzliche Bremswirkungen werden durch Radbremsen erzeugt oder die auf Schubumkehr gestellten Luftstrahltriebwerke.

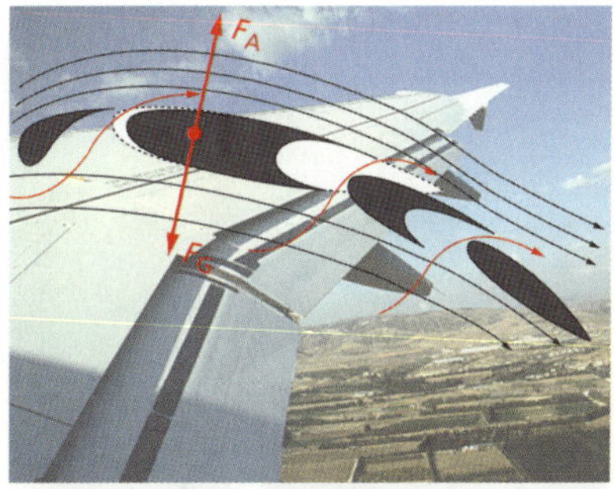

1 Beim Starten und Landen werden aus den Tragflächen Klappen ausgefahren, die die Luftströmung und damit die wirkenden Kräfte beeinflussen.

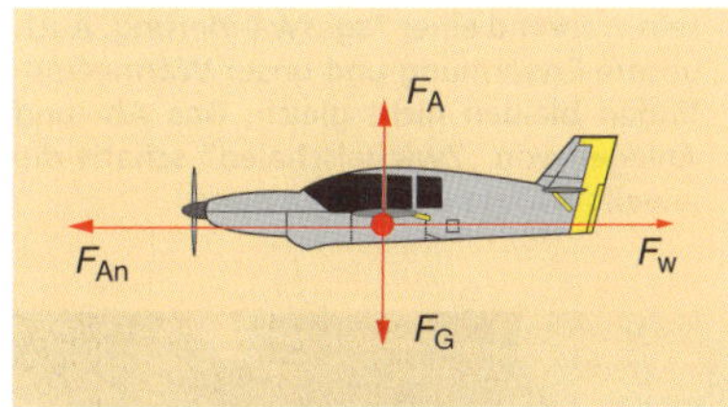

2 Beim Streckenflug, der eine gleichförmige horizontale Bewegung darstellt, stellen sich Kräftegleichgewichte ein.

3 Die beim Streckenflug unerwünschten Wirbel werden zum Bremsen des gelandeten Flugzeugs durch ausgefahrene Bremsklappen bewusst erzeugt.

1 Nicht nur die Temperaturen der Luft wechseln während einer Tageswanderung. Auch unsere Erwärmung und unser Wärmeempfinden bleiben nicht gleich. Das Ab- und Anlegen von „Zwiebelschalen" schafft die jeweils erforderliche Anpassung.

2 Der Elektroföhn ist eine „Nachbildung" des natürlichen Fallwindes im Leebereich von Gebirgen (s. S. 98). Er erzeugt Warmluft, die aufgrund ihrer geringen relativen Feuchte Haare trocken kann.

3 Fallschirme dienen nicht mehr nur der Rettung von Piloten, sondern sind ein beliebtes Sportgerät geworden. Dabei werden auch Hangauftriebswinde genutzt. Seit vielen Jahren kann man sie im Gebirge beobachten.

2.2.3 Luft in Alltag und Technik

Wir Menschen nutzen die Luft keineswegs nur, um zu atmen oder uns mithilfe von Flugtechnik fortzubewegen.

> Luft ist für viele physikalische und chemische Prozesse in anderen Bereichen der Technik ebenfalls unentbehrlich. Sehr oft benötigen wir sie auch im Alltag und bei Freizeitbeschäftigungen.

Im **Alltag** beginnt die Luftnutzung bereits bei der Kleidung der Menschen. Sie tragen Luftpolsterschuhe, um ihr Skelett gegenüber den oft befestigten Wegen und Straßen abzufedern. Entsprechend der Jahreszeit und den gegebenen Lufttemperaturen wird unterschiedliche Bekleidung ausgewählt, weil sie unterschiedlich warm hält oder sogar kühlt. Das kann sie nur, weil die verschiedenen Gewebe unterschiedlich große Hohlräume, die mit Luft gefüllt sind, enthalten. Wanderer haben längst die Erfahrung gemacht, dass es zur Anpassung an die wechselnden Tagestemperaturen günstig ist, sich nach dem „Zwiebelschalenprinzip" zu kleiden, also mehrere dünne Kleidungsstücke übereinander zu ziehen, von denen einige auch noch winddicht sein sollten (Abb. 1).

Im Alltag umgeben uns mannigfach Gegenstände, deren Verwendung mit der Luft zu tun hat. Häufig wird ein Staubsauger benutzt, der durch die Erzeugung von Luftdruckunterschieden funktioniert. Moderne Backröhren können wahlweise mit sog. Umluft betrieben werden. Der Föhn dient zum Trocknen der gewaschenen Haare (Abb. 2). Der nötige Luftdruck in den Reifen des Fahrrades oder anderer luftbereifter Fahrzeuge wird mit der Luftpumpe erzeugt. Briefkuverts und andere Verpackungsmaterialien haben zum Teil Luftpolster. Am Computer befinden sich Lüfter, um Wärme mittels Luftstrom abzuleiten. Ähnlich funktionieren Klimaanlagen und Heizungen. Auch das Vakuum wird genutzt, bei Wärmedämmfenstern zur Isolierung, beim Konservieren von Nahrungsmitteln zum Schutz vor den in der Luft befindlichen Bakterien.

In ihrer Freizeit verwenden Menschen, Schlauchboote, Luftmatratzen, Surfbretter, Bälle, Gleitfallschirme (Abb. 3) und viele andere Gegenstände, die die Luft und ihre Strömungen nutzen. Skispringer, Abfahrtsläufer oder Radsprinter nutzen die Luft bzw. minimieren durch ihre Ausrüstung und Fahrtechnik den Luftwiderstand. Und beim beliebten Auto spielt die Luft mehrfach eine Rolle: bei der Herstellung eines Kraftstoff-Luft-Gemisches im Vergaser, bei der Verbrennung dieses Gemisches, bei der Kühlung des Motors, bei der Heizung und der Sicherung einer guten Sicht oder in den Reifen.

Im Bereich der **Technik** wurde eine nahezu unübersehbare Vielfalt der Luftnutzung entwickelt. Dazu zählen z. B. alle Feuerungs- und Verbrennungsprozesse, bei denen ja der Sauerstoff der Luft chemisch gebunden wird. Das betrifft nicht nur die Verbrennung von Kraftstoff-Luft-Gemischen in Kraftfahrzeugen, sondern auch Verbrennungsprozesse in Kraftwerken und Heizungsanlagen, die fossile Brennstoffe verwenden, die Gewinnung von Eisen und Stahl, Schweiß- und Brennschneidverfahren (Abb. 1) u. v. a. m. Luft wird auch den Belebungsbecken in Abwasserkläranlagen zugesetzt, um die Vermehrung der Bakterien des Belebtschlammes zu fördern.

Die Verdichtung von Luft mittels Kompressoren und Gebläsen führt zu einer Fülle von Anwendungen in der Technik. Abbauhämmer im Bergbau oder Presslufthämmer im Tiefbau können infolge der Luftverdichtung betrieben werden. Mit Druckluft werden Traglufthallen (Abb. 2) stabilisiert, Bremsen bei Schienen- und Straßenfahrzeugen betrieben, Bergwerke und längere Tunnelanlagen mit Frischluft versorgt. Mit Gebläsen werden Getreidesilos oder Strohmieten zur Verringerung der Luftfeuchtigkeit kalt oder warm belüftet, Körnerfrüchte nach der Ernte von der Spreu sortiert oder Schüttgüter befördert, z. B. Zement oder Mehl aus Spezialfahrzeugen in Silos transportiert.

Komprimierte Luft wird auch zu Reinigungszwecken wie in der Transporttechnik (s. S. 125) eingesetzt. In der Glasindustrie findet bei der Gefäßherstellung in der Glasblasmaschine das sog. Gegenblasen statt, um den gewünschten Hohlraum im noch glühenden Glaskörper entstehen zu lassen. In museal oder aus künstlerischen Gründen betriebenen Glasbläsereien kann das Glasblasen mit dem Mund noch beobachtet werden. Sauggebläse werden auch bei Erntemaschinen, z. B. für Baumwolle oder Tee (Abb. 3), eingesetzt. An Eingängen von Kaufhäusern und ähnlichen Einrichtungen befinden sich nicht selten Lufttüren, an denen ein wärmender oder kühlender Luftvorhang durchschritten werden muss.

Viele weitere technische Prozesse im Zusammenhang mit der Luft wurden entwickelt, so die Luftzerlegung in ihre Bestandteile Sauerstoff, Argon und Stickstoff durch Destillation in Luftverflüssigungsanlagen. In der Metallurgie, beim Schweißen und für die Düngemittelherstellung werden diese Gase verwendet. Große Bedeutung besitzt auch die Vakuumtechnik in Produktionsprozessen, bei denen die Oxydationsgefahr herabgesetzt werden muss. Vakuum wird auch bei Lasthaftgeräten angewendet, bei denen ähnlich dem Magnetkran gearbeitet wird, oder bei Melkanlagen. Mit Luft wird auch der Auftrieb von Schwimmkörpern reguliert, beispielsweise beim Schwimmdock auf Werften.

1 Autogenes Schneiden mit einem Schneidroboter stellt ein Beispiel für die Nutzung des Sauerstoffs der Luft für Verbrennungsprozesse in der Technik dar.

2 Traglufthallen stellen pneumatische Konstruktionen dar. Eine geschlossene, an Betonfundamenten befestigte und dichte Hülle wird mit einem Verdichter aufgeblasen und durch einen konstanten Überdruck von 100 Pa stabilisiert.

3 Die Baumwollpflückmaschine – hier in Turkmenistan – ist ein Beispiel für die Anwendung des Sauggebläses. Ähnlich konstruiert sind Teepflückmaschinen. Mit dieser Technik werden auch Schüttgüter verlagert.

1 **Windenergieparks sind heute fast überall in der Landschaft zu sehen, obwohl die günstigsten Bedingungen dafür an den Küsten und den Gebirgen gegeben sind. Der erste deutsche Windenergiepark „Westküste" wurde 1987 auf Helgoland eingeweiht und umfasste 30 Anlagen mit einer Gesamtleistung von 1 MW.**

Jahr	Anzahl der Anlagen	Installierte Leistung in MW	Jahresstromerzeugung in Mrd. kWh
1990	423	56	0,04
1992	1 211	167	0,21
1994	2 617	605	0,82
1996	4 326	1 547	2,20
1997	5 193	2 082	3,00
1998	6 205	2 875	4,60
1999	7 879	4 444	...

2 **Deutschland nutzt inzwischen mehr Windenergie für die Elektroenergiegewinnung als die USA und als Dänemark.**

Besondere Bedeutung in der Technik erlangt seit einigen Jahren die Nutzung der Windenergie zurück. Während die strömende Luft in den vergangenen Jahrhunderten in tausenden von Windmühlen zum Antrieb von Mahlwerken und Wasserpumpen genutzt wurde, werden in der Gegenwart in zunehmendem Maße **Windkonverter** zur Umwandlung von kinetischer Energie des Windes in elektrische Energie betrieben. Anlass dafür waren die gestiegenen Ölpreise in den 70er Jahren des vorigen Jh. und tiefere Erkenntnisse über mögliche Folgen von Treibhausgas-Emissionen auf das Klima.

Zwischen 1979 und 1983 wurde auf Helgoland die erste Großwindanlage „Growian" mit einer Leistung von 3 MW gebaut. Die beiden Rotorflügel ereichten zusammen eine Spannweite von 100 m. Beim Probebetrieb traten viele technischen Probleme auf, so dass diese Anlage nach Abschluss der Versuche wieder demontiert wurde. Bald danach waren kleinere Konverter mit Leistungen zwischen 25 und 300 kW produktionsreif. Der Bau von Windenergieanlagen nahm sprunghaft zu, als durch das ab 1991 gültige „Stromeinspeisungsgesetz" eine Vergütung von 17 Pfennigen pro kWh festgelegt wurde und die Stromversorger eine Kopplung an das überregionale Netz garantieren mussten (Abb. 1). Zusätzlich erhielten die Betreiber Fördermittel vom Bund und den Ländern (Abb. 2).

Windkonverter können nicht die gesamte kinetische Energie des Windes nutzen. Ein **Wirkungsgrad** von 100 % hieße, die abgebremsten Luftmassen würden keine Bewegung mehr ausführen. Der theoretisch größte Wirkungsgrad wurde mathematisch mit ca. 60 % ermittelt und in Windkanalversuchen experimentell bestätigt. Da aber Generatoren zur Erzeugung von Wechselstrom mit einer Frequenz von 50 Hz eine höhere Drehzahl benötigen, als sie an der Rotorwelle vorhanden ist, muss ein Getriebe dazwischengeschaltet werden (Abb. 3).

3 **Die nutzbare elektrische Leistung bei Windkonvertern ergibt sich nach Abzug der Getriebe- und Generatorverluste. Einschließlich dieser Werte erreichen moderne Anlagen – hier beim Aufbau – Wirkungsgrade zwischen 40 und 45 %.**

Komprimierte Luft wird in der **Luftkissentransporttechnik** genutzt, zu der auch Luftkissenfahrzeuge gehören. Das Merkmal der **Luftkissenfahrzeuge** besteht darin, dass sie sich auf einem Kissen von komprimierter Luft schwebend fortbewegen. Dieses Luftpolster wird durch starke Gebläse unter dem Fahrzeugboden erzeugt. Dort herrscht folglich ein größerer Druck als in der Umgebung. Somit entsteht eine senkrecht nach oben gerichtete Auftriebskraft. Diese kann in Abhängigkeit vom Druck so groß werden, dass sich das Fahrzeug vom Untergrund abhebt und im Schwebezustand befinden kann. Propellertriebwerke erzeugen den Vortrieb. Es gibt Luftkissenfahrzeuge, wo Vortriebs- und Auftriebssysteme getrennt arbeiten. Bei anderen wird von gleichen Triebwerken Auf- und Vortrieb erzeugt.

1 Das Prinzip des Luftkissenfahrzeugs ist schon seit Ende der 19. Jahrhunderts bekannt. Seine erfolgreiche Umsetzung jedoch konnte erst 1959 mit der ersten Überquerung des Kanals durch ein britisches Luftkissenschiff vorgeführt werden.

Um das Entweichen der komprimierten Luft nach außen zu verhindern, wurden für die beiden Typen von Luftkissenfahrzeugen (Luftkissenboote), unterschiedliche technische Lösungen gefunden. Amphibienfahrzeuge (Abb. 1) wurden mit flexiblen Seitenwänden ausgestattet, reine Wasserfahrzeuge mit starren Wänden. Nur die amphibischen Fahrzeuge schweben frei über der Wasser- oder Landoberfläche. Ihr besonderer Vorteil besteht darin, dass sie keine Hafenanlagen benötigen. Amphibienfahrzeuge sind in der Lage, Maximalgeschwindigkeiten um 150 km/h zu erreichen (Abb. 2).

2 Inzwischen werden mit amphibischen Luftkissenfahrzeugen sportliche Wettkämpfe ausgetragen. An den Europameisterschaften, bei denen es über Wasser und Land geht, nahmen 1999 Sportler aus 8 Ländern teil.

Im Hafen werden aber zugleich auch die Nachteile der Luftkissenfahrzeuge deutlich: Große Bodenunebenheiten (auch ein hoher Wellengang) bzw. steile Anstiege bereiten Schwierigkeiten. Die Lärmemission ist beträchtlich und eine Staubentwicklung an Land bzw. eine Gischtentwicklung über Wasser sind unvermeidlich. Ein weiterer Mangel ist das noch nicht befriedigende Verhältnis zwischen Eigen- und Nutzmasse. Beim französischen Typ „Naviplane N500" ist bei einer Eigenmasse von 154 t eine Zuladung von nur 85 t möglich. Dennoch konnten sich die Luftkissenfahrzeuge vor allem als Schnellfähren bewähren. Durch viele konstruktive Veränderungen haben sich in den vergangenen Jahren die Wirtschaftlichkeit und die Manövrierfähigkeit der Boote verbessert.

Die Luftkissentransporttechnik wird nicht nur bei Fahrzeugen angewendet, sondern auch dann, wenn schwere Maschinen und Betriebsanlagen umgesetzt, gewartet oder neu aufgestellt werden müssen. Auf Luftkissen können sie sicher und bequem transportiert sowie punktgenau wieder abgesetzt werden (Abb. 3). Ein Dieselkompressor erzeugt Druckluft, die über ein Regelsystem und Verbindungsschläuche den einzelnen Luftkissenmodulen zugeführt wird. Zwischen den Modulen und der Grundfläche entsteht durch den Überdruck, der bis zu 4,5 bar betragen kann, der nötige Luftfilm.

3 Auf dem Luftfilm über der Grundfläche kann die zu transportierende Last in jede gewünschte Richtung bewegt werden. Heute existieren derartige Transportsysteme für Lasten zwischen 1000 kg und 600 t.

2.2.4 Aufgaben

Fotosynthese und Atmung

1. Die Verwertung von Lichtenergie der Sonne durch Pflanzen ist ein Vorgang von grundlegender Bedeutung für das Leben auf der Erde.
   a) Benenne und erläutere diesen Vorgang! Nutze dazu die Abbildung!

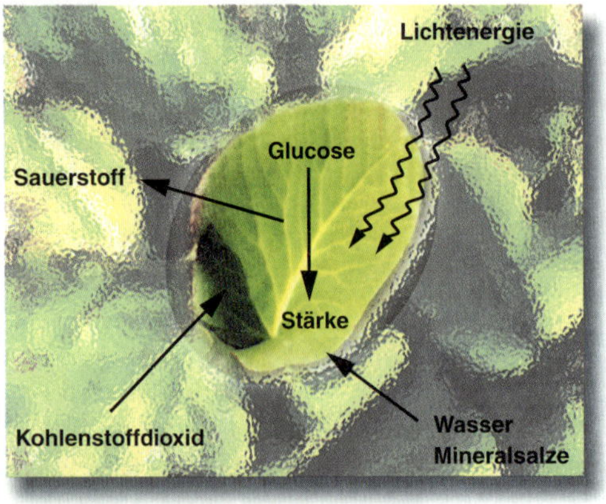

   b) Welche Bedeutung hat dieser Prozess für das gesamte höhere Leben auf der Erde? Denke an die entstehenden Produkte!
   c) Durch welche Bedingungen (Umweltfaktoren) wird der beschriebene Prozess abgeschwächt oder verstärkt? Wie nutzen Menschen diese Zusammenhänge bei der Pflanzenproduktion?

2. Die von den Pflanzen während der Fotosynthese produzierte Glucose ($C_6H_{12}O_6$) wird mit Hilfe des Chlorophylls der Pflanzenzellen und des kompliziert aufgebauten organischen Stoffes R gebildet.
   a) Erläutere die Fotosynthese mittels Abb.!

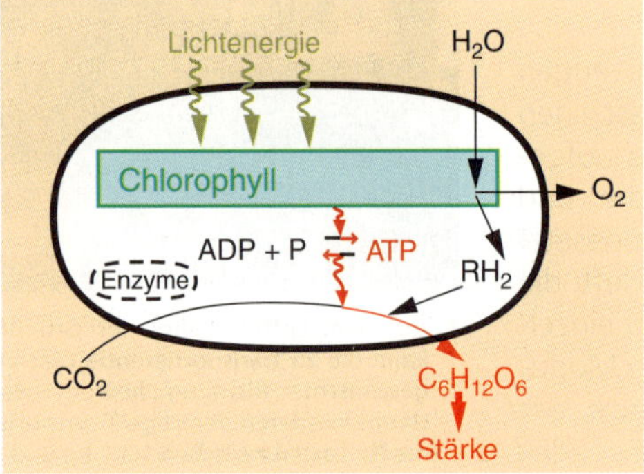

   b) Weise in der chemischen Formelsprache nach, dass der freigesetzte Sauerstoff nicht aus dem von den Pflanzen aufgenommenen Kohlenstoffdioxid stammt!

3. Zwischen Fotosynthese und Atmung bestehen enge Zusammenhänge.
   a) Erläutere diese Aussage am Beispiel der Abbildung!

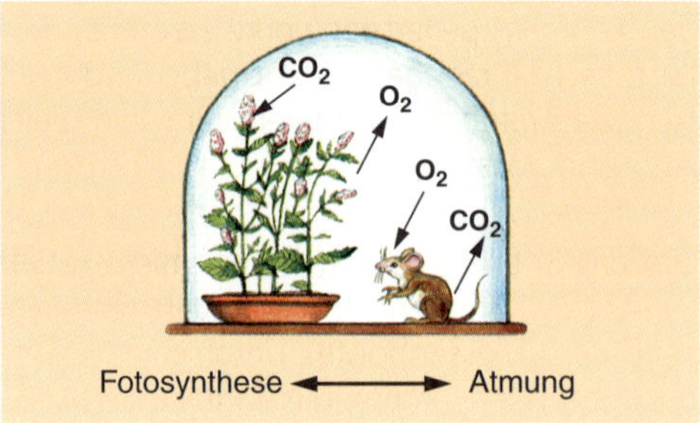

   b) Übertrage deine Erkenntnisse auf die Luft der Atmosphäre!

4. Fertige eine Übersicht über die Atmung der Tiere vom Einzeller bis zu den Wirbeltieren an! Beachte dabei Atmungsorgane und Atmungstechniken!

5. Bei der Atmung (des Menschen) laufen andere Prozesse als bei der Fotosynthese ab.
   a) Erläutere die Atmung des Menschen! Nutze dazu die Abbildung auf S. 109!
   b) Wie wirken sich äußere Bedingungen, z. B. die Luftzusammensetzung in Innenräumen, Aufenthalt unter Wasser oder in großen Höhen, auf die Atmung aus?

Lebensraum Atmosphäre

6. Beim Begriff „Lebensraum Atmosphäre" wird mitunter lediglich an die Vögel gedacht. Äußere dich zu dieser Auffassung!

7. Mehrere Tiergruppen haben sich hervorragend an die Fortbewegung in der Luft angepasst.
   a) Erläutere diese Aussage an verschiedenen Beispielen! Fertige ein Poster dazu an!
   b) Beschreibe die Kräfte, die beim Segelflug von Vögeln wirken!

8. Vögel benötigen wie auch andere Tiergruppen zunehmend den Schutz durch den Menschen.
   a) Begründe, warum der Vogelschutz erforderlich ist!
   b) Stelle zusammen, welche Möglichkeiten es für den Vogelschutz gibt!
   c) Erkunde, welche gefährdeten bzw. geschützten Vögel es in der Umgebung deines Wohnortes gibt und was zu ihrem Schutz getan wird!

9. Die Winterfütterung von heimischen Vögeln ist in letzter Zeit ein häufig diskutiertes Thema. Es gibt Befürworter und Gegner.
   Sammelt zu diesem Thema Informationsmaterial, stellt die Argumente der Befürworter und der Gegner der Winterfütterung zusammen und leitet Empfehlungen ab!

10. Beim Bau, der Anbringung und Betreuung von Nisthilfen für verschiedenen Vogelarten und von Fledermauskästen müssen verschiedenste Gesichtspunkte berücksichtigt werden.
    a) Erarbeitet Unterlagen für den Bau, die Anbringung und die Betreuung von Nistkästen und Fledermauskästen!
    b) Baut derartige Hilfen für die Tiere und gestaltet damit eine Ausstellung in der Schule, die auch eure Unterlagen enthält!
    c) Nehmt Kontakt zu Naturschutzverbänden auf und unterstützt diese bei der Anbringung der Kästen!

11. Die abgebildeten Vögel sind stark gefährdet bzw. vom Aussterben bedroht.

Informiere dich über die Gründe und den Grad der Gefährdung bei den beiden Vogelarten! Was wird zu ihrem Schutz getan?

Physik des Fliegens

12. Wie in Wasser können Körper auch in Luft steigen, schweben oder sinken.
    a) Formuliere, unter welcher Bedingung ein Luftschiff steigt! Fertige eine Zeichnung von diesem Fluggerät an und trage die wirksamen Kräfte durch Pfeile ein!
    b) Ergänze deine Aussagen und Aufzeichnungen für das Schweben und das Sinken des Fahrzeugs!

13. Wie Luftschiffe erregen auch Heißluftballons durch ihre leuchtenden Hüllen, die oft als Werbeträger fungieren, nach wie vor große Aufmerksamkeit.
    Baue einen einfachen, flugfähigen Ballon!
    Vorbereitung:
    a) Wie erreicht man, dass ein Heissluftballon steigt, schwebt oder sinkt?
       Welche Schlussfolgerungen sind daraus für den Aufbau des Ballons und die einzusetzenden Materialien zu ziehen?
    b) Wie kommt die Vorwärtsbewegung eines Heißluftballons zustande?
    c) Bereite folgende Geräte und Materialien vor:
       Beutel aus dünner Polyethylen-Folie, möglichst groß, mit Zugband (z. B. „Gelber Sack"); kleine Schale aus Aluminium (Durchmesser ca. 80 mm); dünner, stabiler Draht; dünner Faden; Butangasbrenner, Brennspiritus, Streichhölzer!
    Durchführung:
    a) Befestige die Haltedrähte an der Aluminiumschale, dem „Korb" des Ballons!
    b) Ersetze das Zugband des Folienbeutels durch Draht so, dass eine Öffnung von ca. 250 mm Durchmesser bleibt!

c) Fülle versuchsweise den Ballon mit heißer Luft, die du mit dem Brenner erzeugst!
(Der gefährdete untere Teil kann mit dünner Aluminiumfolie überzogen werden.)

d) Starte den Ballon mit „Korb", nachdem du ihn durch eine „Fesselleine" gesichert hast! Als mitgeführter „Brenner" dient entzündeter Brennspiritus in der Schale. **Beachte:** Keine leicht brennbaren Substanzen in die Nähe des Flugbereiches!

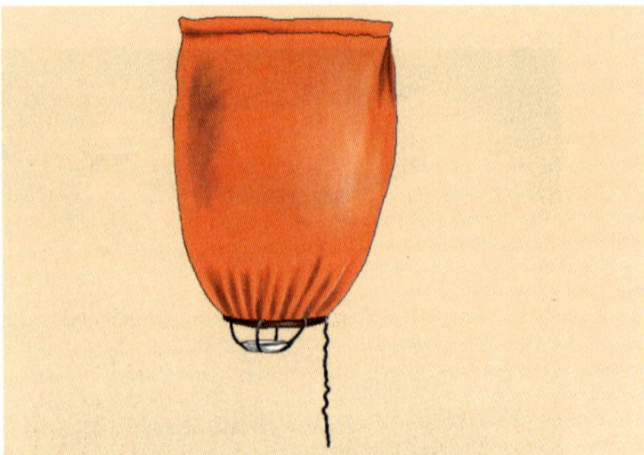

Auswertung:

a) Beschreibe und erkläre das beobachtete Flugverhalten des Ballons!

b) Weshalb gelingen Ballonstarts am besten an windstillen, kalten Wintertagen?

14. Untersuche mit einer Fadensonde den Strömungsverlauf von Luft um verschieden geformte Probekörper!
    a) Stelle eine Fadensonde selbst her, indem du weiche Wollfäden an einem Holzstab befestigst (s. Abb., S. 131).
    b) Bringet die Fadensonde in einen wirbelfreien Luftstrom und beschreibe den beobachteten Stromlinienverlauf!

15. Der dynamischen Auftrieb kann mit einfachen Experimenten nachgewiesen werden. Halte ein gespanntes Tuch waagerecht in den Wind!
    Beschreibe und erkläre deine Beobachtung!

16. Bei einem horizontal fliegenden Flugzeug wirken neben der Gewichtskraft F_G noch andere Kräfte.
    a) Skizziere die Seitenansicht eines Flugzeuges, trage die Kräfte ein und benenne sie!
    b) Wie kommen diese Kräfte zustande?

17. Erläutere die bei einem fliegenden Hubschrauber wirkenden Kräfte!

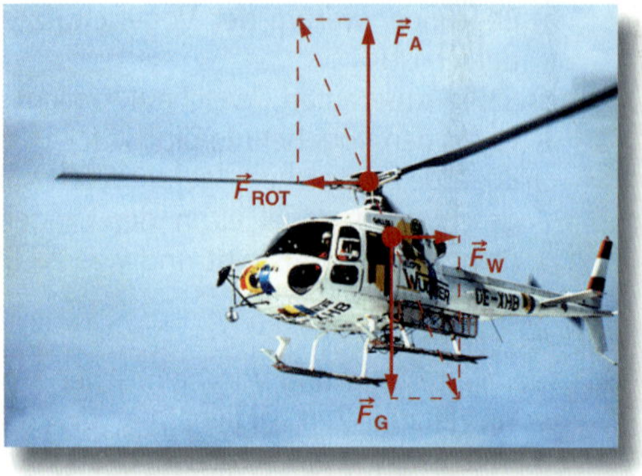

Luftverkehrswege

18. Trotz der Zunahme des weltweiten Informationsaustausches nimmt der Luftverkehr zur Beförderung von Personen und zum Transport von Gütern ständig zu.
    a) Informiere dich über die Entwicklung des Luftverkehrs in der Welt oder in einer Region und fertige grafische Darstellungen dazu an!
    b) Erkläre die Ursachen für das Wachstum des Luftverkehrs und bewerte diese!
    c) Stelle die technischen Voraussetzungen für den regen Fernreise- und Fernwarenverkehr in der Luft zusammen!
    d) Welche Auswirkungen hat der Luftfernverkehr auf die Atmosphäre der Erde?

19. Der Luftverkehr folgt wie der auf See oder auf dem Land bestimmten Trassen und benötigt Einrichtungen auf dem Land.
    a) Informiere dich über die wichtigsten Luftverkehrstrassen oder Flugrouten auf der Erde oder in einer Region und fertige eine Karte dazu an!
    b) Wo befinden sich die 10 größten Flughäfen der Erde und welche Rangordnung haben sie beim Reiseverkehr und bei Luftfracht?
    Fertige grafische Darstellungen dazu an!
    c) Entwickle eine kartografische Darstellung, die die Flugrouten von Reisen der Schüler deiner Klasse zeigt! Gib auch Flugzeugtypen und Fluggesellschaften an!

20. Um den steigenden Luftverkehr auch in Zukunft zu bewältigen, werden vielerorts Flughäfen erweitert oder neue Großflughäfen projektiert oder gebaut.
Stelle an einem oder mehreren Beispielen Vorzüge und Nachteile dar, die mit dem Bau verbunden sind!
Werte die Ergebnisse und stelle sie in geeigneter Weise zur Diskussion!

21. 1926 schlossen sich die in Deutschland bestehenden Fluggesellschaften zur „Deutschen Luft-Hansa" zusammen.
 a) Welche Entwicklung nahm die Lufthansa bis zur Gegenwart hinsichtlich der beförderten Passagiere und des Liniennetzes?
 b) Dokumentiere die technische Entwicklung der Flugzeuge und der Flugsicherung!

22. Die Entwicklung der Flugzeugtechnik ist in Deutschland u. a. mit HUGO JUNCKERS verbunden.

Erkunde Leben und Schaffen von HUGO JUNCKER! Gehe dabei auch auf die Folgen seiner Weigerung ein, seinen Betrieb vollständig auf Rüstungsproduktion umzustellen!

23. Wenn man mit dem Flugzeug verreist, muss man mitunter seine Uhr verstellen.
 a) Erläutere die angedeuteten Zusammenhänge!
 b) Wie muss die Uhr verstellt werden nach einem Flug
  – von Berlin nach New York,
  – von New York nach Beijing und
  – von Beijing nach Perth?
 c) Was bedeutet der Begriff „Jetlag"?

Luft für Verbrennung und Kraftmaschinen

24. Verbrennungsprozesse erfordern Luft.
 a) Prüfe die Aussage auf ihre Exaktheit!
 b) Erläutere den Begriff Verbrennung in Bezug zu Oxidation und Feuer!
 c) Nenne Beispiele für technische Prozesse, die mit Verbrennung verbunden sind! Erläutere einen dieser Prozesse genauer!

25. Windkonverter fallen zunehmend im Landschaftsbild auf.
 a) Erkunde, wo in deiner Umgebung Windkonverter aufgestellt wurden bzw. geplant sind!
 Kartiere diese Standorte!
 Trage in diese Karte auch ein, wo alte Windmühlen stehen bzw. einmal gestanden haben!
 Begründe die Wahl der Standorte!
 b) Moderne Windkraftanlagen arbeiten erst ab einer durchschnittlichen Windgeschwindigkeit von 4 bis 5 m/s in 10 m Höhe wirtschaftlich. Das leitet sich aus der Leistungsdichte des Windes (P/A) ab. Diese ergibt sich aus
 $P/A = 1/2 \cdot \rho \cdot v^3$
 mit ρ: Luftdichte (in kg/m^3) und
 v: Windgeschwindigkeit (in m/s).
 Berechne die Leistungsdichte des Windes bei Geschwindigkeiten von 3 m/s, 6 m/s, 9 m/s und 27 m/s!
 Welche Schlussfolgerungen sind aus diesen Ergebnissen für den Betrieb von Windrädern zu ziehen?

26. Welchen Durchmesser müsste ein Windrad bei einer mittlerer Windgeschwindigkeit von 4 m/s haben, das die elektrische Leistung für den Betrieb der Elektrogeräte im Haushalt deiner Familie erbringt?
Die maximal nutzbare Leistung (P_{max}) eines Windkonverters errechnet sich in guter Näherung nach
$P_{max} = 1/4 \cdot \rho \cdot d^2 \cdot v^3$
mit ρ: Luftdichte (in kg/m^3),
d: Durchmesser des Windrades (in m) und
v: Windgeschwindigkeit (in m/s).

27. In Deutschland begann die Windenergienutzung erst in den 90er Jahren rasant.

a) Stelle die Entwicklung
   - der Anzahl der Windkonverter sowie
   - der installierten Leistung

   grafisch (z. B. als Säulendiagramme) dar!
b) Informiere dich über die jeweils gültigen „Einspeisungsvergütungen" von 1991 und von 2000!
   Sammle Argumente, die für bzw. gegen diese gesetzlichen Bestimmungen vorgebracht wurden oder werden!
   Beziehe dazu auch eine eigene Position!

28. Windenergieanlagen wandeln die kinetische Energie der sich bewegenden Luftmassen in elektrische Nutzenergie um.
    Analysiere den Energiestrom durch einen Windkonverter und fertige ein Energieflussdiagramm an! Beachte dabei auch die Aggregate in der Rotorgondel!

29. Das Bundesnaturschutzgesetz schreibt u. a. der „Vielfalt, Eigenart und Schönheit von Natur und Landschaft" eine besondere Schutzfunktion zu. Auch bei der Errichtung von Windenergieanlagen sind folglich die Belange des Arten- und des Landschaftsschutzes zu beachten.
    a) Erkunde, ob in deiner Region Windparks in Landschaftsschutzgebieten errichtet worden sind oder sich in der Planungsphase befinden!
    b) Erfasse die Lärmbelastung in der Nähe von Windenergieanlagen!
       Hat diese Auswirkungen auf das Flug- bzw. Brutverhalten von Vögeln? Sind in der Nähe der Windkonverter Vögel gefunden worden, die beim Flug auf das Hindernis geprallt und zu Tode gekommen sind („Vogelschlagopfer")?
    c) Wird durch möglicherweise geplante Windenergieanlagen das bestehende Landschaftsbild grundlegend beeinflusst? Dokumentiere mit Fotos aus verschiedenen Blickwinkeln die tatsächliche Veränderung des Landschaftsbildes!
       Diskutiert das Ergebnis und überlegt, wie durch einzelne Veränderungen in der Planung (z. B. Standort, Höhe der Anlage, farbliche Gestaltung) eine umweltfreundlichere Variante bei der Realisierung des Projekts gefunden werden kann!

Komprimierte Luft und Vakuum

30. Kompressoren, Verdichter, Gebläse sind Namen für eine große Gruppe von technischen Geräten in unterschiedlichsten Ausführungen für verschiedenste Zwecke.

    a) Erläutere die grundsätzliche Funktionsweise der genannten Geräte!
    b) Liste technische Prozesse auf, für die Luftverdichter erforderlich sind!
       Beschreibe einen dieser Prozesse genauer!

31. Bei Melkanlagen und Lasthebegeräten wird Vakuumtechnik angewendet.
    Wie funktionieren diese technischen Mittel?

32. Begründe den Zusammenhang zwischen dem Einwecken und dem Luftdruck!
    a) Erkundige dich, mit welchen Hilfsmitteln und durch welche Vorgänge z. B. Obst eingeweckt wird!
    b) Besorge dir ein Einweckglas (einschließlich Deckel und Gummiring) und erhitze zunächst die Luft im Glas! Dazu eignet sich z. B. ein hineingestelltes Teelicht.
    c) Lege Gummiring und Deckel fest auf, wenn die Luft genügend erhitzt ist! Ein straffer Sitz kann zusätzlich durch einen Metallbügel gesichert werden.
    d) Lass das Glas abkühlen und überprüfe danach den Sitz des Deckels!
       Erkläre deine Feststellung!

33. Untersuche die Stabilität eines Kanisters!
    a) Fülle einen völlig leeren Blechkanister, der einen dichten Verschluss besitzt, mit etwas Wasser! Bringe dieses geöffnet **vorsichtig** zum Sieden!

b) Nimm den Kanister von der Wärmequelle, wenn Wasserdampf austritt, und verschließe ihn gut! Lass ihn abkühlen!
Was geschieht?
Erkläre dein Versuchsergebnis!

Freizeit und Luft

34. Segler, Benutzer von Schlauchbooten und Skispringer nutzen die Luft unterschiedlich. Erläutere die jeweils zutreffenden Vorgänge!

35. Nicht wenige Menschen lassen in ihrer Freizeit die Luft auf ihren Körper einwirken. Worauf muss dabei angesichts von Veränderungen in der Atmosphäre im Interesse der Gesundheit unbedingt geachtet werden?

36. Flugzeuge üben auf Jung und Alt eine besondere Faszination aus.
Baue einfache Flieger und untersuche deren Flugverhalten in Abhängigkeit von konstruktiven Merkmalen!

Vorbereitung:
a) Was verstehst du unter dem „dynamischen Auftrieb"? Wovon ist die Auftriebskraft abhängig?
b) Welche technischen Mittel besitzen Flugzeuge, damit sie in alle Richtungen sicher gesteuert werden können?

Durchführung:
a) Falte selbst konstruierte Papierflieger oder nutze vorhandene Ausschneidebögen!
b) Nimm nach den ersten Flugversuchen konstruktive Veränderungen vor, um deren Auswirkungen auf das Flugverhalten zu untersuchen!
Notiere die vorgenommenen Veränderungen und das beobachtete Flugverhalten!

Auswertung:
a) Vergleiche die Flugeigenschaften der unterschiedlichen Modellformen!
b) Gib Erklärungen für das beobachtete Flugverhalten ab, das durch konstruktive Veränderungen am jeweiligen Flieger erreicht worden ist!

37. Untersuche die Strömung und die Druckzustände an einem selbst gefertigte Tragflügelmodell!

Vorbereitung:
a) Informiere dich über das typische Profil eines Tragflügels!
b) Schneide ein mindestens 100 mm breites Tragflügelprofil aus einer ca. 50 mm starken Styroporplatte aus! Die Schnittflächen müssen mit entsprechend breitem Klebeband „geglättet" werden. Zur besseren Handhabung des Flügels sollte ein dünner Holzstab durch das Profil gestoßen und eingeleimt werden (s. Abb.).

Durchführung:
a) Befestige das Tragflächenmodell an Stativmaterial vor einem waagerecht verlaufenden Luftstrom (Föhn) und halte eine Fadensonde an verschiedene Stellen des Strömungsbereiches! Wiederhole die Untersuchungen mit veränderten Anstellwinkeln!
b) Umhülle das Tragflächenprofil mit dünnem Papier! Halte dann das umkleidete Modell in den Luftstrom und variiere den Anstellwinkel wieder!

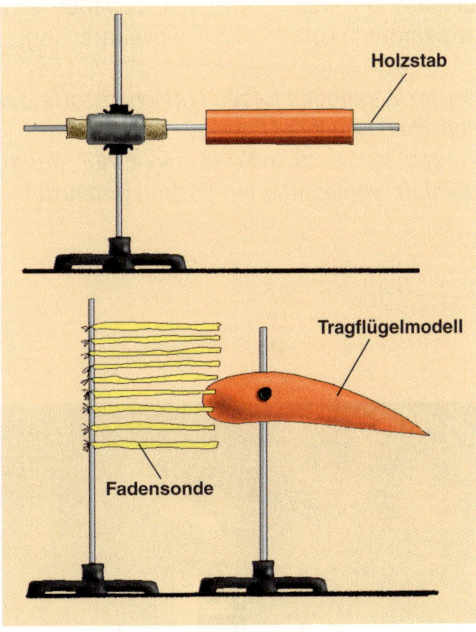

Auswertung:
a) Beschreibe deine Beobachtungen!
Fertige Skizzen dazu an!
b) Wie werden die Druckzustände an einem Tragflügel durch den Anstellwinkel beeinflusst?

2.3 Luftschadstoffe und ihre Vermeidung

Emissionen nur anthropogen?

Täglich gelangen in aller Welt große Mengen an Schadstoffen durch das Handeln der Menschen in die Luft. Einen beträchtlichen Anteil haben daran der Kraftfahrzeugverkehr, die Industrie und andere Wirtschaftsbereiche.

Sind alle Stoffe, die durch menschliches Tun in die Luft gelangen, Schadstoffe?
Gibt es auch schädliche Stoffe, die durch natürliche Ereignisse in die Luft gelangen?

Gefahren nicht nur für Menschen

Schadstoffe, die wir mit der Luft einatmen, können unseren Organismus schädigen. Auch die übrige lebende und nicht lebende Natur, aber ebenfalls die vom Menschen bebaute Umwelt werden durch Luftschadstoffe beeinträchtigt.

Welche Wirkungen haben Luftschadstoffe auf die Menschen und ihre Umwelt?
Werden wir auch indirekt, nicht nur durch die Atemluft, von emittierten Stoffen gefährdet?

Die Luft ist sauberer geworden

Aufgrund gesetzlicher Regelungen und technischer Maßnahmen an der Quelle der Luftverunreinigungen ist die Luftbelastung in vielen Ländern geringer geworden. Doch ohne Schadstoffe ist sie noch lange nicht.

Ist es überhaupt möglich, Luft nicht mit Stoffen aus menschlicher Tätigkeit zu belasten?
Warum kann die Atmosphäre nur durch internationale Anstrengungen geschützt werden?

2.3.1 Die Entstehung von Luftschadstoffen

„Saurer Regen", „Ozonloch", „Treibhauseffekt" sind Begriffe, die nicht wenige Menschen mit Besorgnis auf die Beschaffenheit der Lebensgrundlage Luft blicken lassen. In diesem Zusammenhang wird über die Einschränkung und Vermeidung von Luftverschmutzungen oft diskutiert. Welche Fakten und Zusammenhänge sind dabei besonders wichtig?

Die Atmosphäre steht in ständiger Wechselwirkung mit der Hydrosphäre, der Biosphäre, der Lithosphäre und mit dem Weltall. Von ihnen gehen Einflüsse auf die Atmosphäre aus, so von der jeweiligen geologischen Beschaffenheit, von der Existenz von Pflanzen und Tieren, von Wettererscheinungen oder von wirtschaftlichen Aktivitäten der Menschen. Das führt zu erheblichen Unterschieden in der Qualität der Luft und damit im Anteil unterschiedlichster Luftschadstoffe.

Luftschadstoffe sind alle festen, flüssigen und gasförmigen Substanzen in der Atmosphäre, die deren langfristige natürliche Beschaffenheit so verändern, dass Lebewesen direkt oder über die Veränderung ihrer Lebensgrundlagen messbar geschädigt werden.

Luftschadstoffe können Substanzen sein, die – wie die Fluorchlorkohlenwasserstoffe (FCKW) – von Natur aus nicht in der Atmosphäre vorkommen. Es können aber auch die gleichen Stoffe zu schädlichen Wirkungen führen, die bereits zur langfristigen natürlichen Beschaffenheit der Atmosphäre gehören, deren Konzentration sich aber verändert. So sind z. B. Kohlenstoffdioxid (CO_2) und Methan (CH_4) bis zu einer bestimmten Konzentration als Treibhausgase für die Ermöglichung des Lebens auf der Erde notwendig. Erst eine Anreicherung, die diese Konzentration übersteigt, macht sie zu atmosphärischen Schadstoffen.

Stoffe, die als Luftschadstoffe wirken können, gelangen durch **Emissionen** in die Atmosphäre. Sie werden von verschiedensten Quellen ausgestoßen (Abb. 1). Diese Quellen können sowohl natürliche als auch vom Menschen ausgelöste sein (s. S. 134 u. 135). Bei den meisten emittierten Stoffen überwiegt der Anteil der natürlichen Emissionen (Abb. 2). Am Gesamtvolumen der Luft haben Schadstoffe einen sehr geringen Anteil. Dennoch gehen von ihnen weitreichende und langfristige Wirkungen aus (s. Abschnitt 2.3.2).

Die ausgestoßenen Stoffe verändern die Eigenschaften der Atmosphäre, wirken in ihren unterschiedlichen Konzentrationen als **Immissionen** auf Menschen, Tiere und Pflanzen ein und werden auf Wasser, Boden und bebauter Umwelt als **Depositionen** abgelagert, deponiert.

1 Menschliches Wohnen ist meist mit Emissionen aus Heizungsanlagen oder im Zusammenhang mit der Zubereitung von Speisen verbunden.

Emission von	Anteil in Prozent	
	natürlicher	anthrogener
Kohlenstoffdioxid (CO_2)	98	2
Kohlenstoffmonooxid (CO)	81	19
Methan (CH_4)	70	30
Kohlenwasserstoffe ohne Methan (gerechnet als C)	91	9
Schwefeldioxid (SO_2)	5	95
Schwefelwasserstoff (H_2S)	96	4
Stickoxide (NO_x)	93	7
Ammoniak (NH_3)	99	1
Aerosole	94	6

2 Unter den weltweiten Emissionen haben die natürlichen den weitaus größeren Anteil. Die herausragende Ausnahme stellt die Situation beim Schwefeldioxid dar. Obwohl auch natürliche Emissionen zeitweilig lokal und regional biologisch schädlich sein könnten, haben sie in ihrer Gesamtheit langfristig zur heutigen stofflichen Zusammensetzung der Atmosphäre beigetragen. Daher können streng genommen nur die anthropogenen Emissionen zu Luftschadstoffen werden.

Emissionen und ihre wichtigsten Quellen

Emissionen sind feste, flüssige und gasförmige Substanzen, die aus unterschiedlichsten Quellen in die Atmosphäre ausgestoßen werden. Sie können unter bestimmten Bedingungen als Luftschadstoffe wirken.

Emissionen haben natürlichen Ursprung oder sind durch die menschliche Tätigkeit, also anthropogen bedingt (Abb. 1). Es gibt auch Begriffsbestimmungen, die als Emissionen ausschließlich die von einer Produktionsanlage oder einem Produkt abgegebenen Verunreinigungen, Strahlen, Geräusche, Wärme und Erschütterungen ansehen. Dabei werden Emissionen mit schädlichen Einwirkungen auf die Umwelt gleichgesetzt.

Natürliche Emissionen gehen z. B. vom Vulkanismus, von Wettererscheinungen (Abb. 1, S. 135) und von Bewegungen in der Hydrosphäre (Abb. 2, S. 135), aber auch vom Stoffwechsel der Organismen (Abb. 3, S. 135) sowie von der Zersetzung von Tier- und Pflanzenmaterial aus. **Anthropogene Emissionen** werden vor allem durch die wirtschaftliche Tätigkeit der Menschen (Abb. 4 bis 6, S. 135) und durch seine Lebensweise verursacht.

Emission von	Volumenanteil an der Luft (in %)	globale Gesamtemission (in Mrd. t/Jahr)	Hauptquellen (Emittenten)
Kohlenstoffdioxid (CO_2)	0,034	700–1 000	Atmung, biologischer Abbau; Meer; Verbrennung fossiler Brennstoffe und Brandrodung
Kohlenstoffmonooxid (CO)	0,00002	1,7–5,8	Verbrennung von Biomasse; Verbrennung von fossilen Brennstoffen; Oxidation von Kohlenwasserstoffen in der Atmosphäre
Methan (CH_4)	0,00016	0,3–1,6	Sümpfe und geothermische Aktivität; Reisfelder; Tierhaltung; Termiten; Hausmülldeponien
Kohlenwasserstoffe ohne Methan (gerechnet als C)	0,00001	0,6–1,4	Bäume; Kraftfahrzeuge; Lösemittel
Schwefeldioxid (SO_2)	0,0000002	0,2–0,5	Verbrennung von Kohle und Erdöl; Vulkane
Schwefelwasserstoff (H_2S)		0,05	Verbrennung von Kohle und Erdöl; Oxidation von Schwefelverbindungen aus Ozeanen, Sümpfen etc.; Vulkane
Stickoxide (NO_x)	0,0000005	0,08–0,92	Verbrennung fossiler Brennstoffe; Kraftfahrzeuge; Verbrennung von Biomasse; Blitze; atmosphärische Oxidation von Ammoniak
Ammoniak		0,03–1,2	biologischer Abbau; Tiere; Abwasserentsorgung
Aerosole		3,9	Vulkane; Sandstürme; Tierbewegungen; Meeresoberfläche (Gischt); Industrie; Verkehr

1 Eine Reihe von Emissionsquellen (Emittenten) stoßen nicht lediglich einen einzigen, sondern verschiedenste Stoffe aus. So können Vulkanausbrüche zum Ausstoß einer großen Zahl von Gasen und Stäuben, aber auch von radioaktiven Isotopen führen. Zur besseren Übersicht wurde die Tabelle nach wichtigen Emissionen gegliedert.

1 Wettervorgänge stellen eine natürliche Emissionsquelle dar. So können durch Gewitter Stickstoffoxide freigesetzt werden. Stürme transportieren Staub z. B. aus Nordafrika über das Mittelmeer hinweg bis nach Südeuropa.

4 Luftverschmutzungen werden vorrangig von Verbrennungsmotoren verursacht. Auch durch sie angetriebene Maschinen sind bei ihrem Einsatz bei Umschlagprozessen von Schüttgütern eine weitere Emissionsquelle.

2 Starker Wellengang auf Seen und Meeren kann zum Brechen der Wellen und zur Bildung von Gischt führen. Dadurch werden Wasserpartikel in die Luft emittiert, die mit Feuchtigkeit und Salz angereichet wird.

5 Die Rinderhaltung stellt eine erhebliche Methanquelle dar. Verdauungsprozesse der Wiederkäuer setzen das Gas frei. Die 1,3 Mrd. Rinder erzeugen etwa 12 % der weltweiten Methangasemissionen.

3 Nicht nur der Reisanbau und die Rinderhaltung durch den Menschen führen zur Emission von Methan. Dieses Gas wird auch in der Natur in Sümpfen und von Termiten, die kunstvolle Bauten errichten, produziert.

6 Ältere Hüttenwerke emittieren große Mengen an Gasen und Stäuben, die aus Feuerungs-, Produktions- und Umschlagsprozessen stammen. Dazu gehört Schwefeldioxid, das durch Sintern des Erzes entsteht.

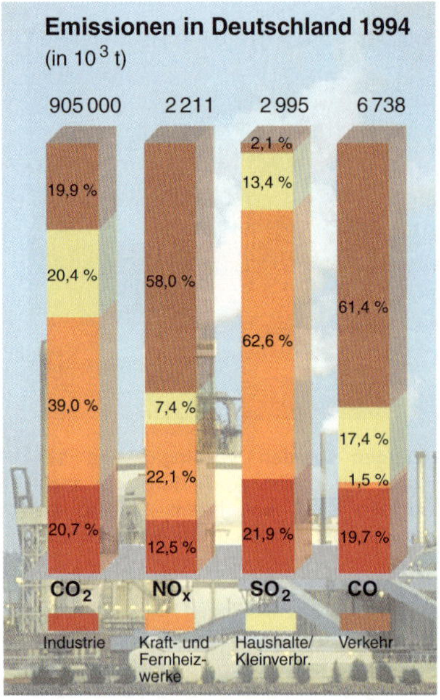

1 Die vier angegebenen Gase wurden in Deutschland im Jahre 1994 in unterschiedlichen Mengen emittiert. Die einzelnen Gruppen von Emittenten haben daran jeweils andere Anteile.

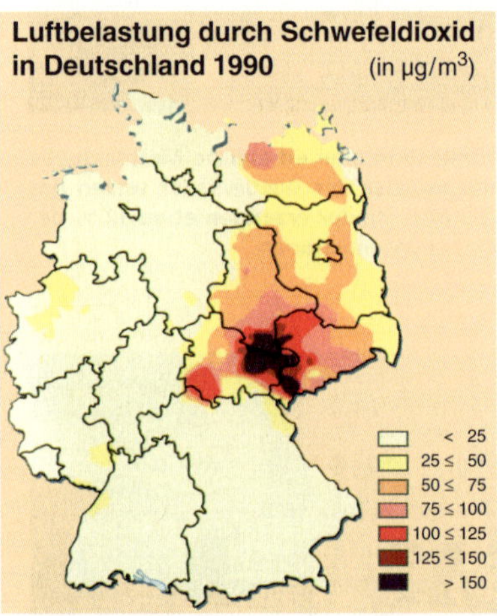

2 1990 gab es bei den Schwefeldioxid-Emissionen noch deutliche Unterschiede zwischen den damaligen beiden deutschen Staaten. Kraftwerke und Heizungsanlagen mussten in der DDR mit schwefelhaltiger Braunkohle betrieben werden. Inzwischen ist die Situation durch Betriebsstilllegungen und Heizungsumstellung weitgehend angeglichen. Der in der Bundesrepublik zulässige Grenzwert liegt bei 140 µg/m³.

Die Quellen **anthropogener Emissionen** sind sehr vielfältig. Industrieprozesse, Verkehr, Haushalte, Energieproduktion, Schüttgutumschlag und Landwirtschaft tragen dazu bei, die Qualität der Luft negativ zu beeinflussen (Abb. 1).

> Etwa 75 % der Schadstoffemissionen werden durch Verbrennungsvorgänge in häuslichen, gewerblichen und industriellen Feuerungsanlagen sowie durch Verbrennungsmotoren verursacht.

Kohlekraftwerke sind die Hauptemittenten von **Schwefeldioxid** (SO_2). Seine Freisetzung ist durch den Gehalt an Pyrit (FeS_2) in der Kohle bedingt. Einen besonders hohen Anteil an Pyrit wies die in den heutigen neuen Bundesländern zur Feuerung verwendete Braunkohle auf (Abb. 2). Durch Umstellung der Heizungsanlagen auf Erdöl und Erdgas konnte eine deutliche Entlastung der Luft von SO_2 erreicht werden.

Den mengenmäßig höchsten Anteil an anthropogenen Emissionen nimmt nach dem Kohlenstoffdioxid (CO_2) das **Kohlenstoffmonooxid** (CO) ein. Es entsteht überwiegend bei Verbrennungen mit ungenügender Sauerstoffzufuhr. Diese sind größtenteils verkehrsbedingt, finden z. B. während der Warmlaufphase von Verbrennungsmotoren statt. Obwohl der Kraftfahrzeugverkehr nur mit etwa 25 % am Verbrauch fossiler Energieträger beteiligt ist, erzeugt er über 70 % der CO-Emissionen. Die Reduzierung dieser Emissionen geht auf die Umstellung von Heizungsanlagen zurück.

Wie das Kohlenstoffmonooxid werden auch die **Oxide des Stickstoffs** vorwiegend als Folge von Verbrennungsvorgängen freigesetzt. Hauptverursacher ist auch hier der motorisierte Verkehr. Das dabei entstehende Stickstoffmonooxid (NO) wird an der Luft weiter zu Stickstoffdioxid (NO_2) oxidiert. Aber auch die Anwendung mineralischer Dünger in der Landwirtschaft führt zur Freisetzung von Stickstoffoxiden in Form von Distickstoffoxid (N_2O, Lachgas) oder von Ammoniak (NH_3). Bei der Düngung wird Stickstoff als Nitrat (NO_3^-), Ammoniak (NH_3) oder Harnstoff ausgebracht. Durch kapillaren Aufstieg der im Niederschlagswasser gelösten Stoffe werden Stickoxide an die Luft abgegeben. Global wird die NH_3-Emission zu 90 % der Landwirtschaft zugeordnet.

Methan ist Hauptbestandteil des Erdgases. Es entsteht auch durch anaerobe Zersetzung von Biomasse in Hausmülldeponien, beim Reisanbau auf bewässerten Feldern sowie bei der Gewinnung fossiler Brennstoffe. Die durch den wachsenden Fleischverzehr in den entwickelten Ländern bedingte verstärkte Viehhaltung stellt eine weitere erhebliche Methanquelle dar. Der Anteil dieses Spurengases hat sich seit der vorindustriellen Zeit mehr als verdoppelt.

In den letzten Jahrzehnten sind große Mengen an **Kohlenstoffdioxid** (CO_2) freigesetzt worden. Das geschah durch die Verbrennung von fossilen Rohstoffen (Kohle, Erdöl und Erdgas) und von Holz. Quellen dieser Emissionen waren und sind die Kraftwerke, industrielle Prozesse, der Kraftfahrzeugverkehr, Waldbrände sowie Brandrodungen in Entwicklungsländern. Der Gehalt der Luft an CO_2 ist im Verlaufe der letzten 100 Jahre um mehr als 25 % auf 0,036 % (1994) gestiegen.

Von den Emissionen sind die Atmosphäre und die auf die Luft angewiesenen Organismen nicht gleichartig betroffen. So sind die Konzentrationen der emittierten Stoffe in der Nähe eines Vulkans am größten (Abb. 1). Die mit Autos verstopften Zentren großer Städte und die Alpentäler mit Transitverkehr sind stärker mit Stickoxiden belastet als die Stadtrandgebiete und die höchsten Gipfel. Ähnliche Differenzierungen treten auch vertikal auf: Die höchsten Konzentrationen von Schadstoffen sind in Erdbodennähe gegeben, nur ein geringer Teil verlässt die Troposphäre.

Die planetarische Zirkulation in der Atmosphäre und in der Hydrosphäre führt dazu, dass Emissionen nicht nur dort wirken, wo sie ausgestoßen werden, sondern weltweit.

Würde die Atmosphäre durch Emissionen mit verschiedensten Stoffen immer nur angereichert und würden diese nicht abgebaut oder als Depositionen wieder abgelagert, veränderte sich ihre stoffliche Zusammensetzung sehr rasch. Verschiedene **natürliche Kreisläufe,** die die Atmosphäre mit der Hydro-, Bio-, Boden- und Lithosphäre verbinden, sorgen aber für einen ständigen **Abbau der emittierten Stoffe** (Abb. 2). Auch vom Menschen in die Luft eingetragene Stoffe können in bestimmten Grenzen durch natürliche Prozesse wieder abgebaut werden. Doch das Überschreiten dieser Grenzen führt bereits bei geringfügigen Konzentrationserhöhungen zu verheerenden Folgen.

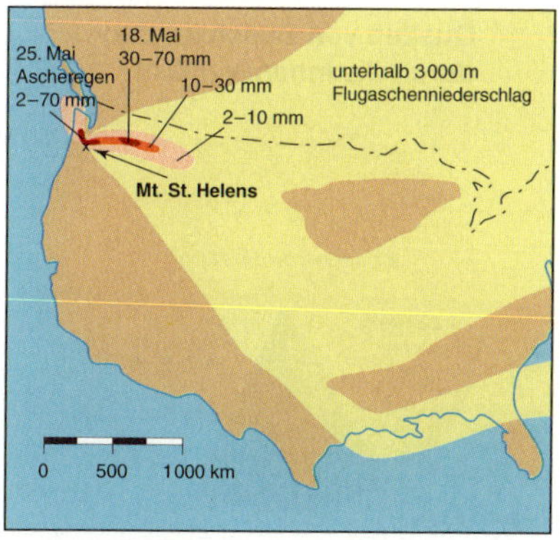

1 Die Deponie der bei Vulkanausbrüchen meist mit Arsen-, Quecksilber- und Fluor-Verbindungen belasteten Aschen erfolgt unter dem Einfluss der herrschenden Windrichtung oft Tausende Kilometer vom Eruptionsort entfernt. Beim Ausbruch des Mt. St. Helens am 18. Mai 1980, bei dem eine gewaltige Druckwelle eine Fläche von mehr als 300 km² einebnete und dabei 6 Mio. Bäume vernichtete, kam es zu Flugascheniederschlag in fast ganz Nordamerika. Asche wurde bis in 18 Kilometer Höhe geschleudert. Sie umrundete in 17 Tagen die Erde.

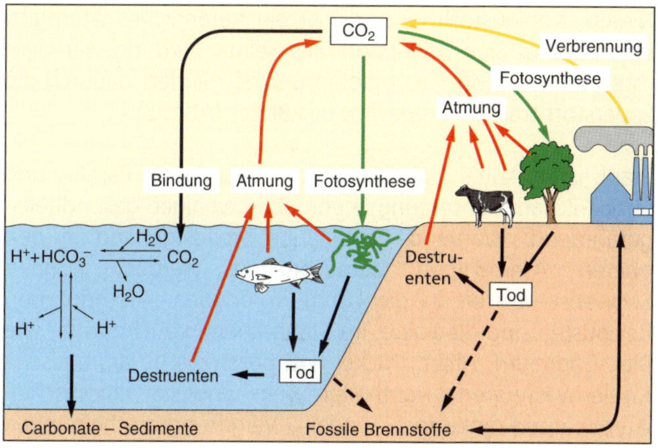

2 Das Kohlenstoffdioxid stellt einen wesentlichen Bestandteil im Kohlenstoffkreislauf dar. In diesem Kreislauf wird der Atmosphäre auch Kohlenstoffdioxid entzogen. Das geschieht u. a. durch die Fotosynthese von Pflanzen im Wasser und auf dem Land sowie durch seine Bindung in gelöster Form in den Ozeanen. In ihnen befindet sich der größte Teil des CO_2 und sie nehmen vermutlich von den durch menschliche Aktivitäten jährlich erzeugten 9 Mrd. t CO_2 6 Mrd. t CO_2 auf.

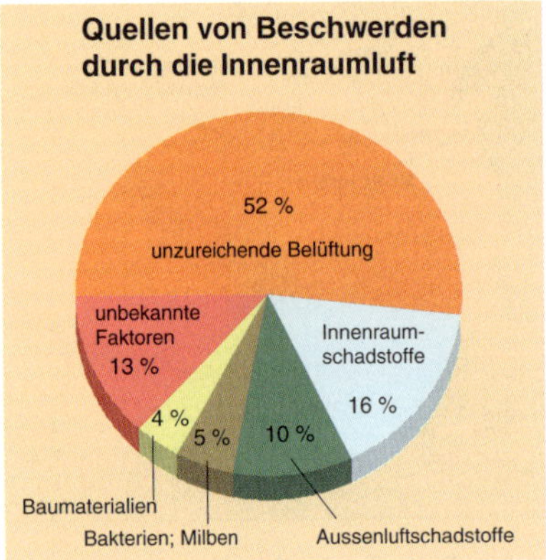

1 Luft kann auch in Innenräumen zu Belastungen für die Menschen führen. Sie zeigen sich z. B. in Augenreizungen, Trockenheitsgefühl, Ermüdungserscheinungen, Kopfschmerzen, Heiserkeit oder Schwindelgefühl. Diese Symptome können nicht eindeutig einer Ursache zugeordnet werden. Als Ursachen werden die in der Abb. dargestellten angesehen.

Wirkungen von Schadstoffen auf Mensch und Tier
Schwefeldioxid: – Reizung von Haut und Schleimhäuten, – Nasennebenhöhlenentzündungen und Atemwegserkrankungen, – bei ständiger Einwirkung Lungenschädigung
Stickstoffoxide: – bei längerer Einwirkung chronische Bronchitis mit Lungenschädigung
Kohlenstoffmonooxid: – Beeinträchtigung des Kreislaufsystems, – Kopfschmerzen, Übelkeit, Schwindel, Ohrensausen, – Beeinträchtigung der Aufmerksamkeit, – verringerte Lichtempfindlichkeit
Ozon u. Ä.: – Reizerscheinungen an den Schleimhäuten, – Atembeschwerden, – verminderte Leistungsfähigkeit, – Krebs erregende Wirkungen

2 Diese Wirkungen von Schadgasen sind abhängig von deren Konzentration und der Dauer ihrer Einwirkung.

2.3.2 Die Wirkung von Luftschadstoffen

Luftschadstoffe wirken in vielfältiger Weise auf die lebende und die nicht lebende Natur sowie auf die vom Menschen gebaute Umwelt ein. Menschen, Tiere und Pflanzen, Wasser und Böden werden direkt oder indirekt über natürliche Stoffkreisläufe durch die Luftschadstoffe beeinflusst. Das geschieht in starkem Maße in den bodennahen Luftschichten und in der gesamten Troposphäre. Davon zu unterscheiden sind Wirkungen, die von der veränderten stofflichen Zusammensetzung der Atmosphäre ausgehen und deren Funktionen als Schutzhülle für das Leben auf der Erde in gravierender Weise beeinflussen. Auch die Qualität der Luft in Innenräumen beeinflusst die Menschen erheblich (Abb. 1).

Ob Luftschadstoffe auf Organismen wirken und wie stark dies geschieht, ist von ihrer Konzentration und der Dauer der Einwirkungen abhängig. Einfluss auf die Art und Weise der auf Organismen wirkenden Immissionen haben neben den Emissionen auch der An- oder Abtransport von Stoffen durch Luftbewegungen, die geografische Lage eines Ortes und die konkrete Witterung.

Wir **Menschen** benötigen täglich 20 000 bis 30 000 Liter Luft. Unsere Lunge und auch die von **Tieren** filtert jedoch nicht nur den lebensnotwendigen Sauerstoff, sondern auch Schadstoffe aus der Luft, vor allem **Gase** und **Stäube.**

Luftverunreinigungen belasten alle Menschen, vor allem aber Kinder und Alte sowie Personen mit chronischen Erkrankungen des Atmungssystems (Asthma, Bronchitis), mit Herz-Kreislauf-Erkrankungen oder akuten Infektionen.

Je nach Schadstoffart sind verschiedene Organe betroffen. Reizgase, wie Schwefeldioxid, Ammoniak und Stickstoffdioxid, beeinträchtigen die Atemwege, Kohlenstoffmonooxid Herz und Hirn. Blei schädigt unser Nervensystem, Blut und Nieren. Kohlenstoffmonooxid ist ein gefährliches Atemgift, es verdrängt den Sauerstoff aus seiner Bindung mit dem roten Blutfarbstoff Hämoglobin und vermindert dadurch die Sauerstoff-transportkapazität des Blutes (Abb. 2).

Staub ist in Abhängigkeit von der Größe seiner Partikel und seiner Zusammensetzung mehr oder weniger gesundheitsgefährdend: Während Grobstäube weitestgehend in den oberen Atemwegen herausgefiltert werden, können Schwebstäube bis in die Lunge vordringen. Atemnot und Reizhusten sind die Folge. Im Staub können auch Stoffe, wie Blei, Cadmium, Arsen, Nickel und polyzyklische aromatische Kohlenwasserstoffe, enthalten sein und zu chronischen Atemwegserkrankungen oder Vergiftungserscheinungen führen. Faserhaltige Stäube, z. B. mit Asbest, sind wegen ihrer Krebs erregenden Wirkung besonders gefährlich.

Bei **Pflanzen** besteht im Zusammenhang mit der Fotosynthese die Notwendigkeit, möglichst viel Licht zu absorbieren und einen ungehinderten Gasaustausch vornehmen zu können. Daher sind die entsprechenden Organe (Blätter, grüne Sprosse) großflächig ausgebildet.

Pflanzen sind aufgrund ihrer großen Blattflächen schädlichen Gasen und Stäuben stark ausgesetzt. Sie führen zu unterschiedlichsten Krankheitserscheinungen (Abb. 1).

Zu den **Gasen,** die Pflanzen stark schädigen, gehört das Schwefeldioxid. Sehr empfindlich gegen SO_2-haltige Luft sind z. B. Walnuss und Beerenobst, Tannen, Fichten und Douglasien, aber auch Anbaukulturen (Luzerne, Lupine, Ackerbohne, Spinat …) und Zierpflanzen (Begonie, Wicke). SO_2 schädigt das Chlorophyll, führt zu Nadel- bzw. Blattverlusten, Kronenverlichtungen und Zuwachsverlusten. Die seit langem bekannten Rauchschäden an Nadelwäldern (Abb. 2), z. B. in der Nähe von Braunkohlenkraftwerken, die zum Absterben ganzer Wälder führten, haben diese Empfindlichkeit anschaulich demonstriert.
Stäube haben einen schädigenden Einfluss auf Stoffwechselprozesse der Pflanzen. Der durch Staub verursachte Lichtmangel führt zu einer verminderten Fotosyntheseleistung. Spaltöffnungen werden verstopft, lebensnotwendiges CO_2 kann nicht mehr in das Blatt gelangen und kein O_2 mehr entweichen.

Obwohl die durch Luftverunreinigung auftretenden konkreten Schadensbilder von der jeweiligen Pflanzenart abhängen, können insbesondere **Flechten als Bioindikatoren** (Abb. 3) genutzt werden. Das geschieht bereits seit über 100 Jahren.

Bioindikatoren (Leitorganismen) sind Organismen mit einer geringen Anpassungsfähigkeit an Veränderungen eines Umweltfaktors, d. h. mit einer geringen ökologischen Potenz.

Diese Organismen können nur dann existieren, wenn ganz bestimmte Umweltbedingungen stabil sind. Ändern sich diese Bedingungen, so reagieren die Organismen mit Störungen oder sterben sogar ab. Sind die Umweltansprüche dieser Lebewesen bekannt, kann man an ihrem Erscheinungsbild oder ihrem Vorkommen auf die jeweils herrschenden Umweltbedingungen schließen. Bioindikatoren werden ebenfalls zur Einschätzung von Wasser- und Bodenqualität herangezogen.

Flechten sind eine Organismengruppe, die durch den Zusammenschluss von Algen und Pilzen entstanden sind. Häufig

Krankheitserscheinungen bei Pflanzen nach Schadgaseinwirkungen
Schwefeldioxid: – Verkrüppelung, Verkohlung, Absterben und Zwergwuchs bei Bäumen und Sträuchern, – Absterben von Blättern, – erhöhte Schädlingsanfälligkeit
Stickstoffoxide: – Abnahme der Assimilationsfähigkeit, – erhöhter Blattabwurf, – Wachstumshemmungen, – Qualitätsverluste bei Früchten
Ozon u. Ä.: – Braunfärbung der Blätter, – Absterben von Pflanzenteilen, – Schädigung von landwirtschaftlichen und gärtnerischen Kulturen

1 Derartige Wirkungen werden je nach Empfindlichkeit der Pflanzenart von gasförmigen Immissionen hinterlassen. Hinzu kommen die Wirkungen des sauren Regens (s. S. 141).

2 Rauchschäden – wie hier an einem Fichtenzweig – sind in der Nähe zu den Emittenten anzutreffen.

Luftverschmutzung	Indikatorflechte
sehr stark	keine
stark	Staubige Schüsselflechte
mäßig	Felsenschüsselflechte
gering	Pflaumenflechte
unbelastet	Bartflechte

3 Flechten (hier eine Auswahl) können über die Luftverschmutzung Auskunft geben.

1 Die stark ausgeprägte Flechte auf der Baumrinde lässt auf gering verschmutzte Luft schließen.

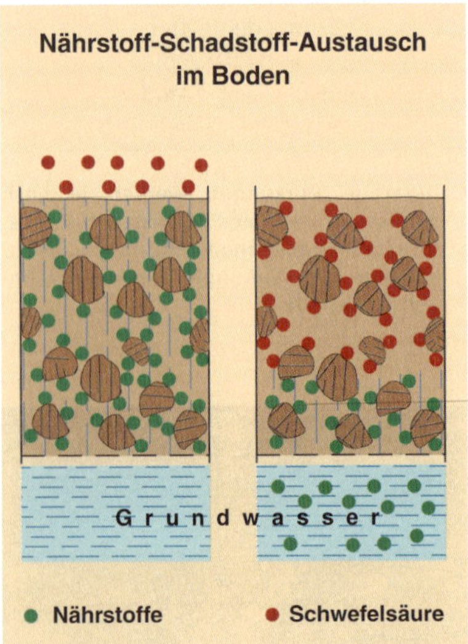

2 Schwefelsäure verdrängt Nährstoffe aus dem Boden, die ins Grundwasser gelangen und dieses gefährden.

3 Eutrophierung von Gewässern bedeutet ein Überangebot an Nährstoffen, vor allem von Phosphat- und Stickstoffverbindungen. Sie gelangen direkt aus der Luft oder über den Boden in die Gewässer.

gehen beide Bestandteile symbiotische Beziehungen ein. Viele Flechten zählen zu den Pionierpflanzen. Sie besiedeln Orte, an denen andere Organismen meist nicht existieren können. Man findet sie in der Tundra, in der Antarktis und ebenso in tropischen Wüsten. Sie siedeln auf Steinen und im Hochgebirge. Als Epiphyten wachsen sie auch auf Baumrinden und Blättern (Abb. 1).

Gegenüber Luftverunreinigungen sind sie extrem empfindlich. Das Vorhandensein oder Fehlen empfindlicher Arten stellt eine langfristige Reaktion der Flechten auf günstige bzw. ungünstige Luftverhältnisse dar. Eine kurzfristige Schädigung oder gar das Absterben des Flechtenkörpers weist auf sich verschlechternde Umweltbedingungen hin.

Die in die Luft emittierten Stoffe werden in kleinerer oder größerer Entfernung von den Emittenten auch auf dem **Wasser** und dem **Boden** wieder abgelagert, deponiert.

Geschieht die Ablagerung in Verbindung mit Niederschlägen, so handelt es sich um **nasse Deposition.** Bei **trockener Deposition** ist Wasser nicht beteiligt. Trocken werden Schadstoffe (z. B. Staub) in der Nähe ihrer Quelle deponiert. Weiter entfernte Depositionen sind stets nasse.

Schadstoffe für die Böden, die aus der Atmosphäre eingetragen werden, sind vor allem Säure bildende Schadgase, wie Schwefeldioxid und Stickoxide, Stäube, die mit Schwermetallen belastet sind, und organische Chlorverbindungen. Darüber hinaus erhalten die Böden Schadstoffe, die vom Menschen auf Mülldeponien abgelagert wurden.

Schwefeldioxid reagiert unter Einwirkung von Luft zu Schwefelsäure. Die Folge ist eine Bodenversauerung, die zu Vegetationsschäden und weiter zu Bodenerosionsprozessen führt. Das Bodengefüge wird zerstört und Metall-Ionen werden freigesetzt, die besonders bei Cadmium und Blei stark giftig wirken können. Insgesamt nimmt die Bodenfruchtbarkeit ab und das Trinkwasser wird gefährdet (Abb. 2).

Derartige Schadstoffe werden auch auf Wasserflächen deponiert. Die Gewässer erhalten jedoch zusätzlich noch die Schadstoffe, die durch Niederschläge aus dem Boden ausgewaschen werden. Diese stammen aus der Luft und von der Ausbringung von Düngemitteln und Schädlingsbekämpfungsmitteln. Auch direkte Schadstoffeinleitungen von der Industrie und aus Siedlungen gehören noch nicht der Vergangenheit an. Eine Eutrophierung der Gewässer ist oft das Ergebnis (Abb. 3).

Der **saure Regen,** der weit entfernt von den Emittenten von Schadgasen fallen kann, stellt eine nasse Deposition dar.

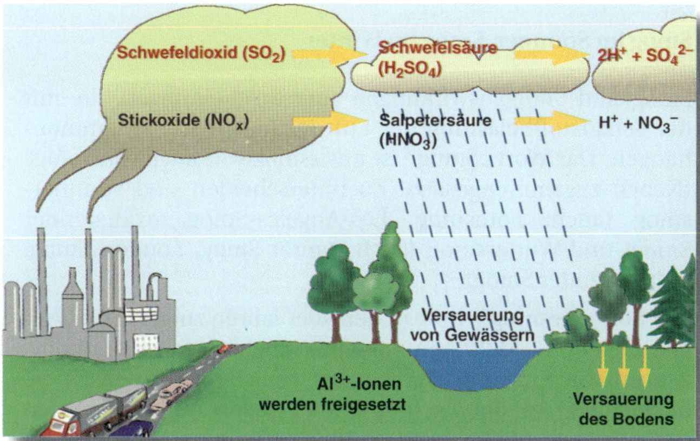

1 Der saure Regen ist die Bezeichnung für Niederschläge mit pH-Werten unter 5,6. Diese Übersäuerung ist auf den Gehalt des Niederschlags an Salpetersäure und Schwefelsäure zurückzuführen. Das Regenwasser in der Bundesrepublik Deutschland besitzt pH-Mittelwerte von 4,0 bis 4,6. Diese Säuren bilden sich in der Atmosphäre aus Oxiden von Stickstoff (Ammoniak) und Schwefel.

Das durch den sauren Regen (Abb. 1) verursachte **Waldsterben** (Abb. 2) sowie die Beeinträchtigung von Bauwerken und Gesteinen durch ihn ist nicht mit Rauchschadenwirkungen zu verwechseln. Da Gebirge häufig hohe Niederschläge erhalten, sind u. a. die Gebirgswälder stark vom sauren Regen betroffen, obwohl sich in ihnen keine Emittenten von Stickstoffoxiden oder von Schwefeloxiden befinden müssen.

Der saure Regen beeinflusst die Pflanzen nur zum Teil direkt. Er wirkt auch über den Boden auf die Bäume ein. Die zu hohe Stickstoffzufuhr lässt die Wälder zunächst schneller wachsen. Stickstoff, der nicht im Waldökosystem gebunden werden kann, führt später zu Nährstoffauswaschungen und zur Versauerung des Bodens sowie zur Beeinträchtigung der Wasserqualität. Der sinkende pH-Wert der Gewässer bewirkt das Absterben säureempfindlicher Mikroorganismen, Schnecken, Muscheln, Krebse sowie Insekten und kann schließlich auch zum Fischsterben führen.

2 Beim Waldsterben durch den sauren Regen wirken mehrere Prozesse einzeln oder gemeinsam, so Nährstoffmangel durch Bodenversauerung, Schädigungen der Wurzeln, Wassermangel und Schädlingsbefall.

Ähnliche Auswirkungen hat auch Schwefel, der in Verbindung mit dem Regen in die Wälder gelangt. Durch die Versauerung des Bodens kommt es zur Schädigung des Feinwurzelgewebes. Dadurch können weniger Nährstoffe und Wasser aufgenommen werden. Wassermangel führt zum frühzeitigen Vergilben von Nadeln und Blättern und zu deren Abfall. Hinzu kommt, dass verstärkt Nährstoffe, wie Calcium, Magnesium oder Kalium (Abb. 3), ausgewaschen werden. Sie stehen den Bäumen nicht mehr zur Verfügung, was Wachstumsstörungen verursacht. Außerdem wird ihre Widerstandsfähigkeit gegenüber Witterungsextremen geschwächt. Häufig leiden so geschwächte Bäume unter verstärktem Schädlingsbefall (Borkenkäfer, Nonne).

3 Der durch den Schwefeleinfluss entstandene Kaliummangel führt bei Fichtenzweigen zur Rotfärbung der Zweigspitzen.

Sind bestimmte Konzentrationen von Luftverunreinigungen mit besonderen Witterungserscheinungen und Lageverhältnissen verbunden, kann **Smog** entstehen.

1 Im mehr als 6 Millionen Einwohner zählenden Santiago leben 40 % aller Chilenen auf nur 300 km². Entsprechend konzentriert ist der Autoverkehr. Hinzu kommt, dass die Stadt unmittelbar vor den Hochanden liegt, die einen Luftaustausch verhindern. In der sommerlichen Trockenperiode kommt es bei intensiver Sonneneinstrahlung häufig zum Smog.

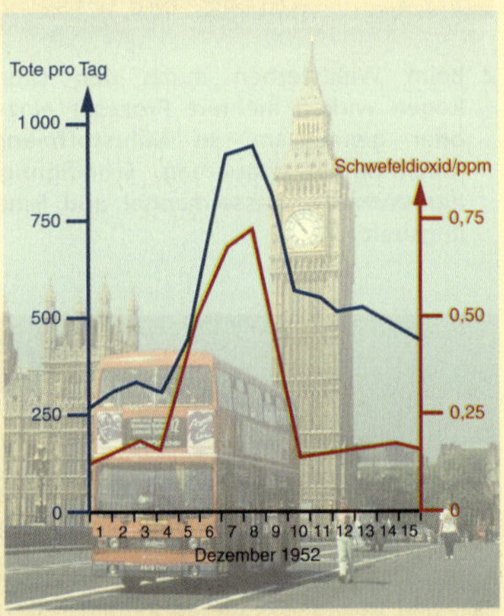

2 Der Wintersmog im Dezember 1952 in London forderte eine extrem hohe Zahl von Todesopfern. Die Luftverschmutzung durch Schwefeldioxid wurde durch Rauchausstoß (Industrie, winterliche Heizperiode) verstärkt.

Smog im Sommer, Smog im Winter

Smog und Smogauswirkungen sind Erscheinungen, die mit der Schadstoffbelastung der Luft in Bodennähe zusammenhängen. Das Wort „Smog“ ist aus „smoke“ (Rauch) und „fog“ (Nebel) zusammengesetzt. Zu unterscheiden sind Sommersmog (auch: Fotosmog, Los-Angeles-Smog, oxidierender Smog) und Wintersmog (auch: saurer Smog, London-Smog, reduzierender Smog).

Der **Sommersmog** wurde in den 40er Jahren zuerst in Los Angeles, einer 12-Millionen-Stadt mit ebenso vielen Kraftfahrzeugen wie Einwohnern und fast täglichem Sonnenschein, beobachtet. An durchschnittlich 75 Tagen im Jahr wurden Ozonwerte von 500 bis 1000 $\mu g/m^3$ Luft gemessen.

Bei intensiver mehrtägiger Sonneneinstrahlung und Inversionswetterlagen (warme Luft befindet sich über kalter), sammeln sich die Abgase einer Stadt wie unter einer Glocke und setzen eine Vielzahl chemischer Reaktionen in Gang. Das **Ozon** ist die Leitsubstanz des Sommersmogs, sein Hauptverursacher der Kraftfahrzeugverkehr (Abb. 1).

Der Tagesgang des Sommersmogs beginnt – stark vereinfacht dargestellt – im morgendlichen Berufsverkehr mit großen Mengen an Stickstoffmonooxid (NO) und Kohlenwasserstoffen. In Oxidationsreaktionen entstehen daraus u. a. Stickstoffdioxid (NO_2) und Aldehyde. Durch die Sonneneinstrahlung wird Stickstoffdioxid fotolytisch gespalten. Der gebildete atomare Sauerstoff reagiert mit O_2-Molekülen zu Ozon (O_3):

$$NO_2 + O_2 \longrightarrow O_3 + NO$$

Gegen Mittag, wenn vorhandenes Stickstoffmonooxid weitgehend in Stickstoffdioxid umgewandelt ist, erreicht die Ozonkonzentration ihren Höhepunkt. Mit zunehmendem Nachmittagsverkehr wird durch erneute Stickstoffmonooxid-Emission Ozon verstärkt abgebaut:

$$O_3 + NO \longrightarrow NO_2 + O_2$$

Abends und in der Nacht baut außerdem Stickstoffdioxid noch vorhandenes Ozon unter Bildung von Salpetersäure ab. Da in ländlichen Gebieten die Nachschubquelle Straßenverkehr für Stickstoffmonooxid geringer ist, kann es durch den unvollständigen Abbau des Ozons zu höheren Ozonwerten kommen als in der Stadt.

Der **Wintersmog** erhielt die Bezeichnung London-Smog durch die im Dezember 1952 anhaltende Inversionswetterlage über dieser Stadt, die alle Abgase in dickem Nebel festhielt und bei der in 14 Tagen ca. 4000 Menschen mehr starben als sonst in diesem Zeitraum (Abb. 2).

Leitsubstanz für Wintersmog ist **Schwefeldioxid.** Bei einer Inversionswetterlage sammelt es sich in der bodennahen Luftschicht an. An nasskalten Herbst- und Wintertagen (verstärkt nachts) bildet sich in dem mit Schwefeldioxid sowie Staub- und Rußteilchen beladenem Nebel (katalytisch) Schwefelsäure:

$$SO_2 + H_2O + 1/2\, O_2 \xrightarrow{\text{Kat.}} H_2SO_4$$

So schädlich das bodennahe Ozon für Menschen, Tiere und Pflanzen ist, so lebensnotwendig ist das **stratosphärische Ozon** (s. S. 88). Zwischen dem Aufbau von Ozonmolekülen und ihrem Zerfall besteht in der Ozonschicht der Atmosphäre ein natürliches Gleichgewicht. Daher bleibt ihr Ozongehalt auch weitgehend konstant. Bildung wie Zerfall von Ozon (Trisauerstoff, O_3) sind durch die energiereiche UV-Strahlung bedingt. Zusätzlich existiert ein katalytischer Abbau des Ozons durch **Atome,** die aus Spurengasen stammen. Solche Spurengase in der Stratosphäre sind z. B. Stickstoffmonooxid (NO), Chlor (Cl) und Brom (Br). Diese stammen z. B. aus Halogenverbindungen der Meeresalgen und waren mitbestimmend für das o. g. Gleichgewicht.

Dieses Gleichgewicht wird durch menschliche Aktivitäten jedoch erheblich gestört. Verstärkter Ozonabbau erfolgt insbesondere durch Fluorchlorkohlenwasserstoffe (FCKW, auch CFKW genannt), wenn diese in die Stratosphäre gelangen. Aber auch Bromverbindungen, weitere Halogenverbindungen sowie Stickoxide (NO_x), die u. a. in den Flugzeugabgasen enthalten sind, gefährden das Ozon (Abb. 1).

Diese Auswirkung auf die Ozonschicht war bei der Einführung der FCKW als preisgünstige Kälte-, Treib-, Feuerlösch- und Lösungsmittel nicht bekannt. Heute tritt der Abbau des stratosphärischen Ozons jahreszeitlich schwankend vor allem in den polnahen Gebieten auf (Abb. 2). In der winterlichen Polarnacht ist kein Sonnenlicht vorhanden und das entstehende Kältehoch verhindert den Zustrom wärmerer Luft. Bei diesen niedrigen Temperaturen können chemisch nicht aktive Chlorverbindungen (Salzsäure HCl, Chlornitrat $ClONO_2$) aufgebrochen werden, so dass große Mengen an chemisch aktivem Chlor entstehen. Bei Wiedererscheinen der Sonne im antarktischen Frühling kann es dann zum Ozonabbau kommen. Drastisch ist die Abnahme von Ozon – geografisch bedingt – über der Antarktis. Dafür wird der Begriff **Ozonloch** benutzt.

Weiter abnehmender Ozongehalt der Stratosphäre und damit höhere Durchlässigkeit von UV-Strahlung hätten vor allem zwei für das Leben auf der Erde negative Folgen:
- Die Energie der UV-Strahlung, die jetzt die Stratosphäre erwärmt (s. S. 88) würde an die Troposphäre als Wärme abgegeben und dadurch den Treibhauseffekt weiter verstärken.
- Die biologischen Systeme würden geschädigt, z. B. durch den Zerfall von Chlorophyll bei Pflanzen oder die Zunahme an Hautkrebs bei Menschen.

Trotz des Verbotes der Produktion und Anwendung von FCKW (in der BRD seit 1995) sowie weltweiter Bemühungen kann mit einer schnellen Besserung nicht gerechnet werden.

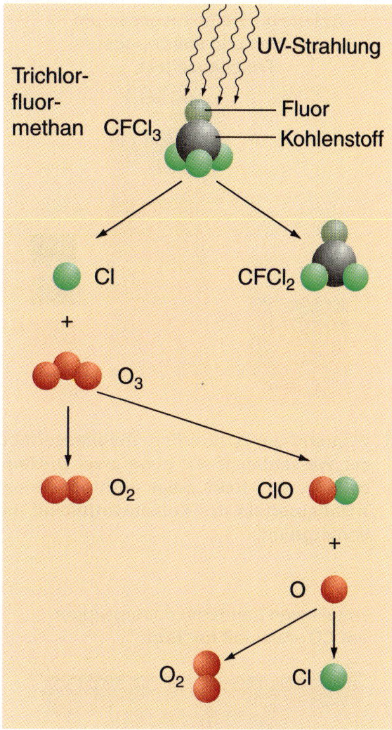

1 Die stabilen Moleküle der FCKW werden in der Stratosphäre durch UV-Strahlung gespalten. Ein abgespaltenes Chloratom reagiert mit Ozonmolekülen. Das geschieht oft mehrere tausend Mal, bis es durch andere Moleküle (z. B. Methan, CH_4) „abgefangen" wird und als Chlorwasserstoff (HCl) schließlich mit dem Regen zur Erde zurück gelangt. Das kann mehrere Jahrzehnte dauern.

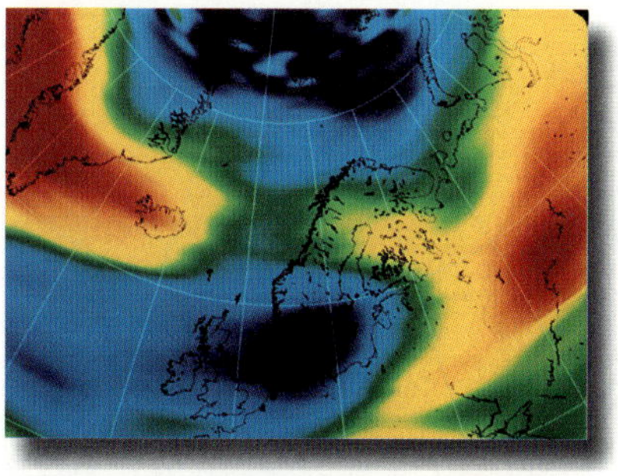

2 Auch wenn die Ozonschicht der Stratosphäre vor allem auf der Südhalbkugel geschwächt ist, zeigen sich dennoch ähnliche Erscheinungen auf der Nordhalbkugel. Die blauen Flächen zeigen die Verdünnung der Ozonschicht, deren Stärke in Dobson-Einheiten (Dobson-Units = DU) agegeben wird. Dabei entsprechen 100 DU einer „Schichtdicke" von 1 mm O_3 unter Normalbedingungen (1013 hPa, 0 °C).

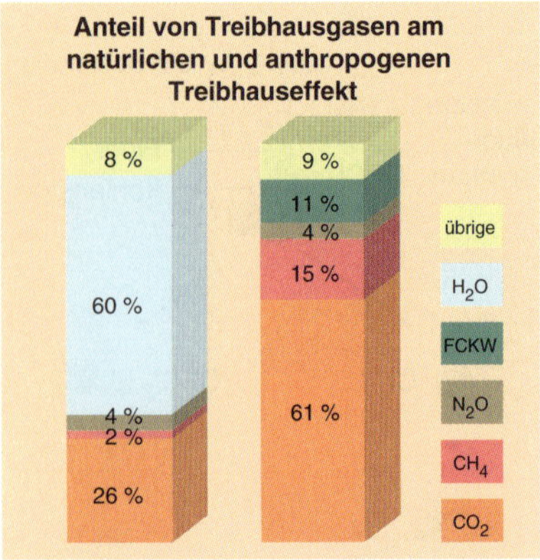

1 **Während am natürlichen Treibhauseffekt der Wasserdampf mit etwa zwei Dritteln beteiligt ist, steht beim anthropogenen Treibhauseffekt das Kohlenstoffdioxid im Vordergrund.**

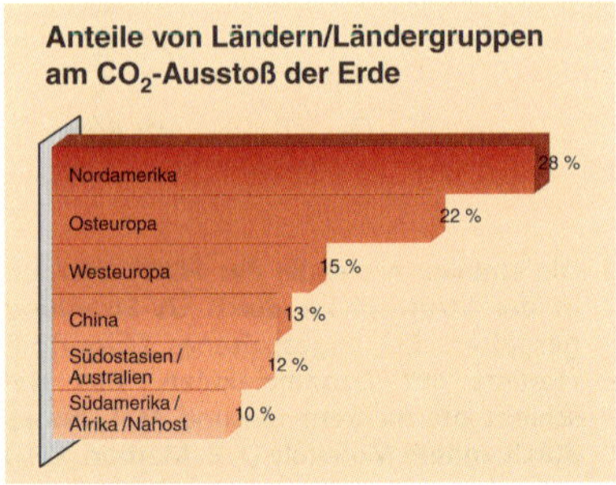

2 **Der Anteil von einzelnen Ländern und Regionen an den CO_2-Emissionen muss bei den Forderungen um Emissionssenkung herangezogen werden.**

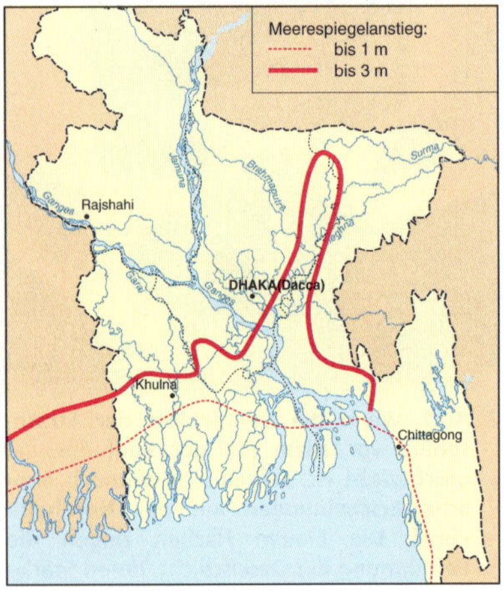

3 **Bangladesh gehört zu den am meisten von dauerhaften Meersspiegelerhöhungen betroffenen Ländern der Erde.**

Die Diffusionsdauer auf der Erde emittierter Gase bis in die Stratosphäre beträgt ca. 10 Jahre und die Lebensdauer von FCKW in der Stratosphäre z. T. über 50 Jahre!

Wie die Zerstörung der Ozonschicht in der Stratosphäre ist auch der **anthropogene Treibhauseffekt** von Bedeutung für die gesamte Atmosphäre und das Leben auf der Erde.

Der **natürliche Treibhauseffekt** (s. S. 87) ist die Eigenschaft der Atmosphäre, einen Teil der Wärmestrahlung der Erde in das Weltall auf die Erde zurückzuwerfen. Diese Wärmegegenstrahlung zur Erdoberfläche sorgt für eine mittlere Welttemperatur von +15 °C. Ursache dafür ist die natürliche Anreicherung von Wasserdampf, Kohlenstoffdioxid und anderen Treibhausgasen (Abb. 1) in den oberen Bereichen der Troposphäre.
Der anthropogene, „zusätzliche" Treibhauseffekt entsteht durch eine zusätzliche Anreicherung von Treibhausgasen (klimawirksamen Spurengasen) in der Atmosphäre. Die meisten Klimaforscher gehen heute davon aus, dass die in den letzten 100 Jahren beobachtete globale Erwärmung um 0,6 K auf den menschlichen Einfluss zurückzuführen ist (Abb. 1). Wichtigstes Gas ist dabei das Kohlenstoffdioxid (Abb. 4). Sein Gehalt hat sich in der Atmosphäre von ca. 280 ppm (um 1700) bis heute auf ca. 360 ppm erhöht. Ursache ist dessen Freisetzung vor allem beim Verbrauch fossiler Brennstoffe, unabhängig davon, wo dies auf der Erde geschieht (Abb. 2).

Die gegenwärtig zur Verfügung stehenden Klimamodelle nehmen je nach Emissionsentwicklung in den kommenden 50 bis 100 Jahren eine Erhöhung der Erdtemperatur um 1,5 bis 4,5 K an. Damit verbunden wären erhebliche Änderungen der heutigen Klimazonen, Wassermangel, neue Wüstengebiete, das Ansteigen des Meeresspiegels (Abb. 3) u. v. a. m. Es sind deshalb weltweite Maßnahmen zur Minderung des Ausstoßes von klimawirksamen Gasen, vor allem der CO_2-Emissionen erforderlich. Sie stehen im Zentrum bei der Lösung globaler Umweltprobleme.

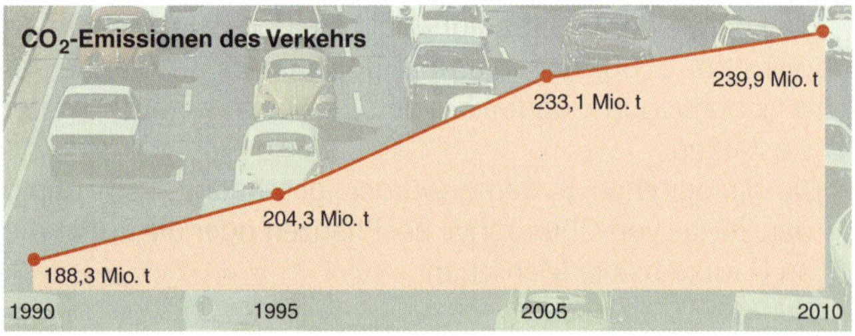

4 **Entgegen dem notwendigen Ziel, die CO_2-Emissionen des Verkehrswesens zu senken, gehen Prognosen davon aus, dass diese z. B. in Deutschland weiter steigen werden, allein bis 2005 gegenüber 1990 um 24 %.**

2.3.3 Maßnahmen zur Reinhaltung der Luft und zum Schutz der Atmosphäre

Die Maßnahmen der Menschen zur Reinhaltung der Luft und zum Schutz der Atmosphäre vor anthropogenen Emissionen müssen sich auf die Minimierung von Gasen sowie von festen und flüssigen Stoffen konzentrieren. Damit vermindern sich auch die Immissionen auf Menschen und Umwelt sowie die damit verbundenen Depositionen.

Wirksame Verbesserungen sind nur dann zu erwarten, wenn sich die Menschen in allen Staaten der jetzigen Situation bewusst werden und bereit sind, zu einer Reduzierung der Emissionen beizutragen. Da aber Emissionen mit der atmosphärischen Zirkulation unfreiwillig auch grenzüberschreitend ausgetauscht werden (Abb. 1) und den Ländern der Erde sehr unterschiedliche technische und finanzielle Möglichkeiten zu ihrer Verringerung zur Verfügung stehen, ist diese Aufgabe nur *international* zu lösen. Das gilt ganz besonders für die klimawirksamen Gase.

Aufgrund der erheblichen höheren Schadstoffemissionen der Industriestaaten gegenüber den Entwicklungsländern müssen erstere auch deutlich mehr Emissionen verringern (Abb. 2). Eine gute Grundlage kann die 1992 in New York beschlossene **Klimakonvention** dann sein, wenn sie von allen Beteiligten und auch den anderen Staaten umgesetzt wird. An der Konferenz nahmen 178 Staaten – darunter die Staaten der Europäischen Union – teil. In der dort angenommenen Klimakonvention heißt es im Artikel 2:

„Das Endziel dieses Übereinkommens und aller damit zusammenhängenden Rechtsinstrumente, welche die Konferenz der Vertragsparteien beschließt, ist es, … die Stabilisierung der Treibhausgaskonzentration in der Atmosphäre auf einem Niveau zu erreichen, auf dem eine gefährliche anthropogene Störung des Klimasystems verhindert wird. Ein solches Niveau soll innerhalb eines Zeitraums erreicht werden, der ausreicht, damit sich die Ökosysteme auf natürliche Weise den Klimaveränderungen anpassen können, die Nahrungsmittelerzeugung nicht bedroht wird und die wirtschaftliche Entwicklung auf nachhaltige Weise fortgeführt werden kann."

In Deutschland wurde das **Bundes-Immissionsschutzgesetz** (BImschG) überarbeitet und den neuen Anforderungen angepasst. Zweck des Gesetzes ist es, Menschen, Tiere und Pflanzen, den Boden, das Wasser und die Atmosphäre sowie Kultur- und sonstige Sachgüter vor schädlichen Umwelteinwirkungen, Gefahren, erheblichen Nachteilen und Belästigungen vorbeugend zu schützen. Dazu gehören neben den Luftverunreinigungen auch Geräusche, Licht oder Wärme.

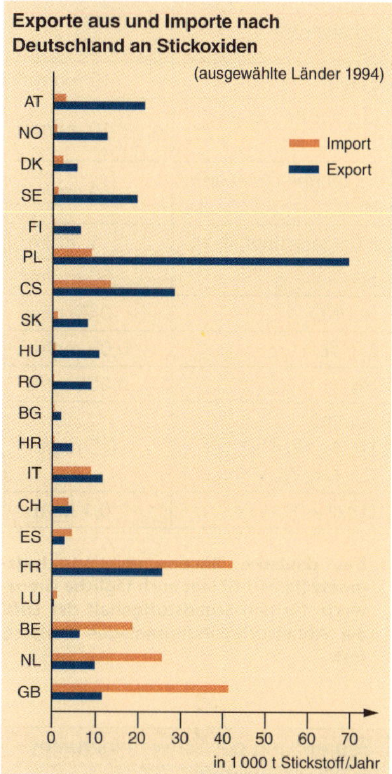

1 Die Stickoxide stehen lediglich als ein Beispiel für Ex- und Importe an Luftschadstoffen von und nach Deutschland. 1994 kamen zu den in Deutschland selbst verursachten Depositionen von Stickstoff von 137 300 t noch 161 000 t aus dem europäischen Ausland dazu. Deutschland verließen mit der Luft jedoch 479 100 t in das europäische Ausland.

2 Interessengegensätze zwischen Industrie- und Entwicklungsländern resultieren aus ihrer unterschiedlichen Situation, für die es wiederum Ursachen gibt.

Schadstoff	Grenzwert als Tagesmittel
Staub	10 mg/m³
org. Stoffe umgerechnet als C	10 mg/m³
CL umgerechnet als HCL	10 mg/m³
F umgerechnet als HF	1 mg/m³
SO_2	50 mg/m³
NO/NO_2	0,20 g/m³
Cd, TL	0,05 mg/m³
Hg	0,05 mg/m³
Summe Sb, As, Pb, Cr, Co, Cu, Mn, Ni, V, Sn	0,5 mg/m³
Dioxine, Furane	0,1 ng/m³

1 Das deutsche Bundesimmissionsschutzgesetz (BImschG) legt auch tägliche Grenzwerte für den Schadstoffgehalt der Luft, die Abfallverbrennungsanlagen verlässt, fest.

Begrenzung des Schwefelgehaltes in Dieselkraftstoff	
Jahr	mg/l
1975	0,55
1976	0,50
1979	0,30
1988	0,20
1996	0,05

2 Die Begrenzung des Schwefelgehaltes von Dieselkraftstoff ist ein Beispiel für produktbezogene Regelungen des BImschG.

3 Moderne Kohlekraftwerke besitzen wirksame Rauchgasreinigungsanlagen, die neben Staub auch die Oxide des Schwefels und des Stickstoffs der Luft entziehen.

Das BImschG unterscheidet anlagenbezogene, gebietsbezogene, produktbezogene und verkehrsbezogene Regelungen: *Anlagenbezogen* sind Mindestanforderungen für spezielle Anlagen, so z. B. für Großfeuerungs- oder Abfallverbrennungsanlagen (Abb. 1), festgelegt. *Gebietsbezogen* werden für bestimmte regionale Bereiche besondere Regelungen zur Bekämpfung der Luftverunreinigung erlassen, wie in der Smogverordnung (s. S. 148). *Produktbezogen* sind Regelungen zur Zusammensetzung von Erzeugnissen erlassen worden, z. B. zum Schwefelgehalt in Brenn-, Treib- und Schmierstoffen (Abb. 2). *Verkehrsbezogen* werden bestimmte Anforderungen an den technischen Zustand von Fahrzeugen gestellt, deren Einhaltung regelmäßig durch Abgassonderuntersuchungen (ASU) überwacht wird.

In Deutschland werden die hauptsächlichen Luftverschmutzer Kraftfahrzeugverkehr, Wohnraumheizung, Industrie sowie Kraft- und Heizwerke mit besonderen Auflagen belegt.

Eine wichtige Verordnung des BImschG bezieht sich daher auf die am häufigsten betriebenen Heizanlagen, auf **Kleinfeuerungsanlagen** (Kohleöfen, Gasheizungen, Ölheizungen und Kamine). Die in dieser Verordnung festgelegten Regelungen bestimmen u. a. die Art der Brennstoffe, die Rauchentwicklung, die Abgasmenge sowie die Genehmigung und den Überwachungszyklus durch den Schornsteinfeger.
Natürlich kann auch jeder, der eine Kleinfeuerungsanlage betreibt, zur Schadstoffminderung beitragen, indem er die Betriebsanweisung der Anlage befolgt und nur zugelassene Brennstoffe (nicht: behandeltes Holz, Spanplatten, Zeitungen und Illustrierte) benutzt. Für eine ganze Reihe von Heizungsanlagen laufen bis zum Jahr 2004 die erlassenen Ausnahmeregelungen aus. Bis dahin müssen auch diese dem Stand der Technik angepasst sein und die strengen Vorschriften des BImschG befolgen.

Bei **Großfeuerungsanlagen** werden die entstehenden Rauchgase gereinigt, vor allem entschwefelt und entstickt (Abb. 3 und 1, S. 147):
Bei der **Entschwefelung** wird Schwefeldioxid (SO_2) durch die Wirkung von Katalysatoren oxidiert und dann in Waschtürmen ausgewaschen, d. h. chemisch gebunden. Man erhält wieder verwendbare Schwefelsäure. Daneben existieren als weitere Verfahren der Entschwefelung
- die Bindung von SO_2 durch Zusatz von Kalkstaub und seine Abscheidung in Staubfiltern,
- die Bindung von SO_2 durch Zusatz von Kalk als Gips ($CaSO_4$) und dessen Weiterverwendung sowie
- das Auswaschen von SO_2 mit basischen Lösungen, wobei z. B. $NaSO_3$ entsteht.

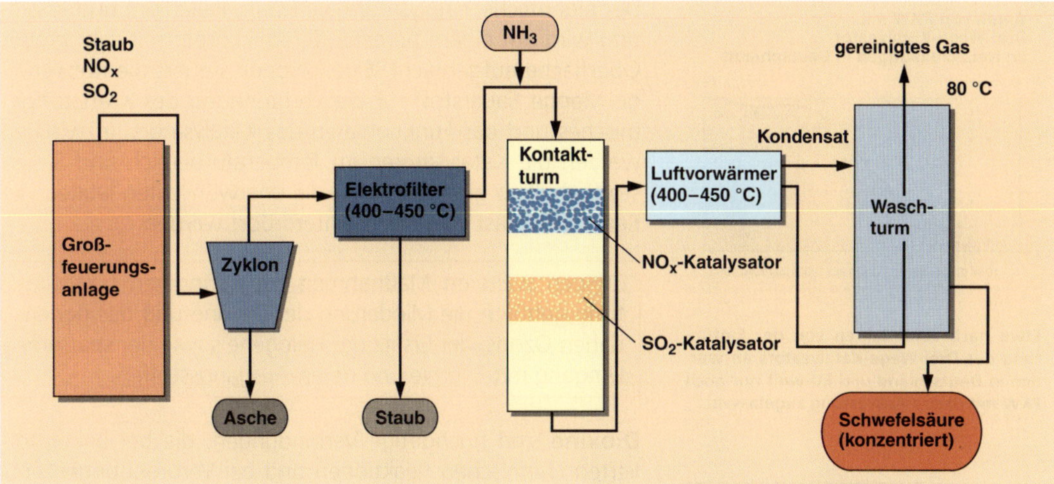

1 Das Schema zeigt eine Rauchgasreinigungsanlage, bei der verschiedene Aggregate kombiniert sind. Der Zusatz von Ammoniak ist notwendig, damit Stickstoffoxide in elementaren Stickstoff zurückgeführt werden können.

Bei kleinen Feuerungsanlagen werden durch die Zugabe von Kalk auch NO_x gebunden. Diese **Entstickung** ist bei Großfeuerungsanlagen jedoch schwierig. Da sich Stickoxide nicht leicht beseitigen lassen, versucht man, bereits deren Entstehung durch Steuerung der Reaktionsbedingungen zu vermindern. Das gelingt bis zu 60 Prozent. Das entstehende NO_x wird katalytisch und unter Zugabe von NH_3 zu N_2 reduziert.

Aufgrund des hohen Anteils von Kraftfahrzeugen am Schadstoffausstoß wurde für die Fahrzeuge mit Ottomotoren der **Drei-Wege-Katalysator** (Abb. 2) entwickelt, mit denen Fahrzeuge vollständig ausgestattet werden (Abb. 1, S. 148). In einem solchen Katalysator laufen viele verschiedene chemische Reaktionen gleichzeitig ab:

$$C_mH_n + (m + n/4)O_2 \longrightarrow m\,CO_2 + n/2\,H_2O$$
$$2\,CO + O_2 \longrightarrow 2\,CO_2$$
$$2\,H_2 + O_2 \longrightarrow N_2 + 2\,CO_2$$
$$2\,CO + 2\,NO \longrightarrow (m + n/4)\,N_2 + n/2\,H_2O + m\,CO_2$$
$$C_mH_n + (m + n/4)\,O_2 \longrightarrow m\,CO_2 + n/2\,H_2O$$
$$2\,H_2 + 2\,NO \longrightarrow N_2 + 2\,H_2O$$
$$2\,SO_2 + O_2 \longrightarrow 2\,SO_3$$
$$5\,H_2 + 2\,NO \longrightarrow 2\,NH_3 + 2\,H_2O$$
$$SO_2 + 3\,H_2 \longrightarrow H_2S + 2\,H_2O$$
$$NH_3 + CH_4 \longrightarrow HCN + 3\,H_2$$
$$CO + H_2O \longrightarrow CO_2 + H_2$$
$$C_mH_n + 2m\,H_2O \longrightarrow m\,CO_2 + (2m + n/2)H_2$$

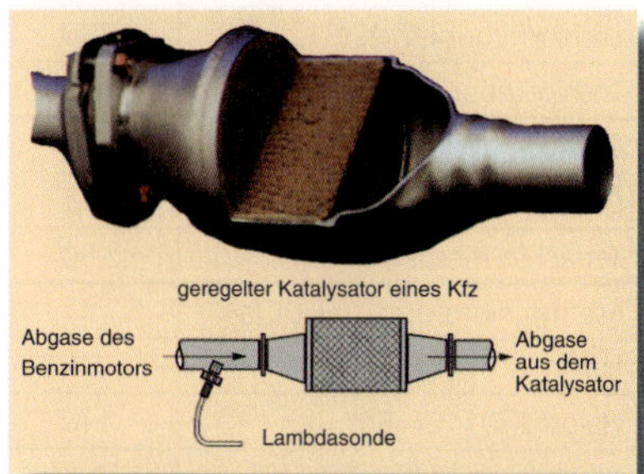

2 Die Wirkungsweise von Katalysatoren ist zeitlich begrenzt. Sie wird z. B. durch Ruß, Motorabrieb, Überhitzung oder Motorstörungen vermindert. Bei richtiger Fahrweise eines Autos entspricht seine Wirkungsdauer etwa der Lebensdauer des Fahrzeugs. Zur Kontrolle der Funktionsweise des Katalysators werden in regelmäßigen Abständen Abgasuntersuchungen durchgeführt (Abb. 3).

3 Anfangs alle 3, später alle 2 Jahre werden abgasgeprüfte PKW mit einer entsprechenden Plakette neu gekennzeichnet.

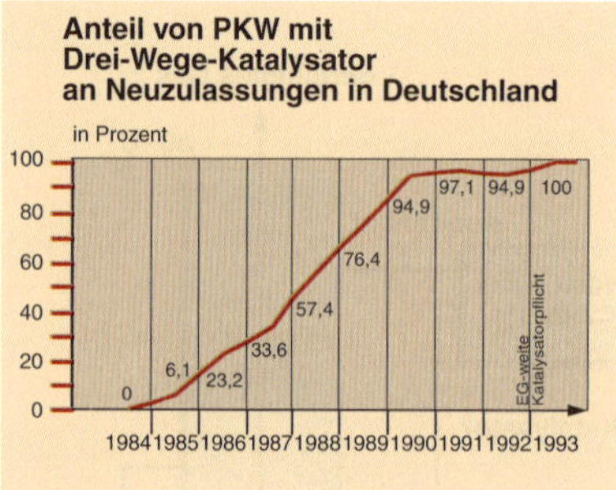

1 Etwa nach zehn Jahren von der Einführung des Drei-Wege-Katalysators an wurden in Deutschland und EU-weit nur noch PKW mit dieser Ausrüstung zugelassen.

Verweildauer der FCKW in der Atmosphäre	
Stoff	in Jahren
Trichlorfluormethan (R11)	65
Dichlorfluormethan (R12)	130
Trichlortrifluorethan (R113)	90
Dichlortetrafluorethan (R114)	200
Difluorchlormethan (R22)	15
Tetrachlormethan (CCL_4)	50
Methylchloroform (CH_3CCL_3)	7
Halon 1211 (CF_2BrCl)	25
Halon 1301 (CF_3Br)	110
Methylbromid (CH_3Br)	1,5

2 Zur langen Verweildauer der FCKW in der Atmosphäre tritt ihr Ozonzerstörungspotential. Es ist die Anzahl der durch UV-Strahlung freisetzbaren Chlor- bzw. Bromatome (s. S. 143).

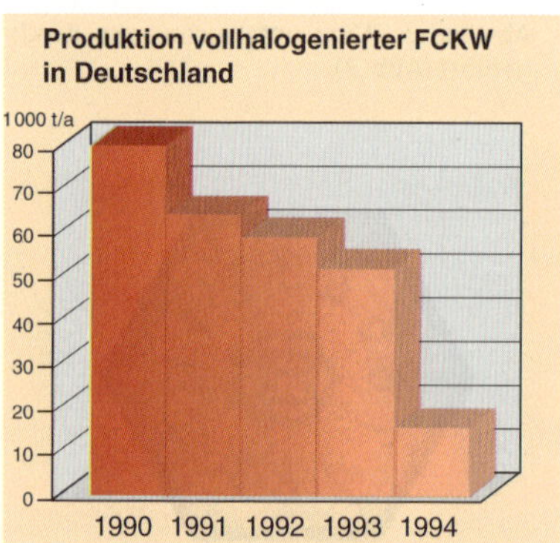

3 Seit 1995 werden keine vollhalogenierten FCKW mehr in Deutschland hergestellt. Begonnen wurde 1991 mit dem Verbot der Treibgasverwendung in Spraydosen.

Der eigentliche Katalysator (aus Platin, Palladium und Rhodium) wird auf einem porösen Keramikkörper mit sehr großer Oberfläche aufgebracht. Eine λ-Sonde steuert die notwendige Menge Sauerstoff für die Verbrennung des Kraftstoffgemisches und das Funktionieren des Katalysators. Inzwischen werden die Katalysatoren im Temperaturbereich und Sauerstoffgehalt so gesteuert, dass die unerwünschten letzten vier Reaktionen fast vollständig unterdrückt werden.

Zu den weiteren Maßnahmen zur geringeren Luftbelastung gehören die Minderung der Dioxine und des bodennahen Ozons, der Ersatz der Halogene sowie der sparsame Umgang mit Energie und deren Ausgangsstoffen.

Dioxine sind hochgiftige Verbindungen, die bei unkontrollierten chemischen Reaktionen und bei Verbrennungen entstehen, wenn Chlor anwesend ist. Es sind polychlorierte und polybromierte Biphenyle und Furane. Bis heute sind 135 verschiedene Verbindungen bekannt. Wegen ihrer hohen Toxizität hat die Beseitigung auch geringer Mengen an Bedeutung gewonnen. Deshalb trägt bereits die Steuerung der Verbrennungsprozesse (Temperaturen über 800 °C, wenig Chlor, Staub, Ruß und Schwermetalle im abkühlenden Rauchgas) zu einer Minderung der entstehenden Dioxinmenge bei. Bereits entstandenes Dioxin lässt sich an Aktivkohle oder Koks adsorbieren und auch katalytisch entfernen.

Hinsichtlich des **bodennahen Ozons** sind die Bemühungen auf seine Minderung gerichtet. Schwellenwerte für die Ozonkonzentration sind in einer EU-Richtlinie festgelegt. Danach soll ab 180 µm/m^3 (einstündiger Mittelwert) eine Information und ab 360 µg/m^3 eine Warnung der Bevölkerung erfolgen. In Deutschland durften bis zum Mai 2000 Städte und Länder beim Erreichen einer Konzentration von 240 µm/m^3 den Verkehr durch Fahrverbote reduzieren und nur noch Autos mit geregeltem Drei-Wege-Katalysator fahren lassen. Seitdem gelten andere gesetzliche Regelungen.

Aus Sorge über die fortschreitende Zerstörung des **stratosphärischen Ozons** wurde 1987 das internationale Protokoll von Montreal unterzeichnet. Es verpflichtete die Unterzeichnerländer – die meisten der **FCKW** erzeugenden Staaten nahmen an den Beratungen in Montreal teil – die Herstellung dieser Verbindungen bis zum Jahr 2000 zu halbieren. Später wurde dieses Abkommen durch Zusatzvereinbarungen (London 1990 und Kopenhagen 1992) ergänzt. Die Staaten der EU beschlossen angesichts ihrer Verantwortung für die globale Umwelt, ab Anfang 1995 die wichtigsten FCKWs und Halone nicht mehr zu produzieren (Abb. 2 und 3). Aufgrund der Halonverbotsverordnung konnte die Emission von Fluorchlorkohlenwasserstoffen in Deutschland bedeutend reduziert werden. Kältemittel in Kühlanlagen, Löschmittel in Feuerlöschern und die Treibmittel in Spraydosen wurden fast vollständig durch umweltfreundlichere Stoffe ersetzt. Man hofft, dass sich innerhalb von 50 Jahren die Ozonschicht erholen kann und die Ausweitung des „Ozonloches" (s. S. 143) eingedämmt wird.

Auch ein **sparsamer Umgang mit Energie** trägt zu einer Schadstoffminderung in der Luft bei. Finanzielle Förderungen durch Bund und Länder für Energie sparende Maßnahmen sollen ein Anreiz für deren Nutzung sein. Solche Maßnahmen können die Wärmedämmung an Wohnhäusern, der Einsatz von Brennwerttechnik in Heizungsanlagen, Wärmerückgewinnungsanlagen, die Nutzung von Solarenergie für Warmwasserbereitung, Heizung und Elektroenergiegewinnung oder die Nutzung von Windenergie (s. S. 124) sein.
Neue technische Lösungen, wie Energiesparlampen, aber auch das energiebewusste Verhalten jedes Einzelnen – z. B. die Fahrweise mit Kraftfahrzeugen – tragen zu einer erheblichen Reduzierung des Energieverbrauchs und damit zu einer Senkung der Schadstoffemissionen bei.

Die Luft muss ebenfalls vor **Staub** (s. Abschnitt 2.3.2) geschützt werden. Bei den Verbrennungsprozessen entsteht Staub in Form von Flugasche und Rauch. Die Teilchengröße liegt bei Flugasche zwischen 1 und 100 µm, bei Rauch zwischen 0,01 und 1 µm. Staub kann z. B. durch Massenkraftabscheider, filternde Abscheider, elektrische Abscheider und Nassabscheider zu einem großen Teil aus der Luft herausgefiltert werden (Abb. 2).

Effektiv arbeiten die Zyklonabscheider, die sich durch einen einfachen Aufbau, eine hohe Betriebssicherheit und geringe Kosten auszeichnen (Abb. 1). Sie beruhen auf der Wirkung von Fliehkräften. Je nach Bauart und Betriebsgröße werden Staubteilchen im Bereich von 3 bis 15 µm abgeschieden. Kleinere Partikel können der Gasströmung folgen und werden mit ausgetragen.

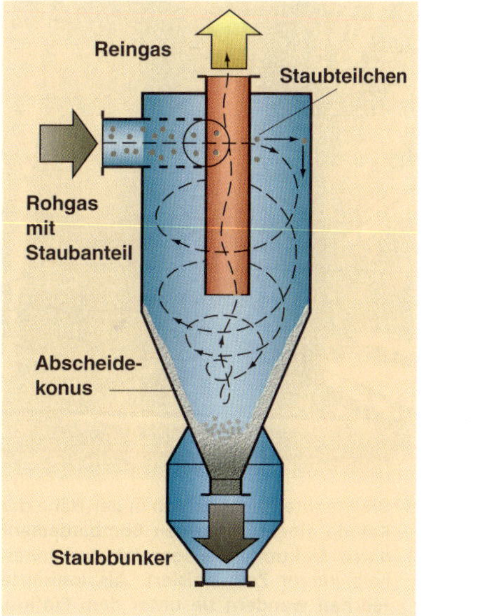

1 Das Rohgas strömt tangential in den Zyklon ein und wird auf immer engere Kurvenbahnen gezwungen. Dabei wächst die Geschwindigkeit und es wirken auf die Staubteilchen Kräfte, die einige hundert- bis tausendmal größer als die Schwerkraft sind. Folglich wird der eingetragene Staub an die Wandung geschleudert, von der er in einen Staubbunker abrieselt. Der Reinigungseffekt wird durch eine Parallelschaltung mehrerer Zyklone zum Multizyklon deutlich verbessert.

2 Zwischen der Größe der in der Luft enthaltenen festen und flüssigen Teilchen und den auszuwählenden Reinigungsverfahren bestehen enge Zusammenhänge.

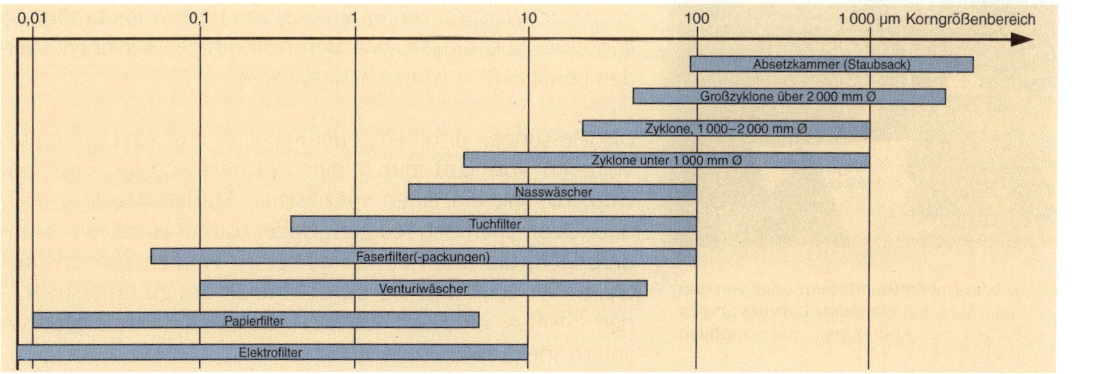

1 Die Staubteilchen werden in der Nähe der Katode einem intensiven Bombardement durch Elektronen ausgesetzt und innerhalb kurzer Zeit ionisiert. Als ionisierte Teilchen wandern sie unter dem Einfluss des elektrischen Feldes zur Anode. Dort haften sie an und geben ihre elektrischen Ladung wieder ab.

2 Die Anlagenbetreiber müssen seit 1979 jährlich sämtliche Emissionen einzeln erfassen und der Aufsichtsbehörde melden. Sie sind verantwortlich dafür, dass vorgesehene Grenzwerte eingehalten werden.

3 Die vom Umweltbundesamt oder von den Ländern zu betreibenden Luftmessungen erfolgen mit stationären oder mobilen Anlagen.

Für das Ausscheiden von kleinsten Teilchen („Korngröße“ bis zu 0,01 µm) werden Elektrofilter verwendet. Dabei ist die Bezeichnung „Filter“ sachlich ungenau, weil das Trennen nicht durch Filtration, sondern durch eine elektrostatische Aufladung der Partikel erfolgt. Bei der elektrostatischen Gasreinigung (EGR) wird das zu entstaubende Gas durch ein System von parallelen Metallplatten („Niederschlagselektroden“), die gassenförmig angeordnet sind, geleitet. In diesen Gassen hängen Sprühdrahtrahmen oder gezackte Metallprofile. Die Spannung zwischen den „Sprühelektroden“ (Katoden) und den Metallplatten (Anoden) beträgt 30 bis 100 kV. Dadurch bildet sich ein starkes elektrisches Feld aus (Abb. 1).

Die Abmessungen moderner Elektrofilteranlagen sind beachtlich: So misst der Entstauber für einen Kraftwerksblock von 125 MW elektrischer Leistung z. B. 24 m in der Länge, 15 m in der Breite und 16 m in der Höhe. In der Stunde strömen etwa 450 000 m^3 Rauchgas mit etwa 1 bis 3 m/s durch die Anlage. Der Energiebedarf ist mit maximal 1 kWh pro 1 000 m^3 Gas relativ gering. Es werden Abscheidegrade von über 99,9 % erreicht.

In Deutschland wird die Luft ständig nach gesetzlichen Vorgaben überwacht. Die Ergebnisse werden veröffentlicht.

Diese **Luftkontrolle** müssen bereits die Betreiber von Industrieanlagen vornehmen (Abb. 2). Neben dieser eigenverantwortlichen Messung von Emissions- und Immissionsdaten müssen die Betreiber unabhängige, amtlich zugelassene Messinstitute (z. B. den TÜV) beauftragen, in bestimmten Zeitabständen Messungen vorzunehmen. Darüber hinaus gibt es staatliche Luftmessnetze (Abb. 3).

Die Auswahl der Analyse- und Messverfahren hängt u. a. von der Zusammensetzung der Probenluft und dem Genauigkeitsbedürfnis des Messergebnisses ab. Je genauer das Ergebnis sein soll, desto teurer ist das Analyseverfahren. In den meisten Fällen reicht es aus, Konzentrationen bestimmter Stoffe im Bereich von mg/m^3 nachzuweisen. Üblich sind auch Nachweisgrenzen im Bereich von $\mu g/m^3$. Bei besonders kritischen Substanzen, wie den hochgiftigen Dioxinen, werden bereits 10^{-15} g/m^3 nachgewiesen.

Die Messungen erfolgen in der Regel so, dass ein bestimmtes Volumen von Luft durch eine Nachweissubstanz gesaugt wird, die mit einzelnen spezifischen Stoffen wie SO_2, NO_x oder Ozon chemisch reagiert. Dabei kommt es zu Farbveränderungen, die fotometrisch gemessen werden können. Aus diesen Werten kann die Konzentration des zu untersuchenden Stoffes ermittelt werden. Genauere Messergebnisse liefern spektroskopische Verfahren.

2.3.4 Aufgaben

Quellen von Luftschadstoffen

1. Viele der Stoffe, die zu Luftschadstoffen werden können, gelangen auf natürlichem Wege in die Atmosphäre.
   Beschreibe die natürlichen Gegebenheiten einer Landschaft, die die Anreicherung von
   - Kohlenstoffdioxid,
   - Stickoxiden sowie
   - Aerosolen und Stäuben

   in der Luft begünstigen können!

2. Bei einigen Emissionen in die Atmosphäre haben die anthropogenen Quellen Anteile von über 10 %.
   a) Nenne die Stoffe, die der genannten Bedingung entsprechen!
   b) Erläutere jeweils die Entstehung dieser vom Menschen verursachten Emissionen!

3. Anreicherungen von Schwefeldioxid in der Luft sind zu etwa 95 % auf anthropogen verursachte Emissionen zurückzuführen.
   a) Durch welche menschlichen Aktivitäten werden diese Emissionen hervorgerufen?
   b) Welche chemischen Reaktionen können der Freisetzung von Schwefeldioxid zugrunde liegen? Stelle entsprechende Reaktionsgleichungen auf!

4. Schwefeldioxid in der Luft kann zu saurem Regen führen.
   a) Stelle die Reaktionsgleichung dafür auf!
   b) Überlege, wie saurer Regen chemisch nachgewiesen werden kann!

Lokale und globale Wirkungen auf Organismen und nicht lebende Umwelt

5. Bestimmte Konzentrationen von Schadstoffen in der Luft haben ein erhöhtes Gesundheitsrisiko bei **Menschen** zur Folge. Dieses ist bei bei den ausgewählten Stoffen bei dreistündiger Einwirkung ab der angegebenen Konzentration zu befürchten:

Schwefeldioxid	1,8 mg/m^3
Stickstoffdioxid	1,4 mg/m^3
Kohlenstoffmonooxid	60 mg/m^3

   a) Welche Krankheitserscheinungen können beim Menschen auftreten?
   b) Welche Wirkungen auf Pflanzen sind zu befürchten?
   c) Rechne die angegebenen Schadstoffkonzentrationen in ml/l Luft um und fertige Säulendiagramme für je 1 l Luft zu den angegebenen Stoffkonzentrationen an!

6. Viele natürliche und vom Menschen geschaffene Stoffe bzw. Gegenstände können in Luft durch chemische, physikalische und biologische Reaktionen verändert werden. Die Luft kann daher auch als **Erosionsraum** bezeichnet werden.
   a) Welcher Bestandteil der Luft ist dabei der wichtigste chemische Reaktionspartner?
   b) Nenne 5 Beispiele für die Reaktion verschiedener Stoffe mit diesem Luftbestandteil! Formuliere die Reaktionsgleichungen!
   c) Beschreibe und erkläre physikalische und biologische „Korrosion"!

7. Zu den Folgen des **sauren Regens** gehören u. a. kranke Bäume und zerstörte Baudenkmäler.

   a) Erkunde in deiner Wohn- oder Schulumgebung Schäden durch den sauren Regen! Dokumentiere (z. B. durch Fotos) und beschreibe sie!
   b) Wodurch kann saurer Regen entstehen?
   c) Woher kommen die Gase, die zur Entstehung des sauren Regens führen?
   d) Warum fällt saurer Regen auch in Regionen, die weit ab von den Gasemittenten liegen können?
   e) Begründe, warum gerade Gebirge bevorzugt von sauren Niederschlägen betroffen werden!

8. Viele größere Städte besitzen einen mehrstufigen Plan, um bei hohen Schadstoffkonzentrationen in der Luft **Smog**-Warnungen aussprechen zu können.
   a) Was ist Smog und durch welche Schadstoffe wird er hervorgerufen?
   b) Erläutere die Unterschied zwischen Sommersmog und Wintersmog!
   c) Erkunde, ob es für deine Stadt bzw. deinen Kreis einen Smogwarnplan gibt! Erläutere die darin festgelegten Maßnahmen!

9. Beim **Treibhauseffekt** der Atmosphäre muss man zwischen dem natürlichen und dem anthropogenen oder zusätzlichen Treibhauseffekt unterscheiden.
   a) Erläutere den natürlichen Treibhauseffekt und seine Bedeutung für das Leben auf der Erde!
   b) Welche Gase rufen den zusätzlichen Treibhauseffekt hervor? Wodurch entstehen sie?

10. Sauerstoff und **Ozon** bestehen chemisch gesehen aus ein und demselben Element.
   a) Welche Gemeinsamkeit und welchen Unterschied besitzen beide Stoffe hinsichtlich ihres Aufbaus?
   b) Durch welche Eigenschaft unterscheiden sich Sauerstoff und Ozon?
   c) Erläutere, dass sowohl Sauerstoff als auch Ozon auf ihre Weise zur Entstehung des Lebens auf der Erde beigetragen haben und für dieses wichtig sind!

11. Man unterscheidet zwischen bodennahem und stratosphärischem Ozon.
   a) Handelt es sich um unterschiedliche Stoffe oder um unterschiedliche Wirkungen? Worin besteht der Unterschied?
   b) In welcher Höhe der Atmosphäre ist eine Konzentrationserhöhung des Ozons mit schädlichen Auswirkungen verbunden, in welcher eine Konzentrationssenkung? Welche Auswirkungen sind das?
   c) Welche vom Menschen freigesetzten Stoffe führen zu Konzentrationsveränderungen des Ozons in Bodennähe und in der Stratosphäre? Erläutere beide Prozesse!

Erfassung von Luftschadstoffen

12. Die Luftverschmutzung durch **Staub** und Rauch kannst du auf einfache Art und Weise nachweisen:
   a) Lege zunächst die Stellen fest, an denen du die Staub- und Rauchbelastung überprüfen möchtest!
   b) Klebe anschließend gleich lange, beidseitig klebende Tesa-Film-Streifen auf weiße Papp- oder Kunststoffschildchen (ca. 5 x 10 cm) und vermerke darauf Standorte, Datum und Uhrzeit des Auslegens!
   c) Sammle die Schildchen nach mehreren Tagen wieder ein und zähle dann unter einem Mikroskop oder mit einer Lupe die Staubteilchen auf einer Fläche von 1 cm^2 aus!
   d) Vergleiche das Ergebnis!
   e) Formuliere Aussagen zur Bedeutung von Pflanzungen in Wohngebieten!

13. Die Belastung der Umwelt durch **Staub** kann auch auf andere Weise erkannt werden.
   a) Überklebe streifenweise Laubblätter von verschiedenen Standorten (z. B. Straßenrand, Park) mit Tesafilmstreifen so, dass sie vollständig bedeckt sind! Ziehe sie dann ab und klebe sie in gleicher Anordnung auf Zeichenkarton! Verfahre weiter wie bei Aufgabe 12c!

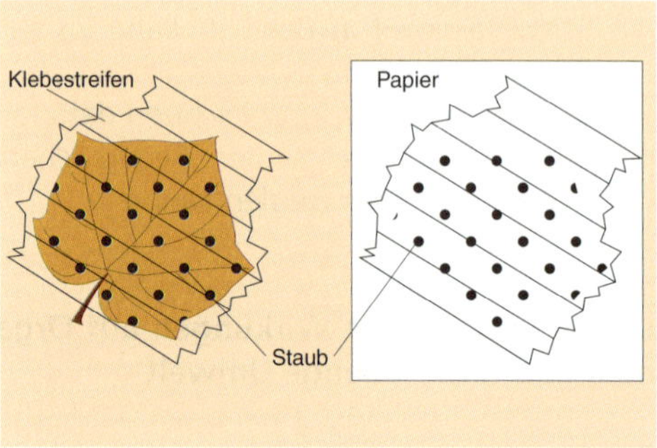

   b) Entnimm zum gleichen Zeitpunkt an verschiedenen Orten etwa 300 g Schnee von der oberen Schicht und lass ihn schmelzen! Verwende saubere Gefäße! Filtriere jeweils 200 ml gut umgerührtes Schmelzwasser mit Filterpapier, trockne und wäge es! Vergleiche!

14. Untersuche experimentell, welche Wirkung Schwefeldioxid auf Pflanzen hat!

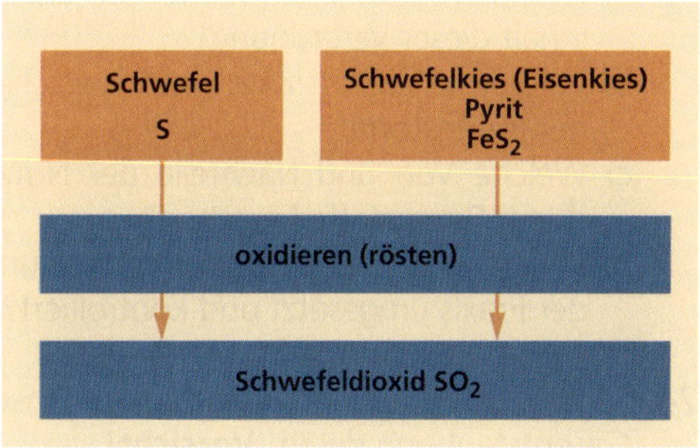

Stelle SO_2 her und leite es in Gefäße, in denen sich gequollene Samen oder Keimlinge (z. B. von Kresse in Petrischalen mit feuchtem Filterpapier) bzw. vollständige Pflanzen (in Bechergläsern) befinden!
Lege jeweils ein Stück feuchtes Indikatorpapier hinzu und schließe nach Einleitung des Gases die Gefäße!
Setze zum Vergleich Proben an, die kein SO_2 erhalten!
Beobachte und werte aus!

15. Flechten werden als Bioindikatoren zur Erfassung der Luftbelastungen genutzt. Im Flechtenkörper leben Pilze und Algen in symbiotischer Gemeinschaft.
   a) Was ist Symbiose?
   b) Wie leben Pilze und Algen zusammen?
   c) Nenne weitere Beispiele für Symbiose und erläutere die jeweiligen Vorteile der Symbiosepartner!

16. Die Konzentrationen bestimmter gasförmiger Schadstoffe in der Luft (z. B. CO, NO_2, SO_2) lassen sich mit Hilfe einer Gasspürpumpe und spezifischer Gasspürröhrchen erkunden.
   Vorsicht bei Abgasuntersuchungen! Abgase sind giftig! Nicht größere Mengen davon einatmen! Nur im Freien, nicht in Garagen arbeiten!
   a) Wähle zunächst die beabsichtigten Messstandorte und die vermuteten Schadstoffe aus!
   b) Bereite das Gasprüfgerät zum Einsatz vor: Beide Spitzen der für die jeweilige Schadstoffmessung vorgesehenen Prüfröhrchen mit der an der Pumpe vorhandenen Abbrechöse abbrechen und auf die Gasspürpumpe mit Pfeil zur Pumpe aufsetzen!
   c) Betätige das Gasmessgerät durch Zusammendrücken des Balges der Gasprüfpumpe und anschließendes Loslassen!
   Die in der Vorschrift für Prüfröhrcheneinsatz angegebene Hubzahl ist zu beachten.
   d) Lies die Ergebnisse am Prüfröhrchen ab!

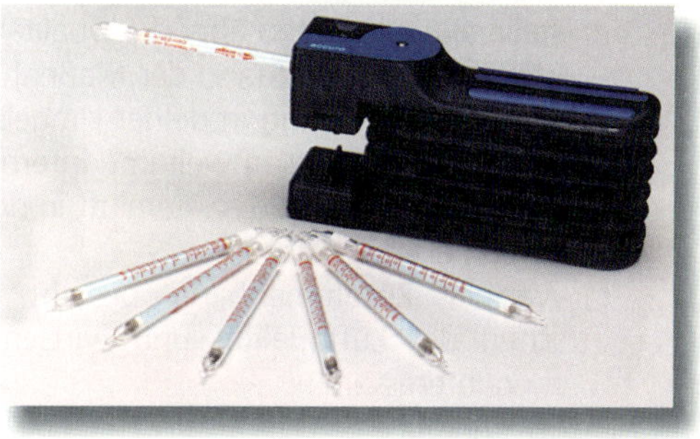

17. Die Anwesenheit von Ozon kann auf einfache Art und Weise durch einen selbst hergestellten Filter überprüft werden.
   Vorbereitung:
   Stelle an Chemikalien und Geräten bereit: Kaliumiodid-Lösung (10%ig), Kaliumcarbonatlösung (1%ig), Stärkelösung (5%ig), Exsikkator mit Kaliumhydroxid-Plätzchen **(Vorsicht ätzend!)**, Petrischalen und einlegbare Rundfilter, Becherglas (50 ml), Pipette!
   Durchführung:
   a) Stelle die Reagenzlösung her: Jeweils 10 ml Kaliumiodid-, Kaliumcarbonat- und Stärkelösung werden miteinander vermischt! (Im Dunkeln aufbewahren.)
   b) Lege je einen Rundfilter in eine Petrischale und versetze ihn mit 1 ml Reagenzlösung.
   c) Trockne die Filter unter Luftabschluss im abgedunkelten Exsikkator über Kaliumhydroxid-Plätzchen oder im Trockenschrank ca. eine Stunde bei 60 °C!
   d) Lege die präparierten Filter zum Messen ozonbelasteter Luft aus, z. B. neben Kopiergeräten oder neben dem hofmannschen Wasserzersetzungsapparat usw.!
   Auswertung:
   a) Vergleiche die einzelnen Filter hinsichtlich ihres Aussehens!
   b) Erkläre die festgestellten Unterschiede und ziehe Schlussfolgerungen!

Minderung gasförmiger und fester Verunreinigungen der Luft

18. Erläutere die Bedeutung der Begriffe Emission und Immission, die im Zusammenhang mit der Luft verwendet werden!

19. Die Qualität der Atemluft ist ein Aspekt der Lebensqualität und hat Einfluss auf die wirtschaftliche Entwicklung einer Region.
    a) Stelle aktuelle Daten über die Qualität der Atemluft und den Stand der Maßnahmen zu ihrer Reinhaltung in deiner Umgebung zusammen (Landesumweltamt, Internet)!
    b) Wie ist die Qualität der Atemluft in deiner Region einzuschätzen?
    c) Welcher Zusammenhang besteht zwischen der Luftqualität und wirtschaftlichen Interessen?

20. Insbesondere der Kraftfahrzeugverkehr trägt zur Belastung der Luft mit Schadstoffen bei. In verkehrsreichen Gegenden sind dadurch entstandene Schäden sichtbar und spürbar.
    a) Welche Möglichkeiten bestehen für Kraftfahrer, den Schadstoffausstoß zu senken?
    b) Welche Regelungen wurden gesetzlich festgelegt, um die Schadstoffemissionen bei Kraftfahrzeugen zu reduzieren?
    c) Erkundige dich bei einer autorisierten Stelle über den Inhalt und die Durchführung einer Abgasuntersuchung und die vorgeschriebenen Grenzwerte!
    Durch welche Maßnahmen werden diese eingehalten?

21. Hinsichtlich der Schadstoffemissionen bei Heizanlagen wurden bereits erste Erfolge erzielt.
    a) Worauf sind diese Erfolge zurückzuführen?
    b) Welche Möglichkeiten der Schadstoffminderung können beim Heizen im privaten Haushalt oder in deiner Schule genutzt werden?

22. Informiere dich bei einer Heizungsfirma oder im Baumarkt über die Vorteile der Brennwerttechnik!
    Welche physikalischen Grundlagen bilden die Voraussetzungen für die Vorteile der Brennwerttechnik?

23. Für das Betreiben von Kleinfeuerungsanlagen gibt es die Verordnung 1 des BImschG.
    a) Erkundige dich (z. B. im Internet) über den Inhalt dieser Verordnung!
    b) Vergleiche die Emissionsdaten verschiedener Brennstoffe!
    c) Welche Vor- und Nachteile der Nutzung dieser Brennstoffe bestehen?
    d) Wie wird der Inhalt dieser Verordnung in der Praxis umgesetzt und kontrolliert?

24. Führe ein Modellexperiment zur elektrischen Gasentstaubung durch! **Vorsicht!**
    Vorbereitung:
    a) Erkunde die prinzipielle Wirkungsweise eines Bandgenerators bzw. einer Influenzmaschine!
    b) Baue mit folgenden Geräten und Materialien die Modellanlage auf (Abb.):
       - ein Metallrohr oder Glasrohr, z. T. mit Alu-Folie umhüllt (Länge ca. 300 mm, Innendurchmesser 20 bis 30 mm),
       - einen ca. 500 mm langen stabilen Metalldraht (Isolation evtl. entfernen),
       - 2 Isolatoren und Stativmaterial (aus der Physikgerätesammlung),
       - Bandgenerator oder Influenzmaschine,
       - Räucherkerzen, Streichhölzer!

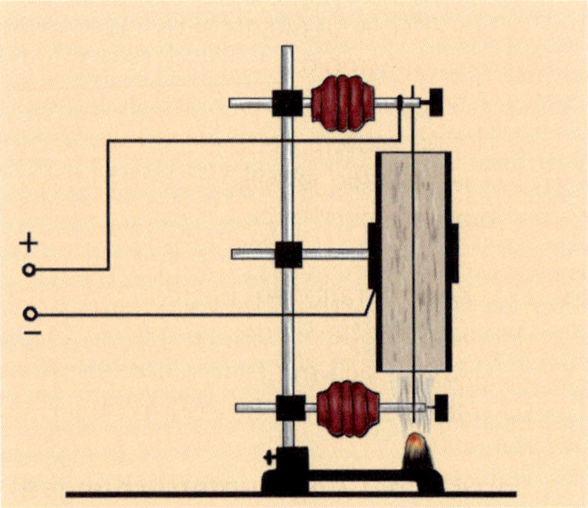

Durchführung:
Stelle eine glimmende Räucherkerze unter das Rohr und beobachte, was geschieht! Lege dann eine Hochspannung an und verfolge den Vorgang weiter!
Auswertung:
Stelle deine Beobachtungsergebnisse zusammen und erkläre sie!

3 Informationen – die wichtigste Ware der Zukunft

Wie verändert das „Informationszeitalter" unser Leben?

Informationen und Wissen gehörten schon immer zum Leben der Menschen. Im Alltag treffen wir allerorts auf die verschiedensten Informationen, die uns in unterschiedlichster Weise nahe gebracht werden und die wir zu unserer Orientierung benötigen. Doch das „Informationszeitalter" mit seinen technischen Mitteln verspricht völlig neue Möglichkeiten für das Wirtschaften und Leben der Menschen. Im Zentrum steht der vernetzte Computer. Er erspart uns manchen Weg und ermöglicht multimediales Lernen. Aber vor allem versorgen Computer und Internet die Menschen über Ländergrenzen hinweg mit einer ungeahnt großen Daten- und Informationsflut, mit der sie sinnvoll umgehen müssen.

Informationen kann man über Radio, Fernseher, Internet, Zeitungen, Zeitschriften und Bücher erhalten. Telefon, Telefax, E-Mail oder Videokonferenz machen Kommunikation schnell und einfach möglich. Diese technischen Geräte und die Informationen nehmen aber auch unsere Zeit und Aufmerksamkeit in Anspruch. Die Aufmerksamkeit ist heute schon eine Mangelware, die z. B. von der Werbewirtschaft sehr begehrt ist. Doch leiden bereits viele Menschen an Aufmerksamkeitsschwäche. 20 Prozent aller Kinder haben gesundheitliche Probleme, die mit dem häufigen Gebrauch elektronischer Medien zusammenhängen.

Können technische Mittel den direkten Kontakt zwischen den Menschen ersetzen?
Warum klappt die sprachliche Kommunikation immer noch am besten, besonders in kleinen Gruppen, ohne Telefon oder Videokonferenz?
Wie sollte man moderne Informations- und Kommunikationstechnik nutzen, damit sich keine gesundheitlichen Probleme einstellen?

Durch die Nutzung von Informations- und Kommunikationstechnik erhält man nicht nur Informationen, sondern gibt häufig auch Angaben zur eigenen Person preis. Diese können von Firmen und Behörden gesammelt und ausgewertet werden. Sie sind bereits eine begehrte Ware.

Schafft moderne Informations- und Kommunikationstechnik und das Sammeln von Daten den „gläsernen Menschen"?
Wie kann man sich vor Missbrauch seiner persönlichen Daten und vor Überwachung schützen?

Die rasante Verbreitung und Anwendung von Informations- und Kommunikationstechnik auf immer neue Lebensbereiche schafft für den Menschen auch neue Abhängigkeiten und Gefahren. Softwarefehler, Computerviren und Hacker können Computer und über sie lebenswichtige Schaltstellen in Wirtschaft, Militär und anderen gesellschaftlichen Bereichen lahm legen und so Gefahren verursachen. Die wichtigste Abhängigkeit wird künftig aber die von den Informationen und vom Wissen selbst sein. Der weltweite Milliardenmarkt der Zukunft liegt im Bereich von Informationen und Wissen. Um diesen Markt gibt es heute einen erbitterten Kampf z. B. mittels Urheberrechtsgesetzen, Patentrechten und Lizenzgebühren. Dabei geht es auch um die Sicherung der Vorherrschaft der Industrieländer.

Inwieweit sollen Informationen und Wissen geistiges Privateigentum oder öffentliches Gut sein?
Welche Zusammenhänge bestehen zwischen der Wissensgesellschaft der Zukunft und dem Wohlstand der Menschen?
Wie können moderne Informations- und Kommunikationstechniken auch den Menschen in den Entwicklungsländern Zukunftschancen bieten, obwohl bisher weltweit erst ein Sechstel aller Menschen Telefonanschlüsse hat und ein Programmierer in Indien weniger verdient als eine Putzfrau in Deutschland?

3.1 Kommunikation und Information in der Natur

Informationen – ein kleines „i"?

Im Alltag begegnet uns recht häufig das kleine „i" als Symbol für Information. Man kann Informationen in unterschiedlicher Form, zum Beispiel aus Tafeln oder als mündliche Auskunft, erhalten.

Sind Informationen, die wir Menschen benötigen, immer an das kleine „i" gebunden?
Auf welchen Wegen erhält man Informationen und wie können sie verarbeitet werden?

Informationen von der nicht lebenden Natur

Informationsaustausch findet bei den Menschen, bei Tieren und Pflanzen sowie zwischen ihnen statt. Sogar Wechselwirkungen in der nicht lebenden Natur können als Informationsaustausch bezeichnet werden.

Wie kann der Mensch die in der nicht lebenden Natur gespeicherten Informationen lesen?
Welche Rolle spielt das Wissen im Zusammenhang mit dem Entschlüsseln von Informationen?

Sinnesleistungen von Tieren unübertroffen

Wild lebende Tiere sind täglich auf Suche nach artgerechter Nahrung. Entdeckt ein Tier durch Zufall eine willkommene Nahrungsquelle, so gesellen sich bald weitere Exemplare seiner Art dazu.

Ist das Finden einer Futterquelle allein auf die individuelle Sinnesleistung zurückzuführen?
Gibt es einen Informationsaustausch zwischen Individuen einer Art?

3.1.1 Informationen und Möglichkeiten ihrer Übertragung

Alltäglich müssen sich Menschen in ihrer Umwelt orientieren und sich untereinander verständigen. Wenn sich zwei unterhalten, dann wird das Sprechen z. B. durch den Gesichtsausdruck, die Körperbewegung und vielleicht durch ein Weinen oder Lachen begleitet. Dadurch können die gleichen Worte eine völlig unterschiedliche Bedeutung erhalten. „Na warte!" drückt lachend gesprochen etwas ganz anderes aus als bei geballter Faust, zusammengekniffenen Augen und schmalen Mundwinkeln. Selbst Lachen kann unterschiedlichste Bedeutung erhalten.

Menschen können sich aber auch mit nicht lebenden Gegenständen „verständigen" und von diesen Auskünfte erhalten. So gestattet ein dunkler Horizont in 2,5 m Tiefe eines Bodenprofils die Aussage, dass es sich um einen durch Abtragungs- und Ablagerungsvorgänge verschütteten, ehemals an der Oberfläche liegenden Humushorizont handelt.

Eine der ältesten „Zivilisationen" auf der Erde ist die der Bienen. Bienen besitzen die Fähigkeit, ihre Artgenossen über Futterstellen zu benachrichtigen. Sie führen dazu einen Orientierungstanz im Bienenstock auf (Abb. 1). Auch alle anderen Tiere verfügen über ihre eigenen Systeme für die Verständigung. Bei den Vögeln sind es die Lautmuster zur Kennzeichnung ihres Territoriums oder zum Finden des anderen Geschlechts. Säugetiere verwenden Duftmarken aus Sekreten, Kot und Harn zur Vermittlung von Botschaften. Mitteilungen werden auch zwischen Pflanzen und Tieren ausgetauscht, so zwischen Blütenpflanzen und Insekten, Vögeln und anderen bestäubenden Tieren.

Diese Beispiele stehen für **Kommunikation.** Dieses Wort hat seine Wurzeln im lateinischen „communis" und heißt so viel wie „mehreren oder allen gemeinsam".

> Kommunikation ist der Austausch von Mitteilungen, Auskünften, Benachrichtigungen zwischen Individuen.

Kommunikation findet zwischen einem **Sender** und einem **Empfänger** statt. Sender und Empfänger sind durch mindestens einen **Übertragungskanal** miteinander verbunden. Zu den bereits in der Natur vorhandenen Übertragungskanälen gehören der Schall, das Licht, elektrische Ströme, Geschmacksstoffe, Geruchsstoffe, die mechanische Übertragung, die thermische Übertragung, Hormone und der genetische Code (s. S. 160). Über diese natürlichen Übertragungskanäle werden **Nachrichten** vom Sender zum Empfänger transportiert (Abb. 2).

1 Mit dem Rundtanz informiert die Biene über Fundstellen im Umkreis bis ca. 500 m. Die so informierten Bienen umfliegen den Bereich, und ihr guter Geruchssinn hilft ihnen beim Auffinden. Schwieriger ist es, ferner liegende Orte zu vermitteln. Dazu bedient sie sich des Schwänzeltanzes. Er gibt über Entfernung und Richtung erstaunlich genau Auskunft. Da es im Bienenstock dunkel ist, erfolgt die Informationsübertragung durch Berührung. Im dichtesten Gedränge erfühlen die anderen Bienen die Informationen des Tanzes und geben diese anschließend selbst in dieser Weise weiter.

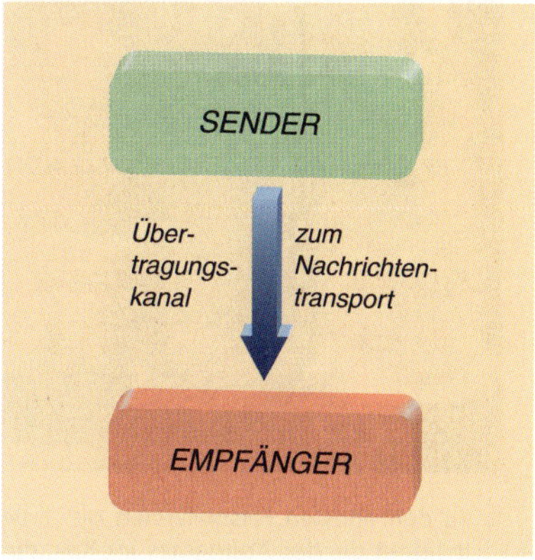

2 Nach dem Grundmodell jeder Kommunikation werden zwischen einem Sender und einem Empfänger Nachrichten durch einen Übertragungskanal transportiert. Eine Reaktion des Empfängers ist dabei nicht erforderlich.

1 Die Kulturpflanze Tabak besitzt eine energieaufwändige Abwehr gegen Insekten, die ständig vorhanden ist.
Es gibt eine wilde Tabakart, die ökonomischer „handelt": Erst wenn ihre Blätter angefressen werden, produziert sie giftiges Nikotin. Wird die Pflanze von einer Raupenart befallen, die gegen Nikotin immun ist, ändert sie ihre Taktik und produziert einen Duftstoff, der Schlupfwespen anlockt. Deren Larven fressen die Raupen.

2 Zu den ältesten Felsmalereien der Erde gehören die der Aborigines im Kakadu-Nationalpark Australiens. Die Figur des Mannes mit Jagdgeräten ist über 20 000 Jahre alt. Dem Empfänger steht die Botschaft des Senders auch nach dieser Zeit unverfälscht als Gemälde zur Verfügung.

Möglichkeiten der Nachrichtenübertragung in der Natur

Bei der Übertragung von Nachrichten in der Natur ist von den Pflanzen bis zu den Menschen eine Höherentwicklung festzustellen. Die Nachrichtenübertragung in der Natur ist mit Sinnesleistungen verbunden (s. Abschnitt 3.1.3).

Pflanzen sind vielen Gefahren ausgesetzt. Raupen, Käfer und Schnecken nagen an den Blättern. Bakterien, Viren und Pilze dringen in ihr Gewebe ein und können sie infizieren, oft mit tödlichen Folgen. Gegen Angriffe solcher Art wehrt sich die Pflanze (Abb. 1). Zum Abschrecken der Insekten produziert sie Hemmstoffe oder entwickelt andere Schutzstrategien. Dazu organisiert sie im Inneren die Weitergabe der Information in ihren gesamten Organismus. Den Nachrichtenaustausch übernehmen dabei **Hormone** als chemische Botenstoffe. Nach neuesten wissenschaftlichen Erkenntnissen gibt es in Pflanzen auch Reizleitungen durch **elektrischen Strom,** durch den sich Informationen bedeutend schneller ausbreiten.

Bei den Tieren hat sich im Laufe der Evolution ein mehr oder weniger hochspezialisiertes Nervensystem ausgebildet. Je nach Entwicklungsstand können Signale sehr differenziert empfangen, gespeichert und gesendet werden. Als Übertragungskanäle für den Informationsaustausch stehen den Tieren z. B. **akustische Kanäle, chemische Kanäle, mechanische Kanäle, elektrische Kanäle** zur Verfügung.

Die höchste Form hat der Informationsaustausch beim Menschen erlangt. Dabei ist sein Apparatesystem zur Aufnahme und zur Wiedergabe von Informationen oft schlechter als bei primitiveren Organismen. Ein Hund **riecht** viel besser, eine Fledermaus kann **Töne** sogar im Ultraschallbereich wahrnehmen, ein Adler **erspäht** die kleine Maus aus luftigen Höhen und eine Schlange braucht nicht einmal scharfe Augen. Sie ortet die Beute anhand von **Thermostrahlen.**

Die entscheidenden Unterschiede liegen in den **Gedächtnisleistungen.** Daraus ergibt sich das menschliche Vermögen zu hoher Abstraktion und qualifizierter Verarbeitung und Speicherung von Informationen. Ereignisse rücken beim Menschen mitunter sehr weit vom ursächlichen Erscheinungsbild ab. Zwischenzeitlich werden sie nur noch als Symbole und andere Vereinbarungen ausgetauscht.

Mit der **Sprache** stehen ihm sehr effektive Formen zur Verfügung, die oft viel leistungsfähiger als **Bilder** sind. Die Besonderheiten des Menschen beim Austausch von Informationen ergeben sich aus seinen Fähigkeiten zur Abstraktion und Verallgemeinerung. Unabhängig von Raum und Zeit kann er mit **Zeichen** und **Symbolen** operieren. Die Höhlen- bzw. Felsmalerei hebt zum ersten Mal die Notwendigkeit des zeitgleichen Vorhandenseins von Sender und Empfänger auf (Abb. 2).

Die natürlichen Möglichkeiten für den Informationsaustausch reichten dem Menschen bald nicht mehr aus. Er ersann technische Lösungen, Informationen unabhängig vom Individuum dauerhaft zu speichern (s. Abschnitt 3.2.1).

Nachrichten bestehen aus **Informationen,** Rauschen, Redundanz und – vor allem beim Menschen – aus Wissen.

Informationen können als das Grundelement der Kommunikation bezeichnet werden. Sie sind Mitteilungen oder Botschaften eines (Ab-)Senders an einen Empfänger. In der Natur sind Informationen grundlegend für jedes Zusammenleben und die evolutionäre Entwicklung von Pflanzen, Tieren und Menschen. Da sich die Umwelt und damit die Lebensbedingungen der Organismen ständig verändern, können sie als Art nur dann überleben, wenn sie sich an die veränderten Bedingungen anpassen können. Dazu sind Informationen über diese Veränderungen erforderlich.

1 Die Information für sich allein gibt es nicht. Sie ist immer an einen stofflichen oder energetischen Träger gebunden. Umgekehrt sind in jedem Stoff solche Größen wie Masse oder Volumen, in der Energie das Bewegungspotential oder die verrichtete Arbeit bestimmend. Als Maß enthalten sie Informationen über die Größe und die Einheit. Die Information ist neben Stoff und Energie eine der wesentlichen Erscheinungsformen in der Natur.

Das Wort Information stammt vom lateinischen „informatio“ ab und bedeutet so viel wie „etwas in Form bringen“. Diese Aussage ist auch heute noch gültig: Ein beliebiger Sachverhalt erhält eine Form, die für die Übertragung in Nachrichten durch einen Übertragungs- oder Kommunikationskanal vom Sender zum Empfänger geeignet ist. Der Sachverhalt wird auf diese Weise zur Information. Diese Erkenntnis stellt den Begriff „Information“ in seiner Bedeutung auf eine Stufe mit den Begriffen „Stoff“ und „Energie“ (Abb. 1). Obwohl es eine starke Zunahme an wissenschaftlichen Erkenntnissen über Informationen gibt, ist hier noch vieles zu erforschen.

Informationen sind eine Eigenschaft der Materie. Sie existieren objektiv, unabhängig von ihrer Wahrnehmung.

Die Objektivität der Information (Abb. 2) ist auch darin begründet, dass Lebewesen oft nicht wissen können, ob eine von ihnen gesendete Nachricht von irgendwem irgendwann auch verstanden wird. Die meisten Lebewesen dürften nicht einmal in Ansätzen die Fähigkeit besitzen zu erkennen, dass sie überhaupt eine Nachricht senden.

2 Eine sehr hohe Genauigkeit dieser Zeitmessung ist objektiv gegeben und naturgesetzlich. Geht diese Uhr dennoch falsch, so liegt es an der Konstruktion und den fehlerhaften Vereinbarungen des Menschen. Er hat vielleicht nicht die Unterschiede zwischen Ortszeit und Mitteleuropäischer Zeit oder zwischen Sommer- und Winterzeit bedacht.

Information und Nachricht sind nicht dasselbe. Neben den Informationen enthalten Nachrichten auch **Rauschen** und Redundanz bzw. können diese enthalten. Als Rauschen wird der Verlust von Informationen bezeichnet, der bei der Nachrichtenübertragung im Kommunikationskanal vom Sender zum Empfänger durch verschiedene Störungen entsteht. Der Begriff wurde bei der Entwicklung der Rundfunkübertragung (s. Abschnitt 3.2.3) geprägt und später für alle Formen der Nachrichtenübermittlung verwendet.

Unter **Redundanz** werden diejenigen Bestandteile einer Nachricht verstanden, die für die Information eigentlich überflüssig sind. Sie könnten also weggelassen werden, ohne dass die Information gefährdet wäre. Doch angesichts der

1 **Für die Verständigung mit Taubstummen, denen der Gebrauch der Lautsprache versagt ist, stellt die Körpersprache das wichtigste Instrument dar.**

2 **Der Zug begann vom Lagerplatz (a) und wurde von Shakâshking angeführt (b). Sie griffen das Zeltlager (c) unter dem feindlichen Häuptling Shakopi an (e), und zwar am St.-Peters-Fluss (d). Die Ojibwa verloren einen Mann und töteten fünf Sioux (f). Als Trophäe gelang es ihnen, nur einen Arm heimzubringen. Die Marschroute führte durch eine kurz vor dem feindlichen Lager gelegene Prärie, die mit einigen Bäumen bewachsen war (h).**

Gefahr des Rauschens ist Redundanz sogar erforderlich, weil sie das Verstehen der Information sichert. Die einfachste Form der Redundanz ist die Wiederholung in gleicher oder veränderter Weise.

Sachverhalte werden zu Informationen, wenn sie eine für die Übertragung zwischen Sender und Empfänger erforderliche Form erhalten. Der Gedanke im Gehirn (eines Menschen) kann nicht auf direkte Weise in ein anderes Gehirn gelangen.

Die Formgebung erfolgt durch die **Codierung.** Jede Nachricht ist codiert, d. h., sie wird in **Signale** umgewandelt, die aus **Zeichen** bzw. **Symbolen** bestehen.

Der Sender wählt solche Signale, die zu senden er in der Lage ist und die vom Empfänger mit hoher Wahrscheinlichkeit auch wahrgenommen werden können. Die Informationen erreichen als Schall, Licht, elektrischer Strom, Temperatur, Geruch oder vielleicht Geschmack den Empfänger. Dieser muss sie aus einer Flut von anderen Signalen isolieren und zunächst als Nachricht erkennen. Dann muss er sie wieder entschlüsseln, decodieren. Nur so kann er die in den Signalen verschlüsselten Informationen zurückgewinnen.

Voraussetzung für das Verstehen der Signale ist ein **gemeinsamer Vorrat** an Zeichen, Symbolen oder Vereinbarungen („communis"). In diesem Vorrat liegt die eigentliche Nachricht verborgen (Abb. 1 und 2). So gesehen hat der Frosch dem Elch genauso viel mitzuteilen wie zwei Menschen, die verschiedene Sprachen sprechen. **Lernvorgänge** können den Zeichenvorrat wesentlich erweitern. So ist es möglich, dass der Elch bald den Zusammenhang zwischen dem Vorhandensein von Fröschen und einer Wasserstelle zum Trinken erkennt. Wenn ein Mensch die Sprache des anderen erlernt, ist umfassende Kommunikation möglich. Notwendiges lässt sich schon vorher durch Gestik und Mimik „besprechen".

Die meisten natürlichen Signale, die ein Empfänger aus der Umwelt erhält, sind oft trotz eines gemeinsamen Zeichenvorrats nicht eindeutig zu entschlüsseln. Daher müssen Signale auch interpretierbar sein.

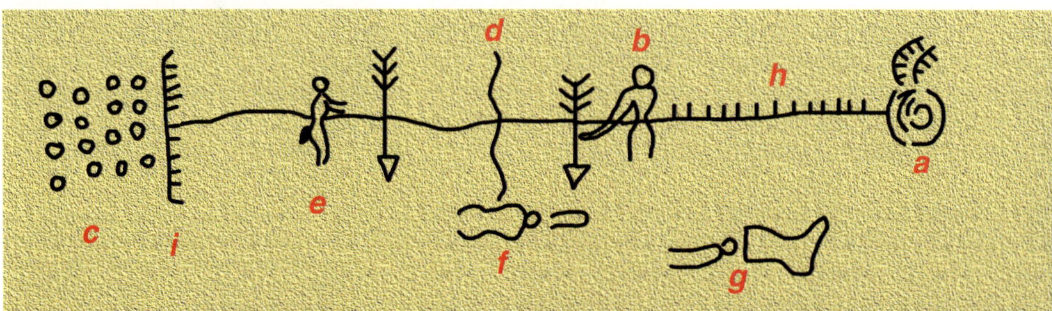

Beim Versuch des Empfängers, Signale zu decodieren, kommt es zur **individuellen Bewertung von Informationen,** zur Interpretation. Dabei helfen nicht nur die individuellen Fähigkeiten, sondern auch das Vorhandensein der redundanten Bestandteile der Nachricht. Von den Fähigkeiten des Empfängers, Signale zu entschlüsseln, hängt auch ab, welche Bestandteile der Nachricht für ihn informativ und welche redundant sind.

Durch die **Interpretation** von Signalen durch zwei Empfänger kann eine objektive Information subjektiv unterschiedliche Bedeutungen erlangen.

Die Grenze zwischen informativen und redundanten Nachrichten ist nicht scharf gezogen. Die Bienen würden vom Totenkopf nicht um die Früchte ihrer Arbeit gebracht werden können, wenn sie über treffsichere Möglichkeiten zur Erkennung dieses Eindringlings verfügten (Abb. 1). Noch viel weiter liegen Informationsbedeutungen bei den höheren Formen des Lebens auseinander. Die Bewertungsgrundlage ist bei ihnen nicht einfacher Reflex, sondern entscheidend auch Ergebnis von Lernprozessen. Hunde oder Katzen lernen sehr schnell, das Geräusch des Autos ihres Frauchens oder Herrchens von anderen Geräuschen auseinander zu halten.

Die Signale, die durch das Rauschen bei der Nachrichtenübertragung entstanden sind, wirken als Störsignale den Nutzsignalen entgegen (Abb. 2).

1 Mit falschen Informationen erbeutet der größte Schmetterling in unseren Breiten, der Totenkopf, den süßen Honig der Bienen. Da er eine Geruchstarnkappe angelegt hat, kann er unbehelligt in einen Bienenstock eindringen und Honig im Übermaß schlecken.

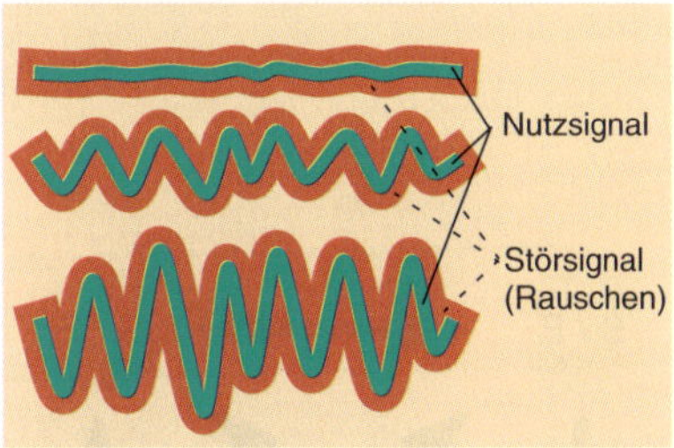

2 Störsignale behindern das Decodieren und können Nutzsignale bis zum Totalverlust abschwächen.

Nutz- und Störsignale in der Natur

Der Schall hat eine sehr begrenzte Reichweite. Die Evolution brachte verschiedene Gegenstrategien hervor, um den Austausch trotz aller Widrigkeiten zu sichern. Der Kuckuck wiederholt seine Rufe viele Male und wechselt dabei fortwährend seinen Platz, um den Aktionsradius zu vergrößern. Die brünstige Katze verteilt wandernd ihren Lockruf, um endlich irgendwo Gehör zu finden. Bei vielen Tieren führt das Nichtgehörtwerden auch dazu, immer lauter zu rufen. Das Nutzsignal wird verstärkt, um die Störsignale zu übertönen. Hohe Töne sind mit viel weniger Energieaufwand erzeugbar und erreichen trotzdem größere Weiten. Das Grillen der Heuschrecke, das Piepsen der Maus, das Vogelgezwitscher und das Pfeifen von Fledermäusen und Delfinen sind hier beste Beispiele für Anpassungen zum sicheren Informationsaustausch.

Mehr Sicherheit wird auch erlangt, indem gleichzeitig unterschiedliche Nutzsignale zur gleichen Sache benutzt werden. Ein Hund riecht, sieht und hört seine Beute und trifft die letzte Fressentscheidung nach Geschmack und Hunger. Die Spinne fällt zunächst leicht auf Störinformationen im Fangnetz herein, wenn die mechanischen Bewegungen eben nicht von ihrer Beute kommen. Erst zusätzliche Wahrnehmungen vor Ort können sie vom Irrtum überzeugen. Wenngleich die Schlange ihre Beute vorrangig an den Wärmestrahlen ausmacht, ihre schlechten Augen vermitteln dennoch die Zusatzinformation „bewegter Körper", auch wenn sie Bewegungen nur als groben Umriss erfasst.

Der Mensch bedient sich gleich vielfältiger Methoden, um seine Nutzinformationen „an den Mann zu bringen". Er wiederholt, variiert je nach Gegebenheit die Lautstärke und Stimmhöhe, benutzt parallel unterschiedliche Signalformen, versendet ein Überangebot an Informationen, um einen Grundbestand zu sichern, fragt zurück und dergleichen mehr.

1 **Stalagmiten und Stalaktiten geben sichere Auskunft über das Alter der Höhle, über Dürre- und Überschwemmungsperioden, über Bodenbelastungen und vieles mehr. Sie sind natürliche Informationsspeicher. Geologen lesen die Geschichte der Erde nach Tausenden von Jahren aus solchen Speichern ab.**

Damit Informationen nicht verloren gehen, müssen sie gespeichert werden. In der Natur selbst sind eine Fülle von Informationen dauerhaft gespeichert (Abb. 1). Man muss sie nur lesen und deuten können. Der übergroße Teil von Informationen ist aber flüchtig, so das gesprochene Wort, der Kuckucksruf, die Drohgebärde eines Hirsches. Der Mensch hat sich schon frühzeitig **Informationsspeicher** geschaffen. Mit der Bildung von Staaten entstanden „Buchhaltungen". Der Mensch musste zählen und Verschiedenes dauerhaft festhalten. Er bediente sich dazu im Laufe der Geschichte unterschiedlicher Hilfsmittel (s. Abschnitt 3.2.1).

> Speicher bewahren Informationen auf. Neben dem Gedächtnis sind sie vor allem in der nicht lebenden Natur vorhanden. Dort sind sie häufig ebenfalls verschlüsselt.

An der Kommunikation können unterschiedlich viele Individuen beteiligt sein, und sie kann unterschiedlich verlaufen. Sind nur ein Sender und ein Empfänger beteiligt, verläuft der Austausch in eine Richtung (Abb. 2, S. 159). Man spricht hier von der **unidirektionalen Kommunikation.** Die Information „Es dunkelt" erhält der Organismus einseitig aus dem Fakt der untergehenden Sonne. Einseitig ist das Überbringen der Fundstelle beim Bienentanz. Der Eichelhäher warnt seine Artgenossen vor der herumschleichenden Katze.

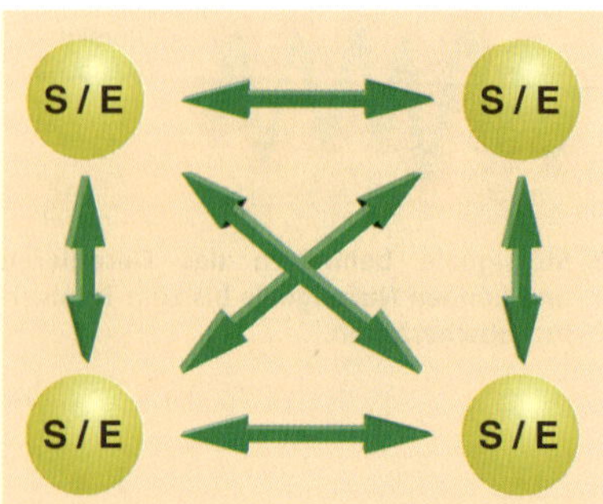

2 **Bei einer multidirektionalen Kommunikation ist jedes Individuum Sender und Empfänger zugleich. Sie gibt es sowohl im Tierreich als auch bei den Menschen.**

Die Kommunikation ist aber erst dann vollständig, wenn sie als Wechselwirkung stattfindet, wenn der Sender eine Rückmeldung vom Empfänger über die richtige Entschlüsselung bzw. Interpretation erhalten kann (Abb. 3). Dann handelt es sich um eine **bidirektionale Kommunikation.** Viel haben sich z. B. Tierpärchen bei der Aufzucht ihrer Jungen mitzuteilen. An einem solchen **Informationsaustausch** können aber auch mehrere Individuen gleichzeitig beteiligt sein, wie es für die **multidirektionale Kommunikation** (Abb. 2) typisch ist.

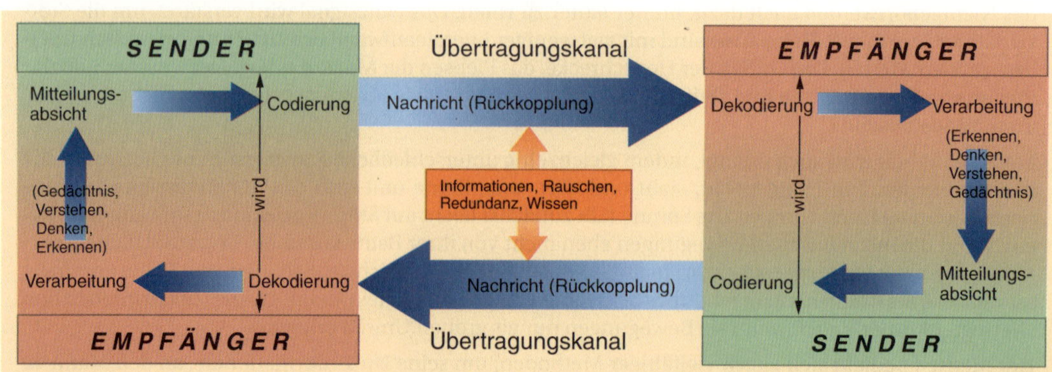

3 **Kommunikation im weiteren Sinne ist ein wechselseitiger Prozess zwischen Sender(n) und Empfänger(n). Vom Empfänger erfolgt als Reaktion auf die erhaltene Nachricht eine Rückkopplung an den Sender. Erst dabei zeigt sich, ob der Empfänger die in der Nachricht enthaltene Information im Sinne des Senders verstanden hat.**

3.1.2 Reizbarkeit bei Pflanzen, Tieren und Menschen

Kommunikation und Empfang von Informationen durch Organismen stehen in engem Zusammenhang mit ihrer Reizbarkeit und ihren Sinnesleistungen (s. S. 160). Wir Menschen können manche Informationsträger mit unseren Sinnesorganen wahrnehmen, andere sind uns nicht direkt zugänglich. Aber selbst vom Licht oder vom Schall registrieren wir nur einen kleinen Bereich. Ultraviolettes Licht – für die Bienen sichtbar – bleibt unseren Sinnesorganen ebenso verborgen wie der für Fledermäuse hörbare Ultraschall. Die Sinnesorgane sind auf bestimmte Informationsträger spezialisiert.

Informationsträger üben **Reize** auf Sinnesorgane bzw. Sinneszellen (Rezeptoren) aus. Die Fähigkeit der Organismen, auf Reize zu reagieren, bezeichnet man als **Reizbarkeit.**

1 Die Fähigkeit, auf Reize reagieren zu können, ist für alle Organismen lebenswichtig. So können sie Nahrung finden, Gefahren ausweichen oder ihre Fortpflanzung sichern.

Alle Lebewesen sind in der Lage, Reize aus ihrer Umwelt aufzunehmen (Abb. 1) und entsprechend zu reagieren. Das trifft daher auch auf **Pflanzen** zu (s. S. 166). Bereits die Einzeller unter den **Tieren** zeigen **Reizreaktionen.** Pantoffeltierchen z. B. halten kurz an, ändern ihren Wimpernschlag und damit ihre Schwimmrichtung, wenn sie auf ein Hindernis stoßen. Ähnlich verhalten sich Glockentierchen (Abb. 2).

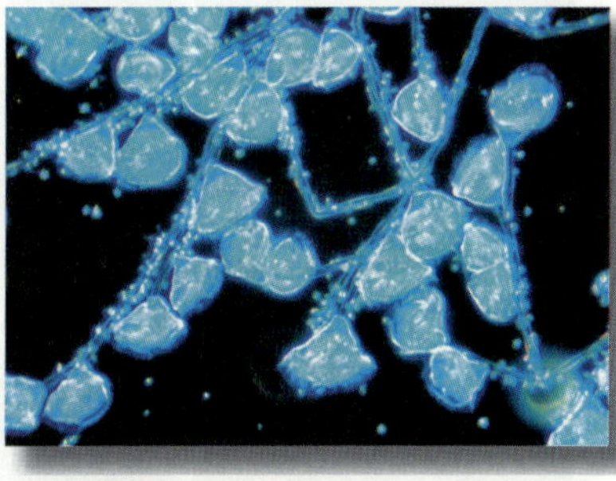

2 Glockentierchen reagieren auf Berührungsreize oder Erschütterungen, indem sich ihr Stiel blitzschnell korkenzieherartig zusammenzieht und sich der Zellmund schließt.

Sind es bei den Einzellern noch winzige Strukturen innerhalb einer Zelle, die der Reizaufnahme und -beantwortung dienen, besitzen mehrzellige Tiere für diesen Zweck spezielle Zellen, Zellverbände oder Organe (Abb. 3). Regenwürmer können mittels Sinneszellen im Hautmuskelschlauch mechanische, chemische und Lichtreize aufnehmen und sich so an der Bodenoberfläche orientieren. Höhere wirbellose Tiere, wie Krebse und Insekten, besitzen hingegen schon hochspezialisierte Sinnesorgane, die an Leistungsfähigkeit manchmal die der Wirbeltiere und der Menschen übertreffen.

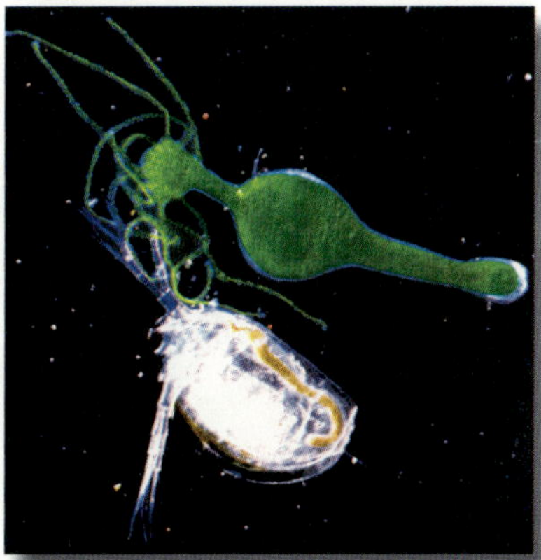

3 Der Süßwasserpolyp (Hydra) reagiert auf Berührung mit Abwehr- oder Fangbewegungen. Seine Nesselkapseln explodieren dabei, und giftige Nesselfäden frei werden.

Auf Reize reagieren Menschen unwillkürlich: Sticht uns eine Mücke, berühren wir mit der Hand eine heiße Herdplatte oder bekommen wir einen Fremdkörper ins Auge, reagieren wir sofort, ohne erst darüber nachzudenken, mit einer schnellen Muskelbewegung.

Immer in gleicher Weise ablaufende unwillkürliche Reaktionen auf einen Reiz werden als **Reflexe** bezeichnet.

Viele Reflexe dienen der Ausführung schneller Routineaufgaben, wie der Steuerung der Haltung und Stellung des Körpers im Raum, oder haben wichtige Schutzfunktion, wie der Hustenreflex, Niesreflex, Rückziehreflex, Pupillenreflex und Lidschlussreflex, zu erfüllen.

Reizreaktion bei Pflanzen

1 Die auch als „Sinnpflanze" bekannte Mimose zeigt in eindrucksvoller Weise, dass Pflanzen in der Lage sind, mit deutlich wahrnehmbaren Reaktionen auf empfangene Reize zu antworten.

2 Durch mechanische und chemische Reize wird bei der Venusfliegenfalle die Sekretion von Verdauungssaft ausgelöst. Nach einigen Tagen ist die Verdauung abgeschlossen, die Falle öffnet sich wieder.

3 Der Wasserschlauch bildet kleine blasenähnliche Fallen aus. Bei Berührung ihrer Fühlborsten, z. B. durch einen Wasserfloh, öffnet sich in 1/100 Sekunde eine Klappe und saugt die Beute mit dem Wasserstrom hinein.

Pflanzen besitzen keine mit den Tieren vergleichbaren Sinnesorgane. Trotzdem sind sie in der Lage, auf verschiedene Reize zu reagieren. Manche von ihnen erkennen sogar, ob Insekten an ihnen fressen oder ob sie von Pilzen befallen sind und produzieren daraufhin ganz spezielle Abwehrstoffe.

Bei manchen Pflanzen ist die Reaktion auf mechanische Reize stark ausgeprägt. Berührt man ein Teilblättchen des Fiederblattes einer Mimose (Abb. 1), klappen zunächst die benachbarten Teilblättchen zusammen, kurz darauf das ganze Blatt. Anschließend senkt sich der Blattstiel am Blattgrund, das Blatt hängt schlaff herab. Ist der Reiz stark genug, kann sich diese Reaktion auf die anderen Blätter der Pflanze übertragen. Die Bedeutung dieser Reaktion für die Pflanze ist noch nicht völlig geklärt, man vermutet, dass sie dadurch einen gewissen Schutz vor Tierfraß oder ungünstigen Umweltbedingungen erhält.

Während die Mimose in dieser Form auch auf plötzliche Hitze, chemische Reize (z. B. Essigsäure), Regentropfen oder elektrische Reize reagiert, gibt es eine Reihe von Spezialisten im Pflanzenreich, die mittels mehr oder weniger schneller Reizreaktionen selbst auf Tierfang gehen. Oft leben diese auf nährstoffarmen Böden und erschließen sich damit eine zusätzliche Nahrungsquelle. Die in den USA beheimatete Venusfliegenfalle (Abb. 2) besitzt zu Fallen umfunktionierte Blattspreiten. Bei Berührung durch Beutetiere (Insekten) klappen die beiden Hälften zusammen. Sperrborsten an den Rändern verhindern das Entkommen der Beute.

Ein besonders schneller Fänger ist der Wasserschlauch (Abb. 3). Den Sonnentau finden wir auf nassen Moorböden. Auf seinen Blättern produzieren Drüsen einen klebrigen Fangschleim. Gefangene Insekten werden häufig noch von langen Randtentakeln auf das Blatt gepresst. Schließlich rollt sich das Blatt zusammen und verdaut das Insekt. Insekten fangende klebrige und sich einrollende Blätter besitzt auch das auf der Nordhalbkugel verbreitete Fettkraut.

Eine andere Form der Reaktion auf **Berührungsreize** finden wir bei Pflanzen, welche ihre schwache Sprossachse um eine stabile Stütze winden (Schlingpflanzen, z. B. Efeu) oder mittels Ranken festen Halt suchen (Abb. 1, S. 167). Ranken sind dünne, lange, fadenförmige Organe. Meist sind es abgewandeltete Blätter oder Blattteile (z. B. Erbsen, Wicken oder Clematis).

Berührungsreize werden in den Pflanzen durch rasche Druckveränderungen in spezialisierten Zellen oder durch Wachstumsbewegungen beantwortet. Forschungsergebnisse zeigen aber, dass auch bei Pflanzen eine elektrische und chemische Reizleitung existiert (Abb. 2).

Auch an steilen Hängen nehmen Bäume immer wieder eine vertikale Wuchsrichtung ein. Die Halme niedergedrückter Getreidepflanzen richten sich wieder auf. Bei einem keimenden Samenkorn wächst die Wurzel stets nach unten, der Spross dagegen nach oben, selbst wenn man den keimenden Samen mehrfach dreht. Durch gerichtetes Wachstum reagieren Pflanzen auf die Gravitation der Erde. Die Funktionsweise dieses **Geotropismus** ist noch nicht endgültig geklärt.

Ob bei Grünpflanzen auf der Fensterbank, keimenden Kartoffeln am Kellerfenster (Abb. 3) oder Wasserpflanzen im Aquarium, die Reaktion aller grünen Pflanzen ist gleich. Da sie das **Licht** für den Ablauf der Fotosynthese benötigen, wachsen sie ihm entgegen **(Fototropismus).** Abhängig vom Faktor Licht ist auch die Blühwilligkeit vieler Samenpflanzen. So blühen Kurztagspflanzen, z. B. Astern, Dahlien, Weihnachtssterne, Reis und Baumwolle, nur, wenn die Tageslichtperiode kürzer als 12 Stunden ist. Langtagspflanzen, wie der Spinat, Radieschen, Getreide, Kopfsalat und die meisten im Sommer blühenden Wildpflanzen, benötigen mindestens 12, oft noch mehr Stunden Beleuchtungszeit. Tagneutrale Pflanzen (Gänseblümchen, Löwenzahn oder Tomate) blühen unabhängig von der Tageslänge. Lichtreize sind oft auch für die Schließbewegungen der Spaltöffnungen und damit für die Regulierung des Gasaustausches zwischen den Interzellularen des Blattgewebes und der Außenwelt von Bedeutung.

Auf die meist mit dem Licht verbundene **Wärme** reagieren z. B. Krokusse, Tulpen und Seerosen mit dem Öffnen und Schließen ihrer Blüten. Schmetterlingsblütengewächse senken nachts ihre Laubblätter herab („Schlafbewegungen").

Auf Hitze können Pflanzen mit verstärkter Transpiration antworten. Das verdunstende Wasser kühlt. Es können sogar relativ hitzebeständige Eiweiße synthetisiert werden. Um bei großer **Kälte** eine Kristallbildung in der Zelle und damit ihre Zerstörung zu verhindern, bilden andere Pflanzen verstärkt größere Mengen an ungesättigten Fettsäuren als „Frostschutzmittel".

Bei Wassermangel reduzieren Pflanzen die Transpiration. Sie schließen die Spaltöffnungen und hemmen das Wachstum neuer Blätter.

1 Die Spitzen der Ranken führen kreisende Suchbewegungen aus, bis sie um eine geeignete Stütze Schlingen bilden können. Ranken sollen sogar zwischen verschiedenen Materialien unterscheiden können.

2 Chemische Verbindungen, die aus den Wurzeln der Bäume ausdringen, sind eine Orientierung für Pilze, die an „ihre" Baumart gebunden sind. Zielgerichtet kann das Pilzmyzel auf seinen Wirtsbaum zuwachsen.

3 Bei Lichtmangel bilden viele Pflanzen lange, dünne Triebe aus („Vergeilung"). Diese Reaktion tritt nicht nur bei keimenden Kartoffeln am Kellerfenster auf, sondern auch bei Zimmerpflanzen in einer halbdunklen Ecke.

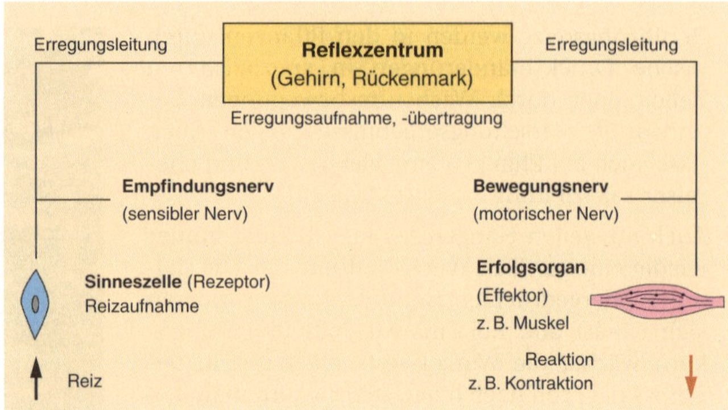

1 Reize erreichen die Sinnesorgane (Rezeptoren) und werden von ihnen aufgenommen. Dort werden sie in elektrische Impulse umgewandelt. Sensorische Nervenfasern leiten diese zum Rückenmark. Von dort führen motorische Nervenfasern zu den Erfolgsorganen (Effektoren), die durch Impulse zur Reaktion angeregt werden.

2 Der Klammerreflex ist für kleine Kinder wie junge Primaten von großer Bedeutung für ihren Kontakt zur Umwelt.

3 Der Mediziner Iwan Petrowitsch Pawlow (1849–1936) führte in St. Petersburg von 1891 an seine Untersuchungen zu Reflexen mit Hunden durch. Dadurch wurde er weltbekannt, und er erhielt 1904 den Nobelpreis für Medizin.

4 Beachtenswerte Dressurleistungen bei Tieren sind ebenso auf bedingte, also erlernte Reflexe zurückzuführen wie die Fähigkeit der Menschen, im hektischen Autoverkehr zum richtigen Moment die erforderliche Reaktion zu zeigen.

Reizreaktionen verlaufen bei Tieren und Menschen nach einem gleichen Schema, einem **Reflexbogen** (Abb. 1). Liegen Rezeptoren und Effektoren eines Reflexes im gleichen Organ, wie beim Klammerreflex der Säuglinge (Abb. 2) oder beim Kniesehnenreflex, handelt es sich um einen so genannten **Eigenreflex.** Bei **Fremdreflexen** liegt das Sinnesorgan, welches den Reiz aufnimmt, nicht im ausführenden Organ. Beispiele hierfür sind der Hustenreflex oder Schmerzreflexe.

Reflexe wurden zunächst von Iwan P. Pawlow (Abb. 3) untersucht. Durch Versuche zur Verdauungstätigkeit der Hunde erkannte er, dass das Futter die Geschmackszellen des Hundes reizte, was die Sekretion der Speicheldrüsen anregte. Diese Reaktion auf das Futter läuft automatisch ab und ist wie der Kniesehnenreflex angeboren. Sie laufen beim Auftreten eines bestimmten Reizes stets in derselben Weise ab. Solche Reaktionen werden als **unbedingte Reflexe** bezeichnet.

Pawlow verknüpfte später das Hereinbringen des Futters mit einem Glockenton. Jedes Mal reagierte der Hund mit Speichelfluss. Schließlich genügte der Glockenton allein, um die Speichelproduktion auszulösen. Der Hund hat also gelernt. Aus dem unbedingten Reflex wurde ein **bedingter Reflex.** Bedingte Reflexe helfen den Tieren wie den Menschen, sich in einer veränderten Umwelt zurechtzufinden (Abb. 4).

Bedingte Reflexe sind solche Reaktionen auf einen Reiz, die vom Organismus erworben, erlernt werden. Sie sind an die Tätigkeit des Gehirns (der Großhirnrinde) gebunden.

Werden die Umwelteinflüsse in Form von Reizen so groß, dass sie den Organismus belasten und dieser nach einem Ausgleich strebt, sind sie zu **Stressoren** geworden.

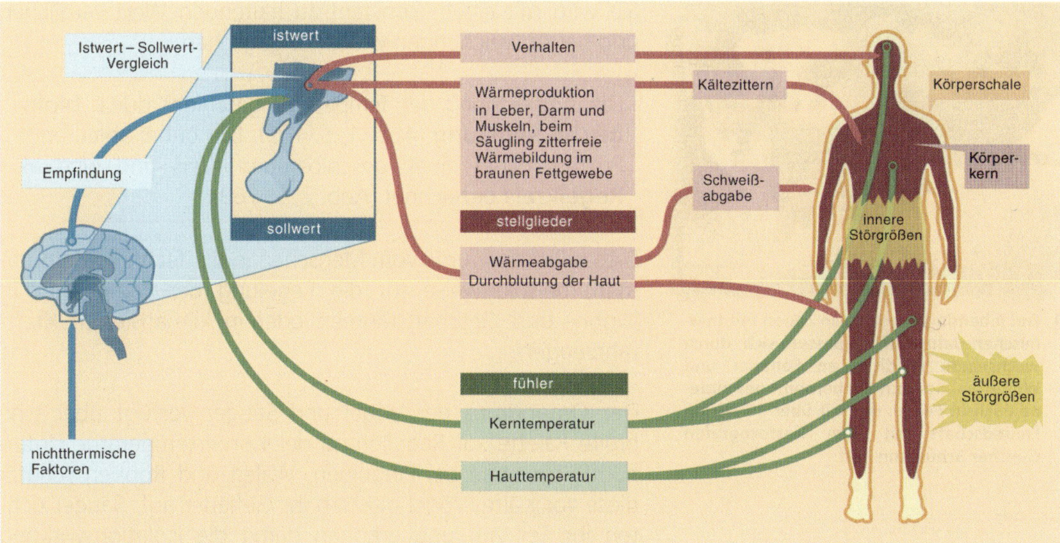

1 **Auf die konstant zu haltende Körpertemperatur wirken Faktoren wie Lufttemperatur, -feuchte und -geschwindigkeit, körperliche Betätigung und Kleidung. Thermorezeptoren befinden sich in der Haut und im Inneren des Körpers. Das Wärmeregulationszentrum befindet sich im Zwischenhirn.**

Viele Umwelteinflüsse, die auf Organismen einwirken, haben einen unmittelbaren Einfluss auf ihr Wohlbefinden oder gar auf ihre Lebensfähigkeit. So „funktionieren" alle Wirbeltiere nur dann, wenn ihre **Körpertemperatur** in einem bestimmten Bereich zwischen 0 °C und 45 °C liegt. Oberhalb dieses Bereiches kommt es zur Zerstörung lebensnotwendiger Eiweiße, unterhalb bilden sich Eiskristalle, welche die Zellen zerreißen. Wechselwarme Tiere, wie die Fische, Lurche und Kriechtiere, suchen eine entsprechende Umgebung auf und passen die Körpertemperatur der Umgebungstemperatur an. Vögel und Säuger dagegen halten ihre Körpertemperatur unabhängig von der Umgebung in einem engen Bereich. Bei Vögeln liegt er meist zwischen 40 °C und 42 °C, bei den Säugern zwischen 36 °C und 38 °C. Dies ist jedoch nur möglich, weil die tatsächliche Körpertemperatur ständig geprüft wird.

2 **Ein biologischer Regelkreis besteht aus einer Reihe von Elementen, die spezielle Aufgaben erfüllen:**
Die Regelgröße (Sollwert) ist der konstant zu haltende Zustand oder Vorgang des Organismus.
Die von außen und innen wirkenden Einflüsse auf die Regelgröße wirken als Störgröße.
Das Messglied (Rezeptor) ist die Mess- oder Registriervorrichtung, die den augenblicklichen Wert (Istwert) der zu regelnden Größe misst.
Der Regler vergleicht Istwert und Sollwert und informiert das Stellglied (Erfolgsorgan) über die Differenz (Stellgröße).
Das Stellglied beeinflusst nach Maßgabe der Stellgröße die Regelgröße so lange, bis der Sollwert wieder erreicht ist.

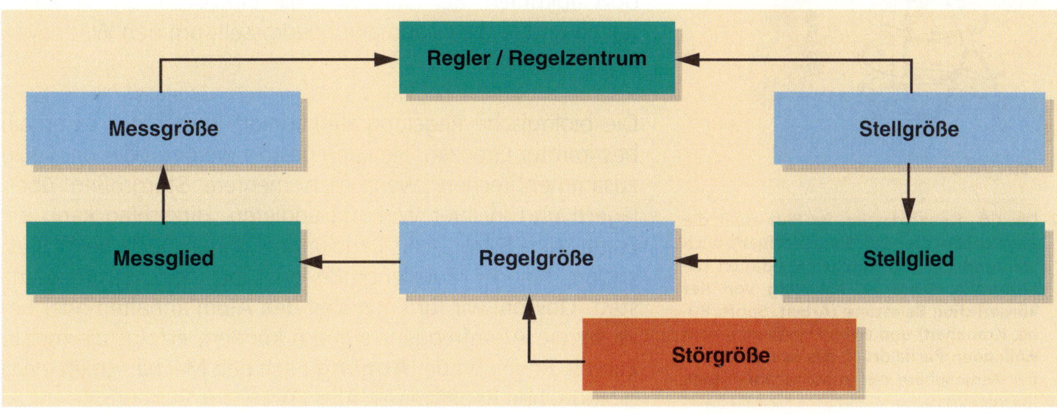

1 Frei lebende Säugetiere in Zonen mit thermischen Jahreszeiten passen sich durch wechselnde Felldicke an Sommer und Winter an. So auch die berühmt gewordene Füchsin Feline, die seit über 10 Jahren Freundschaft mit dem Tierfotografen Günther Schumann hält.

Sie wird mit einem konstant zu haltenden Wert verglichen und bei Abweichungen wieder angeglichen.

Die Angleichung der Temperatur geschieht durch **biologische Regelung** (Abb. 1, S. 169). Der dabei ablaufende Prozess bildet einen geschlossenen Kreis und wird als **Regelkreis** bezeichnet (Abb. 2, S. 169).

Dieses Prinzip wurde vom Menschen in die Technik übernommen, beispielsweise für die Regelung der Temperatur in Wohn- und Geschäftsräumen oder in klimatisierten Kraftfahrzeugen.

Der Organismus der Vögel und Säuger verfügt über eine breite Palette zur Regulierung der Körpertemperatur. Unterhautfettgewebe bei Pinguinen, Walen und Robben schützt diese vor Kälte. Vögel plustern ihr Gefieder auf, Säuger richten ihr Fell auf und erhöhen damit die Isolationswirkung (Abb. 1). Die „Gänsehaut" des Menschen erinnert an diese Reaktion bei unseren tierischen Vorfahren. Bei Abkühlung produziert der Organismus zusätzlich Wärme durch exotherme chemische Reaktionen des Stoffwechsels (biologische Oxidation) im Körperkern und in der Skelettmuskulatur. Bei niedrigen Außentemperaturen kann die Wärmebildung durch gesteigerte Muskeltätigkeit, das bekannte „Kältezittern", noch deutlich gesteigert werden.

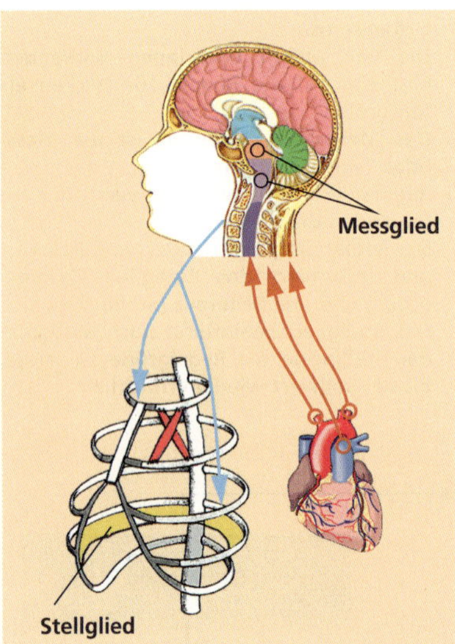

2 Die CO_2-Konzentration im Blut stellt die Regelgröße dar, der Sauerstoffverbrauch während der biologischen Oxidation die Störgröße. Diese ist abhängig von der körperlichen Belastung (Arbeit, Sport, Ruhe, Krankheit) und unter Umständen vom sinkenden Partialdruck des Sauerstoffs in der Atmosphäre mit zunehmender Höhe (Bergsteigen).

Bei zu hohen Außentemperaturen oder bei einer zu großen Wärmeproduktion im Körper muss dieser gekühlt werden. Das Hecheln bei Vögeln und Säugern dient hierfür, ebenso des Wedeln der Elefanten mit ihren großen, gut durchbluteten Ohren. Eine verbreitete Form der Kühlung ist Transpiration. Durch eine gesteigerte Schweißproduktion wird dem Körper durch Verdunstung Wärme entzogen. Schließlich erfolgt bei Hitzebelastung eine Erweiterung peripherer, d. h. hautnaher Blutgefäße. Dadurch gelangt mehr warmes Blut aus dem Körperkern an die Körperoberfläche und kann sich dort abkühlen. Bei Kälte wird die Blutzufuhr an die Oberfläche und in die Gliedmaßen gedrosselt, um den Wärmeverlust zu minimieren.

Die biologische Regelung funktioniert immer nur innerhalb bestimmter Grenzen. Sie kann gestört werden oder gar völlig zusammenbrechen, wenn sich mehrere Störgrößen überlagern und in ihrer Wirkung addieren. Hitzschlag kann die Folge sein. Biologische Regelungen finden auch beim Blutzucker, bei der Pupillengröße oder bei der Atemfrequenz statt. Obwohl wir für kurze Zeit den Atem anhalten oder bewusst die Atemfrequenz steuern können, erfolgt die meiste Zeit die Regelung der **Atmung** nach den Mechanismen eines biologischen Regelkreises (Abb. 2).

3.1.3 Sinnesleistungen und ihre Veränderungen

Die Sinnesleistungen des Menschen sind von größter Bedeutung für das eigene Leben in der Gesellschaft und ihrer Beziehungen zur Natur. Individuen, darunter die Menschen, können sich an der Kommunikation (s. S. 159) u. a. deshalb beteiligen, weil sie die als Reize (Abb. 1) wirkenden Übertragungskanäle von Informationen aus der Umwelt, aber auch aus dem eigenen Körper mit ihren Sinneszellen bzw. Sinnesorganen (Rezeptoren) aufnehmen und mit bestimmten Reaktionen der Erfolgsorgane (Effektoren) darauf antworten können (s. Abschnitt 3.1.2).

Die verschiedenen Sinnesleistungen – Hören, Sehen, Riechen, Schmecken, Tasten u. a. – ergänzen sich wechselseitig, so dass Menschen und Tiere als Empfänger wie als Sender über mehrfache Zugänge zu Kommunikation und Information verfügen.

Jede Sinnesleistung ist mit einem ganz bestimmten Sinnesorgan und ganz bestimmten Übertragungskanälen der Kommunikation verbunden, z. B. Hören – Ohr – Schall. Der Ausfall einer Sinnesleistung schränkt auch die Kommunikationsfähigkeit ein. Mittels Fernsehgerät kann man dies nacheinander durch Abstellen des Tons oder durch Abdecken des Bildschirms leicht überprüfen.

Das **Hören** ist für uns Menschen besonders wichtig, denn es stellt den Zugang zur Sprache dar. Damit bildet es eine wichtige Voraussetzung zur Gestaltung unserer zwischenmenschlichen Beziehungen. Doch die Hörfähigkeit ist älter als die menschliche Sprache und dient nicht nur der sprachlichen Kommunikation. Auch viele andere Lebewesen, die in Sozialverbänden leben, verständigen sich über Lautäußerungen.

Durch das Hören sind wir akustisch mit unserer Umwelt verbunden und können **Schall,** also Geräusche, Sprache, Musik oder Lärm, empfangen. Eine wichtige Sinnesleistung dabei sind auch die Unterscheidungen nach Entfernung und Richtung der Schallquelle. Schall, den er selbst erzeugt, gibt dem Menschen eine akustische Rückmeldung zur Regelung seiner eigenen Stimme nach Lautstärke oder Tonhöhe.

Die Menschen können jedoch nicht jeden Schall wahrnehmen (Abb. 2). Der Hörbereich hängt von der Frequenz (Tonhöhe) des Schalls und seiner Amplitude (Lautstärke) ab. Der Hörbereich des menschlichen Ohrs umfasst Frequenzen von 16 Hz bis 20 000 Hz. Seine Hörempfindlichkeit ist aber zwischen 2 000 Hz und 5 000 Hz am größten. Schall wird nur zwischen Hör- und Schmerzschwelle wahrgenommen.

Rezeptorentyp	Wahrnehmung
Mechanorezeptoren	Druck, Schall, Berührung, Beschleunigung
Chemorezeptoren	Geschmack, Geruch
elektromagnetische Rezeptoren	Licht, Elektrizität, Magnetismus
Thermorezeptoren	Wärme, Kälte, Temperaturunterschiede
Schmerzrezeptoren	Schmerz, Druck, starke Hitze, chemische Stoffe

1 Nach der Art des Reizes können beim Menschen fünf Typen von Rezeptoren unterschieden werden. Sie ermöglichen ihm, vielfältige Nachrichten zu empfangen. In vielen Fällen wird der Mensch von Leistungen aus der Tierwelt übertroffen.

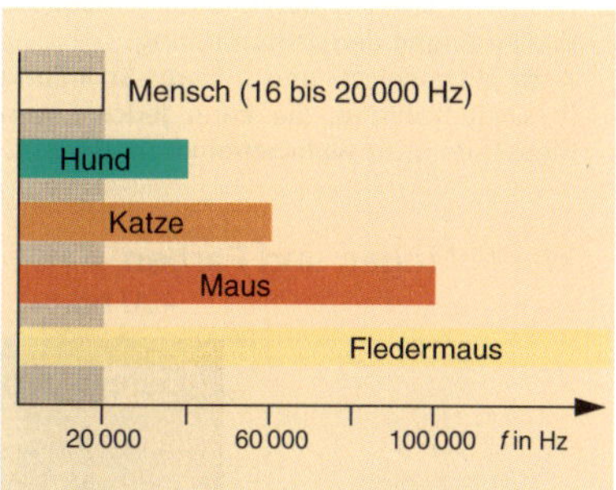

2 Eine Reihe von Tieren kann Töne im Ultraschallbereich erzeugen und hören. Diese sind für den Menschen nicht wahrnehmbar, weil sie nicht in seinem Hörbereich liegen.

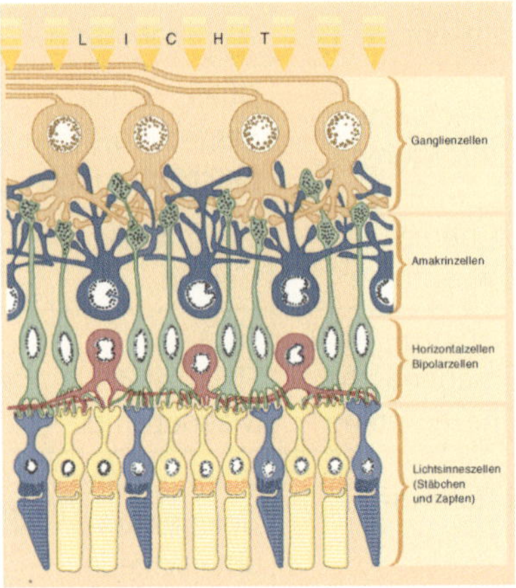

1 In der Netzhaut befinden sich auch die Lichtsinneszellen Stäbchen (125 Mio.) und Zapfen (6 Mio.). Letztere ermöglichen das Farbensehen.
Nachtaktive Säugetiere, z. B. Katzen, besitzen weniger Zapfen. Damit können sie auch bei geringstem Licht gut sehen.

Das Hörorgan **Ohr** wandelt mechanische Reize in elektrische Impulse um und sendet diese über Nervenbahnen an das Gehirn, wo sie mit Erregungen (s. S. 168) aus anderen Übertragungskanälen zu einem Gesamtbild von einer Nachricht zusammengefügt werden.

Beim Menschen wie bei den meisten Säugetieren befindet sich das **Gleichgewichtsorgan** im Innenohr. Mit seiner Hilfe wird sowohl die Lage des Körpers (eigentlich des Kopfes) in Bezug auf die Schwerkraft als auch die Richtung und Größe einer linearen Beschleunigung ermittelt. Die dabei entstehenden elektrischen Impulse werden vom Kleinhirn verarbeitet und gegebenenfalls mit Ausgleichsbewegungen beantwortet – der Körper hält das Gleichgewicht.

Das **Sehen** ermöglicht uns den Zugang zu den Gegenständen der Umwelt und die räumliche Orientierung in ihr. Wir empfangen **Licht**signale. Wichtige Leistungen unserer Lichtsinnesorgane sind das Unterscheiden von Hell und Dunkel, das Farbensehen, das Scharfsehen von Gegenständen unabhängig von ihrer Entfernung, das Bewegungssehen und das räumliche Sehen. Etwa 70 % aller Sinneszellen des Menschen sind Lichtsinneszellen (Abb. 1).

Auch der Sehbereich des Menschen ist begrenzt. Wir können nicht jedes Licht wahrnehmen, sondern nur den Wellenlängenbereich zwischen dem ultravioletten und dem infraroten Licht, der von 390 nm und 780 nm begrenzt ist und der aus der Sicht des Menschen die Bezeichnung „sichtbares Licht" erhalten hat. Das Sehorgan **Auge** wandelt die Lichtinformationen in komplizierten Prozessen in Erregungen um, die der Sehnerv an das Gehirn zur weiteren Verarbeitung leitet. Räumliches sehen wie optische Täuschungen sind Leistungen des Gehirns.

2 Farben entstehen durch unterschiedliche Wellenlängen der Lichtstrahlung.
Auch Ultraviolett- und Infrarot-Strahlung ist Lichtstrahlung. Sie kann jedoch vom Menschen nicht wahrgenommen werden.

Innerhalb des sichtbaren Spektralbereichs der elektromagnetischen Strahlung kann das menschliche Auge etwa 160 **Farbtöne** unterscheiden. Das ist aufgrund der unterschiedlichen Wellenlängen des Lichtes möglich (Abb. 2).
Farben können durch **Farbstoffe** erzeugt werden (s. S. 173).

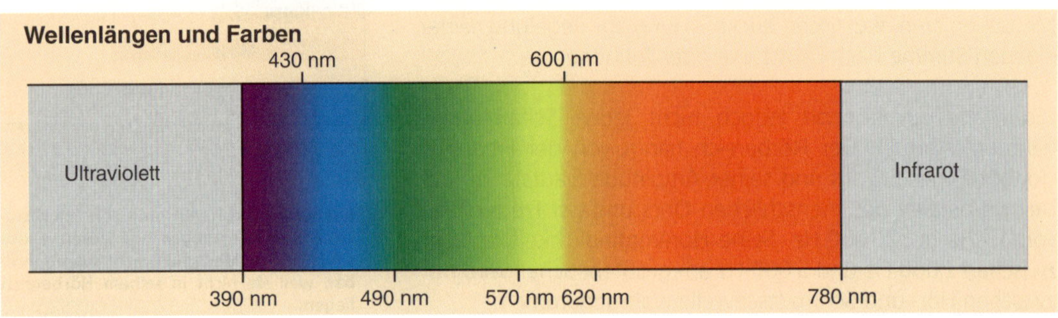

Farbstoffe und Lebensmittelfarben

Farbstoffe sind Mittel zur Farbgebung von Textilien, Leder, Pelzen, Papier, Holz, Baumaterialien und auch von Lebensmitteln. Nach ihrer Herkunft unterscheidet man **Naturfarbstoffe** von **synthetischen Farbstoffen.** Farbstoffe sollen Gegenstände ansehnlicher (schöner) und haltbarer machen, damit ihren Wert steigern.

Naturfarbstoffe sind pflanzlichen oder tierischen Ursprungs. Sie stammen aus Hölzern, Blüten, Blättern oder aus dem Blut. Einige waren schon im Altertum bekannt (Purpur), andere waren über Jahrhunderte wichtige Textilfarben (Indigo, Krapp). Die synthetischen Farbstoffe können heute **naturidentisch** hergestellt werden, oder sie sind **künstliche** Farben, die in der Natur nicht vorkommen.

1 Safran ist ein Liliengewächs mit Zwiebel. Zur Gewinnung des Farbstoffes müssen die Blüten gesammelt werden. In Anatolien (nördlich von Ankara) hat eine ganze Stadt ihren Namen danach erhalten: Safranbolu.

Lebensmittelfarben sollen den Eindruck von Frische und Qualität vermitteln und sogar auf den Geschmack schließen lassen. „Das Auge isst mit" – diese Binsenweisheit wird natürlich von Lebensmittelherstellern genutzt, um über bestimmte Farbgebungen zum Kauf anzureizen, denn Farben sind von großem Einfluss auf unser Kaufverhalten. Beispielsweise wird Blau im Zusammenhang mit Lebensmitteln abgelehnt, bei Mentholbonbons vermittelt es jedoch die Empfindung von Kühle und Frische. Grün verbinden wir mit Natur und Gesundheit, Rot wirkt aktiv, Gelb erinnert an reife Früchte und Getreideähren. Mit Farbe kann man auch das Geschmacksempfinden beeinflussen: Färbt man gleiche Bonbons statt rot einmal gelb, schmecken sie uns gleich etwas saurer. Blasse Lebensmittel finden wir im Geschmack fader als gefärbte.

Heutzutage sind Lebensmittel durch verschiedene Konservierungsverfahren oft sehr lange haltbar. Doch während einer längeren Lagerung verblassen die natürlichen Farben. Gefärbte Lebensmittel hingegen wirken frisch und appetitlich. Auch wenn die Ausgangsprodukte für unsere Nahrungsmittel durchaus im Farbton variieren können, die endgültige Farbe des Fertigproduktes wird mittels Farbstoffen stets gleichbleibend gehalten.

Werden den Lebensmitteln Farbstoffe zugesetzt, müssen diese auf der Verpackung angegeben werden. Wie für alle anderen Lebensmittelzusatzstoffe gelten in Europa (E) einheitliche Kennzeichnungen. So bedeutet z. B. die Nummer E 120 echtes Karmin, E 140 Chlorophyll, und E 160 steht für Beta-Carotin. Es handelt sich dabei um zugelassene Lebensmittelfarbstoffe, die als gesundheitlich unbedenklich gelten.

Zum Färben von Lebensmitteln werden industriell ebenfalls drei Gruppen von Farbstoffen genutzt: natürliche (z. B. Chlorophyll aus grünen Pflanzen, Beta-Carotin aus Karotten, echtes Karmin aus der Scharlach-Schildlaus), naturidentische und künstliche Farbstoffe. Auch wenn es in der Gegenwart nicht mehr weit verbreitet ist, in jedem Haushalt lassen sich durch die Verwendung von Paprika, Spinat, Eigelb, Tomatensaft oder Safran (Abb. 1) leicht Lebensmittel mit Lebensmitteln färben.

Riechen und **Schmecken** sind eng miteinander verbunden. Dadurch kommt eine Vielzahl von Geschmacksempfindungen zustande. Wichtige Verhaltensweisen, wie Nahrungsaufnahme, Orientierung und Fortpflanzung, sind eng an das Riechen gebunden. Gerüche sind von entscheidender Bedeutung für unser Gefühlsleben. Sie bleiben lange im Gedächtnis gespeichert, sind uns oft auch ohne Riechstoff gegenwärtig.

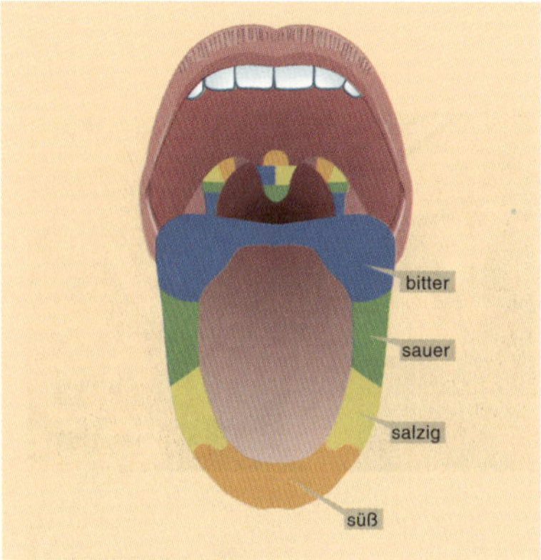

1 Sinneszellen auf unserer Zunge bilden so genannte Geschmacksknospen. Sie sind auf bestimmte Bereiche der Zunge verteilt und können jeweils nur eine der vier bekannten Geschmacksrichtungen erkennen: süß, sauer, salzig und bitter.

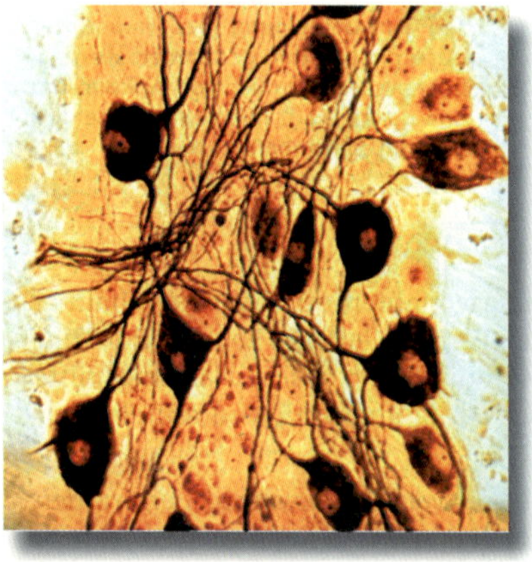

2 Nervenzellen sind die kleinsten Bauelemente des Nervensystems. Sie bestehen aus dem Zellkörper und seinen kurzen und langen Fortsätzen. Nervenzellen nehmen Impulse auf und leiten sie weiter.

Durch Riechen und Schmecken können wir **chemisch codierte Nachrichten** empfangen. Zu den Leistungen des Geruchs- und des Geschmackssinns gehören das Unterscheiden mehrerer Tausend verschiedener Duftqualitäten, wie brenzlig, würzig, faulig oder fruchtig, und das Wahrnehmen einiger Geschmacksqualitäten, wie sauer, süß, bitter oder salzig.

Das Riechorgan **Nase** und die Geschmacksorgane **Gaumen** und **Zunge** (Abb. 1) nehmen Geruchs- bzw. Geschmacksstoffe mit Hunderten von Rezeptortypen auf und senden wiederum elektrische Impulse zur Weiterverarbeitung in das Gehirn (Abb. 2 und 3).

Das **Tasten** ermöglicht uns, durch Berührung den Ort und die Form von Gegenständen unserer Umgebung, ihre Oberflächenbeschaffenheit, Temperatur und das Material, aus dem sie bestehen, zu erfahren. Es ermöglicht Personen, die nicht Sehen können, durch das Lesen der Blindenschrift Signale zu empfangen. Das Tasten gehört auch zu den Untersuchungsmethoden von Medizinern.

Tastorgan ist vor allem die **Haut,** die berührungsempfindliche Nervensinneszellen besitzt. Hierbei handelt es sich um abgewandelte Fortsätze von Nervenzellen (Tastkörperchen), um Sinneszellen (Abb. 3) mit feinen Härchen oder um freie Nervenendigungen. Diese liegen frei in der Oberhaut oder umschlingen in der Lederhaut die Haarwurzeln. Berührungsrezeptoren sind in den einzelnen Körperregionen sehr unterschiedlich verteilt.

Eng verbunden mit der Haut ist der **Temperatursinn.** Unser Körper verfügt über zwei Arten von Thermorezeptoren in der Haut und in den Schleimhäuten: Warmpunkte und Kaltpunkte. Wie bei der Berührung und dem Schmerz ist die Empfindlichkeit für warm und kalt auf Punkte der Haut beschränkt (s. S. 176). Auf der Handfläche beispielsweise befinden sich 1 bis 5 Kaltpunkte und nur 0,4 Warmpunkte pro Quadratzentimeter. Im Innern des Körpers messen Thermorezeptoren die Bluttemperatur.

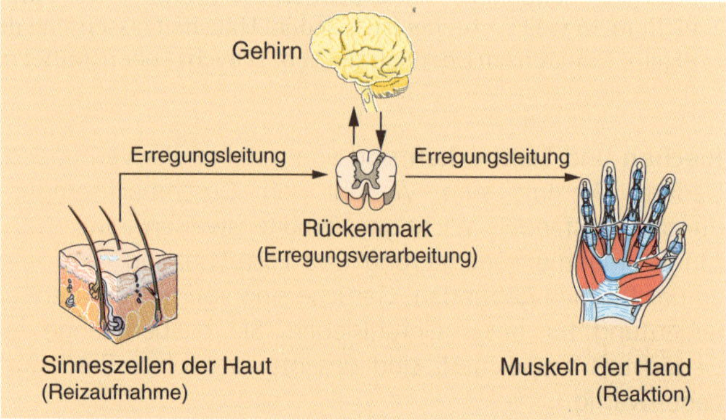

3 Wie die Sinneszellen der Haut sind auch die Rezeptoren der anderen Sinnesorgane über Nervenzellen mit Rückenmark und Gehirn verbunden, wo die einlaufenden Informationen verarbeitet und Antworten eingeleitet werden. Diese gelangen wieder über Nervenzellen zu den ausführenden Organen.

Sinnesleistungen, mit denen Tiere den Menschen übertreffen

Tiere sind zu Sinnesleistungen fähig, die den unseren oft weit überlegen sind. Das betrifft sowohl solche Sinne, über die der Mensch ebenfalls verfügt, als auch Sinnesleistungen, die wir überhaupt nicht vollbringen können.

Mit ihrem **Hörsinn** nehmen Tiere ein weit größeres Frequenzspektrum wahr als wir Menschen. Das betrifft keineswegs nur Säugetiere, wie Hunde. Insekten besitzen feine Körperhaare oder Ohren an den Vorderbeinen, mit denen sie summende Geräusche aufnehmen können. Einige Motten registrieren sogar die Ultraschalltöne der Fledermäuse und können ihnen dadurch ausweichen. Tiefe Töne im Infraschallbereich erzeugen und empfangen Flusspferde, Nashörner, Elefanten und Alligatoren. Fische nehmen niederfrequenten Schall mit ihrem Seitenlinienorgan wahr. Es dient weiterhin der Wahrnehmung von Wasserströmungen und Druckwellen.

Beim **Gesichtssinn** sind es die Bienen, die auch UV-Licht wahrnehmen. Klapperschlangen können wie alle Grubenottern mit einem speziellen Organ Infrarot-Licht sehen und so auch in völliger Dunkelheit ihre Beute durch geringste Temperaturabweichungen lokalisieren. Während der Mensch etwa 50 Lichtblitze in der Sekunde als Einzelblitze wahrnehmen kann, sind es bei Insekten bis zu 330 Blitze. Damit können die Insekten mit ihren Komplexaugen sehr schnelle Bewegungen erfassen. Ein Insekt würde beim Betrachten eines Kinofilmes nur eine Folge von Standbildern sehen. Wollen wir mit der Hand eine Fliege erfolgreich fangen, müsste sich diese aus ihrer Sicht in Zeitlupe nähern. Auch Greifvögel sind in der Lage, „schnell" zu sehen.

Auch mit dem **Geruchssinn** übertreffen Tiere den Menschen (Abb. 1). Das betrifft auch hier Säuger, wie Reh oder Wolf, und Insekten, die z. B. Nahrungsquellen über größte Entfernungen wahrnehmen können. Lachse orientieren sich auf ihrer Wanderung aus dem Meer in die Flüsse, in denen sie selbst geschlüpft sind und nun laichen wollen, zunächst an der Sonne. Später folgen sie der Spur bekannter chemischer Stoffe ihres Heimatgewässers, bis sie ihr Ziel erreicht haben.

Mit ihrem **Magnetsinn** erkennen Hammerhaie auch bei völliger Dunkelheit das Relief des Meeresbodens. Ihr breiter Kopf ermöglicht einen geringen Abstand der Messfühler. So wird die Ortung verbessert. Auch Zugvögel, Brieftauben und Wale besitzen diesen Sinn (Abb. 2). Vor großen Erdbeben konnte mehrfach beobachtet werden, dass Tiere unruhig wurden und nach Möglichkeit das betreffende Gebiet verließen. Vermutlich nahmen sie rechtzeitig Veränderungen des Magnetfeldes wahr.

Einige Tierarten, wie der Hai und das Schnabeltier, messen mittels **Elektrosensoren** Veränderungen des elektrischen Feldes, die durch andere Lebewesen hervorgerufen werden, und finden so ihre Beute. Elefantenrüsselfische (Abb. 3) senden und empfangen Stromimpulse. Sie orientieren sich damit auch in trübem Wasser.

1 Nehmen Hunde die Fährte eines Menschen auf, folgen sie der im Schweiß vorhandenen Buttersäure. Diese Fähigkeit wird beispielsweise bei Polizei- und Lawinenhunden genutzt. Selbst Drogen, Sprengstoffe und Krankheiten des Menschen können sie wittern.

2 Das Stranden ganzer Walschulen – jährlich kommen dadurch etwa 1 000 bis 2 000 Wale ums Leben – liegt wahrscheinlich an einer Störung ihres Magnetsinns. Es gibt auch Auffassungen, wonach sie Opfer menschlicher Signale unter Wasser sind.

3 Elefantenrüsselfische (auch Elefantenfisch oder Tapierfisch genannt) leben in Flüssen und Seen Zentralafrikas. Sie sind nachtaktiv und ernähren sich vorwiegend von Mückenlarven.

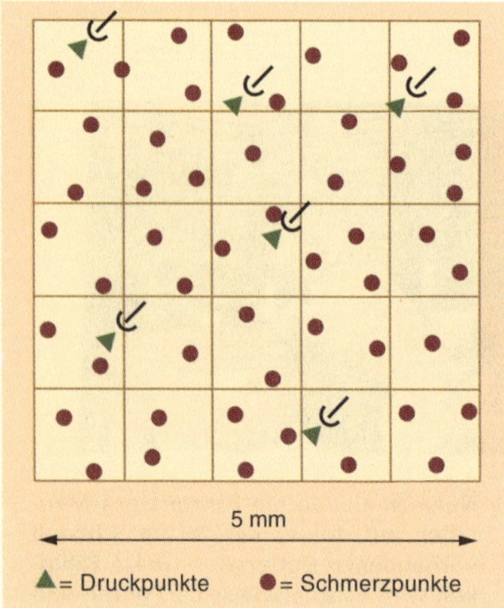

1 Schmerz und Druck werden punktförmig empfunden. Schmerzpunkte (Kreise) sind im Unterarmbereich häufiger vertreten als Druckpunkte (Dreiecke).

2 Alkohol und Drogen haben verheerende Wirkungen auf unser Sinnes- und Nervensystem: Wie bei zu hohen Geschwindigkeiten wird der Blickwinkel eingeschränkt. Viele Informationen am Rande des Gesichtsfeldes gehen verloren. Die Unfallgefahr wächst. Experten sprechen vom „Tunnel- oder Röhreneffekt".
Zum bekannten Doppelsehen führt das Erschlaffen der Augenmuskulatur. Die Folge ist die Einbuße der räumlichen Wahrnehmung und damit der zunehmende Verlust der Abstandserkennung.

Schmerzen sind im Unterschied zu den anderen Sinnesempfindungen stets Zeichen aus dem eigenen Körper. Über das **Schmerzempfinden** signalisiert uns der Organismus Gefahr. Verschiedene Typen von Schmerzrezeptoren liegen als freie Nervenendigungen in der Haut (Abb. 1). Sie reagieren auf Druck, starke Hitze oder chemische Stoffe. Liegt die Ursache für den Schmerz *außerhalb* des Körpers, reagieren wir z. B. mit einer Rückzugsbewegung. Schmerzempfindungen *im* Körper sind meist ein Hinweis auf Erkrankungen.

Unser Sinnes- und Nervensystem bleibt im Laufe unseres Lebens nicht immer gleichermaßen funktionsfähig und gibt ankommende Signale nicht immer objektiv wieder.

> Die Leistungsfähigkeit unserer Sinnersorgane unterliegt im Verlaufe des Lebens ständigen Veränderungen. Diese hängen vom Lebensalter und auch von der Lebensweise ab.

Bei einem Baby dauert es zunächst mehrere Wochen, bis der **Gesichtssinn** voll ausgebildet wird. Bei den meisten Erwachsenen geht das Vermögen der Linse allmählich verloren, sich an die unterschiedlichen Entfernungen anzupassen. Sie benötigen eine optische Korrektur in Form einer Brille. Nicht selten tritt auch eine Trübung der Linse ein, was nur operativ verändert werden kann. Auch eine regelmäßige Kontrolle des Augendrucks ist mit zunehmendem Lebensalter erforderlich.

Verbreitet ist ebenso ein Nachlassen der **Hörfähigkeit** mit zunehmendem Alter. Insbesondere treten Einbußen bei der Wahrnehmung in hohen Frequenzen und bei der Lautstärke auf. Durchschnittlich sinkt die obere hörbare Frequenzgrenze beim Menschen täglich um 0,5 Hz.

Diese altersbedingten Erscheinungen werden nachweislich verstärkt durch eine langfristige **Reizüberlastung** im Jugend- und Erwachsenenalter, beispielsweise durch schlechte Lichtverhältnisse beim Lesen und Arbeiten oder zu große Lautstärken, die von Diskotheken, dem Walkman oder von Arbeitsgeräuschen ausgehen. Alkohol und Drogen beeinträchtigen unsere Sinnesleistungen in gravierender Weise. So setzt Alkohol unsere Sehschärfe um 5 % bis 20 % herab (Abb. 2). Störungen des Gleichgewichtssinnes und Bewusstseinsstörungen sind weitere mögliche Wirkungen von Alkohol und Drogen auf unser Sinnes- und Nervensystem.

Beim komplizierten Prozess der Informationsverarbeitung im Gehirn sind unbewusst Vorurteile sowie persönliche Erfahrungen und Erwartungen beteiligt. Sie können dazu führen, dass wir die Dinge in einer Art wahrnehmen, die der Realität nicht entspricht. Solche Wahrnehmungen werden als **Sinnestäuschungen** bezeichnet.

3.1.4 Aufgaben

Informationen in der Natur

1. Die Priester im alten Ägypten legten die Höhe der Grundsteuer für die Fellachen nach dem Wasserstand des Nils fest, da die Ernteerträge von ihm abhängig waren. Abgelesen wurde in einem Brunnenschacht im Vorhof des Amonstempels von Luxor, der über ein Leitungssystem mit dem Brunnen verbunden war. Für die Information sorgte also die Natur, die Menschen ordneten ihr eine bestimmte Bedeutung zu.
   Solche Informationszusammenhänge gibt es viele, z. B. in den Bauernregeln.
   a) Erkundige dich nach natürlichen Anzeichen für die Wetterprognose!
   b) Warum bleiben Wetterprognosen immer mit Unsicherheiten behaftet?
   c) Forsche nach weiteren Informationen aus der Natur und den Bedeutungen, die ihnen der Mensch zuordnet!

2. Eine Uhr versorgt uns vor allem mit Zeitinformationen. Ziemlich genau lässt sich mit einer Zeigeruhr bei Sonnenschein jedoch auch die Himmelsrichtung Süden ermitteln.

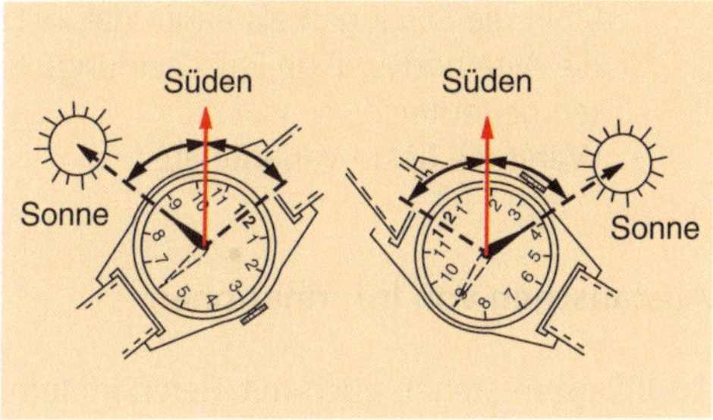

   a) Ermittle zu verschiedenen Tages- und Jahreszeiten vom gleichen Standpunkt die Himmelsrichtung Süden mit einer Zeigeruhr!
   Halte die Ergebnisse in Horizontskizzen fest und trage markante Gegenstände in acht Himmelsrichtungen ein!
   b) Erläutere, wieso mit der Uhr Süden ziemlich exakt bestimmt werden kann!
   c) Welche anderen Möglichkeiten bestehen, um in der Natur zu Informationen über Himmelsrichtungen zu kommen?

3. Naturgesetze wirken stets unter bestimmten Bedingungen. Lebewesen versuchen, sich den naturgesetzlichen Gegebenheiten anzupassen, um ihr Leben zu erhalten und zu verbessern. Pflanzen und Tiere können auch die Bedingungen, die das Wirken von Naturgesetzen auslösen, verändern.
   Erläutere Beispiele für das Anpassen von Pflanzen und Tieren an Naturgesetze und für das Verändern von Bedingungen, die Naturgesetze auslösen!

4. Die Fähigkeit zum Lernen ermöglicht Tieren besondere Lebensweisen und Überlebensstrategien. Die Ratte zählt zu den großen Überlebens„künstlern".
   Erläutere, welche Rolle beim Lernen die Informationen spielen!

Wahrnehmen von Informationen

5. Tierlaute lassen sich mit technischen Speichermedien exakt aufnehmen und wiedergeben, so dass selbst Artgenossen auf ihre Wiedergabe aus dem Lautsprecher hereinfallen. An der Verarbeitung von Sinneswahrnehmungen in der Großhirnrinde des Menschen sind jedoch persönliche Erfahrungen und Erwartungen beteiligt.

   a) Interpretiere die Zeichnung und sammle unter Nutzung beispielsweise von papiernen oder virtuellen Wörterbüchern weitere Beispiele!
   b) Erläutere an anderen Beispielen, dass Informationen einen objektiven Gehalt haben, ihre Wahrnehmung und Verarbeitung jedoch subjektiv unterschiedlich erfolgen kann!

6. Das Wahrnehmen kann auch zu Sinnestäuschungen – unter ihnen optische Täuschungen – führen.

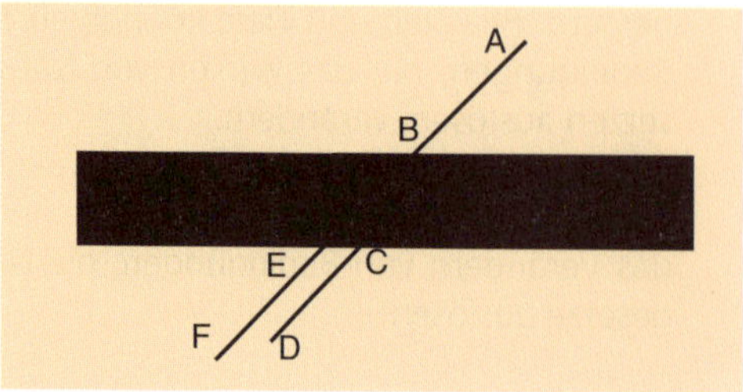

a) Versuche, ohne Hilfsmittel festzustellen, welche der beiden Linien C–D oder E–F die Verlängerung der Linie A–B darstellt!
b) Überprüfe dein Ergebnis mit einem Lineal!

7. Der Täuschungseffekt wird abgeschwächt, wenn zusätzlich sinngebende Elemente aus dem Bewusstsein des Wahrnehmenden oder aus der Realität hinzukommen.
Bekannte Beispiele hierfür sind auch die so genannten Kippbilder.

a) Beschreibe, welche zwei Personen du auf dem Bild wahrnehmen kannst!
b) Nenne und beschreibe andere Sinnestäuschungen!
c) Erläutere in diesem Zusammenhang die Begriffe „objektive Informationen" und „subjektive Informationen"!

8. Bienen und Ameisen verständigen sich mittels chemischer Signale über Nahrungsquellen, den Verlauf von Wegen oder über Feinde.
a) Überprüfe experimentell den Zuwachs an informierten Bienen an einem ausgestellten Schälchen mit Sirup!
Fertige ein Diagramm an, das über die Zeit und die jeweilige Anzahl von Bienen Auskunft gibt!
b) Beobachte, was geschieht, wenn ein stark benutzter Ameisenweg unpassierbar versperrt wird!
Wie schaffen sich die Ameisen eine neue Orientierung?

9. Ein Bauer, der einen Wolf, eine Ziege und einen Kohlkopf mit sich führt, will mit einem Boot einen Fluss überqueren. Die Beschaffenheit des Bootes erlaubt jeweils nur, den Kohlkopf, die Ziege oder den Wolf zu befördern. Da die Ziege den Kohlkopf und der Wolf die Ziege gern auffressen würden, dürfen diese Pärchen nie unbeaufsichtigt bleiben.
a) Wie bringt der Bauer seine Fracht unbeschadet an das andere Ufer?
b) Vergleiche deine Lösung mit der deiner Mitschüler!
Stellt die Lösungen als Baum dar, bei dem die Äste und Zweige Entscheidungsvarianten bedeuten!
Wählt die beste Variante aus!

Austauschen von Informationen

10. Pflanzen stehen auch mit Tieren im Informationsaustausch. Zum Beispiel informieren sie mit ihrer Blütenpracht und intensiven Düften Insekten, Vögel und andere Tiere über willkommene Nahrungsquellen, um schließlich über sie befruchtet zu werden.
a) Schildere andere Informationsbeziehungen zwischen Pflanzen und Tieren!
b) Nenne und erläutere Kommunikationsbeziehungen zwischen artgleichen und zwischen artfremden Tieren!

11. Es gibt das Alphabet der Gebärdensprache. Die Marine verwendet Flaggenzeichen zum

Informationsaustausch. Im Morsealphabet werden Zeichenvereinbarungen auf der Grundlage von Strichen, Punkten und Pausen verwendet. Es lassen sich auch Zeichen für eine eingeschränkte Gültigkeitsdauer vereinbaren: Klopfzeichen an der Tür oder Geheimschriften.

a) Fertige Übersichten über die genannten Alphabete an!
b) Untersuche die Alphabete nach ihren Möglichkeiten, Geschehnisse und Sachverhalte ausreichend darzustellen.

12. Man unterscheidet zwischen uni-, bi- und multidirektionaler Kommunikation.
    a) Erkläre Gemeinsamkeiten und Unterschiede zwischen diesen Formen der Kommunikation!
    b) Ordne ihnen verschiedene Beispiele zu und begründe deine Zuordnung!

13. Der Informationsaustausch zwischen Menschen ist reich an Möglichkeiten. Nicht jede Nachricht lässt sich gleich gut in den einzelnen möglichen Formen darstellen. Das soll am Beispiel der Vermittlung des folgenden Zaubertricks nachgewiesen werden:

Zwei Geldscheine werden mittig mit einer Büroklammer zusammengeheftet. Der obere Schein wird über die Klammern geschlagen. Mit einer zweiten Büroklammer dicht neben der ersten werden alle drei Papierlagen zusammen erfasst. Mit Daumen und Zeigefinger wird der gefaltete Schein wieder gestrafft. Im Ergebnis sind beide Klammern verhakelt.

a) Ermittle Aufwand und Zeit, um verschiedenen Personen den (ihnen unbekannten) Zaubertrick
   verbal,
   bildlich und
   in Kombination von Text und Bild
   beizubringen!
b) Belege mit anderen Beispielen, dass unterschiedliche Darstellungsformen für einen effektiven Informationsaustausch kombiniert werden!

14. Bei der Übertragung und Speicherung von Informationen in der Technik ist die Sicherheit ein wichtiger Aspekt.
    a) Warum führt die Digitalisierung von Informationen zu größerer Informationssicherheit?
    b) Erkundige dich, ob auch für digital gespeicherte Informationen Gefahren existieren!
    c) Seit einiger Zeit befindet sich die Sicherheit in Datennetzen, z. B. bei Telebanking oder vor Viren, in der Diskussion.
       Stelle solche Sicherheitsprobleme und ihre Lösungsmöglichkeiten zusammen!

15. Informationen können Entfernungen mittels stofflicher (Papier, Magnetband, Blut) oder energetischer (Wellen und Impulse) Träger überwinden. Nicht selten sind auch sehr unterschiedliche Übertragungskanäle gleichzeitig beteiligt.
    a) Welche natürlichen Grundlagen ermöglichen es dem Menschen, optisch und akustisch übertragene Informationen überhaupt wahrzunehmen?
    b) Wer oder was sendet und empfängt tatsächlich, wenn wir die Sternbilder ausmachen, uns im Videotext informieren oder das Gezwitscher einer Meise vernehmen?
    c) Wieso „sieht" die Fledermaus mit den Ohren?

Reizbarkeit

16. Beobachte die Reizbarkeit von Einzellern! Stelle einen Heuaufguss her und beimpfe ihn mit Wasser aus einem Tümpel! Entnimm nach einigen Tagen kleine Wasserproben und mikroskopiere!
    a) Welche Einzeller kannst du entdecken?
    b) Wie reagieren die Einzeller auf Berührungsreize (leichtes Anstoßen) oder auf Erschütterungen (leichtes Klopfen ans Mikroskop)?

17. Erkundige dich in einer Gärtnerei nach dem Angebot und der Pflege von Mimosen und „Fleisch fressenden" Pflanzen, wie Sonnentau und Venusfliegenfalle! Haltet einige dieser Pflanzen in der Schule und gestaltet eine Dokumentation über ihre Lebensansprüche und über ihre erstaunlichen Leistungen!

18. Untersuche die Reaktion von Keimlingen auf Licht!
    a) Bringe Samen (z. B. von Erbsen oder Bohnen) in einem Gefäß zum Keimen!
    b) Stülpe eine lichtundurchlässige Papphülse mit einer seitlichen Öffnung (s. Abb.) über das Gefäß und beobachte das Wachstum der Keimlinge! Erkläre deine Beobachtungen!

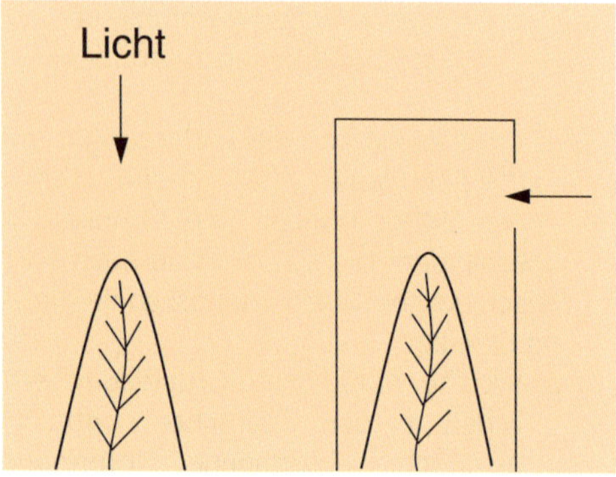

19. Untersuche die Wirkung der Gravitation auf das Pflanzenwachstum!
    a) Lass in zwei Blumentöpfen einige Samen auskeimen und die Pflänzchen etwas wachsen!
    b) Kippe danach einen der Töpfe um 90°!
    c) Vergleiche nach einigen Tagen die Wuchsrichtung von Spross und Wurzeln, die du vorsichtig aus dem Substrat löst! Welche Reize führen zu den festgestellten Reaktionen der Pflanzen?

20. Kurztagspflanzen spielen in vielen Gartenbaubetrieben eine große Rolle.
    a) Informiere dich, wie dort Kurztagsbedingungen geschaffen werden!
    b) Welche Arten werden auf diese Weise kultiviert?

21. Begründe, warum viele Pflanzen, z. B. Astern oder Dahlien, nur im Herbst blühen!

22. Für die Weiterleitung von Reizen bei Tieren sind deren Nervensysteme erforderlich. Die Nervensysteme von Wirbeltieren und von Wirbellosen unterscheiden sich deutlich.
    a) Nenne die Teile des Zentralnervensystems des Menschen!
    b) Welche Nervenbahnen befinden sich im Rückenmark des Menschen?
    c) Nenne die Nervensysteme der Wirbellosen und ordne ihnen jeweils Vertreter zu!

23. Reflexe gehören zu den Lebensprozessen von Organismen.
    a) Erkläre an Beispielen die Bedeutung von bedingten Reflexen bei Tier und Mensch!
    b) Was wird unter einem Reflexbogen verstanden?

24. Der Begriff Stress wird häufig benutzt. Diskutiert in der Gruppe über Stress! Beachtet dabei für euch persönlich bedeutsame Stressoren! Welche Möglichkeiten zum Abbau von evtl. vorhandenen Stresssituationen seht ihr?

25. Die Körpertemperatur des Menschen wird von Natur aus konstant gehalten. In bestimmten Grenzen werden Abweichungen davon wieder ausgeglichen.
    a) Erläutere die natürliche Regelung der Körpertemperatur im Regelkreis!
    b) Nenne Berufe bzw. Tätigkeiten von Menschen, bei denen dennoch besondere Mittel zur Regelung bzw. zum Schutz der Körpertemperatur notwendig sind!

Sinnesleistungen

26. Das Hören wird nicht selten als die wichtigste Sinnesleistung des Menschen bezeichnet.
    a) Begründe die genannte Auffassung!
    b) Nenne und erläutere Ursachen für die und Folgen der Gefährdung des Hörsinns!
    c) Erläutere Maßnahmen zur Lärmverminderung und zum Gehörschutz!

27. Exakte Lärmmessungen und die Darstellung ihrer Ergebnisse sind eine Voraussetzung zur Einleitung von Maßnahmen zur Lärmbekämpfung.
    Erstellt Lärmkarten für unterschiedlich belastete Siedlungsgebiete!
    Ein Beispiel zeigt die folgende Abbildung.

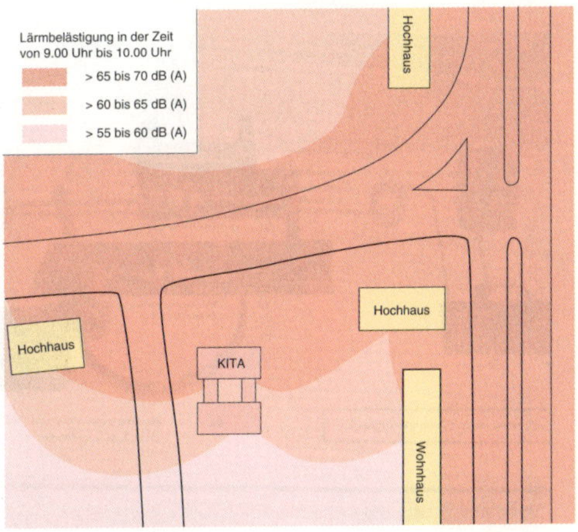

    a) Wählt die Siedlungsgebiete nach gründlicher Diskussion aus!
    b) Nehmt die Messungen mit dem Schallpegelmesser unter gleichbleibenden Bedingungen (z.B. Uhrzeit, Messdauer, Messhöhe) vor.
    c) Zeichnet die Karten und vergleicht sie miteinander sowie mit einem möglicherweise vorhandenen Lärmminderungsplan!

28. Das Sehorgan Auge vollbringt hervorragende Sinnesleistungen.
    a) Gib einen Überblick über die Leistungspalette des menschlichen Auges!
    b) Erläutere den Aufbau der Netzhaut und die Funktionen von Zapfen und Stäbchen!
    c) Zeichne einen Querschnitt durch das menschliche Auge und beschrifte ihn!
    d) Vergleiche das Auge mit einer Lochkamera!
    Welche Teile entsprechen sich in ihrer Funktion, welche Unterschiede bestehen?

29. In Verbraucherzentralen liegen gewöhnlich Informationen über Lebensmittelfarbstoffe und andere Zusatzstoffe aus.
    Fertige eine Übersicht über Herkunft und Bedeutung dieser Stoffe an!

30. Das Riechen wird in seiner Bedeutung manchmal unterschätzt.
    a) Worin besteht die Bedeutung des Riechens?
    b) Wie funktioniert das Riechen?

31. Unser Geschmacksempfinden ist von verschiedenen Faktoren abhängig.
    Prüft in Arbeitsgruppen diese Aussage an freiwilligen Versuchspersonen!
    a) Bringt einer Versuchsperson, deren Nase verschlossen und deren Augen verbunden sind, nacheinander verschiedene Getränke (z.B. Tee, Saft oder Kaffee) oder breiartige Lebensmittel (z.B. Früchte, Brotaufstrich oder Senf) in unterschiedlicher Reihenfolge mittels Pipette, Löffel oder Wattetupfer auf die Zunge!
    Zwischen den einzelnen Geschmacksproben muss mit Wasser gespült werden.
    Protokolliert, wie die Versuchsperson die einzelnen Substanzen benennt!
    Wertet das Ergebnis aus!
    b) Stellt verschieden schmeckende Lösungen, z.B. Zuckerlösung (10%ig), Salzlösung (10%ig), Essigsäurelösung (2%ig) oder Magnesiumsulfatlösung (5%ig) her!
    Gebt einer Versuchsperson, deren Nase verschlossen und deren Augen verbunden sind, nacheinander einige Tropfen der Lösungen auf verschiedene Zonen der Zunge (Spitze, Rand vorn, Rand hinten, Zungengrund).
    Zwischen den einzelnen Geschmacksproben muss mit Wasser gespült werden.
    Tragt die von der Versuchsperson geäußerten Geschmacksempfindungen mit verschiedenen Farben in eine Umrissskizze der Zunge ein!
    Wertet das Ergebnis aus!

3.2 Informationsübertragung mittels Technik

Die Kommunikation wird technisch vermittelt

Ohne technische Kommunikationsmittel ist eine Informationsübertragung kaum noch möglich. Diese technischen Mittel entwickeln sich immer rascher. Vor allem Qualität und Geschwindigkeit der Übertragung nehmen zu.

Welche technischen Kommunikationsmittel stehen dem Menschen in der Gegenwart zur Verfügung?
Wie vollzog sich die Entwicklung der technischen Informationsübertragung?

Mit der Funkenentladung fing alles an

Die modernen drahtlosen Kommunikationsmittel leiteten eine völlig neue Qualität bei der Verbreitung von Nachrichten ein. Die grundlegende Voraussetzung dafür war der Nachweis der elektromagnetischen Wellen.

Wie vollzog sich die Entwicklung der drahtlosen Kommunikation mittels Rundfunk?
Welche Erfindungen und Entwicklungen waren erforderlich, um die heutige Qualität zu erreichen?

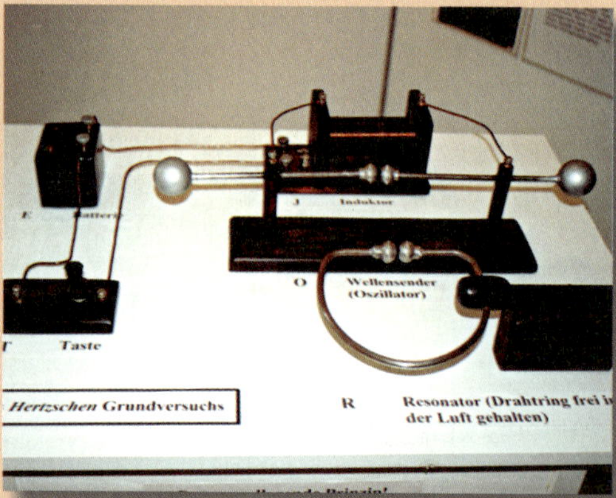

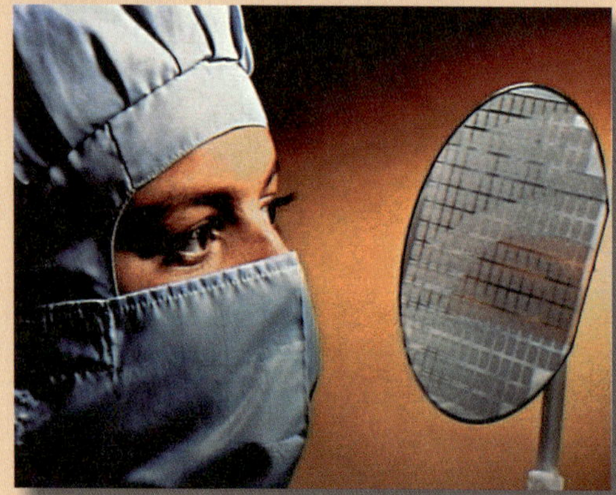

Mikroelektronik braucht Speicherchips

Die moderne Informationsübertragung und -verarbeitung kommt ohne leistungsfähige Speicherchips nicht aus. Die Herstellung immer größerer Waferscheiben erfordert ganz spezielle Technologien.

Mit welchen Technologien entstehen die für die Speicherchips unentbehrlichen Waferscheiben?
Welche Rohstoffe stehen für die Chip-Produktion zur Verfügung, wie können sie später entsorgt werden?

3.2.1 Technische Kommunikationsmittel und ihre Entwicklung

Hören und Sehen sind die wichtigsten Sinnesleistungen des Menschen, um mit anderen Menschen und mit seiner Umwelt kommunizieren zu können (s. Abschnitt 3.1.3). Damit erhalten auch die Nachrichtenübertragungskanäle Schall und Licht besondere Bedeutung.

Die **Kommunikation** zwischen den Menschen ist **unmittelbar,** von Angesicht zu Angesicht möglich. Sie findet aber auch – und das in zunehmendem Maße – **technisch vermittelt** statt (Abb. 1). In beiden Fällen spielt die Sprache, die den Menschen wesentlich von anderen Lebewesen unterscheidet, unter allen Zeichensystemen eine herausragende Rolle. Sie ist jedoch ein natürliches Kommunikationsmittel.

Weil Sprache, Ohr und Auge für die unmittelbare Kommunikation recht begrenzte räumliche und zeitliche Reichweiten haben, strebten die Menschen seit ihrer Existenz danach, diese Reichweiten zu vergrößern. Das konnte nur in enger Wechselwirkung mit der allgemeinen gesellschaftlichen Entwicklung, insbesondere jedoch mit der wirtschaftlich-technischen geschehen. Im Laufe der Geschichte entwickelten die Menschen so einen riesigen Schatz an akustisch und optisch wirkenden technischen Kommunikationsmitteln, mit deren Hilfe räumliche und zeitliche Entfernungen überwunden werden können.

Technische Kommunikationsmittel dienen den Menschen zur Überwindung räumlicher und zeitlicher Entfernungen zum Zwecke der Nachrichtenübertragung.

Zu den technischen Kommunikationsmitteln gehören neben ihren frühen Formen, die teilweise bis heute weiter wirken (Abb. 2), die Massenkommunikationsmittel (s. Abschnitt 3.3.2), wie **gedruckte Medien,** Rundfunk, Film/Kino und Unterhaltungselektronik, die Telekommunikationsmittel zur Sprach-, Text-, Festbild-, Bewegtbild- und Datenkommunikation sowie die Nachrichtendienste.

Besonders revolutionierend auf die menschliche Kommunikation wirkten die Entwicklung der Drucktechnik, der **Telegrafie** und **Telefonie,** die Entwicklung des **Rundfunks** sowie die Schaffung von **Datennetzen.** Während sich die Entwicklung der Drucktechnik bis ins 8. Jh. zurückverfolgen lässt, sind Telegrafie, Telefonie, Rundfunk und Datennetze „Kinder" des 19. und 20. Jh., verbunden mit den industriellen Revolutionen dieser Zeit. Die Schaffung von Datennetzen ist bis in die Gegenwart noch nicht abgeschlossen. Sie sind Grundlage der Informationsgesellschaft (s. Kapitel 3.3).

1 Seit den großen kommunikationstechnischen Erfindungen des 19. und 20. Jahrhunderts wird die Erde immer stärker von technischen Einrichtungen für die uni- und bidirektionale Kommunikation überzogen. Insbesondere durch rundfunktechnische Anlagen sind Menschen in jedem Winkel der Erde – die empfangsseitige Technik vorausgesetzt – erreichbar. Rundfunk kann so zum Bildungsinstrument werden.

2 Trotz der Telekommunikationsmittel und der sich entwickelnden Datennetze kann auch die gegenwärtige Informationsgesellschaft nicht auf traditionelle, weit in die menschliche Geschichte zurückgehende Kommunikationsmittel verzichten. Boten kommen heute zwar nicht mehr zu Fuß oder per Pferd daher, sind aber mit dem Fahrrad in den Großstädten oft die schnellste Form der Kommunikation.

Die frühen Kommunikationsmittel

Boten zu Fuß, zu Pferd oder zu Wagen dienten als Mittel der Nachrichtenübertragung zwischen räumlich entfernten Personen. Da oft große Entfernungen überwunden werden mussten, kamen die Nachrichten mit zeitlicher Verzögerung an. Noch nach der historischen Schlacht um die attische Stadt Marathon im Jahre 490 v. u. Z. schickten die griechischen Sieger einen **Läufer** in das über 42 Kilometer entfernte Athen, während die Perser eine **Reiterstafette** zu ihrem König entsandten. Solche Stafetten waren im persischen Großreich üblich. Sie wurden später von den Griechen und Römern übernommen. Die Mongolen schufen ein ganzes Netz von Reitwegen.

Die **Trommel** (Abb. 2) gehört wie das **Büchsentelefon** von ROBERT HOOKE (1667) zu den akustischen Kommunikationsmitteln. Trommeln sind über weite Entfernungen hörbar.

Auch optische Nachrichtenübertragungsmittel gehen weit in die Geschichte zurück. Ebenfalls die Perser übertrugen mit **Fanalen,** also Feuer- und Rauchsignalen, z. B. militärische Kommandos. Nach dem griechischen Dichter AISCHYLOS (525–456 v. u. Z.) wurde 1184 v. u. Z. der Fall Trojas im Kampf gegen die Perser mittels Rauchsignalen über 500 km nach Mykene gemeldet. Mit dem **Heliografen** wurde mit Spiegeln das Sonnenlicht zum Empfänger reflektiert. Der Historiker POLYBIOS (etwa 200–120 v. u. Z.) wollte den Fackelsignalen die Buchstaben des Alphabets zuordnen, was jedoch praktisch nicht angewendet wurde.

Diese optische Telegrafie der Antike geriet in Vergessenheit und wurde erst zur Zeit der Französischen Revolution neu erfunden. Praktische Bedeutung erlangte der **Flügeltelegraf** (Abb. 1) von ABBÈ CLAUDE CHAPPE (1763–1805). Die erste Nachrichtenübertragung dieser Art installierte man 1794 zwischen Paris und Lille, die längste mit immerhin 1 200 Kilometern zwischen St. Petersburg und Warschau. In Frankreich entstand bis zur Mitte des 19. Jh. ein optisches Telegrafennetz von rund 5 000 km Länge. In Preußen wurde 1835 eine optische Telegrafenlinie zwischen Berlin und Koblenz mit dreiflügligen Telegrafen eingerichtet. Ein Netz entwickelte sich nicht mehr, da bald die elektrischen Telegrafen eingeführt wurden. Diese konnten die Nachteile der optischen Telegrafie, recht umständlich und von Tageszeit und Witterung abhängig zu sein, überwinden.

So einfach uns die frühen Kommunikationssysteme heute auch erscheinen mögen, sie verwirklichten bereits wichtige Prinzipien der Nachrichtenübertragung, wie sie auch gegenwärtig noch gelten: Die **Codierung** und das **Relaisprinzip,** nach bestimmtem Entfernungen die Nachricht aufzunehmen, zu verstärken und weiterzugeben, wurden angewendet. Codierung setzte ein gemeinsames Zeichensystem voraus, das Relaisprinzip Stationen in bestimmten Abständen.

1 Auf Bergen und Türmen wurden solche Telegrafenkonstruktionen (hier als Modell) aufgestellt.

2 „Am Anfang schuf Gott den Trommler, Jäger und Schmied“, heißt es in der Legende der westafrikanischen Aschanti. Die Trommler genossen hohes Ansehen, da sie wichtige Mitteilungen des Stammes sendeten.

Trotz der rasanten Bedeutungszunahme der elektronischen Medien haben **gedruckte Kommunikationsmittel** bis in die Gegenwart keinen Bedeutungsverlust erlitten. Auch in der Zukunft werden sie unverzichtbar sein.

Druckerzeugnisse dienen der unidirektionalen Kommunikation. Sie vermitteln ein- oder mehrfarbige Informationen in Wort und Bild. Nachträglich sind gedruckte Kommunikationsmittel meist nicht veränderbar.

Die heutige **Drucktechnik** geht – natürlich bei Beachtung aller inzwischen erfolgten Weiterentwicklung – auf die Pionierleistung von JOHANNES GUTENBERG, eigentlich GENSFLEISCH (1397/1400–1468) zurück. Mit seiner Erfindung einzelner, **beweglicher Lettern** aus Metall, einer für ihre Herstellung erforderlichen Handgießmaschine, einer für das Buchstabengießen gut geeigneten Metalllegierung und einer Holzpresse für den Druck brach für die Entwicklung der zwischenmenschlichen Kommunikation ein neues Zeitalter an. Einhergehend mit der kostengünstigen Papierherstellung, konnten Flugblätter, Zeitungen und Bücher in großen Auflagen hergestellt werden (Abb. 1). Damit waren Informationen für jeden, der des Lesens kundig war und das „Truckwerck" bezahlen konnte, zugänglich. Der Zugang zu Gedrucktem führte zu einem Aufschwung der Bildung des Volkes.

1 Das erste gedruckte Buch war die Bibel. Kunstvoll gestaltete Buchstaben erregten in den Anfängen des Druckes die Aufmerksamkeit auch Leseunkundiger und machten so auf Inhalte neugierig.

Schon lange vor der Herausbildung von Schriften hatten die Menschen zwar schon gelernt, sich mittels der **Sprache** zu verständigen, aber das gesprochene Wort ist nur von momentaner Dauer. Mitteilungen an gerade nicht anwesende Personen waren daher nicht möglich. Und große Taten, Verhaltensregeln oder Botschaften sollten an die Nachkommen weitergegeben werden. Manches wurde in **Versen** mündlich überliefert (Sagen, Erzählungen), anderes als **Bilder** und **Piktogramme** in Stein gehauen, an Wände gemalt (s. S. 160) oder figürlich nachgestellt. Doch vieles konnte auf diese Weise anderen nicht übermittelt werden.

2 Wie die ägyptischen Hieroglyphen wurden auch die hethitischen als Zeremonialschrift benutzt. Die hethitische Schrift mit Bildern – hier eine Säule aus Kültepe im Museum für anatolische Zivilisation, Ankara – ist im Unterschied zur ägyptischen eine reine Silbenschrift. Sie wurde von 1500 bis 700 v. u. Z. im gesamten hethitischen Reich benutzt.

Erst die Ägypter und andere Völker setzten für gesprochene Worte **Hieroglyphen** ein. Dies sind Bilder und künstlich geschaffene Zeichen, mit denen Mitteilungen festgehalten werden konnten (Abb. 2). Sumerer, Chinesen und Maya schufen unabhängig voneinander Wort- bzw. Wort-Silben-Schriften. In Europa bildeten sich **Buchstabenschriften** heraus, die alle auf die semitischen Schriften im syrisch-palästinensischen Raum, die sich als die brauchbarsten erwiesen, zurückgehen. Über die griechische Schrift beeinflussten sie die meisten anderen Schriften der Erde. GUTENBERGs Leistung konnte auf die Existenz dieser Buchstabenschriften aufbauen, die bis dahin nur handschriftlich von wenigen Menschen benutzt wurden, z. B. von Gelehrten, in Klöstern und an Adelshöfen.

1 **Auch vor der Erfindung von Kugel- oder Faserschreibern war das Schreiben von Hand möglich. Aus dem Gänsekiel wurden nach und nach der Federhalter mit Stahlfeder und der Füllfederhalter, für den man schließlich auch auf das Tintenfass verzichten konnte.**

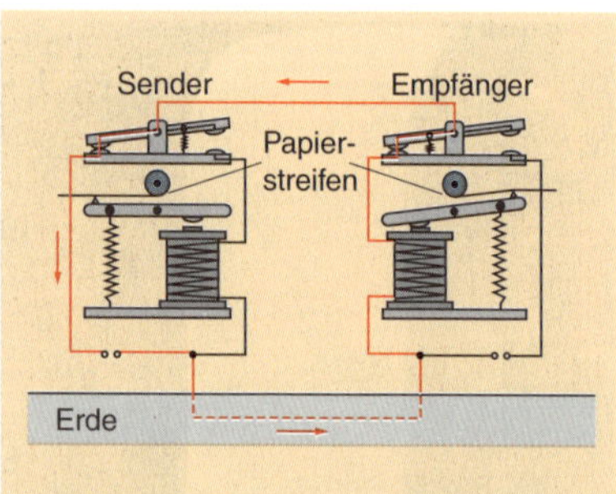

2 **Das sendende Gerät bei der Morsetelegrafie besteht aus einer Spannungsquelle und einem Taster. Mit dem Schließen der Taste wird empfängerseits ein Elektromagnet angezogen. Er ist mechanisch mit einem Schreibstift verbunden, der auf einem längs bewegten Papierstreifen Punkte und Striche aufzeichnet. Eine kurze Betätigung erzeugt einen Punkt, eine längere einen Strich.**

Die Schrift entwickelte sich in dem Maße, wie der Mensch es lernte, Werkzeuge zu gebrauchen. Schreiben ist mit dem Beherrschen von **Schreibwerkzeugen** verbunden, und die Schriftbildung selbst hing entscheidend von den verwendeten **Materialien** ab. Die Keile, die der entsprechenden Schrift den Namen gaben, entstehen durch das Herausplatzen von Material aus Gestein oder durch Hineindrücken von Schreibwerkzeugen in die noch weichen Tontafeln.

Flüssiger von der Hand ging es mit leichterem Schreibgerät. Die Griechen und Römer schrieben auf wachsüberzogenen Holzbrettchen, später mit Binsen auf Papyrus. Der Beschreibstoff Papyrus verbreitete sich und hielt sich beispielsweise bei den Germanen noch weit in die neue Zeitrechnung hinein, wurde später durch Leder und Pergament ersetzt. Ein Wendepunkt stellte das mittelalterliche Schreiben mit Gänsekiel, Tinte und Löschsand auf Papier dar (Abb. 1). Das Papier wiederum war eine Voraussetzung für GUTENBERGS Drucktechnik.

Die Nutzung der Elektrizität führte zu neuen bidirektionalen Kommunikationsmitteln, die nicht nur leichter zu betreiben, sondern auch von Witterungsunbilden unabhängiger waren: **Telegraf** und **Telefon.** Beide dienten der Überwindung von Entfernungen durch Nachrichten, das eine Gerät der schriftlichen, das andere der mündlichen Übertragung.

Der Schwierigkeit, elektrische Energie zum Telegrafieren zu nutzen, stellte sich der amerikanische Ästhetik- und Zeichnen-Professor SAMUEL MORSE (1791–1872). Von Elektrizität verstand er recht wenig. Da waren WILLIAM FOTHERGILL COOKE (1806–1879) und CHARLES WHEATSTONE (1802–1875) mit der gleichen Sache viel erfolgreicher. Sie hatten in England schon den Magnetnadeltelegrafen eingeführt. Die Genialität von MORSE bestand in der simpel erscheinenden Idee, mit zwei unterscheidbaren Signalformen, einem langen und einem kurzen Impuls (Strich und Punkt), die Zeichen des Alphabets unmissverständlich darzustellen (Abb. 2 und 3).

a	·–	i	··	r	·–·	0	–––––
ä	·–·–	j	·––	s	···	1	·––––
b	–···	k	–·–	t	–	2	··–––
c	–·–·	l	·–··	u	··–	3	···––
ch	––––	m	––	ü	··––	4	····–
d	–··	n	–·	v	···–	5	·····
e	·	o	–––	w	·––	6	–····
f	··–·	ö	–––·	x	–··–	7	––···
g	––·	p	·––·	y	–·––	8	–––··
h	····	q	––·–	z	––··	9	––––·
Anfangszeichen		–·–·–		Punkt		·–·–·–	
Schlusszeichen		·–·–·		Fragezeichen		··––··	
Irrung		········					

3 **Die Nutzer des Morsetelegrafen müssen das Strich-Punkt-Alphabet natürlich auswendig lernen.**

Am 27. Mai 1844 wurde zwischen Baltimore und Washington (60 km) die erste Telegrafenleitung ihrer Bestimmung übergeben. Schon zehn Jahre später hatte sich der Morseapparat in der ganzen Welt, vor allem im Zusammenhang mit dem Betrieb der neu entstandenen Eisenbahnstrecken und einem transatlantischen Unterseekabel, ausgebreitet.

Ähnlich der **Telegrafie** diente auch die **Telefonie** anfangs vorwiegend der Geschäftskommunikation innerhalb der entstehenden Großindustrie und mit den neuen Märkten.

Das erste funktionstüchtige Telefon baute 1861 Johann Philipp Reis (1834–1874), doch niemand dachte an eine wirtschaftliche Nutzung (Abb. 1). So meldete der Amerikaner Alexander Graham Bell (1847–1922) im Jahre 1876 das Telefon als Patent an. Doch von der patentierten Idee bis zum gebrauchsfähigen Telefon waren noch verschiedene Hindernisse zu überwinden, zunächst am Gerät selbst (Abb. 2).

Da die Zahl der Telefonanschlüsse und -gespräche bald kräftig zunahm, wurden die Telefonämter (Abb. 3) überlastet und die Leitungen reichten nicht aus. In den Anfangsjahren war pro Teilnehmer eine eigene Leitung erforderlich, weil das Sprachsignal direkt in elektrische Wellen umgesetzt wurde. Erst als man das Prinzip der **Modulation und Demodulation** einführte, konnten viele Gespräche mit *einer* Leitung übertragen werden, weil für den Transport von Nutzsignalen Trägerfrequenzen benutzt wurden.

Heute sind Netzprobleme durch die Glasfasertechnik (s. S. 198) und die drahtlose Telefonie grundsätzlich gelöst. **Funktelefon** und die analoge oder digitale Informationsübertragung (s. S. 196) durch **Mobilfunksysteme** sind Realität. Dabei geht die Funkstrecke vom Mobiltelefon zu einer ortsfesten Funkstation. Das Gespräch wird dann über Leitungen bzw. Richtfunk oder Satellit zu einer Funkvermittlungsstation geleitet. Diese verbindet das leitungsgebundene Telefonnetz wieder mit dem Funktelefonnetz.

1 Als Sender diente eine Holzkiste mit Einsprechöffnung und Membran. Ein an der Membran befestigter Streifen schließt und öffnet über einen Kontakt in der Frequenz des Gesprochenen einen Stromkreis. Diese Stromimpulse werden zum Empfangsgerät geleitet. Es besteht aus einer drahtumwickelten, frei beweglichen Stricknadel. Die elektrischen Schwingungen des Senders bringen die Nadel auf der anderen Seite zum Schwingen und machen Töne hörbar.

2 Zwischen Bells auf der Weltausstellung 1876 in Philadelphia ausgestelltem Telefon und den modernen leitungsgebundenen analogen und digitalen Geräten und den Funktelefonen sind viele verschiedene Telefontypen einzuordnen. Dazu gehören die Telefone mit Kurbel und mit der lange Zeit charakteristischen Nummernscheibe oder Wand- und Tischgeräte.

3 Die Gespräche wurden in Fernsprechämtern lange Zeit von Hand gestöpselt. Das „Fräulein vom Amt" – hier 1890 in Berlin – stellte die gewünschte Verbindung mit Drahtbrücken her. Später war das direkte Anwählen von Teilnehmern im gleichen Ort möglich. Auf dem Wege zu den heute üblichen Selbstwählanlagen mit automatischer Vermittlung wurden nacheinander verschiedene Wählersysteme eingeführt.

1 Im Mai 1897 jedoch gelang MARCONI eine durchgreifende Demonstration zur drahtlosen Nachrichtenübertragung. An der Küste von Wales empfing MARCONI die Signale des Senders auf der fünf Kilometer entfernt liegenden Insel Flatholm. Schon im Jahre 1902 überbrückte er mit seiner Anlage den Atlantik. Bis 1907 rüstete MARCONI – inzwischen Unternehmer – die meisten Überseeschiffe mit Funkstationen aus.
Deutschland besaß über die Großfunkstelle Nauen ab 1912/13 Verbindungen zu den Kolonien, nach Tsingtau und zur Flotte.

2 Reibungsverluste und Erdanziehungskräfte wirken dem Pendelausschlag entgegen, so dass das Pendel bald zum Stillstand kommt. Die Sendeanlagen mussten großzügig dimensioniert werden, damit empfängerseits überhaupt noch genug Energie ankam, die man dann auch noch unmissverständlich als Morsezeichen identifizieren konnte. An eine Sprachübertragung war in dieser Weise noch gar nicht zu denken.

Der **Rundfunk,** in unserer Zeit bestehend aus Hörfunk und Fernsehen, ist zwar technisch mit Telegrafie und Telefonie verwandt. Jedoch dient er nicht der individuellen Kommunikation, sondern der Verbreitung von Informationen, die von wenigen produziert werden, an eine große Zahl von Zuschauern und Zuhörern.

> Der Rundfunk versorgt die Allgemeinheit mit akustischen und optischen Darbietungen aller Art. Eine Rückkopplung über das gleiche Kommunikationsmittel ist nicht möglich.

Der Entwicklung des Kommunikationsmittels Rundfunk lag die Vermutung zugrunde, dass es möglich sein musste, mit elektromagnetischen Wellen elektrische Signale auch unabhängig von Telegrafenleitungen über Antennen zu übertragen. Der Nachweis von unsichtbaren **elektromagnetischen Wellen** gelang 1886 dem deutschen Physiker HEINRICH HERTZ (1857–1894). Er fand die Funkenentladung als Quelle elektromagnetischer Wellen (Abb. 2, S. 182). Es gelang ihm, diese Wellen über eine kleine Distanz zu einem Empfänger zu senden. Dies sollte später das bestimmende Moment der drahtlosen Kommunikation beim Rundfunk werden. GUGLIELMO MARCONI (1874–1937) kombinierte diesen Funkenerzeuger mit anderen Erfindungen, so des Kohärers durch BRANLY, des Blitzableiters durch FRANKLIN und der Antenne durch POPOV, und erfand damit das Radio (Abb. 1).

Das Hauptproblem des Betriebes der neuen Erfindung bestand in der Empfangssicherheit. Man musste von **gedämpften** niederfrequenten Schwingungen zu **ungedämpften** elektromagnetischen Wellen übergehen (Abb. 2). Einen deutlichen Fortschritt brachte die von KARL FERDINAND BRAUN (1857–1894) 1898 entwickelte Trennung von Antennen- und Funkenkreis. Dadurch und durch die Verwendung der Elektronenröhre wurde es möglich, auch Sprache und Musik zu übertragen. Die ersten öffentlichen Radioprogramme wurden 1921 in den USA und am 29. Oktober 1923 in Deutschland ausgestrahlt (Abb. 1, S. 189).

Die Einführung der **Digitaltechnik** im Rundfunk auf der Grundlage des Standes der Mobilfunktechnik, die Mitte der neunziger Jahre begann, eröffnet völlig neue Möglichkeiten für die Qualität des Rundfunks. Um den allerdings beschränkten Sende-Empfangs-Bereich zu erweitern, sind hohe Investitionen bei Sendern (flächendeckendes Netz von Sendemasten) wie Empfängern (neue Geräte) erforderlich.

Der Digitalrundfunk erzeugt riesige Datenströme, die weder über Satellit noch über Bodenantennen realisierbar wären, weil die verfügbaren Frequenzen nicht ausreichen würden. Für die Übertragung von Datensignalen werden diese deshalb komprimiert. Bei dieser **Kompression** werden Daten mit Hilfe von Algorithmen beim Sender für die Übertragung gepackt (reduziert) und beim Empfänger wieder entpackt. Komprimiert wird einmal der Quellcode selbst, in dem die Töne, Bilder und Daten enthalten sind, zum anderen der Übertragungscode, um die digitalen Signale sicher über die Rundfunkwellen zum Empfänger zu bringen.

Für die sichere Übertragung von Daten sind **digitale Informationsnetze** erforderlich (s. Abschnitt 3.3.1). In ihnen werden Informationen transportiert.

Informationsnetze schließen mehrere Geräte zusammen. Diese können untereinander kommunizieren und folglich Daten gemeinsam nutzen und austauschen.

Geräte sind in Netzen auf unterschiedliche Art zusammengeschlossen (Abb. 2). Digitalisierung und Computer bewirken ein Verschmelzen aller Kommunikations- und Informationsdienste, wie Kabelfernsehen oder Standleitungen zwischen Betrieben und Institutionen. Es entsteht ein verwobenes Ganzes, das die unterschiedlichsten Übertragungskanäle für Daten aller nur erdenklichen Arten von Informationen nutzt. Die Kupferleitungen des Telefons sind darin mit neuartigen Übertragungsverfahren eingebunden, Frequenzbereiche des Funktelefons und des Rundfunks werden einbezogen, und Satelliten stellen völlig neue Möglichkeiten dar. Und immer mehr Technologien, Verfahren und Konstruktionen machen das Netz engmaschiger und leistungsfähiger.

Netze sind auf unterschiedlichen Ebenen vorhanden, als Miniaturnetze beim Zusammenschluss verschiedener Geräte in der Wohnung, als LAN (Local Area Network) innerhalb eines Betriebes oder einer Universität, als MAN (Metropolitan Area Network) zwischen mehreren Standorten eines Betriebes, als RAN (Regional Area Network) innerhalb einer Region oder als weltumspannendes WAN (Wide Area Network).

Die digitalen Informationen werden als elektrische Impulse, elektromagnetische Wellen oder Lichtimpulse auf sehr unterschiedlichen Wegen übertragen. Nach wie vor spielen die vielen vorhandenen Kupferleitungen des Telefons eine wichtige Rolle. Sie existieren als dichtes Netz bereits, so dass für ihre digitale Nutzung nur geringe Investitionskosten erforderlich sind. In der Regel waren die Kupferleitungen für analoge Übertragungen ausgelegt. Mit ISDN (Integrated Service Digital Network) und anderen DSL-Verfahren (Digital Subscriber Line) werden sie als digitale Mietleitungen mit codierten Impulsen und höheren Frequenzen bedeutend effektiver ausgenutzt. Damit ergeben sich wesentlich höhere Datenübertragungsraten.

1 Die erste öffentliche Rundfunksendung erfolgte 1923 aus dem Vox-Haus in Berlin durch den Sender Deutsche Stunde.
Doch bereits ab 1919 übermittelte die Reichspost mittels Lichtbogensender Morsezeichen aus Königs Wusterhausen (Foto) an 76 Poststellen in mehreren deutschen Städten. Von dort wurden sie telefonisch weitergeleitet. 1920 erfolgte von Königs Wusterhausen aus die erste musikalische Testübertragung: Postbeamte sangen im Chor, spielten Geige und Harmonium.

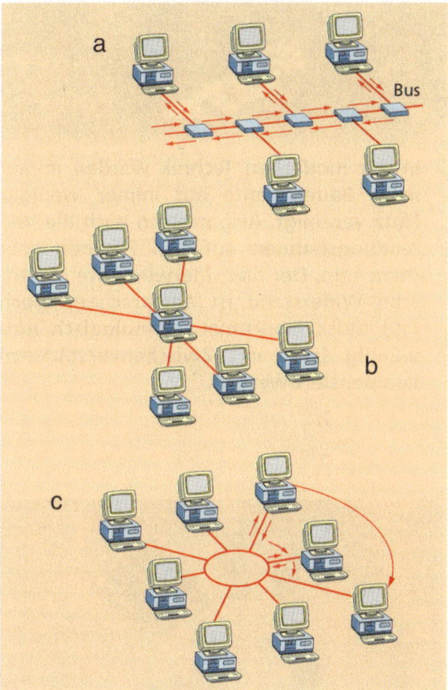

2 Die Form der Netzverschaltung wird als Topologie bezeichnet.
Bei einem Busnetz (a) sind alle Geräte über eine gemeinsame Leitung zusammengeschlossen. Im Sternnetz (b) führt der Datenaustausch über einen Zentralrechner. Wie beim Busnetz sind im Ringnetz (c) alle Daten Geräte über eine gemeinsame Leitung miteinander verbunden. Im Unterschied dazu sind die Enden zu einem Kreis zusammengeschlossen. Der Datenaustausch kann in beiden Richtungen erfolgen.

1 Auch elektronische Informationsmittel enthalten als Bausteine Widerstände. Durch sie kann z. B. die Helligkeit des Fernsehbildes reguliert werden.

2 In der modernen Technik werden immer mehr Bauelemente auf immer weniger Platz vereinigt. Also müssen auch die Verbindungsbahnen auf den Platinen sehr dünn sein. Der hier unerwünschte elektrische Widerstand ist entsprechend hoch und muss manchmal technologisch aufwändig (z. B. mit Zwischenverstärkern) kompensiert werden.

3 Die Temperaturerhöhung in Widerständen macht man sich bei Sicherungen zunutze. Sein Material und sein Leitungsquerschnitt sind so bemessen, dass bei einer bestimmten Stromstärke seine Temperatur so groß wird, dass die Leitung durchschmilzt.

3.2.2 Bausteine der technischen Informationsverarbeitung

Viele der modernen Informationsmittel sind elektronische Geräte (Abb. 1). Ihre Anzahl ist im Steigen begriffen. Diese Geräte stellen hochinteressante Anwendungen naturwissenschaftlicher Forschung dar. Einen Taschenrechner beispielsweise kann jeder bedienen, denn er ist ja auch einfach gestaltet worden. Die komplizierten Vorgänge spielen sich in seinem Inneren, „hinter den Tasten" ab. Mit einem kleinen Radio am Strand Musik zu empfangen ist auch nichts Besonderes. Damit es jedoch funktioniert, müssen in diesem Gerät zwischen Batterie und Lautsprecher einige Komponenten perfekt zusammen „spielen". Dazu gehören u. a. Widerstände, Kondensatoren, Transformatoren oder Transistoren.

Widerstände sind die einfachsten elektronischen Bauelemente. Ihre Aufgabe ist es, den gerichteten Stromfluss zu behindern. Bereits jedes Bauelement, jeder Draht oder jede Kupferbahn auf einer Platine stellen funktionell Widerstände dar, denn sie behindern den Stromfluss (Abb. 2).

Widerstände können mit hoher Genauigkeit auch sehr klein in Mikrochips realisiert werden. Dann sind es keine *getrennten* (diskreten) Bauelemente mehr, sondern *integrierte* Bestandteile von Schaltkreisen (ICs = integrated circuit, integrierter Schaltkreis). Diese Widerstände können auch aus einer dünnen Metall- oder Kohleschicht bestehen, die auf einen keramischen Träger aufgebracht wurde. Höher belastbar sind Drahtwiderstände, schon aufgrund ihrer Größe. Sie können die entstehende Wärme besser abführen.

Warum aber entsteht in jedem stromdurchflossenen Widerstand Wärme? Auf ihrem Weg durch den Metalldraht werden die Elektronen in ihrer gerichteten Bewegung behindert. Sie treffen im Raumgitter der Metallatome auf unzählige andere Elementarteilchen. Dabei geben sie einen Teil ihrer Bewegungsenergie an diese ab. Die Wärmeschwingungen (brownschen Bewegungen) der Teilchen nehmen zu. Beispielsweise bedeutet ein Stromfluss von 1 Ampere durch den Draht, dass sich pro Sekunde 6,25 Trillionen Elektronen durch den Drahtquerschnitt bewegen! Ist der Leitungsquerschnitt (bezogen auf die Stärke des Stromes) sehr gering, so wird es sehr oft zu „Zusammenstößen" der Elementarteilchen kommen. Die Temperatur des Bauelements steigt an (Abb. 3).

Widerstände sind elektronische Bauelemente, die elektrische Energie in Wärmeenergie umwandeln.

Im Normalfall jedoch werden Widerstände nicht an die Grenze ihrer Belastbarkeit gebracht. Sie werden so gewählt, dass sie bei den zu erwartenden Strömen und Spannungen in einer elektronischen Schaltung maximal handwarm werden. Denn wenn sich der Widerstand zu stark erwärmt, so ändert er seine Eigenschaften. Der Widerstandswert bei Bauelementen aus Metall nimmt zu. Toleranzen werden überschritten und die Schaltung funktioniert nicht mehr. Das **ohmsche Gesetz** U ~ I (bei R = konstant) gilt daher stets nur für die wichtige Einschränkung, dass die Temperatur konstant bleibt. Das ist z. B. bei einer bekannten „Extremform" eines Widerstandes, der herkömmlichen Glühlampe (Abb. 1), nicht der Fall. Für ihren Betrieb gilt das Gesetz deshalb nicht.

1 Der Widerstandsdraht im Inneren einer Glühlampe wird beim Betrieb durch den Stromfluss bis zur Weißglut erhitzt. In diesem Zustand ist der Widerstandswert stark angestiegen, denn die Atome im Metallgefüge schwingen sehr stark um ihre eigentliche Ruhelage und behindern so den gerichteten Elektronenfluss stark.

Ein **Kondensator** besteht aus zwei elektrisch leitfähigen Platten bzw. Belegen, die einander isoliert gegenüberstehen. Schließt man ein solches Bauelement an eine (Gleich-)Spannungsquelle an, so fließt zunächst ein Strom (Abb. 2). Elektrische Ladungen der Gleichspannungsquelle (z. B. einer Batterie) werden auf die Platten geschoben. Auf der einen Platte bildet sich ein Elektronenüberschuss (negativ), auf der anderen besteht ein Elektronenmangel (positiv). Ist dieser Vorgang beendet, so hört der Stromfluss auf. Im Kondensator stehen sich jetzt die unterschiedlichen Ladungen gegenüber, sie nehmen Einfluss auf das dazwischen liegende Gebiet. Es bildet sich ein elektrisches Feld, das auch bestehen bleibt, wenn die Spannungsquelle, also die Ursache für die Ladungsverschiebung, entfernt wird.

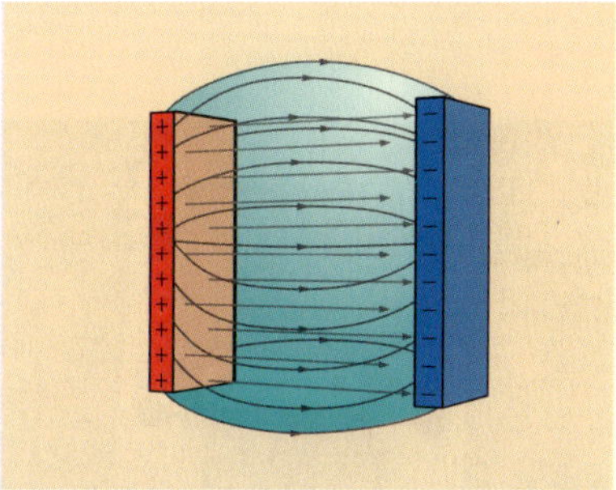

2 Während sich an den Platten eines Kondensators positive bzw. negative Ladung bildet, ist das elektrische Feld zwischen den Platten homogen.

Kondensatoren sind Bauelemente, die Ladungen und damit auch Energie in Form elektrischer Felder speichern.

Hauptmerkmal eines Kondensators ist seine **Kapazität.** Sie ist ein Maß für die Ladungsmenge, die in seinem elektrischen Feld gespeichert werden kann. Er wird eingesetzt, um (kleine) Ladungsmengen zwischenzuspeichern. Ist der Kondensator im Gleichstromkreis einmal aufgeladen, wirkt er danach als Isolator bzw. wie eine kleine Spannungsquelle.

Oft werden Kondensatoren in Verbindung mit Widerständen betrieben. Dadurch werden Lade- und Entladevorgänge zeitlich verzögert. In Wechselstromkreisen treten die beschriebenen Ladungsverschiebungen ständig auf. Hier wirkt der Kondensator wie ein bestimmter Widerstand, der von seiner Kapazität und der angelegten Frequenz abhängig ist. Er wird genutzt, um bestimmten Frequenzen einen definierten Widerstand entgegenzusetzen. Man kann mithilfe von Widerstand (R) und Kondensator (C) sog. RC-Glieder realisieren, die bestimmte Frequenzbereiche beeinflussen (Abb. 3).

3 Der Klangregler einer Stereoanlage ist ein Anwendungsbeispiel für das RC-Glied. Der Widerstandsteil des RC-Gliedes ist als Drehwiderstand ausgeführt.

Verzögerungsschaltungen und Frequenzfilter sind wichtige Anwendungen von Kondensatoren in der Elektronik.

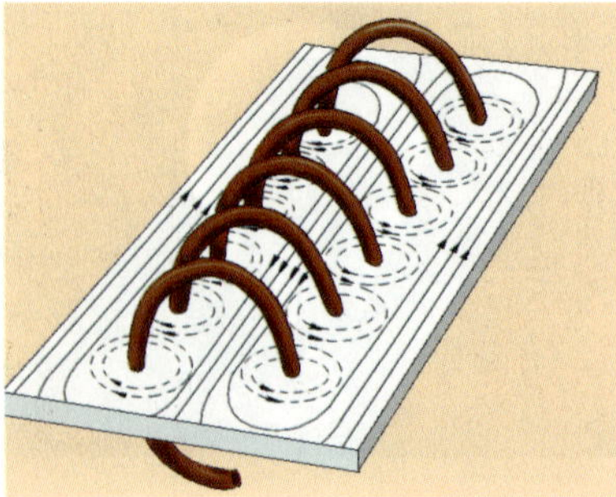

1 Eine Spule besteht im Prinzip aus isoliertem Draht, der um einen magnetisierbaren Kern (z. B. Eisen, Ferrit) gewickelt wurde. Durch diese Verformung der Leitung wird auch die Form des Magnetfeldes verändert. Im Inneren der Spule wird es gebündelt, nach außen strahlt es stetig schwächer werdend ab. Dieses magnetische Feld ist, wie das elektrische Feld des Kondensators, Träger von Energie.

Spulen werden in der Elektronik seltener benutzt als Widerstände und Kondensatoren. Sie besitzen jedoch Eigenschaften, die sie für bestimmte Anwendungen unentbehrlich machen. Vor allem wird der Sachverhalt ausgenutzt, dass alle stromdurchflossenen Leiter von einem Magnetfeld umgeben sind (Abb. 1). Nach dem **Induktionsgesetz** erzeugen wechselnde Magnetfelder in elektrischen Leitern eine Spannung. Damit wird ein Stromfluss möglich (Wechselstrom), dessen Ursache ein wechselndes Magnetfeld ist. Dieses Prinzip liegt den Turbinen eines Kraftwerkes mit einer Million Watt Leistung ebenso zugrunde wie dem 3-Watt-Dynamo an einem Fahrrad oder bei einem Transformator (Abb. 2).

Ein **Transformator** ist in sehr vielen Geräten der Unterhaltungs- und Computertechnik vorhanden. Er wird benutzt, um die Netzspannung von 230 V~ auf niedrigere Werte von z. B. 12 V~ herabzusetzten. Wegen ihres hohen Materialaufwandes an Eisen und Kupfer werden Transformatoren heute oft durch halbleiterbestückte Schaltnetzteile ersetzt. Diese haben zwar eine technisch sehr viel komplexere Wirkungsweise, lassen sich aber im Endeffekt in großen Mengen sehr preiswert herstellen und sind wesentlich leichter.

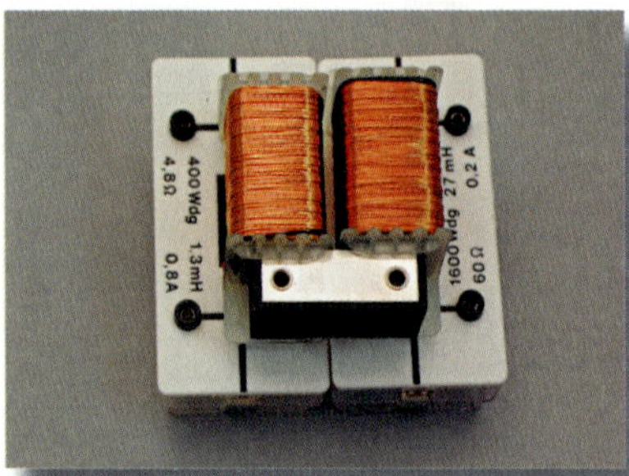

2 Die besonderen Eigenschaften von Spulen werden auch beim Wechselspannungstransformator genutzt. Hierbei werden zwei Spulen mit einem Kern aus Eisen miteinander verbunden. Da Eisen gute magnetische Eigenschaften hat, werden nun die magnetischen Veränderungen in der einen Spule auch in der zweiten Spule wirksam und erzeugen hier einen elektrischen Stromfluss.

Werden elektrische Felder (im Kondensator) und magnetische Felder (in Spulen) miteinander koppelt, entsteht ein **elektrischer Schwingkreis.**

Er wird u. a. für das Aussenden bzw. Empfangen von elektromagnetischen Wellen benötigt (Abb. 3). Jedes kleine Radio und auch jeder Fernseher benötigt diese Kombination aus Spule und Kondensator. Die auch beim Schwingkreis auftretenden Verluste in Form von Wärme müssen natürlich schaltungstechnisch von außen ständig ausgeglichen werden, denn auch dieses Hin- und Herpendeln von Energie ist kein Perpetuum mobile. Einen Schwingkreis kann man gut mit einem Pendel vergleichen. Ähnlich wie beim mechanischen Pendel (z. B. Uhrenpendel) kinetische und potentielle Energie ineinander umgewandelt werden, geschieht das beim Schwingkreis mit magnetischer und elektrischer Energie.

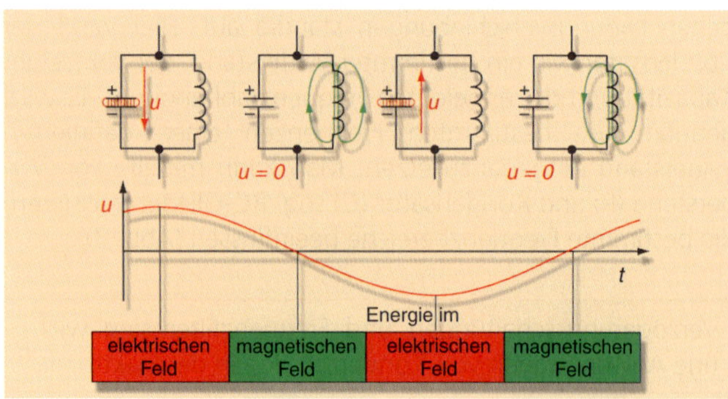

3 Im Schwingkreis werden ständig magnetische und elektrische Felder ineinander umgewandelt. Wenn das elektrische Feld im Kondensator maximal ist, bricht es zusammen und die Energie wird der Spule zugeführt. Diese baut damit ihr Magnetfeld auf. Beim Abbau dieses Feldes speist diese Energie erneut den Kondensator.

Metalle und **Halbleiter** sind wichtige Werkstoffe der modernen Mikroelektronik. Voraussetzung für die elektrische Leitfähigkeit von Stoffen ist das Vorhandensein von freien Ladungsträgern.

Bei Metallen sind das die **Elektronen.** Aufgrund der *Raumgitterstruktur* der Metalle sind die äußeren Elektronen nicht an ein Atom gebunden, sondern können sich frei bewegen. Man spricht daher auch von „Elektronengas" innerhalb des Metallgitters (Abb. 1). Diese freien Elektronen sind die „Transporteure" der elektrischen Ladungen in Metallen. Sehr gute Leiter sind Gold, Silber, Kupfer, Aluminium.

Halbleiter stehen zwischen Leitern (z. B. Metallen) und Isolatoren (z. B. Glas, Keramik). Halbleiterelemente sind z. B. Selen, Germanium oder Silicium. In Halbleitern herrscht Atombindung. Freie Ladungsträger stehen hier nicht von vornherein zur Verfügung, wie das Beispiel Silicium zeigt. Silicium besitzt 4 Außenelektronen. Um eine stabile Außenschale zu erreichen, wären hier jedoch 8 Elektronen nötig. Aus diesem Grund bilden die Atome des Silicium-Kristalls ein Tetraeder-Gefüge (Abb. 2).

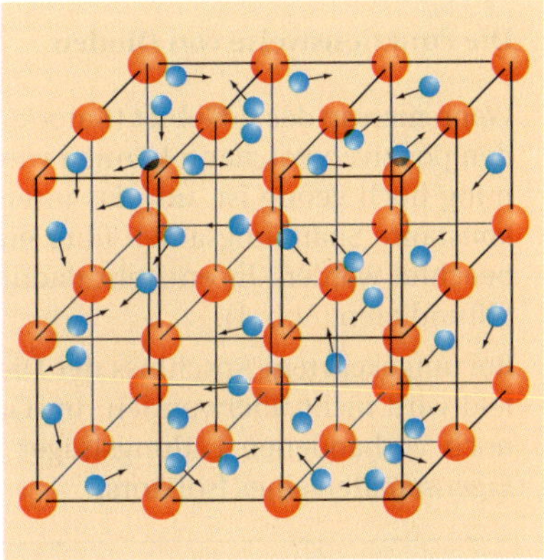

1 In der Raumstruktur der Metalle sind die äußeren Elektronen (blau) frei beweglich.

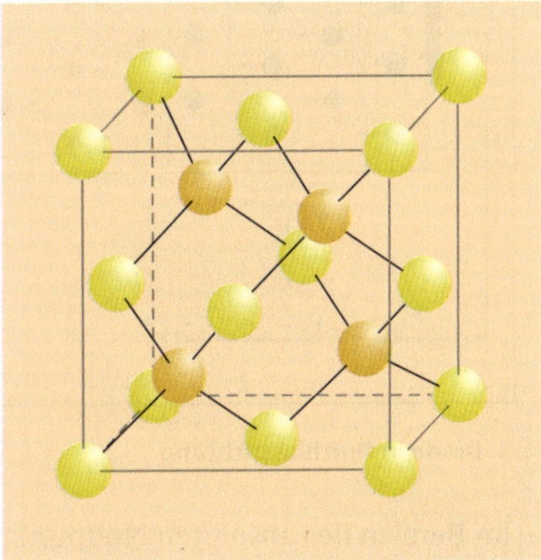

2 Jedes Atom des Silicium-Kristalls steht mit vier Nachbaratomen in Verbindung, von denen es je ein Elektron übernimmt. Dabei dienen die eigenen Außenelektronen den anderen Atomen zur Ergänzung ihrer äußeren Schale.

> Die **Diode** ist ein Halbleiterbauelement, das aus zwei unterschiedlich ausgestatteten Schichten besteht, aus einer p-leitenden und einer n-leitenden Schicht (s. S. 195).

Es entsteht der so genannte pn-Übergang, dessen Widerstand von der Richtung des durch ihn fließenden Stromes abhängig ist. Man unterscheidet daher Durchlass- und Sperrrichtung. Bei Raumtemperatur sind die frei beweglichen Ladungsträger (Elektronen, Löcher) in ständiger Bewegung. Dabei wandern Elektronen in das p-Gebiet und Löcher in das n-Gebiet. In der Grenzschicht vereinigen (rekombinieren) sich Elektronen und Löcher. Ihre Ladungen heben sich auf. Es sind praktisch keine Ladungsträger mehr vorhanden. Diese Ladungsträgerdiffusion hat ein elektrisches Feld zur Folge, das auch **Diffusionsfeld** genannt wird (s. S. 194).

> **Transistoren** sind Halbeiterbauelemente bei denen drei unterschiedlich dotierte Zonen zwei dicht beieinander liegende pn-Übergangszonen bilden.

Je nach Dotierung (s. S. 194) der Schichten liegt die Zonenfolge npn oder pnp vor. Oft benutzt werden Si-npn-Typen. Die drei Zonen eines Transistors heißen Kollektor, Basis und Emitter. Werden Spannungen an den Transistor angelegt, so ist die Strecke Basis–Emitter in Durchlassrichtung gepolt (Abb. 3). Die vorhandenen Defektelektronen aus der Basis (p-dotiert) reichen nicht aus, um alle Elektronen aufzunehmen. Es gelangen auch Elektronen zur Grenzschicht zwischen Basis und Kollektor. Hier wirken große Kräfte auf die Elektronen, denn am Kollektor liegt eine hohe positive Spannung an.

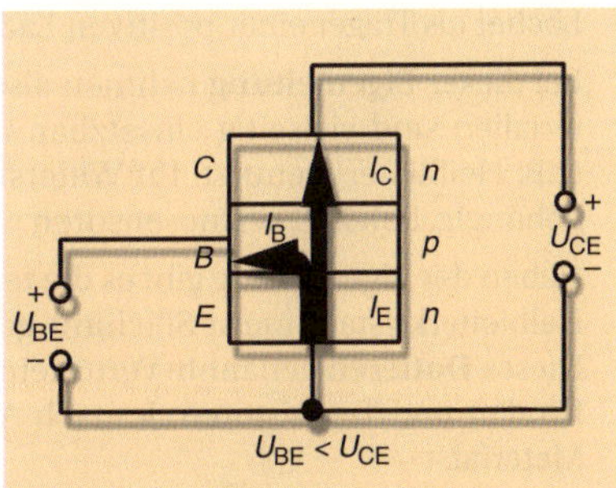

3 Bei einem in Durchlassrichtung gepolten Transistor fließt ein Strom, d. h., es dringen vom Emitter aus Elektronen in die Basis ein. Diese ist sehr dünn und nicht sehr stark dotiert. Deshalb wird sie mit Elektronen überschwemmt.

Die Funktionsweise von Dioden

Wenn man an das n-Gebiet (Katode) den negativen Pol einer Spannungsquelle anlegt und an die Anode den positiven Pol, dann können wieder Ladungsträger in die Grenzschicht einfließen, wenn die Spannung hoch genug ist, um das interne Diffusionsfeld zu überwinden (bei Silicium ca. 0,7 V). Dieser konstante Spannungsabfall über einer Diode in **Durchlassrichtung** ist technisch bedingt und muss beachtet werden. Er entsteht dadurch, dass Elektronen in das p-Gebiet und Löcher in das n-Gebiet diffundieren (Abb. 1).

Bei umgekehrtem Anschluss der Diode wirkt die Sperrrichtung (Abb. 2). Das beschriebene Diffusionsfeld wird nicht überwunden. Im Gegenteil, durch die von außen anliegende Spannung werden alle noch vorhandenen Ladungsträger aus der pn-Grenzschicht abgezogen. Dieses Gebiet besitzt nun Eigenschaften eines Isolators.

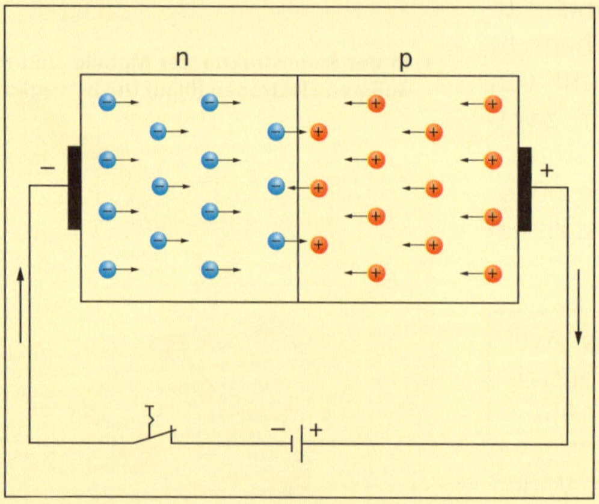

1 Diode in Durchlassrichtung

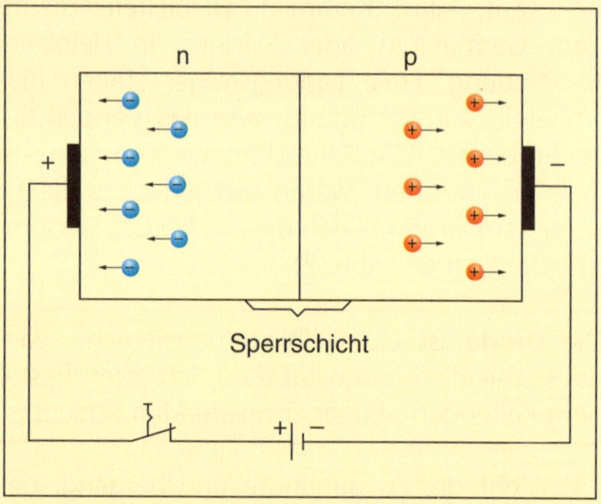

2 Diode in Sperrrichtung

Im Bereich des absoluten Nullpunkts sind bei Halbleitern alle Elektronen im Kristallgefüge gebunden. (–273 °C oder 0 K). Bei Metallen wäre hier die Leitfähigkeit besonders hoch. Durch Zufuhr von Energie (Wärme, Licht, elektrische oder magnetische Felder) können einzelne Elektronen aufgrund ihrer hohen Energie die Außenbahn verlassen und stehen nun als freie Ladungsträger zur Verfügung.

Die Bereiche, aus denen Elektronen herausgelöst wurden, haben die Eigenschaft einer positiven Ladung, weil ja eine negative Ladung fehlt. Man nennt sie Defektelektronen oder Löcher. Bei einem gerichteten Strom durch das Material kann nun ein Elektron den Platz eines solchen „Loches" einnehmen. Das Loch entsteht nun an der Stelle, an der das Elektron vorher war. Auf diese Art wandern die Löcher als Träger einer positiven Ladung in Gegenrichtung zu den Elektronen.

Bei dieser **Eigenleitung** nehmen also Löcher und Elektronen am Ladungstransport teil. Halbleitermaterialien sind vielseitig einsetzbar, ihre Temperaturabhängigkeit wird in so genannten Thermistoren (z.B. Heißleiter) genutzt. Ihr Widerstand ist in genau festgelegten Grenzen linear von der Temperatur abhängig. Solche Thermosensoren werden überall in der elektronischen Schaltungstechnik genutzt.

Neben der Eigenleitung gibt es die technisch bedeutsamere **Störstellenleitung.** Sie tritt auf, wenn in ein Halbleiterkristall (meist Silicium) gezielt drei- oder fünfwertige Fremdatome eingebaut worden sind. Dieses **Dotieren** genannte Verunreinigen des Siliciums bildet die Grundlage für das Funktionieren von Dioden und Transistoren. Je nach Art der Dotierung unterscheidet man n-leitendes und p-leitendes Material.

Durch mehrmaliges Dotieren mit unterschiedlichen Atomen stellt man Halbleiterbauelemente mit aufeinander folgenden p- und n-Gebieten (Zonen) her. Bauelemente mit einem p-leitenden und einem n-leitenden Gebiet sind die Dioden, solche mit der Zonenfolge p-n-p oder n-p-n sind die Transistoren. Auch die komplizierteren integrierten Schaltkreise funktionieren durch das schichtweise Aufeinanderfolgen von p-leitendem und n-leitendem Material (Abb. 1 u. 2, S. 195).

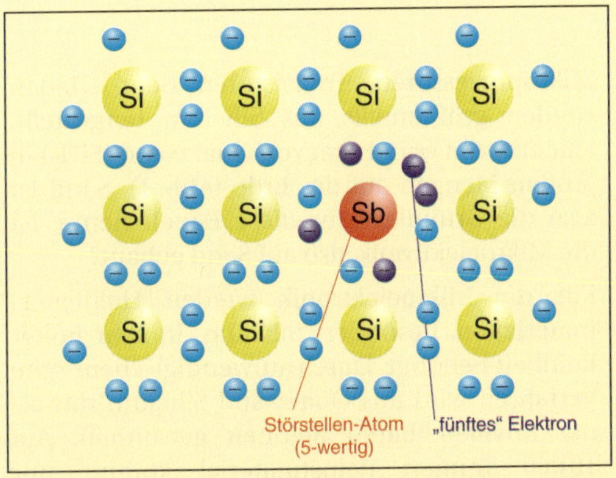

1 n-Leitung: Wenn in das Siliciumkristallgitter 5-wertige Atome (z.B. Antimon, Phosphor) eingebaut werden, dann steht im Kristallgefüge ein freies Elektron zum Ladungstransport zur Verfügung. Von den 5 Außenelektronen des Störstellenatoms werden nur 4 für die Atombindung benötigt. Die Zahl der negativen Ladungsträger ist somit größer als die Zahl der positiven. Deshalb spricht man von n-leitendem Material.

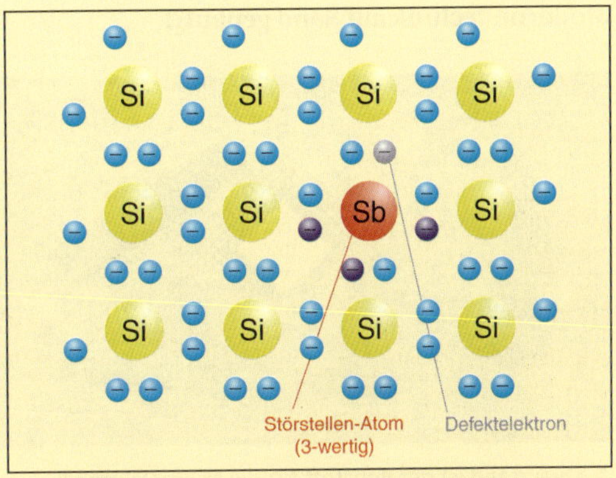

2 p-Leitung: P-leitendes Silicium erhält man, wenn einzelne Gitterplätze mit 3-wertigen Atomen besetzt werden (z.B. Bor). Diese besitzen nur 3 Außenelektronen, so dass im Atomgitter nun ein Loch (Defektelektron) entsteht. Wird dieses Loch von einem Nachbarelektron ausgefüllt, so entsteht an dessen Ursprungsort ein neues Loch. Diese Löcher sind also „beweglich". Ein solches Material nennt man p-leitend.

Von dieser hohen Spannung werden die Elektronen an der Grenzschicht angezogen. Sie fließen über den Collektor ab. Alle anderen Elektronen müssen aus der Basis entfernt werden. Sie würde sonst zunehmend negativ werden. Dadurch könnten keine weiteren Elektronen vom Emitter in die Basis einfließen und der Kollektorstrom käme zum Erliegen. Solange aber die Elektronen über die Basis (positive Ladung) abgezogen werden, fließt auch ein Kollektorstrom. Der Basisstrom steuert also den Kollektorstrom.

Der Transistor dient auch als **Schalter,** wenn über kleine Ströme der Basisstrecke große Kollektorströme geschaltet werden. Man kann so zum Beispiel den Verschleiß mechanischer Kontakte vermindern, denn sie müssen nun nur den kleinen Basisstrom schalten, und die oft 100- bis 1000-mal höheren Ströme des Kollektorkreises übernimmt der Transistor ohne mechanische Abnutzung. Als **Verstärker** dient der Transistor, wenn Spannungsschwankungen an der Basis (z. B. das Signal von einem Mikrofon) analog dazu höhere Spannungsschwankungen am Kollektor zur Folge haben. Als **Speicher** dienen Schalttransistoren, die sich gegenseitig so beeinflussen, dass ein Zustand (leitend oder nicht leitend) für längere Zeit beibehalten wird. Das sind so genannte Flip-flop-schaltungen.

Transistoren sind heute das wahrscheinlich am meisten genutze Bauelement der modernen Elektronik. Ihre weite Verbreitung begann aber erst in den 50er Jahren des 20. Jahrhunderts. Von da an übernahmen Transistoren auch die Aufgaben von Elektronenröhren (Abb. 3).

3 Elektronik verarbeitet elektrische Signale. Neben der Umformung (z. B. bei der Digitaltechnik) müssen Signale sehr oft verstärkt werden. Bis in die 50er Jahre hinein war dies die Aufgabe der Elektronenröhren. Sie verbrauchten viel Energie, waren ziemlich groß und auch erst nach einer Aufwärmphase einsetzbar.

Moderne Technik auf Sand gebaut?!

1 **Quarzsand ist der Rohstoff für die Mikroelektronik.**

Mikroprozessoren, Transistoren oder Dioden werden größtenteils aus Silicium hergestellt. Silicium gibt es in Form von Quarzsand (SiO_2) in großen Mengen auf der Erde (Abb. 1). Sand ist also die Grundlage für diese Bauelemente. Ist die Mikroelektronik also auf Sand gebaut?

Für die Mikroelektronik werden Halbleitermaterialien, besonders Silicium, in sehr hoher Reinheit benötigt. Durch aufwendige chemische Verfahren wird aus Quarzsand Silicium mit einer unvorstellbaren Reinheit gewonnen. Auf 10 000 Tonnen Reinstmaterial kommt nur 1 Gramm Verunreinigungsstoff!

Die Halbleiter-Grundmaterialien bekommen ihre speziellen Eigenschaften erst durch eine spezielle verfahrenstechnische Verunreinigung (Dotierung) mit ganz bestimmten Atomen (z. B. Bor) in sehr geringen Mengen. Besäße das Ausgangsmaterial also nicht eine Reinheit von mindestens 99,9999999 %, so wäre das spätere Dotieren wirkungslos.

Die so entstehenden Brocken Reinsilicium sind noch nicht für die Chipherstellung geeignet, denn sie sind polykristallin. In der Mikroelektronik stören die vielen Übergänge zwischen den winzigen Kristallen. Der Unterschied zwischen polykristallin und monokristallin wird am Beispiel des Kohlenstoffs deutlich: Grafit ist polykristalliner Kohlenstoff, aber ein Diamant ist ein Kohlenstoff-Einkristall.

In der Mikroelektronik wird ein einziger großer Kristall gebraucht, den man in Scheiben schneiden kann. Wie aber erhält man große Kristalle eines Werkstoffes? Ein Blick in die Erdgeschichte konnte dabei helfen. Große Kristalle wachsen sehr langsam, benötigen manchmal viele hundert Jahre. Verständlicherweise hat man in der Mikroelektronik nicht so viel Zeit. Daher wurden spezielle Verfahren entwickelt, die schnell große Silicium-Einkristalle entstehen lassen. Dieser Vorgang dauert lediglich einige Stunden. Zu den speziellen Verfahren zur Herstellung von Silicium-Einkristallen gehören das Zonenschmelzverfahren (Abb. 2) und das Ziehverfahren (Abb. 3).

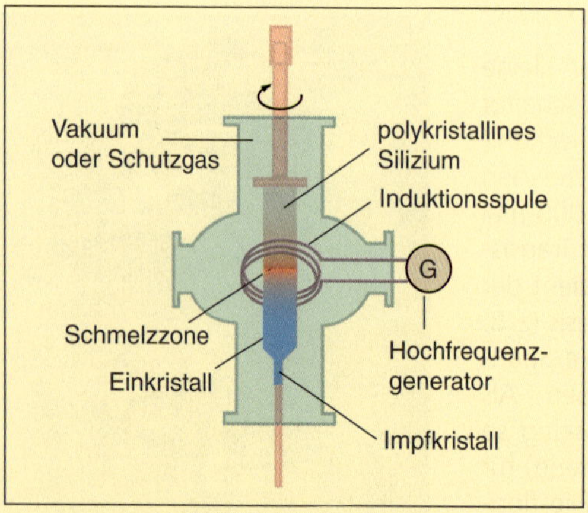

2 **Zonenschmelzverfahren**

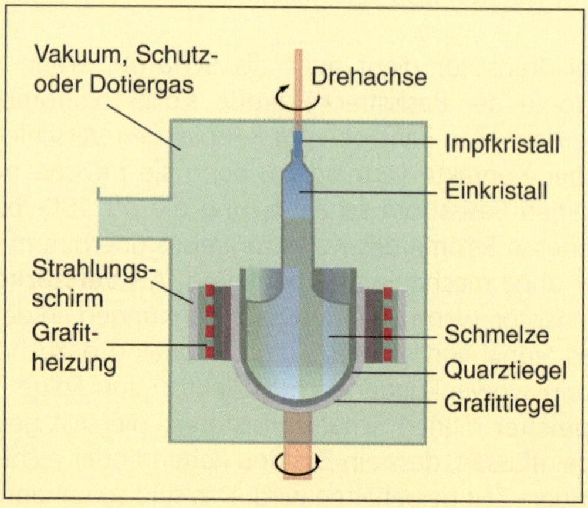

3 **Ziehverfahren**

Auf den Scheiben, Wafer genannt, werden mittels fototechnischer und chemischer Verfahren die für Transistoren oder integrierte Schaltkreise nötigen Schaltungen hergestellt. Man benutzt dazu Filme, auf denen die benötigten Schaltungen lichtundurchlässig (schwarz) dargestellt werden. Durch diese Maske hindurch belichtet man den Wafer, auf den vorher ein Speziallack aufgebracht wurde. Die Stellen des Lacks, auf die Licht gefallen ist, lösen sich später in einem speziellen Bad auf.

Die durch die Maske geschützten Stellen bleiben erhalten. Die ungeschützte Oberfläche kann geätzt und beschichtet werden. Auch das Dotieren kann nun erfolgen. So entstehen auf dem Wafer nach und nach die Strukturen der integrierten Bauelemente. Meistens sind das in der modernen Digitaltechnik Transistoren.

Mittlerweile können mehrere Millionen Transistoren auf einer Fläche realisiert werden, die nicht größer als ein Fingernagel ist. Die Herstellung mehrerer Millionen Bauelemente auf winzigen Flächen erfordert neuere Technik, da man bei der Belichtung an physikalische Grenzen stößt. Sichtbares Licht hat eine Wellenlänge von < 1000 nm. Die dünnsten Strukturen der Mikrochips liegen jedoch zum Teil noch darunter. Das heißt, bei der Belichtung entstehen bereits unscharfe Kanten allein durch die Wellenlänge des verwendeten Lichtes. Deshalb verwenden die Hersteller der High-Tech-Chips mittlerweile Röntgenstrahlen, die kurzwelliger sind und in diesem Bereich scharfe Abbildungen schaffen.

3.2.3 Nachrichtentechnik

Der Wunsch nach dauerhafter **Speicherung von Informationen** ist nicht neu. Davon zeugen beispielsweise die Höhlenmalereien der Urgeschichte, die Hieroglyphen im alten Ägypten oder die Erfindung des Buchdrucks mit austauschbaren Lettern (s. Abschnitt 3.2.1).

Das Aufschreiben von Informationen ist eine Art **Codierung,** die heute noch gebräuchlich ist. Den Signalen (in diesem Fall die Laute der Sprache) werden Symbole (hier also die Buchstaben eines Alphabets) zugeordnet. Beim lauten Vorlesen dieser geschriebenen Symbole wird die Information wieder in ihre Ursprungsform (gesprochenes Wort) zurückgewandelt. Aus den Symbolen werden also wieder Schallwellen.

Zur noch heute üblichen Sprachcodierung sind zusätzliche unzählige weitere Codierungssysteme physikalisch-technischer Art hinzugekommen.

Sprache (Schallwellen) direkt zu speichern wurde erst im 19. Jahrhundert möglich. Das Gerät dazu stammt vom Amerikaner Thomas Alva Edison (1847–1931), der es 1877 entwickelte. Er nannte es **Phonograph** (Abb. 1). Schon einige Zeit vor ihm allerdings hatte der Franzose Charles Cros Konstruktionspläne für ein solches Gerät entworfen, das er Parleophone nannte. Er hatte jedoch nicht das Geld, einen Prototypen zu bauen oder ein Patent darauf anzumelden. So gebürt der Erfinderruhm nun Edison.

1887 erfand der aus Hannover stammende Emil Berliner (1851–1929) in Washington die Schallplatte (Abb. 2). Das Prinzip ist dem des Phonographen ähnlich. Nur wird hier das Schallwellenmuster nicht in die Oberfläche des Mediums gestochen, sondern durch seitliche Auslenkungen der Nadel auf eine Platte gebracht. Diese war zunächst aus Zinkblech, das mit Wachs beschichtet war. Die Nadel kratzte das Wachs

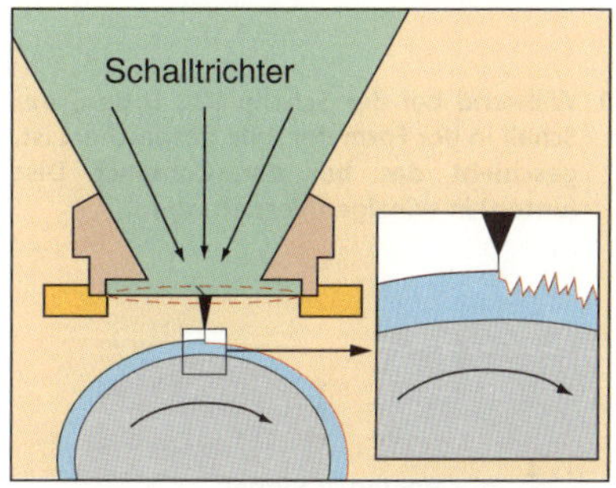

1 Die Schallwellen treffen auf die Membran. Diese beginnt zu schwingen und überträgt die Schwingungen auf die Nadel. An der Nadel vorbei bewegt sich eine mit Metallfolie bespannte Walze. Die Nadel sticht nun das Schwingungsmuster der Membran in die weiche Metallfolie der Walze. Diese Walze muss möglichst gleichmäßig gedreht werden. So entsteht ein Abbild der Schallwellen auf der Walze, analog der Schwingungen, die auf die Membran treffen.

2 Die ersten Schallplattenspieler der Welt wurden in einer Puppenfabrik in Waltershausen in Thüringen produziert. Das Grundprinzip von Berliners Grammophon ist auch bei heutigen Plattenspielern noch erhalten.

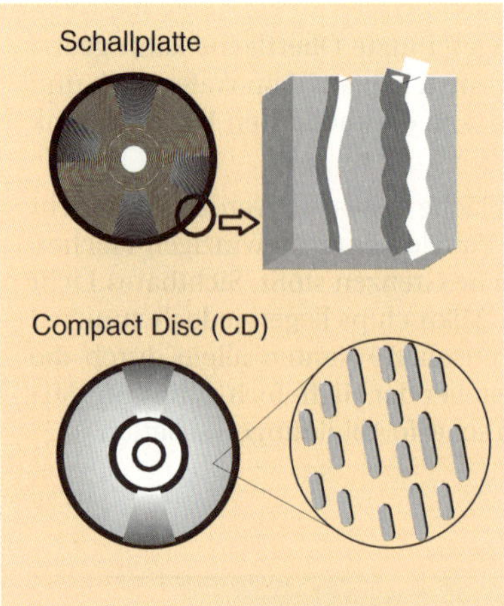

1 Während bei der Schallplatte (oben) der Schall in der Form der Rille gespeichert ist, geschieht das bei der Compact Disc (unten) in winzigen Vertiefungen.

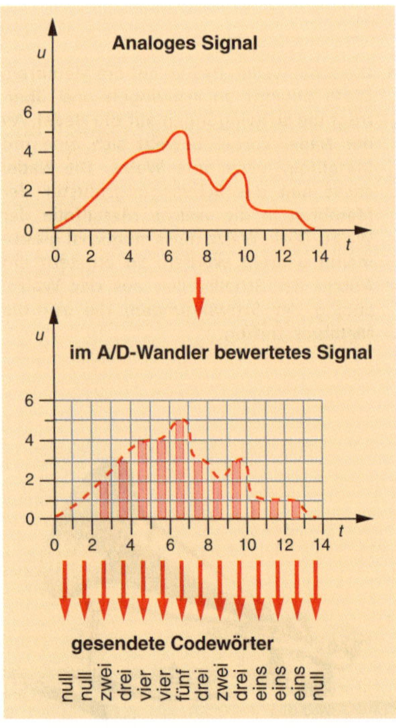

2 Die Genauigkeit der digitalen Speicherung ist von einer möglichst hohen Abtastrate (Taktfrequenz) und einer genauen zahlenmäßigen Erfassung abhängig. Hohe Genauigkeit führt zu einer hohen Anzahl von Binärstellen, die der Datenbreite entspricht.

durch ihre Bewegung weg. Die ganze Platte wurde danach in Säure getaucht. Diese geätzte Rille war die Spur der Schallwellen (Abb. 1). Die Qualität dieser Schallplatte war allerdings anfangs nicht befriedigend. Erst das Material Schelllack und später das Vinyl, das bis in unsere Tage verwendet wird, erhöhte die Qualität. Das Prinzip jedoch blieb.

Eine gänzlich andere Technik liegt der Funktion der digitalen **Compact Disk** (CD) zugrunde. Hier werden Informationen in einer Art „Morsecode" abgelegt. Das Hauptmerkmal dieser digitalen Technik ist das Zählen und Verrechnen diskreter ganzer Werte. Computer verwenden hierbei intern nicht das Dezimalsystem, sondern das Binärsystem. Dessen Basis ist die Zahl 2. Daher können nur 2 Zustände unterschieden werden: ein – aus, wahr – falsch, Speicherzelle voll – Speicherzelle leer usw. Diese zwei Zustände werden allgemein mit 0 und 1 bezeichnet.

Wie wird nun aber ein komplexes analoges Signal wie Musik in solche digitalen Daten umgewandelt? Ein Musiksignal wird in sehr kurzen Abständen, ca. 40 000 mal pro Sekunde abgetastet. Dabei wird die Amplitude gemessen und quantifiziert, also in einen ganzen Zahlenwert umgewandelt. Diese Zahlen werden im Binärcode nacheinander gespeichert (Abb. 2).

Die Forderung nach hoher Genauigkeit digitaler Speicherung führt zum Trend hoher Taktfrequenzen und Datenbreiten in der gesamten Digitaltechnik. Computer mit Taktfrequenzen über 800 MHz sind keine Seltenheit mehr, und eine Datenbreite von 32 bit ist Standard. Noch vor einem Jahrzehnt waren wenige Megahertz und 8 bit Datenbreite normal. Mit der moderneren Technik stieg auch der Speicherplatzbedarf drastisch an. Genügte vor einigen Jahren noch ein Arbeitsspeicher von 64 KByte, so ist dieser bei aktuellen PCs nicht doppelt oder zehnfach, sondern 1 000-mal so groß!

> Bei der **Übertragung von Informationen** werden neben moderner Technik, wie Satellitenübertragung oder Glasfaserkabeln, weiterhin traditionelle Mittel verwendet.

Die traditionelle Amplitudenmodulation (AM) und die später eingeführte Frequenzmodulation (FM) (s. Abschnitt 3.2.1) werden beide auch heute noch von vielen Rundfunk- und Fernsehstationen auf der ganzen Welt genutzt. Amateur-, CB- und auch der Mobilfunk der Millionen Handys funktionieren prinzipiell so, wobei im Falle der Handys die übertragenen Informationen bereits digital aufbereitet sind.

Schon 1957 – „Sputnik I" startete ins Weltall – wurden jedoch die Grundlagen für die **Informationsübertragung mittels Satellit** gelegt. Seitdem wurden Tausende Forschungs-, Nachrichten- und Spionagesatelliten gestartet. Viele von ihnen sind geostationär, d. h., sie folgen der Drehung der Erde exakt. Die meisten Satelliten stehen in 35 000 km Höhe über dem Äquator. Von uns aus gesehen befinden sie sich also immer am gleichen Punkt am Himmel, und zwar in südlicher Richtung. Und genau auf diesen Punkt sind die Sendeantennen der Bodenstationen ausgerichtet, von denen der Satellit seine Programme empfängt, und (z. B. bei ASTRA) auch die Millionen von Sat-Schüsseln (Offset-Parabolspiegelantennen) der Empfänger, die ihre Fernseh- und Radioprogramme nun von diesem Satelliten erhalten (Abb. 1).

Für Nachrichtensatelliten werden sehr hochfrequente Signale (10 GHz Mikrowellen) verwendet, weil sie besonders geeignet sind, gerichtet auf eine bestimmte Region (z. B. Mitteleuropa) abgestrahlt zu werden.

Die Nachrichtentechnik stützt sich aber auch auf die moderne **Glasfasertechnik.** Besonders die Telefontechnik im Festnetz nutzt diese Technik. Die Materialien sind heute so gut, dass man 30 bis 50 Kilometer ohne Zwischenverstärker überbrücken kann. Selbst in der Tiefe des Atlantik liegen mittlerweile mehrere Lichtwellenleiterbündel. Durch diese große ingenieurtechnische Leistung wurde die Kommunikation zwischen den Kontinenten enorm beschleunigt (Abb. 2 und 2, S. 200).

Auch bei dieser Technik werden Grundgesetze der Physik – hier der Optik – genutzt, um Daten zu übertragen. Bei Lichtwellenleiterkabeln kommt das *Reflexionsgesetz* zur Anwendung. An der Außenfläche des Kabels werden die Lichtimpulse (bei digitaler Technik) reflektiert und in das Innere zurückgeworfen, wo sie auf der Gegenseite erneut reflektiert werden. Auf diese Weise breitet sich das Signal mit Lichtgeschwindigkeit aus (Abb. 1, S. 200).

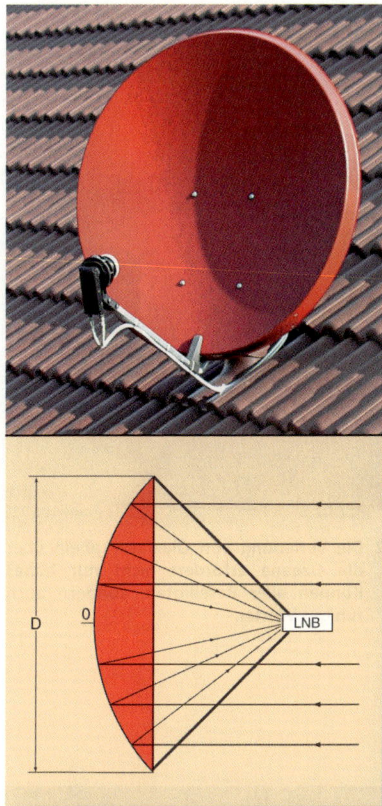

1 Eine Parabolantenne ist eine Art Hohlspiegel, in dessen Brennpunkt sich das Empfangsteil (Receiver) befindet. Hier werden auch gleich die Signale in einen Bereich umgewandelt, der kabel- und empfangstechnisch leichter zu beherrschen ist. Im Satellitenreceiver werden dann die Signale zu Bild und Ton demoduliert.

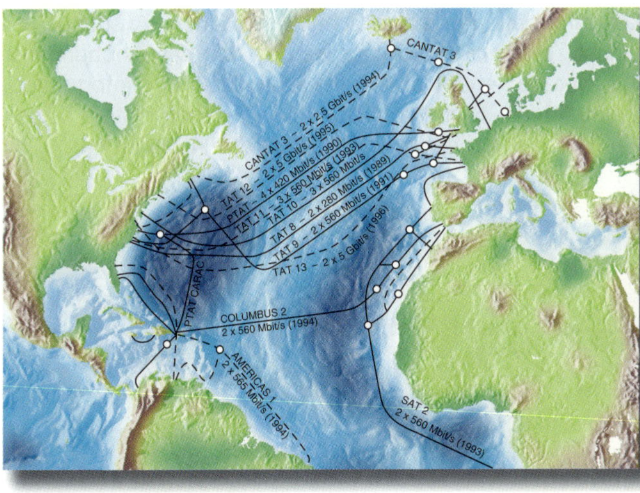

2 Moderne Lichtwellenleiterbündel verbinden seit 1990 Europa und Amerika miteinander. Sie ersetzen und ergänzen die ersten transatlantischen Kabel, von denen das erste am 27. Juli 1866 in Betrieb ging.

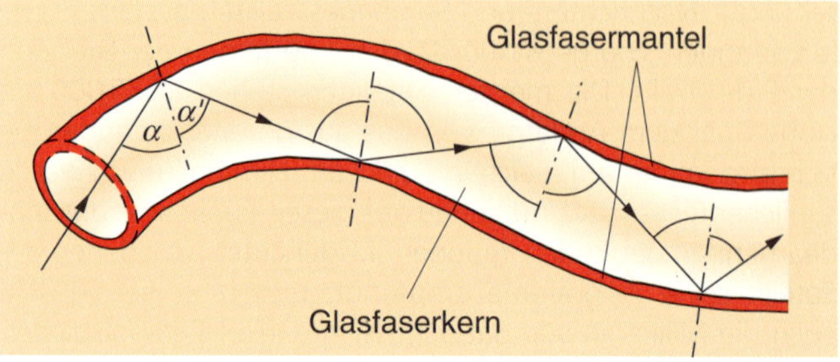

1 Eine Glasfaser besteht aus verschiedenen Glasschichten; der Lichtstrahl wird an der Grenzschicht von Kern und Mantel reflektiert und läuft so zickzackförmig durch die Faser.

2 Die Verlegung von Glasfaserkabeln über die Ozeane erfordert nicht nur hohes Können aller Beteiligten, sondern auch ruhiges Wetter.

Man benötigt für diese Kabel (Abb. 3) selbstverständlich hochreine optische Materialien, denn die Lichtstrahlen sollen möglichst nicht durch Verunreinigungen geschwächt werden. Um eine Vorstellung davon zu haben, welche Reinheit hier gebraucht wird, müsste man sich eine Fensterscheibe vorstellen, die mehrere Kilometer dick und trotzdem voll durchsichtig ist! Eine solche optische Reinheit wird heute mit großem technischen Aufwand realisiert.
Trotzdem sind bei solchen lichtwellentechnischen Anlagen im Abstand von ca. 50 Kilometern Zwischenverstärker nötig. Ähnlich wie bei den unerwünschten Widerständen elektrischer Leitungen werden damit Energieverluste ausgeglichen.

3 Lichtwellenleiterkabel werden als Bündel ausgeführt. Ein Bündel enthält z. B. 4 000 Fasern.

Technisch-physikalische Probleme sind in vielen Bereichen ähnlich. Der technische Fortschritt wird auch davon beeinflusst, wie es gelingt, hochreine Materialien zu erzeugen, darauf viele Funktionselemente unterzubringen und die Funktionseinheiten von Störungen abzuschirmen.

Die Ziele der modernen Informations- und Kommunikationstechnik sind die **Erhöhung der Geschwindigkeit** und die **Erhöhung der Datenbreite.**

Die Informationen sollen schnell von einem Ausgangs- zu einem Zielpunkt übertragen werden. Mit der Erhöhung der Datenbreite erhöht sich die Genauigkeit der Information. Während ein 8-bit-Wort nur 256 Zustände unterscheiden kann, sind es bei einem 32-bit-Wort über 4 Milliarden.

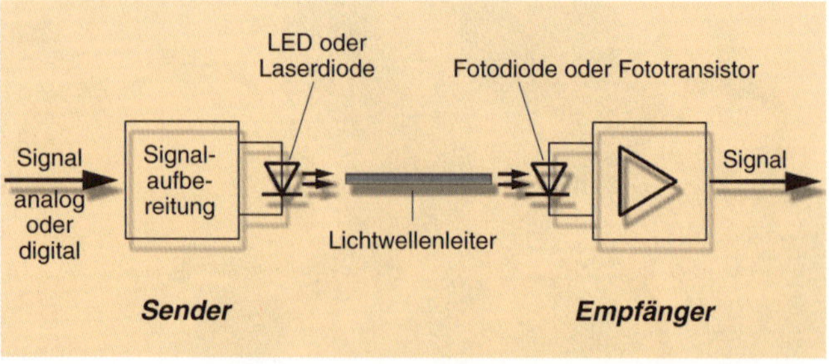

4 Das Prinzip der optischen Informationsübertragung: Ein Nutzsignal wird im Sender aufbereitet. Eine Laserdiode speist das Signal in die Faser ein. Am Ende des Lichtwellenleiters wandelt eine Fotodiode die Lichtimpulse wieder in elektrische Signale um.

Moderne Informationsverarbeitung und Lebensqualität des Menschen

Die rasante Entwicklung der modernen Informationsverarbeitung hat in den letzten Jahrzehnten das Leben der Menschen in den Industrieländern und in den Zentren der Entwicklungsländer stark verändert. Die Menschen, die Zugang zu modernen Informationssystemen besitzen, können ihr Leben schöner, sicherer und erfolgreicher gestalten. So sorgen im Fono- und TV-Bereich digitale Rechenanlagen dafür, dass man zu Hause eine brillante Ton- und Bildwiedergabe erhalten kann. Bei der Informationsbeschaffung zu Bildungszwecken werden die Menschen vom Heimcomputer aus nicht nur auf die Informationen der Großbibliotheken in aller Welt zurückgreifen können. Schon jetzt existieren Lexika und Tafelwerke auf CD-ROM, Massenspeicher mit Anwendungsprogrammen für nahezu jeden Zweck. Nicht zuletzt hat das Internet (Abb. 1) als Informationsquelle unvorstellbare Mengen von Informationen in verschiedenster Qualität für jedermann zugänglich gemacht. Alle können sie für ihre Bildung und für ihre berufliche Arbeit vorteilhaft nutzen.

Erst ein Vergleich mit der Situation vor einigen Jahrzehnten lässt die rasante Entwicklung, die in allen Bereichen des Lebens und der Technik stattfindet, deutlich werden. Doch andererseits sind die Menschen zunehmend vor Anforderungen gestellt, die für viele komplizierte Technik bedienen und beherrschen zu lernen. Das erfordert nicht geringe Anstrengungen. Der eigene Computer möchte zunächst einmal korrekt bedient werden, bevor er die erwartete Information ausgibt oder bevor die gedruckte Seite mit allen Farbbildern wie gewünscht aussieht. Die moderne Informationstechnik sollte jedoch als Hilfsmittel zur Kommunikation zwischen Menschen betrachtet werden und nicht ihrerseits den Menschen beherrschen. Der Umgang mit der explosionsartig wachsenden Informationsflut ist eines der Probleme, zu denen wir uns eine vernünftige Einstellung erarbeiten müssen.

Mit den gewandelten Bedingungen sind nicht nur die Nutzer und Anwender der Mikroelektronik konfrontiert, sondern auch die Menschen, die in den Herstellungsprozessen tätig sind (Abb. 2).

Wesentlich größer sind jedoch Probleme, die nicht nur den einzelnen Menschen betreffen, sondern die Menschheit insgesamt. Zwar sind im Bereich der Informationsverarbeitung keine solch katastrophalen Folgen wie bei der Kerntechnik (Hiroschima, Tschernobyl) absehbar, doch ergeben sich eine Reihe von Fragestellungen, die im Interesse aller Menschen auf der Erde gelöst werden müssen. Dazu gehören: Trägt die Informationsverarbeitung dazu bei, die gesellschaftlichen Gegebenheiten positiv zu verändern, oder verstärkt sie die sozialen Unterschiede zwischen Nord und Süd bzw. Arm und Reich? Werden wir nur schneller und besser über Konflikte in aller Welt informiert, oder leistet moderne Technik einen Beitrag zu ihrer Verhinderung? Wie sicher kann das Internet vor Mißbrauch geschützt werden? Welche gesundheitlichen Auswirkungen hat die häufige Nutzung der modernen Informationsmittel? Wie kann verhindert werden, dass sich die Menschen weiter von der Natur entfernen? Usw., usf.

1 Das Internet ermöglicht die weltweite Information und Kommunikation unabhängig von den bestehenden Massenmedien Presse, Rundfunk und Fernsehen.

2 Die Arbeit in Reinräumen, in denen spezielle Bedingungen herrschen, stellt besondere Anforderungen an die dort tätigen Menschen.

3.2.4 Aufgaben

Klassische Kommunikations- und Informationsmittel

1. Eine Trommel ist nicht nur ein heute noch verbreitetes Musikinstrument, sie gehört auch zu den frühen Kommunikationsmitteln.
   a) Erkläre die Wirkungsweise der Trommel und erläutere die Ausbreitungseigenschaften der entstehenden Schallwellen!
   b) Wovon ist abhängig, ob eine Übertragungskette über mehrere Stationen funktioniert?
   c) Lege selbst einen Code für das Trommeln fest und sende mit ihm eine Nachricht!
   Lass die in der Nachricht enthaltene Information von Mitschülern decodieren und vergleiche mit deiner Mitteilungsabsicht!
   d) Beurteile Zuverlässigkeit, Geschwindigkeit und Aufwand einer solchen Form der Kommunikation!

2. Neben der Trommel gibt es viele weitere frühe Kommunikationsmittel, die teilweise auch heute noch verwendet werden.
   a) Fertige eine Übersicht früherer Kommunikationsmittel an, die auch über unveränderte oder weiterentwickelte Anwendungen in der Gegenwart Auskunft gibt!
   b) Erläutere die Nutzung von Relaisprinzip und Codierung/Decodierung bei diesen Kommunikationsmitteln!

3. Obwohl später als in der Antike entwickelt, gehören die abgebildeten Beispiele zu den frühen optischen Kommunikationsmitteln!
   a) Begründe die gegebene Aussage!

   b) Stelle eine Übersicht über die Flaggensignale zusammen!
   c) Zeichne drei mögliche Stellungen des abgebildeten Eisenbahnformsignals und erkläre ihre Bedeutungen!

4. Es gehört schon viele Jahrhunderte zu den Besonderheiten der menschlichen Lebewesen, Schriften zu besitzen und diese auch schreiben und lesen zu können.
   a) Welche Gründe führten zur Herausbildung von Schriften?
   b) Erarbeite Grundzüge der Entwicklung der Schriften!
   Nenne dabei Beispiele für Schriften und für Werkzeuge, mit denen „geschrieben" wurde!

5. Der „Urahn" von Stahlfeder und Füllfederhalter war der Gänsekiel. Eine kräftige Gänsefeder wurde angespitzt und eingeschnitten (Abb. 1, S. 186). Tauchte man sie in Tinte, konnte man schreiben.
   a) Besorge dir eine Gänsefeder (möglich sind auch ein Trinkhalm aus Plast oder ein Sauergras) und fertige ein Schreibgerät an!
   b) Verfasse mit dem selbst gefertigten Schreibgerät einen kleinen Text!

6. Nicht selten wird Johannes Gutenberg als der Erfinder des Druckereitechnik überhaupt bezeichnet. Dabei wird u. a. übersehen, dass bereits um das Jahr 1040 der chinesische Schmied Pi Cheng austauschbare Schriftzeichen benutzte.
   Erläutere, worin die hervorragende Leistung von Gutenberg bestand!

7. Beschreibe die jeweiligen Besonderheiten der Druckverfahren Hochdruck, Tiefdruck, Flachdruck und Siebdruck!

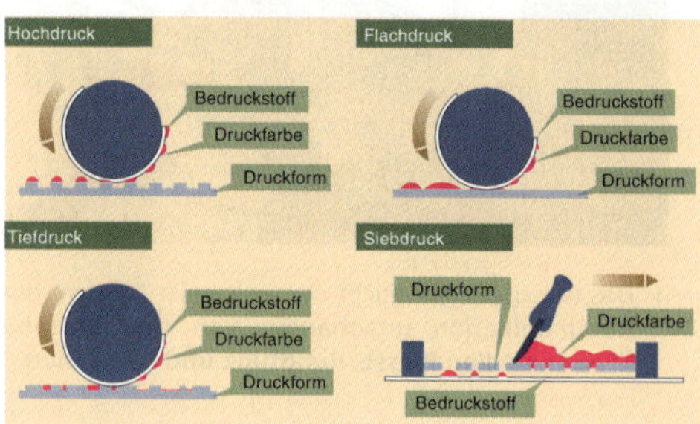

8. Der Kartoffeldruck ist eine typische Anwendung des Hochdrucks.
   a) Halbiere eine Kartoffel und arbeite mit einem Messer eine zu druckende Vorlage (Grafik oder Text) heraus!
   b) Beschichte die erhabenen Stellen der Druckvorlage mit Farbe (Stempelkissen, Aquarellfarbe) und bedrucke Papier oder Textilgewebe!
   c) Wozu wird Kartoffeldruck angewendet?

9. Vor dem Drucken kommt das Setzen.
   a) Erläutere, was im Druckgewerbe unter den Begriffen Setzen oder Satz verstanden wird!
   b) Skizziere die Entwicklung vom Handsatz über den Maschinensatz zum Fotosatz!

Elektrische Kommunikationsmittel

10. Warum leitete die Entdeckung der Elektrizität eine völlig neue Ära bei der Bereitstellung von Informations- und Kommunikationsmitteln ein?
    Belege den Qualitätsumschwung mit ausgewählten Beispielen?

11. Entwickele ein einfaches Morsegerät, mit dem von zwei Stellen aus über Lichtsignale kommuniziert werden kann!
    Jeder Sender soll mit einem Taster, jeder Empfänger mit einer Lampe versehen sein. Bei gedrücktem Taster soll die dazugehörige Lampe leuchten. Die Stromversorgung soll eine Batterie übernehmen.
    a) Skizziere eine geeignete Schaltung!
    b) Baue diese elektrische Schaltung auf!
    c) Beschreibe den Betrieb der Morseanlage als bidirektionale Kommunikation!
    d) Tausche mittels Morsegerät mit einer Mitschülerin vereinbarte Zeichen aus!
    e) Welche Probleme treten auf?

12. MARCONI nutzte bei der Entwicklung seines Funkgerätes u. a. Erfindungen von BRANLY, FRANKLIN und POPOV: den Kohärer, den Blitzableiter und die Antenne.
    Erläutere die drei Erfindungen und ihre Anwendung durch MARCONI! Welche Verallgemeinerung lässt sich ableiten?

13. Obwohl MARCONI und BRAUN 1909 gemeinsam den Nobelpreis für Physik erhielten, waren sie als Teilhaber der englischen Marconi-Gesellschaft und der deutschen Firma Telefunken zwischen 1900 und dem Ersten Weltkrieg härteste Konkurrenten.
    Bereite über die angedeuteten Zusammenhänge einen Vortrag vor!

14. Ortsnahe Sender des Mittel- und Langwellenbereichs lassen sich mit einem einfachen Detektor hörbar machen.
    Baue und betreibe ein solches Gerät!
    Als Antenne dient ein 20 m langer Kupferdraht, der beispielsweise über Baumkronen gespannt wird. Ein ca. 1,50 m in die Erde getriebener Stahlstab versorgt die Schaltung mit dem Erdpotential. Auf die Kapazität des gewählten Kondensators wird die Windungszahl der Spule optimal auf den Sender abgestimmt. Mit etwas Probieren und Glück findet man die auf den Sender abgestimmte Resonanzschwingung. Am Kopfhörer kann das Programm gelauscht werden.

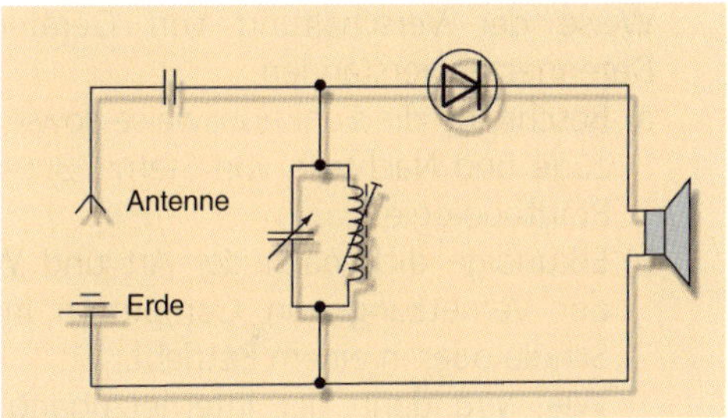

    a) Woher bezieht der Detektor die notwendige Energie?
    b) Welche Funktion hat die Diode?
    c) Wie könnte das Ausgangssignal verstärkt werden?

15. Erläutere Zweck und Prinzip der Modulation!

16. Der Rundfunk wird allmählich auf digitale Ausstrahlung seiner Programme umgestellt.
    a) Erkundige dich nach Empfangssystemen, die bereits auf digitaler Basis funktionieren!
    b) Begründe, warum auch für den digitalen Rundfunk Leitungsübertragung, terrestrische Übertragung und Satellitenübertragung parallel existieren werden!

Digitalisierung und Informationsnetze

17. Der Trend zur weitere Digitalisierung in der Informations- und Kommunikationstechnik ist unübersehbar.
    a) Was ist unter Digitalisierung zu verstehen? Beziehe die Begriffe „digital" und „analog" in die Erklärung ein!
    b) Nenne aktuelle digitale Systeme und erläutere ihre Verwendungszwecke!
    c) Welche Vorteile bieten digitale Informationssysteme gegenüber den klassischen analogen Formen?
    d) Warum besitzt der Computer im digitalen Informationsaustausch die Schlüsselrolle?

18. Informationsnetze gibt es nicht erst seit der fortschreitenden Digitalisierung.
    a) Nenne und beschreibe analoge Informationsnetze und ihre Aufgaben in Vergangenheit und Gegenwart!
    b) Wie und in welchem Maße werden sie für den Transport digitaler Daten genutzt?

19. Unter der Netztopologie wird die Art und Weise der Verschaltung von Geräten in Datennetzen verstanden.
    a) Beschreibe die Funktionsweise sowie Vorzüge und Nachteile von Stern-, Bus- und Ringtopologie!
    b) Erkundige dich nach der Art und Weise der Vernetzung von Computern in der Schule oder in einem Betrieb!
    Wie wird darin der Internetzugang verwirklicht?

20. UKW-Rundfunk und Breitbandübertragung beim Digitalrundfunk stellen Etappen bei der Verbesserung des Rundfunkempfangs dar.
    a) Beschreibe diese Entwicklungsetappen und erläutere ihre technischen Grundlagen!
    b) Begründe, warum man mit einem Detektorradio keine UKW-Sendungen empfangen kann!

21. Schon wenn zwei Rechner so verbunden sind, dass zwischen ihnen ein Datenaustausch erfolgen kann, spricht man von einem Netzwerk. Im einfachsten Falle lässt sich das über ein Nullmodem installieren.
    a) Was ist ein Nullmodem, und welche Betreibersoftware ist erforderlich?
    b) Probiere den Datenaustausch zwischen zwei Rechnern aus!

22. Im Haushalt befinden sich in der Regel viel mehr Informations- und Kommunikationssysteme, als man annimmt.

    a) Trage solche Systeme, wie Hausklingelanlage und Funkuhr, in einer Tabelle zusammen! Sie soll neben dem Kommunikationsmittel auch den Übertragungskanal, die Art der Kommunikation und den Träger der Nutzinformationen enthalten!
    b) Welche dieser Systeme haben bereits Bedeutung für Zugänge ins Internet oder könnten diesen haben?

23. Im Internet existiert ein riesiges Angebot an MP3-Musik und herunterladbaren Playern. Die Musikstücke lassen sich über die Soundkarte wiedergeben.
    a) Erkläre den Speicherunterschied von gleichen Musikstücken im MP3-Format und im WAVE-Format!
    b) Erläutere die Ähnlichkeiten und Unterschiede von Aufnahmen mit der MiniDisc und MP3!

24. Seit einigen Jahren wird das satellitengestützte GPS-Navigationssystem in Straßenfahrzeuge eingebaut.
    Erläutere dieses System! Welche Genauigkeiten sind erreichbar? Zu welchem Zweck wurde es ursprünglich entwickelt?

25. Wie viele Satelliten befinden sich zur Zeit im Orbit? Wie hoch ist etwa der militärisch genutzte Anteil?

Untersuchung der Funktionsweise elektrischer Bauelemente

26. Bestimme experimentell den elektrischen Widerstand eines ohmschen Widerstands im Gleichstromkreis und im Wechselstromkreis!

27. Bestimme experimentell
    a) den Widerstand einer Spule ohne Eisenkern im Gleichstromkreis,
    b) den Widerstand einer Spule ohne Eisenkern im Wechselstromkreis und
    c) den Widerstand einer Spule mit Eisenkern im Wechselstromkreis!

28. Miss den Widerstand einer 100-W-Glühlampe im Kaltzustand!
    Berechne den Widerstand einer 100-W-Glühlampe im Betrieb an 230 V!
    Vergleiche!

29. Ein Kondensator wird mit Wechselstrom betrieben.
    Nimmt sein Widerstand bei steigender Frequenz zu oder ab?
    Begründe!

30. Spule, Magnetfeld und elektrische Spannung sind durch bestimmte Zusammenhänge verbunden.
    Untersuche experimentell, unter welchen Bedingungen in einer Spule mithilfe eines Dauermagneten eine Spannung induziert wird!
    Vorbereitung:
    a) Überlege, welche Zusammenhänge zwischen Spule, Magnetfeld und elektrischer Spannung vorhanden sind!
    b) Stelle eine Spule, einen Dauermagneten und einen Spannungsmesser mit einem Messbereich bis 1 V bereit!
    Durchführung:

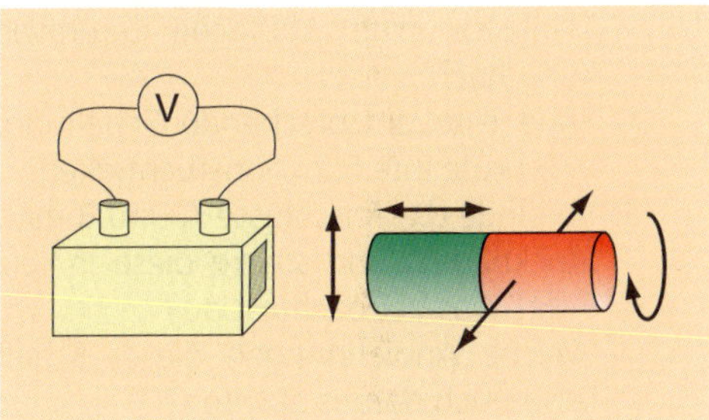

    a) Verbinde die Spule mit dem Spannungsmesser, dessen Zeiger sich in Mittellage befindet (Abb.)!
    b) Bewege den Dauermagneten in unterschiedlicher Weise (Abb.)!
    Auswertung:
    a) Bei welchen Bewegungen zwischen Spule und Magnet entsteht eine Induktionsspannung?
    b) Trage deine Untersuchungsergebnisse in eine Tabelle ein!

31. Gib für jeden der folgenden Fälle an, ob in der Spule eine Spannung induziert wird! Begründe deine Antwort!
    Prüfe deine Voraussagen experimentell!
    a) In eine Spule wird ein Dauermagnet eingeführt.
    b) In einer Spule befindet sich ein Dauermagnet in einer bestimmten Stellung.
    c) Ein Dauermagnet wird aus der Spule herausgezogen.

32. Die Anordnung der Spulen auf einem Eisenkern eines Transformators kann je nach Anwendung sehr unterschiedlich sein. Die Abbildungen zeigen zwei spezielle Arten von Transformatoren.

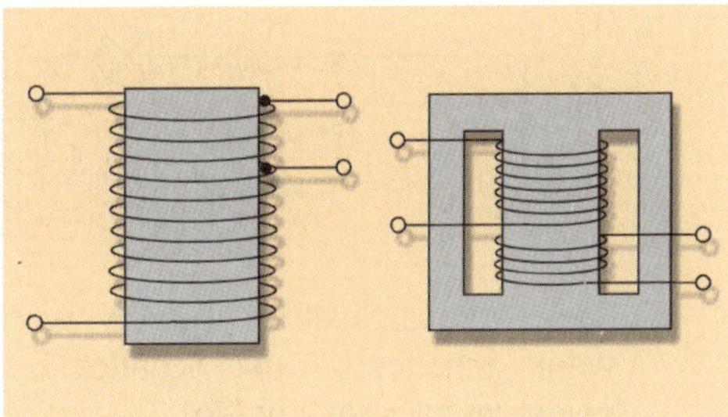

    Beschreibe den Aufbau und erkläre die Wirkungsweise dieser Transformatoren!

33. Untersuche experimentell die Abhängigkeit der Sekundärspannung eines Transformators von der Belastung im Sekundärstromkreis!
    Vorbereitung:
    a) Welche physikalischen Größen müssen gemessen werden?
    b) Entwirf einen Schaltplan für den Experimentieraufbau!

Durchführung:

Baue die Schaltung auf und miss die entsprechenden Werte!

Auswertung:

a) Was für ein Zusammenhang besteht zwischen Sekundärspannung und Sekundärstromstärke an einem Transformator?

b) Wie muss man die Belastung wählen, wenn bei bestimmter Leistung die Sekundärspannung hoch sein soll?

34. Bestimme experimentell die Durchlass- und die Sperrrichtung einer Halbleiterdiode! Fertige vorher einen entsprechenden Schaltplan an!
Beachte dabei, dass Dioden nur mit einem Vorwiderstand betrieben werden sollen!

35. Nimm experimentell die *I-U*-Kennlinie einer Halbleiterdiode auf und interpretiere diese! Beachte dabei, dass die Diode mit einem Vorwiderstand betrieben werden soll!

36. Ein Stromkreis ist nach dem abgebildeten Schaltplan aufgebaut.

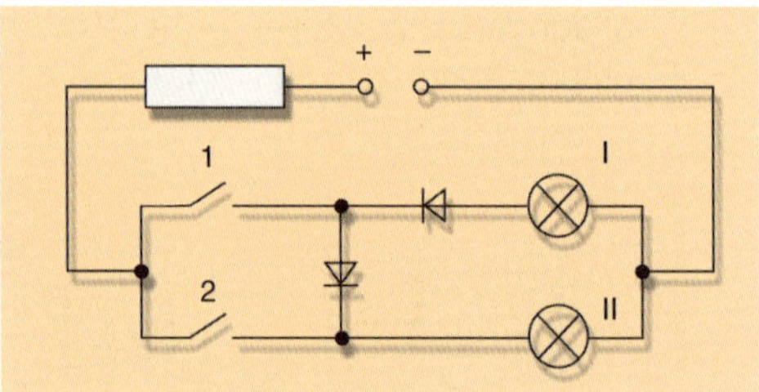

a) Sage voraus, welche Lampe leuchtet, wenn Schalter 1 oder Schalter 2 oder beide geschlossen werden!
Fertige dazu eine Tabelle an!

b) Sage voraus, welche Lampen leuchten, wenn die elektrische Quelle umgepolt wird und wenn Schalter 1 oder Schalter 2 oder beide geschlossen werden!
Fertige auch hierzu eine Tabelle an!

c) Baue die Schaltung auf und überprüfe deine Voraussagen!

37. Mit einer Konstantspannungsquelle soll eine Spannung von 2,1 V bereitgestellt werden.

a) Entwirf einen entsprechenden Schaltplan mit Siliciumdioden und Vorwiderstand für den Anschluss an eine elektrische Quelle bis maximal 12 V!

b) Baue die Schaltung nach dem Schaltplan auf und prüfe experimentell die Konstanz der Spannung, wenn sich an der elektrischen Quelle die Spannung zwischen 6 V und 12 V ändert!

c) Sage voraus, wie sich ein unterschiedlicher Lastwiderstand auf die Konstanz der Spannung auswirken wird!
Prüfe deine Voraussage experimentell!

38. Mithilfe mehrerer Transistoren können besonders sensible Schaltungen gebaut werden, die bereits bei ganz geringen Basisströmen einen Kollektorstromkreis einschalten. Solch eine sensible Schaltung ist die abgebildete DARLINGTON-Schaltung.

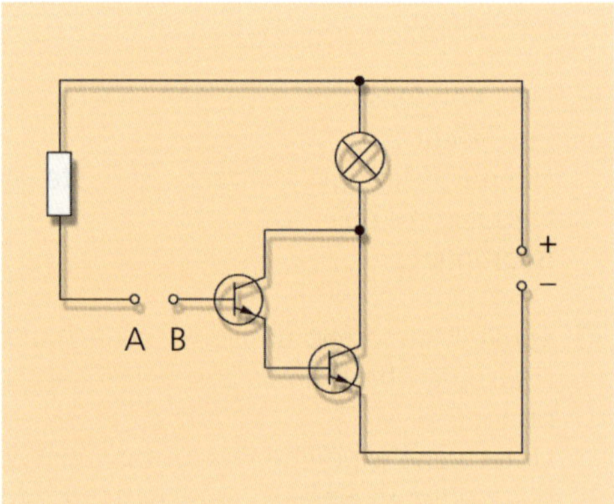

Berührt man z. B. die beiden Elektroden A und B mit einem Finger, leuchtet die Lampe auf. Solche Schaltungen benutzt man u. a. in Verbindung mit Berührungssensoren zum Einschalten elektronischer Geräte.

a) Erkläre die Wirkungsweise einer solchen Schaltung!

b) Wie groß ist die gesamte Stromverstärkung einer solchen Schaltung, wenn jeder Transistor eine 100fache Stromverstärkung hat?

c) Baue eine entsprechende Schaltung auf und prüfe ihre Funktionstüchtigkeit!

d) Verbinde die Anschlüsse A und B mit zwei Stricknadeln und stecke diese in feuchte Erde! Was beobachtest du?
Welche Anwendungen dieser Schaltung lassen sich daraus ableiten?

Herstellung einfacher elektronischer Geräte und Messen von Größen

39. Der folgende Schaltplan zeigt den Aufbau eines einfachen Rundfunkempfängers.

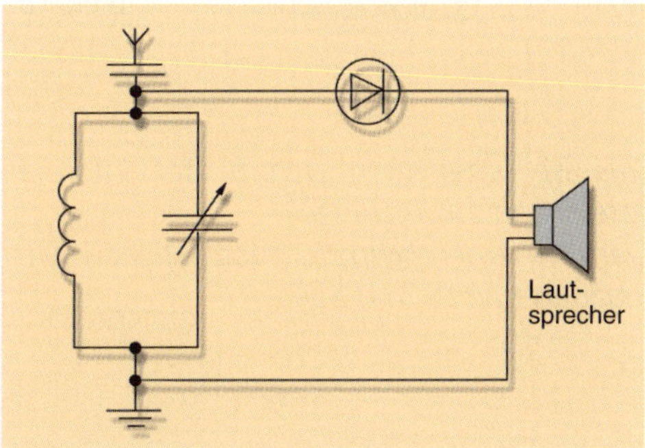

a) Nenne die wichtigsten Bestandteile des Empfängers und erkläre ihre Wirkungsweise!
b) Baue einen solchen einfachen Empfänger nach Anleitung des Lehrers auf!
c) Erprobe den Empfänger!

40. Der folgende Schaltplan zeigt den Aufbau eines Rundfunkempfängers mit einer Verstärkerstufe.

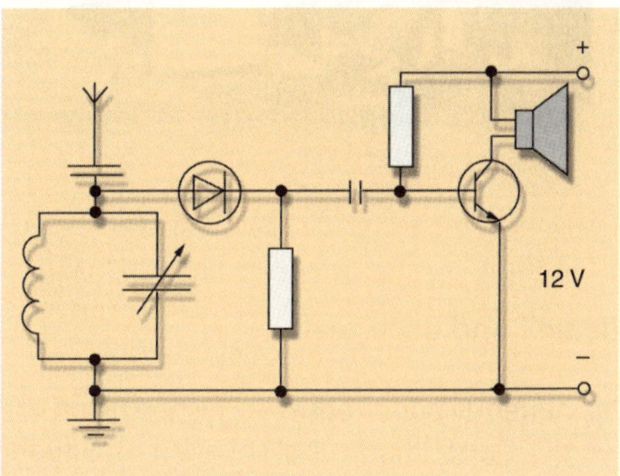

a) Beschreibe seinen Aufbau und erkläre seine Wirkungsweise!
b) Baue den Rundfunkempfänger nach Anleitung des Lehrers auf und probiere ihn aus!

41. Rolltreppen schalten sich oft erst kurz vor ihrem Betreten ein. Das geschieht mittels einer Lichtschranke.
a) Baue eine Lichtschranke entsprechend dem Schaltbild auf! Um den Schaltvorgang besser zu simulieren, kann anstelle der Lampe auch ein Relais eingesetzt werden.

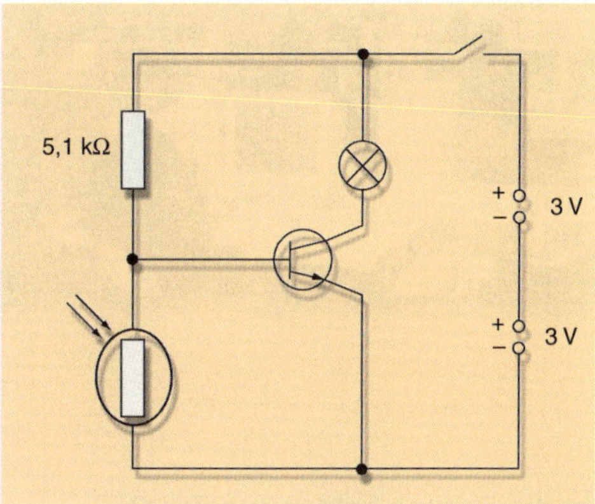

b) Beleuchte den Fotowiderstand mehrmals mit dem Licht einer gut fokussierten Taschenlampe!
Welche Zusammenhänge zwischen Beleuchtung des Fotowiderstands und dem Aufleuchten der Lampe stellst du fest?
Erläutere die Vorgänge an der Basis des Transistors und die Folgen für den Kollektorstromkreis, in dem sich die Lampe befindet!

42. Untersuche die elektrische Leitfähigkeit
a) von destilliertem Wasser und einer Lösung von Kochsalz (NaCl),
b) einer Bleistiftmine!
Beschreibe und begründe die Ergebnisse!

43. Auf der Leitfähigkeit von Salzlösungen basiert die Technik des Galvanisierens.
In Wasser zerfallen die Salzkristalle in ihre Ionen. Diese sind in der Lösung frei beweglich. Legt man einen Gleichstrom an, so wandern die Ionen je nach ihrer Ladung zu den entsprechenden Elektroden.
a) Erläutere die Bewegung der Ionen!
b) Ein Nagel soll verkupfert werden.
Dazu sind Kupfersulfatlösung und eine kupferne Gegenelektrode erforderlich.
Wie muss die Stromquelle polaritätsrichtig angeschlossen werden? Entwickle eine Skizze und gib eine Begründung!

3.3 Die Informationsgesellschaft

Schulen ans Netz!

Alle Schulen in Deutschland sollen online sein. Das ist eine Voraussetzung für die Vorbereitung der Schüler auf das Leben in der Informationsgesellschaft. Wer nicht angeschlossen ist, bleibt ausgeschlossen.

Was ist unter dem Begriff der Informationsgesellschaft zu verstehen?
Warum werden schnelle Informationen wichtiger sogar als Kapital und Boden?

Hat die Zeitung bald ausgedient?

Elektronische Medien verbreiten sich weiter. Das weckt Befürchtungen, die klassischen Printmedien könnten nicht mehr erforderlich sein. Doch das wird sich ebenso wenig bewahrheiten wie eine Verdrängung des Theaters durch das Kino.

Welche besonderen Merkmale besitzen die gedruckten Medien Tageszeitung, Zeitschrift oder Buch?
Warum werden die Printmedien neben den elektronischen eine bestimmte Funktion behalten?

Virtuell und doch real

Die neuen Medien besitzen bisher nicht vorhandene Darstellungsmöglichkeiten. Situationen können so realitätsnah gezeigt werden, dass man sie mit der Wirklichkeit verwechseln kann. Diese kann sogar virtuell „verbessert" werden.

Welche Aufgaben von Menschen können vorteilhaft auf virtuelle Weise gelöst werden?
Wie kann man sich davor bewahren, virtuelle Darstellungen mit der Wirklichkeit zu verwechseln?

3.3.1 Technische Voraussetzungen der Informationsgesellschaft

Die gegenwärtige gesellschaftliche Entwicklungsetappe wird u. a. als Informationszeitalter, Wissensgesellschaft, digitales Zeitalter und Informationsgesellschaft bezeichnet, wobei sich der letztgenannte Begriff durchgesetzt hat. Als Merkmal wurde zunächst der Anteil der Beschäftigten in Berufen, die sich mit Information befassen, herangezogen (Abb. 2). Später wurde der Begriffsinhalt genauer bestimmt.

Die **Informationsgesellschaft** ist eine Wirtschafts- und Gesellschaftsform, in der Gewinnung, Speicherung, Verarbeitung, Vermittlung, Verbreitung und Nutzung von Informationen und Wissen zentrale Bedeutung erlangt haben.

Auch zu frühen Zeiten war menschliche Arbeit mehr als ein stofflich-energetischer Prozess. Sie wurde schon immer von einem informations- und wissensverarbeitenden Prozess begleitet. Doch die heutige Situation ist dadurch gekennzeichnet, dass sich ein zunehmender Bevölkerungsanteil mit dem Sammeln, Verarbeiten, Darstellen und Weiterleiten von Informationen und Wissen beschäftigt. Andererseits wird auch in der Informationsgesellschaft die industrielle Produktion Kern vieler Wirtschaftstätigkeiten bleiben. Hochwertige Dienstleistungen und innovative Industrien am gleichen Standort bedingen sich einander.

Grundlage der Informationsgesellschaft ist die **Informationswirtschaft.** Sie kann in die Bereiche „Hardware, Software und Service" und „Medien" gegliedert werden (Abb. 1, S. 210). Wichtigste Zweige der Informationswirtschaft sind Informationstechnik (IT) und Telekommunikation (Abb. 1).

Durch die Informationswirtschaft vollziehen sich vor allem zwei gesellschaftlich bedeutsame Entwicklungen: die Schaffung von Multimedia und der Ausbau von Datenübertragungstechniken und -netzen. Sie wurden möglich durch Digitalisierung, Miniaturisierung und Integration im Bereich der Technik.

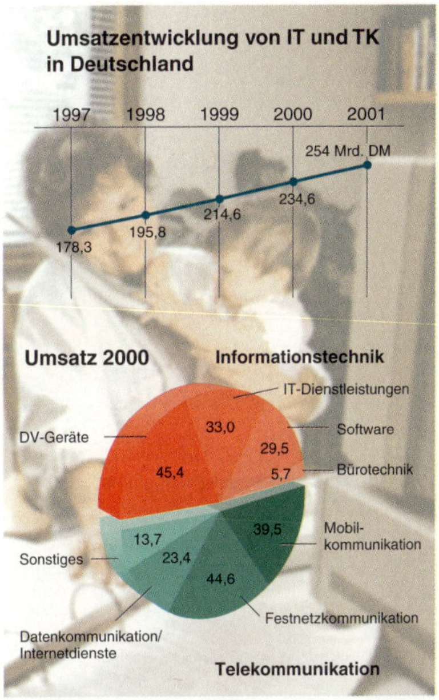

1 **Informationstechnik und Telekommunikation stellen zusammen in Deutschland die Wachstumsbranche Nummer 1 dar. Sie teilen sich den Umsatz etwa je zur Hälfte. Auch im Bereich der gesamten EU liegen ihre jährlichen Wachstumsraten weit über denen des Bruttoinlandsprodukts.**

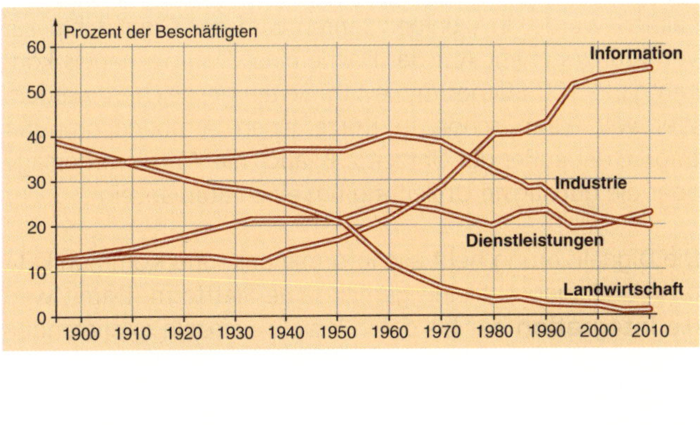

2 **Die ausgegliederten vier großen Wirtschaftsbereiche bestimmten mit ihren Anteilen an der Gesamtheit der Beschäftigten jeweils bestimmte gesellschaftliche Entwicklungsetappen. Über Jahrhunderte hinweg – bis 1905 – war die Landwirtschaft der führende Bereich. Die Industrie musste ihren Hauptanteil bereits 1977 an den Informationsbereich abgeben und wird weiterhin noch unter den Anteil der Dienstleistungen sinken.**

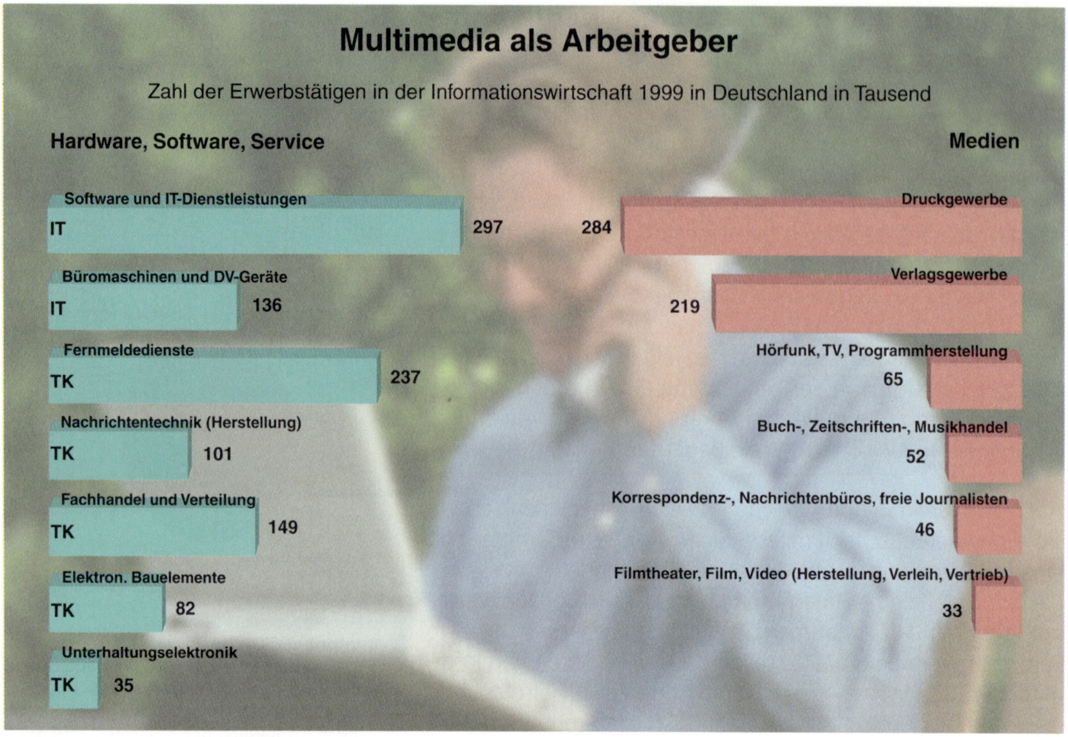

1 Zur Informationswirtschaft werden nicht nur die Produktions- und Dienstleistungsbereiche gezählt, die mit den neuen, elektronischen Medien verbunden sind, sondern auch die traditionellen Medien. Auch diese werden immer stärker von den neuen Medien durchdrungen.

2 Die Ausmaße der Prozessor- und der Speicherchips werden immer geringer, während ihre Leistungsfähigkeit zunimmt. Heute sind die wichtigsten Schalter noch Transistoren. Doch schon werden für die künftige Nanotechnik Moleküle als Schalter angezielt, die die Siliciumchips ablösen sollen.

Die **Digitalisierung** (s. S. 198) ist dabei, in alle Lebensbereiche der Menschen vorzudringen. Alles, was sich irgendwie formalisieren lässt, wird von modernen Rechnern bewältigt. Die Digitalisierung macht es möglich, große Mengen von Daten, Bildern und anderen Informationen ohne Qualitätsverlust und mit hoher Geschwindigkeit zu bearbeiten, zu kopieren, zu übertragen und zu speichern. Diese Entwicklung ist mit der digitalen Telefonie (s. S. 187) sowie mit der noch zu realisierenden flächendeckenden Einführung von digitalem Hör- und Fernsehfunk und der digitalen Bildbearbeitung nahezu abgeschlossen.

Bei der **Miniaturisierung** wird noch eine entscheidende Entwicklung erfolgen (Abb. 2). Bisher hat sich gezeigt, dass sich etwa alle dreieinhalb Jahre die Speicherkapazität von Mikrochips verdoppelt hat, während ihre Größe gleichzeitig halbiert wurde. In wenigen Jahren wird der Gigabitchip zur Verfügung stehen. Auf der Fläche eines Daumennagels können dann 100 Bücher mit je 500 Seiten gespeichert werden. Wer will, kann schon in Kürze einen Armbandcomputer tragen, der außer der Uhrzeit z. B. auch die Wettervorhersage oder die günstigste Umleitung um einen Stau anzeigt.

Die Digitalisierung hebt alle Informations- und Kommunikationsgrundlagen auf eine gemeinsame Plattform. Damit wird die **Integration** der bis dahin lediglich einzeln existierenden

Medien, wie Buch und Zeitung, Telefon, Radio und Fernsehen, Film und Video, Bild und Grafik, Text und Ton, ermöglicht. Durch die Miniaturisierung ihrer Bauteile können sie in ein und demselben Endgerät, dessen Kern ein Computer darstellt, verschmelzen.

Die Integration der klassischen Computeranwendungen mit Fernseher, Radio, Soundkarte, Fotobearbeitung, Dia-Show, Telefax, Telefon, Anrufbeantworter und Online-Dienst wird als **Multimedia** bezeichnet (Abb. 1).

Auf digital gespeicherte Daten können gezielte Rückgriffe erfolgen. Andersartige Verknüpfungen erlauben den interaktiven Dialog zwischen Anbietern und Kunden. Der Computer wird zum Kommunikationsmittel, das Fernsehen erhält Rückkanäle, elektronische Zeitungen bieten ihre Nachrichten im Moment des Geschehens an, die sprachliche Kommunikation ist mit Bildern und Videos gekoppelt usw. Es ist eine Frage der Zeit, wann diese Systeme und Anwendungen von ein und demselben Hersteller angeboten werden bzw. aus vielen vernetzten Computern erfolgen. Die Informationsgesellschaft erhält das Synonym Multimediagesellschaft.

Die Multimediagesellschaft und ihre Gerätetechnik funktioniert jedoch nur durch den Ausbau von Datenübertragungsnetzen. Sender und Empfänger verbindet schon lange nicht mehr nur die klassische Form des Papiers mit seinen Text- und Bildinformationen. Das Medienzeitalter brachte viele neue Informationsträger hervor. Während sich die Industriegesellschaft ihren Weg in erster Linie über Dampfmaschine und Eisenbahnnetze bahnte, wird die Informationsgesellschaft über die **Datenautobahn** geschaffen. Dazu werden zunächst alle bestehenden Leistungsreserven ausgeschöpft, und es werden solche von viel höherer Übertragungskapazität geschaffen.

Im Unterschied zum herkömmlichen Informationstransport auf stofflich-gegenständlichen Trägern (Papier, Plast, Glas, u. a.) erfolgt der Informationstransport in den Netzen der Informationsgesellschaft auf energetischen Trägern (elektrischer Strom, Magnetismus, elektromagnetische Wellen, ...).

Telekommunikationsnetze für *schmalbandige* Nutzungsformen, wie Sprache, Text und Daten, sind flächendeckend als Telefonnetz vorhanden. Sie sind in Sternstruktur verbunden. In Form von Kabelfernsehen existieren darüber hinaus *breitbandige* Übertragungskapazitäten als Busnetze (s. S. 189). Ihre Kombination und die Einbeziehung neuer Telekommunikationswege wie Richtfunk, Satellit oder Lichtwellenleiter ergibt ein leistungsstarkes **Breitbandnetz** als eine grundlegende Voraussetzung für die Datenautobahn (Datenhighway).

1 Durch Multimedia lassen sich zeitgleich und raumunabhängig verschiedene Medien benutzen. Es entstehen völlig neue Möglichkeiten der Informationspräsentation. Diese funktionieren jedoch nur dann, wenn die Datenhighways die zunehmenden Nachrichtentransporte bewältigen können. Deshalb werden sowohl die herkömmlichen als auch die modernen Glasfasernetze ausgebaut und die drahtlosen Verbindungen erweitert.

Telefonmodem	56 kBit/s
DSL*)	10 MBit/s
ISDN**)	64 kBit/s
Kabelmodem	40 MBit/s
Mobiltelefon	2 MBit/s
Stromnetzkopplung	10 MBit/s
Richtfunk	34 MBit/s
Satellitenfunk	2 MBit/s

***) DSL (Digital Subscriber Line) bezeichnet eine Datenübertragungstechnologie auf der Basis von Kupfer-(Telefon-)Kabeln.**
****)ISDN (Integrated Services Digital Network)**

1 Die derzeit realisierten bzw. als möglich erachteten Datenübertragungsraten für den Internetzugang weisen deutliche Unterschiede auf. Zu beachten ist, dass sie verbreitet asynchron betrieben werden, also zum Empfangen höhere Kapazitäten zur Verfügung stehen als zum Senden.

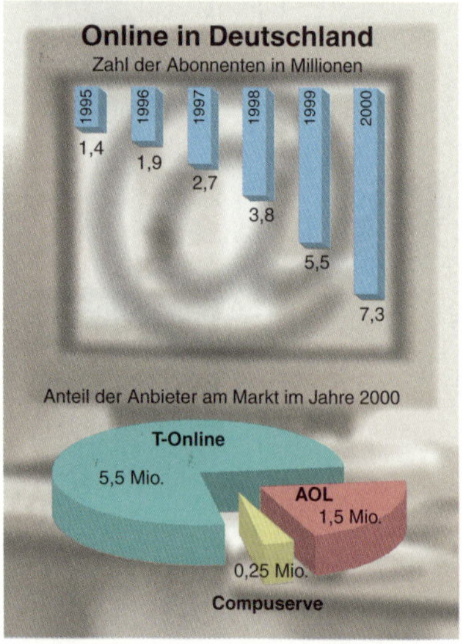

2 Die Nutzung von Online-Diensten in Deutschland hat kräftig zugenommen. Im Vergleich mit den USA und Japan hinkt Deutschland gemeinsam mit Europa allerdings hinterher: Der weltweit größte Online-Anbieter Compuserve wird nur etwa zu 10 % von Europäern genutzt. Dabei telefonieren die 366 Mio. Westeuropäer genauso häufig wie die restlichen 5,4 Mrd. Erdbewohner zusammengenommen.

Die Daten gehen längst nicht mehr allein den Weg elektrischer Leitungen. Typische **Übertragungsmedien** sind gegenwärtig Telefonleitungen, Standleitungen, Richtfunkstrecken, Satellitenübertragungen sowie Rundfunk- und Funktelefonübertragungen (Abb. 1).

Die gegebenen technischen Möglichkeiten der Datenübertragungsnetze bieten bereits jetzt eine große Zahl von **Diensten** an (Abb. 2). Dazu gehören die elektronische Post (E-Mail), die Terminalemulation (Telnet), das Usenet, das WWW, das File Transfer Protocol (FTP), das Gopher, die Unterhaltung per Tastatur und die Videokonferenz (s. S. 213).

Trotz aller Fortschritte bei Multimedia und Datenhighway gibt es auch in Zukunft noch **Probleme** zu lösen. Dazu gehören:

1. Mit jedem weiteren Netzanschluss – es sind Tausende und Abertausende täglich – und mit der Ausweitung von Netzdiensten nimmt die Informationsflut gewaltig zu. Um sie überhaupt noch beherrschbar zu machen, müssen die Informationen nach Gesichtspunkten der Systematik und Reduktion strukturiert werden.
2. Längst noch nicht werden die Wahrnehmungsfähigkeiten und Sinnesleistungen des Menschen (s. Abschnitt 3.1.3) ausgeschöpft. Die überdimensionierte Präsentation von Texten vernachlässigt Bilder und den akustischen Bereich von Sprache und Ton genauso wie den Tast- und Geruchssinn. Gefragt sind biologisch-psychologisch auf den Menschen abgestimmte Schnittstellen zur Technik.
3. Informationen werden gegenwärtig von den Programmen noch sehr uneinheitlich generiert und dargestellt. Viel zu kompliziert sind die Bedienelemente, viel zu unterschiedlich der Aufbau von Programmen und ungerechtfertigt anders oft die Behandlung spezieller Informationsarten. Mehr Anwenderorientierung ist gefordert.
4. Die Hardware muss ausreichende Speicher- und Übertragungskapazitäten und die multimedialen Verarbeitungs- und Präsentationseigenschaften bereitstellen. Von der Software wird eine effektive Vermittlung zwischen Daten und Hardware erwartet, die ohne großen Installations-, Pflege- und Bedienaufwand den Aufgaben optimal angepasst ist.

Unabhängig von diesen vorwiegend technischen Problemen von Multimedia und Datenhighway stehen Fragen, die den Umgang der Menschen mit den neuen Medien betreffen und über die jeder nachdenken sollte. Dazu gehören z. B.: Wie kann der Mensch mit der Wissensexplosion Schritt halten? Was suche ich eigentlich, und habe ich noch genügend Zeit, das Gefundene zu verarbeiten? Sind die Daten des Internets schon Information und Wissen? Geht es vielen eigentlich um Information und Wissen oder einfach um Kommunikation?

Ausgewählte Dienste der Datenübertragung

Elektronische Post (E-Mail)
E-Mail stellt die Möglichkeit dar, Nachrichten über das Internet zu versenden und zu erhalten. E-Mails bestehen wie herkömmliche Briefe aus einem Teil mit Angaben zum Empfänger, Absender, Sendedatum usw. und einem Textkörper. Zum Lesen und Erstellen von E-Mails benötigt der Anwender ein geeignetes Programm (Client). Die abgesendete Post gelangt in die Mailbox eines Dienst anbietenden Servers und kann dort zu jeder Zeit abgerufen werden. Eine Weiterentwicklung macht es nunmehr auch möglich, neben dem Text beliebige Dateien anzufügen und mit zu verschicken. Um die E-Mail an einen Empfänger leiten zu können, muss dieser über eine E-Mail-Adresse verfügen. Diese besteht aus zwei Bestandteilen, dem Benutzernamen (Userid) und dem Rechnernamen (Domain und Top-Level-Domain), z. B. „bestellen@paetec.de".

Terminalemulation (Telnet)
Über das Internet können räumlich entfernt stationierte Computer über einen Host (Provider) fernbedient werden. Der eigene Rechner wird hierbei wie ein Terminal benutzt. Man logt sich ein und die Dienste (Programme) des anderen Rechners stehen einem zur Verfügung. Zwei Voraussetzungen müssen allerdings gegeben sein: erstens ein Programm, das den Computer als Terminal nachahmt (emuliert), und zweitens ein Nutzerzugang auf dem Host. Der Nutzer logt sich mit seinem Loginnamen ein und erhält den Zugang dann über ein Passwort. Mit diesen Voraussetzungen kann man dann in Bibliotheksverzeichnissen blättern, Literaturquellen recherchieren und anderes mehr. Der Aufruf lautet in der Regel telnet <internet-adresse>.

Usenet
Das Usenet dient dem multidirektionalen Austausch von Informationen. Es werden weltweit zusammengesetzte Diskussionsgruppen für alle interessierenden Themen möglich. Damit besteht ein völlig neues Forum für die Kommunikation. Solche Foren (Newsgroups) gibt es heute mehrere Tausend. Sie werden genutzt, um sich der Welt mitzuteilen, für seichte Unterhaltungen genauso wie für ernsthafte. Es können durchaus Problemlösungen gefunden werden, die im sonst üblichen Umfeld der Teilnehmer nicht zu erwarten wären. Im Unterschied zu E-Mails kann jeder nach Belieben in die Inhalte einsehen. Er benötigt jedoch ein Programm, das ihm die News anzeigt.

World Wide Web (WWW)
Das WWW (kurz: Web) ist ein Programm, das Verbindungen zwischen Dokumenten auf Rechnern in der ganzen Welt herstellt. Über eine Web-Adresse (http://www.-------.de) erreicht man jede beliebige Web-Seite im Internet. Über Verbindungen, sog. LINKS, kann man zwischen einzelnen Textabschnitten (NODES) hin- und herspringen. Damit wies dieses Hypertextsystem mit seiner äußerst einfach zu bedienenden Benutzeroberfläche einen neuen Weg, der bestens geeignet ist, den sehr unterschiedlichen Interessen, Bedürfnissen und Fähigkeiten der Netzteilnehmer zu entsprechen. Ohne das WWW müsste man sich in eine Vielzahl von Netzwerken, Dienst- und Bedienerprogrammen aufwendig einarbeiten und sich mühevoll an das jeweilige Bedienen und die Veränderungen immer wieder anpassen. So ist es nicht verwunderlich, dass sich das World Wide Web großer Beliebtheit erfreut und bis heute immer weiter ausweitet.

Da es im Internet keine steuernde Zentrale gibt, hat jeder Teilnehmer freien Zugang zum Netz und kann an all seinen Einrichtungen teilnehmen. So kann man innerhalb des Internets auch auf eine Dokumentensammlung zurückgreifen, die mit dem WWW bereitgestellt wird. Dort können sowohl Organisationen als auch Personen auf sog. Homepages für Interessenten und Kunden die unterschiedlichsten Informationen in großem Umfang bereithalten.

File Transfer Protocol (FTP)
Häufig will man zwischen Rechnern Dateien (Texte, Bilder, Musikstücke oder Programme) austauschen, „herunterladen" (Download). Dafür ist das File Transfer Protocol geeignet. Da es sich hier um einen sehr informationsintensiven Dienst handelt, werden (wenigstens die großen) Dateien vor dem Abschicken meistens noch komprimiert. Zur Dateiübertragung wird natürlich wieder eine Netzverbindung zum anderen Rechner vorausgesetzt. Außerdem benötigt man ein Programm, das diesen Dateitransport realisiert und kontrolliert. In der Regel ist auch ein Account, eine Zugriffsberechtigung, erforderlich. Das Programm ist ein sog. FTP-Client. Für den Verbindungsaufbau sind zunächst wieder der Loginname und ein Passwort erforderlich. Die Sitzung wird mit ftp eröffnet, anschließend wird der Zielrechner eingegeben. Beide Befehle lassen sich auch kombinieren.

3.3.2 Massenmedien

1 Das Fernsehprogramm der ARD gestalten die Landessender mit ihren Beiträgen, es wird ergänzt durch regionale Programme. Die Landesstudios strahlen dritte Programme aus.

2 Das ZDF hat nur ein Programm. Es wird von Mainz aus neutral für das gesamte Bundesgebiet gesendet.

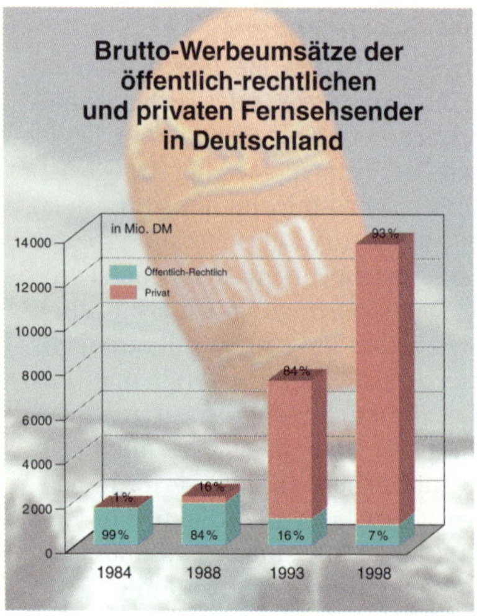

3 Beim Fernsehen hat sich sowohl der Gesamtumsatz für Werbung deutlich verändert als auch die Anteile der öffentlich-rechtlichen (grün) und der privaten (rot) Sender daran.

Auch wenn die Schaffung von Multimedia (s. S. 211) zur Verschmelzung von traditionellen und neuen Medien im digitalen Zeitalter führt und aus Zeitungsverlagen schon längst Multimedia-Konzerne geworden sind, bestehen die „alten" Medien weiter und gelten als Bestandteil der Informationswirtschaft (s. S. 210).

Insbesondere Presse und Rundfunk, aber auch Bücher und Kinofilme gelten weiterhin als **Massenmedien,** weil sie täglich große Teile der Bevölkerung erreichen.

In Deutschland liefern rund 10 000 Zeitungen und Zeitschriften, 300 Radio- und 30 Fernsehprogramme Informationen, Unterhaltung und Grundlagen für die Meinungsbildung. Diese Massenmedien gehören zu unserem Alltag. Es gibt kein Bedürfnis nach Neuigkeiten, das die Medien nicht befriedigen könnten. Die Vielfältigkeit und Vielgestaltigkeit ihres Informationsangebots wird **Medienlandschaft** genannt.

Die auffälligste und einflussreichste Erscheinung in der Medienlandschaft ist das **Fernsehen.** Die Funkanstalten entstanden nach dem Zweiten Weltkrieg als „Anstalten des öffentlichen Rechts". Damit reagierten die Alliierten auf den Missbrauch der Medien durch den „nationalsozialistischen" Staat für reine Propagandazwecke. Die „Arbeitsgemeinschaft der Rundfunkanstalten Deutschlands" (ARD) (Abb. 1) und das „Zweite Deutsche Fernsehen" (ZDF) (Abb. 2) sind nach dem Gesetz unabhängige Anstalten. Sie werden vom Zuschauer mit Gebühren finanziert. Der Staat mischt sich nicht in die Programmgestaltung ein. Er hat aber darauf zu achten, dass die Sender unabhängig und überparteilich arbeiten. Rundfunk- und Verwaltungsräte kontrollieren sie. In diesen Gremien sitzen stellvertretend für die Öffentlichkeit Vertreter wichtiger gesellschaftlicher Gruppen.

Seit 1984 neben den öffentlich-rechtlichen auch private Fernsehsender gestattet wurden, hat das Fernsehen ein anderes Gesicht bekommen. Die privaten Fernsehsender finanzieren sich ausschließlich durch Werbeeinnahmen (Abb. 3). Unterhaltungssendungen dominieren; ernsthafte Information ist auf ein Minimum reduziert. ARD und ZDF verloren viele Zuschauer, obwohl die Zeit, die der Bundesbürger vor dem Bildschirm verbringt, stark gestiegen ist.

Das Fernsehen hat den **Hörfunk** nicht überflüssig gemacht. Im Gegenteil, er hat an Attraktivität gewonnen, indem er seine Stärken ausspielte: unschlagbare Akutalität rund um die Uhr, Musiksendungen höchster Qualität, breites Angebot für viele Schichten der Bevölkerung, Bildungssendungen, Serviceprogramme. Und alles ist an jedem Ort zu hören. Alle Landessender strahlen mehrere Programme aus, die imstande sind, rasch auf die Bedürfnisse der Hörer in der Region einzugehen.

Trotz der wachsenden Angebote des Fernsehens – man spricht auch vom TV-Zeitalter – haben die **Printmedien** bisher ihren Platz in der Medienlandschaft behauptet. Das trifft auch auf das **Buch** zu, wovon jährlich rund 80 000 neue Titel in deutscher Sprache erscheinen. Angesichts der zunehmenden Internetanschlüsse und der rasanten Entwicklung von Multimedia stellt sich verstärkt die Frage, wer „das Rennen machen wird", JOHANNES GUTENBERG oder BILL GATES. Doch auch hier sind sich Experten einig: Sie werden gemeinsam „durchs Ziel" gehen, denn aus rasenden Datenströmen müssen zunächst Medien für Menschen gemacht werden.

Die Vorläufer der heutigen gedruckten Medien waren zunächst Flugschriften, die „unerhörte" Nachrichten druckten, über Kriege, Morde, Naturkatastrophen, aber auch neue politische oder religiöse Auffassungen verbreiteten. Erinnert sei in diesem Zusammenhang an den Thesenanschlag MARTIN LUTHERS in Wittenberg im Jahre 1517 (Abb. 1). Auch der deutsche Bauernkrieg (1524/25) wäre ohne die Flugschriften THOMAS MÜNTZERS kaum denkbar gewesen. 1609 erschienen in Wolfenbüttel und Straßburg die ersten periodischen Blätter. Als erste Tageszeitung Europas gilt die ab 1660 in Leipzig erschienene „Neu einlaufende Nachricht von Kriegs- und Welthändeln" des TIMOTHIUS RITSCH (Abb. 2).

Auf dem Zeitungsmarkt existieren neben den 355 Tageszeitungen (Abb. 3) auch 25 Wochen- und 7 Sonntagszeitungen. In Deutschland gibt es insgesamt 1 576 Zeitungsausgaben mit einer Gesamtauflage von 31 Mio. Auf je 1 000 Einwohner kommen danach 303 Zeitungsexemplare. International nimmt Deutschland den vierten Platz ein. Daneben gibt es Anzeigenblätter, die kostenlos verteilt werden.

1 Der Reformer MARTIN LUTHER schrieb über die Macht seines Wortes: „Hab ich dem Papst, Bischöfen, Pfaffen und Mönchen mit dem Mund mehr abgebrochen denn bisher alle Kaiser, Könige und Fürsten mit ihrer Gewalt!"

2 Die Deutsche Post würdigte den 350. Jahrestag des Erscheinens der ersten Tageszeitung mit dieser Briefmarke.

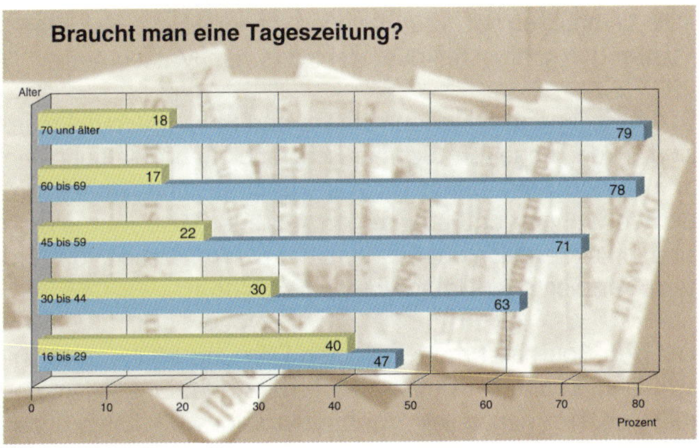

3 Das Institut für Demoskopie Allensbach stellte folgende Frage an Menschen verschiedenen Alters: „Manche Leute finden, wenn man täglich Fernsehnachrichten sieht und Radio hört und ein Anzeigenblatt mit Hinweisen auf wichtige Veranstaltungen und Termine liest, reicht das eigentlich aus, um auf dem Laufenden zu sein. Finden Sie das auch (gelbe Balken), oder sollte man eine Tageszeitung regelmäßig lesen (blaue Balken)?"

1 **Die überregionalen Abonnementstageszeitungen, zu denen auch die „Deutsche Tagespost" gehört, haben eine Gesamtauflage von etwa 1,6 Mio. Exemplaren. Davon entfallen allein auf die „Süddeutsche Zeitung" 434 000 Stück.**

2 **Bei diesem breiten Angebot wird die Wahl zur Qual. Der Überblick wird erleichtert durch ein Gruppieren der Zeitschriften nach Sachgebieten. Die Käufer bleiben einer Zeitschrift nahezu nur halb so stark verbunden (so genannte Bindungsstärke) wie einer Tageszeitung.**

Die heutigen **Tageszeitungen** unterscheiden sich inhaltlich und in der Art ihrer Verbreitung. Es gibt 377 lokale und regionale Zeitungen, 10 überregionale (Abb. 1) und 8 Straßenverkaufszeitungen. Manche überregionalen erscheinen als Mantelblätter, denen verschiedene lokale Teile eingelegt werden. Das Angebot an Zeitungen hat sich stark konzentriert. In 242 der insgesamt 440 Kreise Deutschlands kann man nur eine einzige regionale Tageszeitung abonnieren. In den neuen Bundesländern betrifft das sogar 70 % der Kreise. Hier sind seit 1990 mehr als die Hälfte aller früheren DDR-Zeitungen verschwunden. Auch fast alle Neugründungen erscheinen nicht mehr. Übrig geblieben sind im Wesentlichen die ehemaligen SED-Bezirkszeitungen, die sich auch unter neuen Besitzern oft nicht umbenannt haben. Unter ihnen sind so traditionsreiche Blätter der deutschen Sozialdemokratie, wie die „Leipziger Volkszeitung", die am 29. 9. 1894 erstmals erschien, mit dem Untertitel „Organ für die Interessen des gesamten werktätigen Volkes". Nur „Das Volk", die „Freiheit" und einige andere existieren nicht mehr.

Die Stärke der Zeitungen ist die Hintergrundinformation. Damit gleichen sie ihr Handikap, den Redaktionsschluss, aus. Die Zeitung muss hergestellt, gedruckt und zum Abonnenten oder Kiosk – teilweise über große Entfernungen – transportiert werden. Das kostet Zeit. Deshalb findet sich z. B. bei Sportberichten oft der Nachsatz: „Bei Redaktionsschluss dieser Ausgabe lag das Ergebnis des Spiels noch nicht vor."

Auch das Angebot an **Zeitschriften** ist breit gefächert. Dazu zählen aktuelle Illustrierte, unterhaltende Wochenzeitschriften, Frauen- und Modezeitschriften, Programmzeitschriften, politische und Wirtschaftsmagazine, Autozeitschriften, Kulturzeitschriften, Wohn- und Lifestylemagazine, Kinder- und Jugendzeitschriften, Sportzeitschriften, spezialisierte Blätter für Handwerk, Industrie und Landwirtschaft, Mitgliederzeitschriften der Gewerkschaften oder Fachzeitschriften (Abb. 2).

Die Macher der Medien sind die **Journalisten.** Ihr Beruf ist die Verbreitung von Informationen, Meinungen oder Unterhaltung in gedruckten oder elektronischen Massenmedien.

Es gibt fest angestellte Journalisten und freie. Die Redakteure sind in der Regel am Schreibtisch tätig, Reporter berichten aktuell von Brennpunkten im In- und Ausland, Korrespondenten wohnen und arbeiten im Ausland. Viele Journalisten sind in Pressestellen oder in der Öffentlichkeitsarbeit von Ämtern, Parteien oder Unternehmen beschäftigt.

Der gute Journalist muss zwischen Fakt und Meinung unterscheiden können. Seine persönliche Auffassung allerdings muss er dem generellen Standpunkt seines Mediums unterordnen. Der Eigentümer des Mediums bestimmt den Inhalt. Journalismus ist verantwortungsvolle Arbeit. Einseitigkeiten müssen vermieden werden, verschiedene Positionen sind zu hören und abzuwägen, die Folgen des eigenen Tuns sind zu bedenken. Das alles gehört zur Berufsehre eines Journalisten. Der **Deutsche Presserat,** eine Institution von Journalisten und Verlegern, ahndet Verstöße gegen die guten Sitten im Journalismus. Jeder kann sich an ihn wenden.

Den Journalisten stehen verschiedene sprachliche Darstellungsformen zur Verfügung (Abb. 1). Das Grundelement der Medien sind die **Nachrichten.**

Der Begriff Nachricht ist bei den Massenmedien nicht ganz so streng wie in der Informatik bestimmt. Lord NORTHCLIFFE, englischer Pressebaron, erklärte ihn so: „Wenn ein Hund einen Mann beißt, das ist keine, aber beißt ein Mann einen Hund, das ist eine." Nach dem Schema „Eine schlechte Nachricht ist eine gute" wählen die Redakteure ihre Texte aus, denn dann kann die Verkaufsrate steigen. Die seriösen Zeitungen bemühen sich um ernsthafte und ausgewogene Berichterstattung mit deutlicher Trennung von Information und Meinung. Die Boulevardzeitungen konzentrieren sich auf Sensationen, Skandalgeschichten, Klatsch (Abb. 2). „Zehnjähriger erschoss Oma", schreit es vom Kiosk (Abb. 1, S. 218) in großen Lettern von Seite 1 einer Boulevardzeitung. Seriöse Blätter bringen die Nachricht im Innern, vielleicht in der Rubrik „Polizeinachrichten" unter der Überschrift: „Tragischer Unfall mit Jagdgewehr".

Hauptquelle für alle Medien sind die **Nachrichtenagenturen.** Die Deutsche Presse-Agentur (dpa) liefert ihren Abnehmern täglich über 700 Meldungen, dazu Fotos. Die englische Agentur Reuters, die amerikanische Associated Press (AP) und die französische Agence France-Press (AFP) haben große deutsche Büros. Über einen internationalen Programmaustausch erhalten die Fernsehsender Filme aus 116 Fernsehanstalten in 80 Ländern.

Journalistische Darstellungsformen
1. Tatsachenbetonte Formen: Nachricht, Reportage, Feature, Interview, Dokumentation
2. Meinungsbetonte Formen: Leitartikel, Kommentar, Glosse, Kolumne, Porträt, Karikatur, Lied, Buch-, Theater-, Musik-, Film-, Fernsehkritik, Essay
3. Fantasiebetonte Formen: Zeitungsroman, Kurzgeschichte, Feuilleton, Spielfilm, Hörspiel, Fernsehspiel, Lied, Schlager, Comics, Witzzeichnung

1 Diese Übersicht zeigt die insgesamt gegebenen Darstellungsformen des Journalisten. Sie haben für die einzelnen Massenmedien unterschiedliche Bedeutung.

2 Nicht selten hat man beim Medienkonsum den Eindruck, die Welt sei nur voller Katastrophen, Sprengstoffanschläge, Gefahren, menschlicher Tragödien, Banditen oder bestechlicher Politiker.

1 Bunte Zeitungskioske haben zwar verschiedene Formen und unterschiedliches Aussehen, sie gibt es aber in vielen Ländern der Erde.

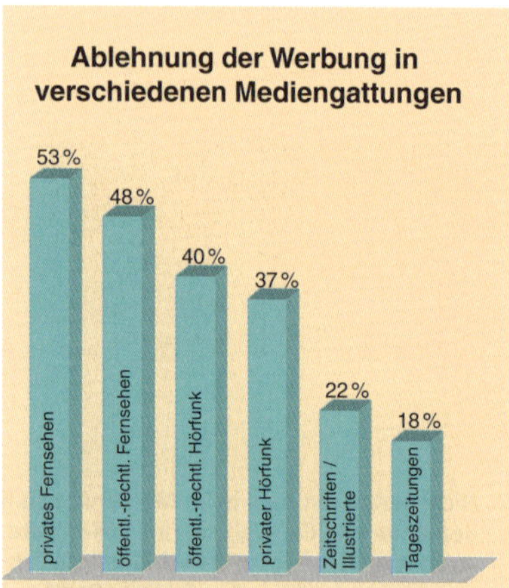

2 Die meisten Menschen akzeptieren offensichtlich die Werbung in Massenmedien, in den Zeitungen mehr als im Fernsehen.

Aus der Nachrichtenflut kann eine Fernsehtagesschau vielleicht 20 vorlesen, eine Zeitungsseite bringt nur wenig mehr unter. Deshalb muss bereits der Redakteur auswählen. Die Auswahl und Gewichtung der Nachrichten durch die Journalisten sowie die bei ihrer Formulierung gebrauchte Sprachregelung und die Häufigkeit ihrer Verwendung wird letztendlich von den Interessen des Medieneigentümers bestimmt. Parteien und Politiker kann man mit ganz bestimmten Absichten loben, kritisieren oder ignorieren. Konkurrierenden Medien, die andere politische Konzepte vertreten, kann man die Luft abdrücken, indem man ihnen die Leserschaft oder die Anzeigenkunden abjagt. Auch Meldungen, die von Politikern, Ämtern und Unternehmen an die Medien gegeben werden, tragen Spuren von **Manipulation.** Es soll ja ein günstiges Bild entstehen, man will eine „gute Presse". Der Leser, Hörer oder Zuschauer kann den Wahrheitsgehalt einer Nachricht nur in seltenen Fällen prüfen.

Die eignen **Korrespondenten** im In- und Ausland sind gehalten, Informationen zu liefern, die kein anderes Medium hat. Exklusiv-Berichte um jeden Preis! Das ist ein Grundsatz auch für die seriösen Zeitungen geworden. Und alle wollen schneller sein als die Konkurrenz. Die sensationelle Meldung wird auf Seite 1 gesetzt. Hat sie sich dann als falsch erwiesen, kommt das Dementi, später und im Innern des Blattes. Die Illustrierte „Stern" zahlte vor Jahren 9,3 Mio. Mark Strafe für falsche Hitler-Tagebücher. Statt erhoffter Auflagensteigerung gab es einen gewaltigen Reinfall.

Auch wenn es vielen Lesern, Hörern und Zuschauern lieber wär, wenn es sie nicht gäbe (Abb. 2), die **Werbung** ist oft entscheidend für die wirtschaftliche Kraft eines Mediums (Abb. 3). Bei Abonnementszeitungen verursachen Anzeigen nur etwa 13,5 % der Kosten, bringen aber ca. 52 % der Erlöse. Werbeeinblendungen im Fernsehen werden mit astronomischen Summen bezahlt. Bei ARD und ZDF ist die Werbung jedoch auf die Dauer von 20 Minuten pro Werktag beschränkt. Sie darf außerdem nur bis 20.00 Uhr ausgestrahlt werden. Einen Ausweg aus der Beschränkung fanden die Anstalten im **Sponsoring.**

Netto-Werbeeinnahmen in ausgewählten Werbeträgern in Millionen DM					
	1974	1980	1989	1992	1998
Tageszeitungen	2 827,8	5 289,4	7 757,4	10 025,1	11 477,4
Wochenzeitungen und Sonntagszeitungen	99,7	204,8	339,6	465,0	487,6
Publikumszeitschriften	1 036,5	2 403,0	2 955,5	3 377,6	3 655,4
Fachzeitschriften	–	–	1 772,1	2 110,0	2 205,0
Hörfunkwerbung	183,6	398,4	844,8	981,0	1 182,7
Fernsehwerbung	633,1	1 118,7	2 256,8	4 328,2	7 904,9

3 Die Werbeeinnahmen der deutschen Massenmedien haben sich seit 1974 stark erhöht. Auch vor Fachzeitschriften macht die Werbung nicht Halt.

Wirkungen von Medien – Medien als Macht?

Die Massenmedien werden mitunter als „vierte Macht" neben Parlamenten, Regierungen und Justiz bezeichnet. Welche Wirkungen haben Medien wirklich? Sie sind sehr vielfältig.

Zunächst ziehen Medien, allen voran das Fernsehen, Menschen in ihren „Bann". Bereits Babys starren auf bewegte Bilder. Kinder werden über den Bildschirm in eine Welt der Erwachsenen hineingestoßen, für die ihnen das Verständnis fehlt. Jugendliche ahmen Serienhelden nach. Auch für Erwachsene vermischen sich beim Fernsehkonsum reale und virtuelle Welt und können leicht verwechselt werden. Man hat Bilder aus Tokio oder Mexiko im Kopf, aber weiß wenig von nahe liegenden Dingen, wie der Situation seines Nachbarn. Reizüberflutung und Kommunikationsstörungen sind Stichworte für negative Wirkungen des ungebremsten Fernsehkonsums. Ohne Selbstdisziplin, ohne eine Kultur des Fernsehens, können sie nicht eingedämmt werden.

Die Medien haben ein hohes Maß an Einflussmöglichkeiten auf die Gesellschaft und die öffentliche Meinung. Sie liefern den Bürgern Informationen, die sie zum Mitreden und Mitentscheiden in der Gesellschaft brauchen. Der kritische Journalismus wacht über die Einhaltung der **demokratischen Regeln** bei gesellschaftlichen Entscheidungsprozessen. Der Einfluss der Medien auf die öffentlichen Angelegenheiten ist stark gestiegen, niemand kann dauerhaft gegen sie regieren. Politiker ziehen häufig erst die Reaktion von Massenmedien ins Kalkül, bevor sie eine Entscheidung treffen.

Berühmte Journalisten haben unerschrocken Geheimnisse enthüllt und unliebsame Wahrheiten ans Licht gebracht. Sie mussten wie Kriminalisten scharf recherchieren und kombinieren. Das Nachrichtenmagazin „Der Spiegel" ist mit dem Aufdecken vieler politischer Skandale groß geworden. Sein Herausgeber RUDOLF AUGSTEIN, ein glänzender Journalist, nannte es ein „Sturmgeschütz der Demokratie" (Abb. 1).

In der ganzen Welt mit Lorbeer überhäuft wurden die beiden jungen Reporter WOODWARD und BERNSTEIN von der „Washington Post", die 1974 die Hintergründe eines Einbruchs in das Hotel Watergate aufdeckten. USA-Präsident Nixon musste daraufhin seinen Stuhl räumen. Der Recherchejournalismus ist ein politischer Machtfaktor. Er ist in unsicheren Ländern aber auch gefährlich. Jedes Jahr bezahlen Dutzende von Journalisten ihren Versuch, unbequeme Wahrheiten zu berichten, mit dem Leben. Die demokratische Funktion der Medien wird eingeschränkt oder gar bedroht durch ein Informationsmonopol der **Medienkonzerne.** Sie bestimmen weitgehend die öffentliche Meinung. Ein Beispiel für solch eine Medienkonzentration ist der Springer-Konzern. Er bringt 90 Prozent aller verkauften überregionalen Zeitungen heraus und hat insgesamt einen Marktanteil von rund 24 %. Er gibt u. a. Bild, B. Z. Berlin, Hamburger Abendblatt, Berliner Morgenpost, Die Welt, Bergedorfer Zeitung, Elmshorner Nachrichten heraus und hat Anteile an Leipziger Volkszeitung (50 %), Ostsee-Zeitung (74,5 %), Lübecker Nachrichten (49 %), Kieler Nachrichten (25 %), Pinneberger Tageblatt (28 %), Harburger Anzeigen und Nachrichten (25 %), Tageblatt Naumburg (37,3 %) und Dresdner Neueste Nachrichten (50 %). Der Springer-Konzern ist mit 20 % an SAT.1 beteiligt, außerdem an mehreren privaten Radiostationen. Kirch, Bertelsmann, Gruner & Jahr sind weitere Medienkonzerne. Die Konzentration von Medien ist gleichbedeutend mit großer Einflussnahme und Macht. Diese Konzentration der Medien wirkt rund um den Globus. Die Medienkonzerne der USA beherrschen die weltweiten Kommunikationssysteme, die Unterhaltungsindustrie und die Massenkultur. Führende USA-Politiker betrachten dies als Teil von Amerikas Strategie der Vorherrschaft in der Welt.

1 Die so genannte „Spiegel"-Affäre im Jahre 1962 ist ein Beispiel für die „Macht der Medien". Die Zeitschrift hatte vertrauliche Unterlagen über ein NATO-Manöver veröffentlicht. Die Redaktion wurde durchsucht, Redakteure verhaftet. Die Öffentlichkeit sah dies als Angriff auf die vom Grundgesetz garantierte Pressefreiheit an. Der damalige Verteidigungsminister Franz-Josef Strauß musste gehen.

1 Manche realen Wege werden seltener. Doch Bildschirmkommunikation wird den Gang aus der Wohnung in die Schule, ins Büro, zum Wochenmarkt oder ins Theater nicht ersetzen.

2 Bei diesen „Online-Häusern" können durch die Bewohner z. B. der Rasensprenger, die Jalousien oder die Klimaanlage von einer weit entfernten (Arbeits-) Stelle aus bedient werden.

3.3.3 Tendenzen und Auswirkungen der neuen Technologien auf die Gesellschaft

Zu den neuen Technologien und zu ihren Auswirkungen auf die Gesellschaft gibt es unter den Menschen recht gegensätzliche Auffassungen. Manche meinen, die Informationsgesellschaft sei längst da, andere halten sie für eine Vision, wieder andere gar für eine Utopie. Nahezu übereinstimmend wird darauf verwiesen, dass der Weg in die Informationsbzw. Wissensgesellschaft nicht allein mit diesem oder jenem technischen Problem (s. S. 212) zu tun hat, sondern einen gesellschaftlichen Umbruch darstellt, der nur vergleichbar sei mit dem Übergang der Menschen in der Jungsteinzeit zu Sesshaftigkeit, Städtebau und Landwirtschaft. Doch niemand kann schon sagen, zu welchem Ziel dieser Weg führt.

Bereits in der Gegenwart zeigen sich eine Reihe von sicheren **Entwicklungstendenzen,** aber auch von Fragen und Problemen, die immer nur schrittweise beantwortet werden können. Dazu gehören Veränderungen der Arbeits- und Lebensbedingungen, von Wirtschaftsstrukturen und Berufsbildern. Sie betreffen aber auch das Verhältnis von wirtschaftlich entwickelten und Entwicklungsländern und nicht zuletzt die Erarbeitung einer humanistischen Vision für alle Menschen dieser Erde.

Die **Arbeits- und Lebensbedingungen** werden nachhaltige Veränderungen erfahren. Körperliche Arbeiten werden durch Kommunikationsprozesse weiter zurückgedrängt.

Beispielsweise wird sich die **Telearbeit,** bei der auf der Grundlage der Telekommunikation wenigstens ein Teil der Arbeit außerhalb der üblichen Büroumgebung ausgeführt wird, weiter verbreitern. Sie hat Vorteile für die Beschäftigten und die Unternehmen. Telearbeit stellt eine moderne Form der Mobilität dar.

Durch die Anwendung der IT erschließen sich schon heute viele Möglichkeit der **Zeiteinsparung** im privaten wie im wirtschaftlichen Bereich (Abb. 1). Telebanking, Fahrplanauskunft, Reisebuchung einschließlich virtueller Besichtigung des Urlaubsaufenthalts, Bildtelefonie, Videokonferenzen, Videos und Spiele auf Abruf oder Teleshopping und E-Commerce werden schon heute genutzt. Das „virtuelle Rathaus" wird Wege, Warten und Schlangestehen der Vergangenheit angehören lassen. Bürger werden Anträge, Meldevorgänge oder Beteiligungen digital erledigen können.

„Online-Häuser" werden bereits errichtet, in denen alle Elektrogeräte vernetzt sind (Abb. 2). Jeder Hausbesitzer kann sein Haus per **Fernsteuerung** bedienen. Bei defektem Kühlschrank können die Monteure per Computer sogar eine Ferndiagnose stellen, und die verkalkte Waschmaschine signalisiert diese Situation von allein an die Wartungsfirma.

Die neuen Technologien machen nicht nur die Arbeit und das Leben leichter, sie können zur **Verständigung über** Länder- und soziale **Grenzen** hinweg beitragen, wenn jedem der Zugang zu den modernen Kommunikationssystemen ermöglicht und eine neue Spaltung der Gesellschaft in Angeschlossene und Ausgeschlossene verhindert wird (Abb. 1).

Wie sich die Informationsgesellschaft auf die Gesamtzahl der Beschäftigten auswirken wird, ist schwer vorauszusagen. Die Auffassungen dazu bewegen sich zwischen „Jobkiller"- und „Jobknüller"-Thesen. Da eine höhere Effektivität des Wirtschaftens angestrebt wird und bereits seit vielen Jahren wirtschaftlicher Aufschwung nicht mit einer Zunahme an **Arbeitsplätzen** einhergeht, kann angenommen werden, dass die Freizeit gegenüber der Arbeitszeit zunehmen wird. Die Frage ist, wie und durch welche Bedingungen die Beteiligung aller Menschen am gesellschaftlichen Arbeitsprozess gesichert wird.

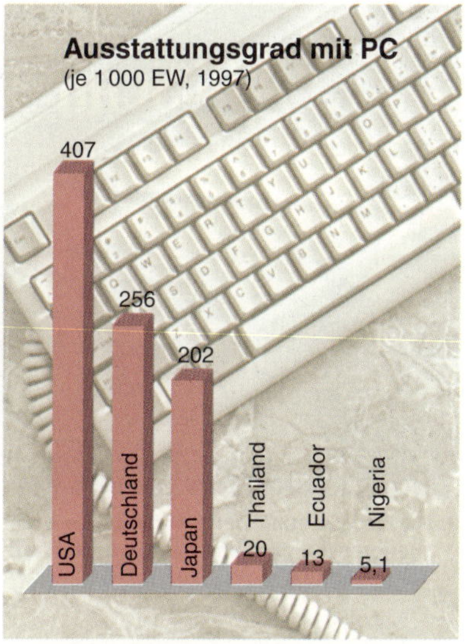

1 **Die Verbreitung von PCs ist im internationalen Vergleich noch recht unterschiedlich. Besonders große Unterschiede bestehen zwischen wirtschaftlich entwickelten Ländern und Entwicklungsländern.**

Durch die Nutzung der Informationstechnik entstehen **neue Strukturen in der Wirtschaft.** Das betrifft die Erzeugnisse, die Unternehmen und die Branchen.

Es ist absehbar, dass in Deutschland wie in allen wirtschaftlich entwickelten Ländern wissensintensive **Produkte** und Informationsdienstleistungen eine herausragende Rolle spielen werden. Eine leistungsfähige Kommunikationsinfrastruktur führt in Verbindung mit Telearbeit und Telekommunikation zur Bildung von virtuellen Unternehmen, in denen die einzelnen Beschäftigten geografisch weit voneinander entfernt sein können, oder es kommt zu einer zeitweiligen Zusammenarbeit zwischen Unternehmen.

Die großen **Unternehmen** werden sich auf profitable Tätigkeitsfelder konzentrieren und sich aus anderen zurückziehen. Sie werden die eigenen Kernkompetenzen stark entwickeln und darauf ihre Marktstrategie gründen. Die ausgegliederten Tätigkeitsfelder können von Klein- und Mittelbetrieben als unternehmesnahe Dienstleistungen übernommen werden (Abb. 2). Dadurch werden sich auch die Beschäftigungsanteile in Richtung dieser Dienstleistungen verlagern, was die Neugründung von Unternehmen einschließt.

Die bisher mögliche Zuordnung eines Unternehmens zu einer **Branche** wird zunehmend aufgelöst. Die Gründe liegen zunächst in der technischen Entwicklung selbst (maßgeschneiderte Halbleiter-Bauelemente, wachsender Anteil der

Bereiche unternehmensnaher Dienstleistungen
traditionelle Büroarbeiten (Übersetzungen, Schreibarbeiten, Buchhaltung)
Planung und Organisation von Reisen, Messen und Tagungen
Bestellwesen, Kundendienst
Softwareentwicklung, Programmierung und Design
Personalvermittlung, Jobbörse
Aus- und Weiterbildungsangebote
Steuer-, Rechts- und Finanzberatungen
Fernüberwachung von Anlagen, Maschinen und Gebäuden

2 **In diesen Wirtschaftsbereichen wird die Entwicklung unternehmensnaher Dienstleistungen erwartet.**

1 Die Verwischung der traditionellen Branchengrenzen wird uns künftig noch häufiger begegnen.

Software), durch die bestimmte traditionelle Teilbereiche der Industrie, so die Teilefertigung und die Montage, an Bedeutung und damit an ihrem Anteil am Gewinn verlieren. Stärker gefragt sind Dienstleistungen, die mit der Produktion eng verzahnt sind, aber eigentlich nicht zu ihr gehören. Andererseits besteht das Bestreben, den z. T. mühsam aufgebauten Kontakt zum Kunden breiter als nur zum Verkauf eines Branchenprodukts auszunutzen. Das Internet macht es möglich, dass Telefonfirmen Banken gründen und Banken Telefone verkaufen (Abb. 1).

Unabhängig davon, ob in der Informationsgesellschaft insgesamt mehr Arbeitsplätze als heute entstehen oder durch den angestrebten Effektivitätsgewinn beim Einsatz der neuen Technologien weniger übrig bleiben, in einem sind sich die Experten einig: Im Bereich der **Informationswirtschaft** wird die Anzahl der Arbeitsplätze steigen. Gegenwärtig zeigt sich in der Elektroindustrie sogar ein Mangel an qualifizierten Ingenieuren, Informatikern und Facharbeitern, der zunehmend das Wachstum und die Innovation ernsthaft bremst.

Durch Strukturwandel und neue Technologien wandeln sich die **Qualitätsanforderungen an die Arbeitskräfte** ständig. Tätigkeiten, die in starkem Maße auf Informationen und Wissen beruhen, gewinnen an Bedeutung.

Arbeitskräfte müssen sich im Laufe ihrer Lebensarbeitszeit fortwährend an neue Anforderungen anpassen. Auch **neue Berufbilder** entstehen immer wieder.

2 Der Zentralverband der Elektrotechnik- und Elektronikindustrie informiert unter http://www.think-ing.de über die ingenieurwissenschaftlichen Studiengänge und die Perspektiven für Ingenieure und Informatiker.

Ingenieur- und Ausbildungsberufe für die Information

Auf den Erfindungen der **Ingenieure** und ihrem Unternehmergeist bauen die Erfolge ganzer Wirtschaftszweige auf. Das gilt ganz besonders für eine HighTech- und Zukunftsbranche wie die Elektrotechnik/Elektronik. Moderne Elektrotechnik ermöglicht die Erzeugung, Übertragung und Verteilung von Energie ebenso wie die Erfassung, Verarbeitung, Übertragung, Speicherung und Bereitstellung von Informationen. Kaum etwas geht heute noch ohne Elektrotechnik/Elektronik. In Deutschland hängen rund die Hälfte der Industrieproduktion und über 80 % der Exporte direkt oder indirekt vom Einsatz moderner elektrotechnischer und elektronischer Systeme ab.

Die Weiterentwicklung der Informationstechnik, neue Anwendungen von Mikroelektronik und Software, z. B. in Telekommunikations- und Multimediadienstleistungen, sowie die Versorgung der weiter wachsenden Weltbevölkerung mit elektrischer Energie führt zu einem hohen Bedarf an **Elektroingenieuren** und **Informatikern** in der Industrie, aber auch im Dienstleistungsbereich und in der Forschung (Abb. 2).

Ingenieurberufe sind nicht ausschließlich Männerberufe. Gerade im Informatik-Bereich, besonders in der Software-Technik, spielen Frauen seit etwa 1970 erstmals eine wichtige Rolle. In Deutschland gibt es zur Zeit etwa 100 000 **Ingenieurinnen,** und fast 60 000 studieren Ingenieurwissenschaften (Abb. 2).

In der Elektrotechnik/Elektronik sind Facharbeiter gefragt, deren Kompetenz immer weniger ausschließlich durch manuelle Geschicklichkeit und immer mehr durch das flexible Erkennen zweckmäßiger Lösungswege geprägt ist.

Diese Anforderung hat zu neuen **Ausbildungsberufen** geführt. Dazu gehören der Mikrotechnologe, der Elektroanlagenmonteur und die sog. IT-Berufe. IT steht für alles, was mit Informatik, Elektronischer Datenverarbeitung, Informations-, Kommunikations- und Telekommunikations-Technik, Multimedia usw. zu tun hat.

Den Kern der **IT-Berufe** bilden informatik- und softwarenahe Berufe. Das sind vor allem die vier neuen anerkannten Ausbildungsberufe Fachinformatiker/Fachinformatikerin in den Fachrichtungen Systemintegration und Anwendungsentwicklung, IT-Systemelektroniker/IT-Systemelektronikerin, IT-Systemkaufmann/IT-Systemkauffrau und Informatikkaufmann/Informatikkauffrau. Zu den wichtigsten Tätigkeiten von IT-Fachleuten gehören die Softwareprogrammierung, die Systementwicklung, Operating und Administration sowie die Pflege von Expertensystemen (Abb. 1).

Bei der **Softwareprogrammierung** geht es vor allem um das Erstellen von Anwendungen z. B. von Office-Programmen, Datenbank- oder Game-Design. Dafür ist die Beherrschung verschiedener Programmiersprachen die Voraussetzung.

In der **Systementwicklung** sind Spezialisten tätig, die sich mit der Ansteuerung spezieller Hardware, mit der Entwicklung und Modifikation von Betriebssystemen, Methoden, Datenbanken oder Netzwerken auskennen. Meist muss ein ganzes System auf individuelle Bedürfnisse zurechtgeschnitten werden. Im Bereich **Operating und Administration** wird für einen reibungslosen Betrieb von Computersystemen, Netzwerken und Datenbanken gesorgt. In Rechenzentren werden Geräte und Steuerpulte bedient, überwacht sowie Daten archiviert und deren Sicherheit garantiert.

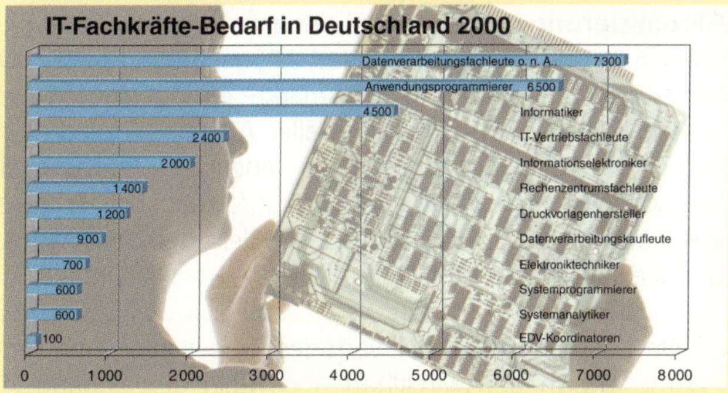

1 **Anwendungsprogrammierer und Informatiker stehen beim Bedarf der Betriebe ganz vorn. „Datenverarbeitungsfachleute" ist ein Sammelbegriff für Berufsbilder, die aufgrund des raschen Wandels in der IT-Branche nicht näher bezeichnet werden konnten.**

2 **Die Elektrotechnik gehört zu den wichtigsten Ingenieurinnenberufen. Sie gliedert sich in die Fachgebiete Energietechnik und Nachrichtentechnik.**

Schon bisher sind **Informationen als Ware** wie andere Waren auch anzusehen. Wer einen Fernseher nutzt, zahlt Gebühren, wer eine Zeitung erwirbt, muss sie in den meisten Fällen bezahlen. Der Warencharakter der Information wird auch deutlich, wenn man von der Telekom eine Auskunft über eine Telefonnummer haben möchte oder vom Wetterdienst wissen will, wie in einer bestimmten Woche der Witterungsablauf gewesen ist: Man muss bezahlen.

1 **Das für den Laien kaum durchschaubare Börsengeschehen ist wichtiger Bestandteil der Wirtschaftsweise in den wirtschaftlich entwickelten Ländern. Mitunter sind sekundenschnelle Entscheidungen gefragt, die präzise Informationen voraussetzen.**

Unvergleichlich bedeutsamer sind Informationen für die moderne Wirtschaft.

Informationen stellen den wichtigsten **Rohstoff** der Zukunft dar. Sie zählen mehr als Kapital und Boden.

Informationen über Kundenwünsche, die Akzeptanz von Erzeugnissen durch die Kunden, die Situation auf den Absatzmärkten, das Auf und Ab an den Börsen (Abb. 1) oder die Entwicklungsvorhaben bei Konkurrenzbetrieben entscheiden darüber, wie erfolgreich Produkte verkauft werden können. Da heute durch die Entwicklung der modernen Kommunikationsmöglichkeiten die Rohstoff- und die Absatzmärkte von Unternehmen verstärkt weltweit verteilt werden, wird der von Ort und Zeit unabhängige, schnelle und kostengünstige Zugang zu Informationen zu einem entscheidenden Konkurrenzvorteil. Das traditionelle Prinzip der kapitalistischen Wirtschaftsweise, „die Großen fressen die Kleinen", erhält daher mit „die Schnellen fressen die Langsamen" eine veränderte Bedeutung. Die Nutzung aller vorhandenen Informationsquellen ist daher eine entscheidende Voraussetzung für die Tätigung von Investitionsvorhaben und für den Erfolg bei Entwicklung und Verkauf von Produkten auf dem Milliardenmarkt der Informationstechnik.

2 **Die Mehrzahl der Menschen in den Entwicklungsländern haben in der Regel andere Sorgen als die Beschaffung moderner Kommunikationssysteme: Sammeln von Holz und Holen von Wasser zum Kochen ist für viele eine stundenlange Beschäftigung.**

Durch die moderen Kommunikationstechniken erhält die **Globalisierung** der Wirtschaft der entwickelten Länder neuen Schub, und diese erhält neue Aktionsmöglichkeiten. Die Globalisierung der Beschaffungsmärkte ermöglicht den weltweiten Einkauf von Ressourcen aller Art. Doch für die Entwicklungsländer und die dort lebende Mehrzahl der Menschheit zeigt sich die globale Informationsgesellschaft ganz anders als für die führenden Elektronikunternehmen und die supranationalen Institutionen.

Viele Entwicklungsländer verfügen weder über eine moderne Informationswirtschaft noch über den Zugang zu entscheidenden Informationen. Die weltweiten Entwicklungsunterschiede werden sich daher weiter vergrößern.

Vertreter von Entwicklungsländern befürchten mit der globalen Informationswirtschaft eine neue Welle des Kolonialismus. Die wirtschaftliche ärmeren Staaten würden geschwächt und könnten den Kampf gegen wachsende Armut, soziale Ausgrenzung und Arbeitslosigkeit nur bedingt fortsetzen und das Bildungs- und Gesundheitswesen nicht weiter verbessern (Abb. 2). Und sie fragen, wie die Informations- und Kommunikationstechnologien für die vier Milliarden Menschen, die von weniger als zwei Dollar am Tag leben müssen und die oft nicht einmal Zugang zu sauberem Trinkwasser haben, von irgendeinem Nutzen sein können.

3.3.4 Aufgaben

Gesellschaft der Informationen

1. Menschliche Gesellschaften in Vergangenheit und Gegenwart werden durch bestimmte Begriffe bezeichnet, mit denen versucht wird, ihre wesentlichen Merkmale zu erfassen. Gegenwärtig werden u. a. häufig die Begriffe Informationszeitalter, Wissensgesellschaft, digitales Zeitalter oder Informationsgesellschaft benutzt.
   a) Bestimme die Inhalte der vier genannten Begriffe!
   Stelle dazu in einer Übersicht (z. B. Tabelle) Gemeinsamkeiten und Unterschiede heraus!
   b) Prüfe, ob die Inhalte dieser Begriffe tatsächlich die Gesamtheit der gesellschaftlichen Verhältnisse
   - in Deutschland bzw. allen wirtschaftlich entwickelten Ländern und
   - in den Entwicklungsländern bzw. auf der Erde insgesamt

   widerspiegeln!
   c) Wähle mithilfe deiner Kenntnisse, z. B. aus dem Geschichtsunterricht, Begriffe für Gesellschaftsformen der Vergangenheit aus und bestimme deren Inhalte!

2. Informationen sind nicht nur in Nachrichten zwischen Menschen enthalten.
   a) Stelle zusammen, in welchen Bereichen der Natur Informationen vorhanden sind bzw. ausgetauscht werden!
   b) Welche Informationen sind in dem folgenden Foto enthalten? Was muss man tun, um sie entschlüsseln zu können?

3. Informationen haben schon immer menschliches Leben geprägt.
   a) Nenne Beispiele dafür aus Frühgeschichte, Altertum, Mittelalter, Früher Neuzeit und Neuzeit!
   Untersuche, ob von Epoche zu Epoche ein Bedeutungsgewinn der Informationen festgestellt werden kann!
   b) Was kennzeichnet die neue Qualität von Informationen in der Gegenwart?

4. Erläutere, was unter dem Begriff Informationswirtschaft verstanden wird!
   Nutze dazu auch die Abb. 1 auf S. 210!

Technische Grundlagen der Informationsgesellschaft

5. Das Bit ist die kleinste Informationseinheit in der Rechentechnik. Der Computer arbeitet ausschließlich mit diesen Einheiten. Aber er kann dennoch Texte und Sprache verarbeiten, Musik und Filme wiedergeben, und er eignet sich auch für sehr komplexe Spielanwendungen.
   a) Erläutere die Codierung/Decodierung als die grundlegende Lösung dieses offensichtlichen Widerspruchs!
   b) Welche Anforderungen lassen sich daraus für moderne Computer ableiten?

6. Das digitale Zeitalter ist längst angebrochen. Jede Information, sei es Schrift, Sprache oder Bild, wird immer häufiger digitalisiert, um ein computerverträgliches Format zu erhalten. Dann kann die Information auf digitale Medien gespeichert werden.
   a) Nenne digitale Speichermedien!

   b) Welche Vorteile ergeben sich aus der digitalen Speicherung von Informationen?

7. Informationen von Menschen für Menschen sind auch in der Vergangenheit auf verschiedene Weise gespeichert worden.

a) Stelle zusammen, welche Möglichkeiten die Menschen zur Informationsspeicherung in der Vergangenheit hatten!
b) Erläutere die Entwicklung, die von den Hieroglyphen über die heutige Schreibschrift zur Binärschrift vollzogen hat!

8. Den Vorteilen der digitalen Speicherung stehen jedoch einige Probleme entgegen, die erheblichem Aufwand mit sich bringen. Unsere Augen, Ohren und Tastsinne erfassen eine analoge Welt. Klang beispielsweise setzt sich aus vielen sinusförmigen, überlagerten Tönen zusammen, die durch Tonhöhe (Frequenz) und Lautstärke (Amplitude) charakterisiert sind. Das Digitalisieren zerhackt diese Sinusschwingungen in kleine „Häppchen", deren Amplituden bestimmte Zahlenwerte zugeordnet werden.

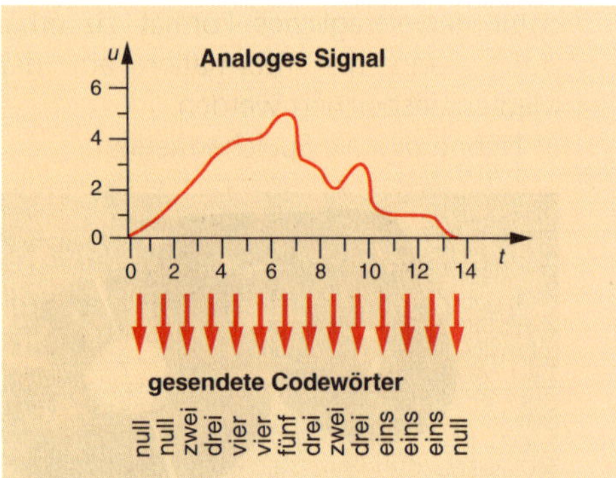

Je schneller dieses Zerhacken erfolgt (höhere Abtastrate), um so kleiner werden die „Häppchen" und um so genauer wird digitalisiert; je größer die Auflösung (Anzahl der Bits), desto besser die Qualität.

a) Informiere dich über das Grundprinzip der Digitalisierung von Klängen und Bildern! Stelle die Verfahren der Digitalisierung als Skizzen dar!
b) Warum verlangt gute Aufzeichnungsqualität viel Speicherplatz?
c) Beurteile unterschiedliche Speichermedien nach ihrer Brauchbarkeit zur Aufzeichnung solcher Daten!
d) Erkundige dich nach Möglichkeiten der verlustbehafteten und der verlustfreien Verdichtung von Daten!
e) Warum entstehen bei der analogen Wiedergabe Einschränkungen, wenn Abtastrate und Auflösung nicht denen der Aufzeichnung entsprechen?

9. Die Geschwindigkeit der Datenübertragung im Internet hängt von verschiedenen Faktoren ab. Einen Teil können wir durch die Wahl des Zugangs (Modem oder ISDN-Karte) und des Dienstanbieters beeinflussen. Der andere Teil hängt von den Übertragungskapazitäten der Leitungssysteme ab, die am Datentransport beteiligt sind.

a) Trage die wichtigsten Übertragungsarten im Internet zusammen und kennzeichne ihre Übertragungseigenschaften!
b) Was verursacht den „Datenstau", wenn die Leitungen für sich betrachtet doch eigentlich sehr schnell sind?
c) Welche Lösungen erscheinen geeignet, um die wachsende Zahl von Internetteilnehmern und das ständig ansteigende Datenaufkommen zu beherrschen?

10. Multimediale Darstellungen von Informationen sprechen mehrere Sinnesorgane des Menschen an. In der nächsten Etappe der Hypermedien verschmelzen diese Darstellungsformen ineinander. Zu jeder Zeit, an beliebigem Ort und mit einfachster Bedienung kann nach Belieben in Themenverzweigungen „geblättert" werden.

a) Ermittle verschiedene Bedienungseinrichtungen, um über Mobiltelefon, PC mit Internetanbindung, Fernseher und anderen Geräten zwischen Informationsangeboten auszuwählen!

b) Kennzeichne die Vorteile multimedial gebotener Informationen zu einem selbst gewählten Thema!

c) Unterbreite einen Katalog von Geräten, die sich zu Hause, in der Schule und anderenorts befinden und sich gerätetechnisch verschmelzen lassen!

d) Welche besondere Chance bieten multimedial aufbereitete Inhalte für Menschen mit Behinderungen?

Auswirkungen der Informationstechnik

11. Die gegenwärtig bereits vorhandene und noch mehr die in Zukunft entstehende Informationstechnik verändert die gesamte Gesellschaft einschneidend. Dazu gehören vor allem die Bereiche der Arbeits- und Lebensbedingungen, die Wirtschaftsstrukturen und die Berufsbilder.
Bereite dich auf einen Schülervortrag zu diesem Thema vor!

12. Das Internet ermöglicht den Zugang zu interaktiven Medien. Durch Netzwerke können auch Lernende das Internet und seine Ressourcen von jedem Ort aus nutzen. Sie erhalten zunehmend die Möglichkeit, computergestützt zu lernen, wann immer es eine Problemstellung erfordert und dafür Zeit vorhanden ist.
Technische Voraussetzungen dafür sind u. a. Mobilität, Robustheit, Darstellungsqualität oder ergonmische Gestaltung der Geräte.
a) Entwirf deine Vorstellungen, wie diese Art des Lernens verbessert werden kann!
b) Wie stellst du dir die Zukunft der Schule in Verbindung mit dem Internet vor?

13. Die Informationsgesellschaft stellt eine gesellschaftliche Entwicklung dar, die mehr oder weniger alle Lebensbereiche des Menschen berührt. Viele Menschen beschäftigen sich mit diesen Auswirkungen auf ihr Leben.
a) Stelle anhand sachbezogener Suchbegriffe (Telelernen, Telearbeit, Telebanking usw.) eine URL-Liste mit informativen Web-Seiten des Internets zum Thema zusammen!
b) Speichere die Liste als ein Dokument mit den Links auf einem geeigneten Datenträger ab!
c) Kommentiere die Inhalte der Web-Seiten in wenigen Sätzen und gestalte das Dokument mit diesen Erweiterungen!

14. Der gesellschaftliche Wandel geht mit modernen Kommunikationstechnologien einher, führt zum wirtschaftlichen Wachstum und hebt die Bedeutung von Informationsdienstleistungen.
Prüfe dich und deinen Bekanntenkreis, inwiefern Lebensziele und -erwartungen (auch das Freizeitverhalten) von diesen Entwicklungen betroffen sind!

15. Die Zukunft wird viele Arbeiten aus bisherigen Organisationsstrukturen in Form von Telearbeitsplätzen ausgliedern. Darin liegen Chancen und Risiken für die Betroffenen eng beieinander.
Begründe diese Behauptung an ausgewählten Beispielen! Interviewe dazu Personen aus unterschiedlichen Arbeitsbereichen!

Berufe und ihre Anforderungen

16. Die Informationstechnik verändert die Berufstätigkeit.
a) Stelle an einigen Beispielen dar, welche Veränderungen mit der Einführung moderner Informationstechnologien bei Tätigkeiten in traditionellen Berufen vor sich gehen!
b) Nenne Berufe, die völlig überflüssig werden! Begründe deine Entscheidung!
Prüfe mittels deiner Geschichtskenntnisse, ob es sich dabei um eine neue Erscheinung handelt!

17. So genannte CallCenter sind eine sich auffallend schnell verbreitende neue Art von Einrichtungen auf der Grundlage neuer Technik.

a) Stelle die Aufgaben und die Funktionsweise solcher CallCenter zusammen!
b) Wie stellst du dir den Tätigkeitsablauf der dort Beschäftigten vor?
Vergleiche mit der Tätigkeit der „Fräuleins vom Amt" zu Beginn der Telefonie!

18. Besonders in der Informationswirtschaft werden neuartige Tätigkeiten erforderlich, die ihren Ausdruck in neuen Berufen finden.
Erarbeite dir eine Übersicht über neue Berufe in den Zweigen der Informationswirtschaft, den Inhalt der jeweiligen Berufstätigkeit und die erforderlichen Voraussetzungen bei den Bewerbern!
Beachte dabei sowohl Ausbildungsberufe als auch Ingenieurberufe!
Stelle insbesondere berufliche Möglichkeiten für Frauen und Mädchen heraus!
Gestalte mit deinem Material ein Poster!

Informationen aus Medien

19. Der Begriff der Medien (Sgl.: Medium) wird sehr oft recht einseitig verwendet.
Nutze die verschiedensten Informationsquellen zu einer umfassenden Klärung des Begriffs und fertige eine Übersicht an!

20. Massenmedien sind eine wichtige tägliche Informationsquelle.
Entwickle eine Tabelle, die die einzelnen Massenmedien sowie ihre jeweiligen Vorzüge und Nachteile enthält!
Nimm nach den in der Tabelle festgehaltenen Ergebnissen eine Klassifizierung der Massenmedien vor!

21. Massenmedien übernehmen auch Funktionen bei der Werbung für Produkte und Dienstleistungen verschiedenster Art. Dabei sind deutliche Unterschiede zwischen ihnen festzustellen.
a) Vergleiche einige Zeit, wenigstens eine Woche lang, täglich zwei verschiedene Medien der gleichen Art hinsichtlich des Anteils von Werbung!
b) Stelle den Anteil der Werbung an Seiten oder an Sendezeiten fest!
c) Welche Gründe kann es für die Unterschiede geben?

22. Der Zeitungs- und Zeitschriftenmarkt ist aufgrund der Vielfalt der Erzeugnisse zunächst schwer überschaubar. Dennoch kann man Strukturen, z. B. nach Tages- und Wochenzeitungen oder nach Fach- und Unterhaltungszeitschriften, entdecken.
Fertige nach selbst gewählten Gesichtspunkten eine Übersicht über die Struktur des Zeitungs- und Zeitschriftenangebots, die du auch deinen Mitschülern vorstellen kannst!

23. Überprüfe, welche überregionalen Tageszeitungen an deinem Wohn- oder Schulort am Kiosk erhältlich sind (s. S. 216)!
Erkunde Gründe dafür, weswegen sie evtl. nicht angeboten werden!

Informationen als begehrte Ware

24. Setze dich mit der Auffassung auseinander, dass in der Informations- bzw. Wissensgesellschaft Informationen mehr zählen als Kapital und Boden!
Denke dabei u. a. an den Adressenhandel, die Informationswirtschaft, das Börsengeschehen oder die Konkurrenzsituation von Produzenten und Handelseinrichtungen!

25. Analysiere die an Mitglieder deiner Familie adressierte Werbepost von Absendern, mit denen ihr noch nie etwas zu tun hattet!
Erkläre und begründe deine Feststellungen!

A

B

C

D

E

Bildquellenverzeichnis

ABB Transformatoren GmbH: 42/4;
AEG Hausgeräte GmbH, Nürnberg: 56/3; 35/3a,c; 74/3a–c;
AKG, Berlin: 115/2; 116/1,2,4; 185/1; 187/1–3;
Archiv PAETEC Verlag für Bildungsmedien, Berlin: 16/3; 42/2; 69/2; 74/2; 90/2; 115/1; 174/2; Nachsatz/8;
Archiv PEATEC Verlag für Bildungsmedien, Berlin/Streußel: 165/1;
Archiv PEATEC Verlag für Bildungsmedien, Berlin/Zeise: 201/1;
Asea Brown Boveri AG (ABB): 44/2;
AUDI AG: 40/3;

BAM Bundesanstalt für Materialprüfung, Berlin: 67/1;
Bayer AG, Leverkusen: 22/3; 150/2;
Bayernwerk AG, München: 46/3;
Biedermann, A., Berlin: 36/1; 132/1;
Bildarchiv der BASF, Versuchsstation Limburgerhof: 139/2; 141/3;
Bildarchiv Preussischer Kulturbesitz, Berlin: 202/1a; 215/1;
Block/Litbarski, Nennhausen: 127/1a;
Borsch, M.: 113/2;
Brezmann, S., Hamburg: 30/3;
Bundesministerium für Umwelt, Naturschutz und Reaktorsicherheit (BMU): 151;

CargoLifter AG, Berlin: 82,83; 127/2;
Carl Platz GmbH & Co., Saulgau: 73/1;
CorelPhotos: 8; 9; 10/3; 12/4,9; 14/1; 19/1; 22/2; 32/2,3; 54/2; 70/2;
CorelStock: 82,83; 93/1; 117/4; 122/3; 125/1; 142/2; 168/2;
Cyberbikes AG: 208/3;

Der Spiegel, Hamburg: 219;
Deutsches Museum, München: 28/1; 35/1,2; 38/1; 39/2; 69/1; 115/3; 116/3; 117/1,2; 118/1; 184/1; 188/1; Nachsatz/7;
DLR Deutsches Zentrum für Luft- und Raumfahrt e. V.: 46/2; 143/2;
Drägerwerk Aktiengesellschaft, Lübeck: 153/2;
DWD, Offenbach: 88/1; 95/3;

ENERCON GmbH, Aurich: 7; 124/3;
Erdwärme Neustadt-Glewe GmbH: 40/2, 45/3;

F.A. BROCKHAUS, Leipzig · Mannheim: 169/1; 172/1; 174/1; 176/1; 202/2;
Felten & Guilleaume GmbH GmbH, Nordenham: 55/3a;
FLAGSOL, Flachglas Solartechnik GmbH, Köln: 46/1;
Fraunhofer ISE, Freiburg: 73/2;

Gesamtverband des deutschen Steinkohlenbergbaus: 36/2;

Harder, C., Berlin: 40/1;
Hebel Haus GmbH & Co., Alzenau: 71/4;
Heinrich, H., Oberröblingen: 208/1; 227;

IMSI-Masterclips: 14/3; 21/1; 21/2l.o.,l.M.; 37/2; 60/1; 86/2; 89/3; 106/1; 118/2; 122/1; 135/2;
InfraTec GmbH, Dresden: 72/1;
Institut für Getreideverarbeitung GmbH, Bergholz-Rehbrücke: 29/1;
IZE, Frankfurt am Main: 146/3;

Joh. Vaillant GmbH & Co., Remscheid: 55/1; 66/1;

Kirsche, H.-J., Berlin: 15/2;

Laabs, H.-J., Nudow: 13/1;
LAUBAG/Rauhut, Senftenberg: 66/2;
Laufmann, M., Berlin: 123/2; 147/3; 161/2; 167/3; 188/3; 214/1,2; Nachsatz/3,10;
Liesenberg, G., Berlin: 14/2; 55/2; 71/2; 167/1; 186/1; 190/1–3; 191/3; 192/2; 195/3; 196/1; 199/1; 204; 216/2; 225/2; Nachsatz/16;
Linde AG, Werksgruppe Technische Gase: 123/1;
Lufthansa-Bildarchiv: 120/1; 121/1; 129;

Mannesmann Dematic AG, Wetter: 12/7;
MAURITIUS: 156,157;
Meister, G., Wiesbaden: 145/2;
Meyer, L., Potsdam: 23/1; 40/4; 101; 102/2; 122/2; 128/2;
Möller, K., LFA Eberswalde: 141/2;
MULVANEY, R./SIENCE PHOTO LIBRARY/FOCUS: 99/2;

Naturfotografie Frank Hecker, Panten-Hammer: 106/2; 111/2; 166/1a,b;
Neckarwerke Stuttgart AG/Gerst, G., Stuttgart: 62/1; 150/1;
Neuls, Z., Berlin: 59/3; 162/1; 183/2; 220/1;

Osram GmbH: 35/3b; 191/1;

Pews, H.-U., Berlin: 160/1;
Philips Licht, Hamburg: 74/1;
PhotoDisc, Inc.: 12/5; 21/2l.u.,r.o.,r.u.; 38/2; 135/1; 210/2; 223/2; Nachsatz/4,13,14;
Photosphere: 21/2r.M.; 36/3; 54/3;

Raum, B., Neuenhagen: 10/1,2; 11/1; 12/1–3,6; 15/1; 18/1,2a,b; 20/3; 24/1; 25/1; 371; 59/1; 81; 84/1,3; 86/3; 91/1; 103; 104/1; 111/4; 121/3; 124/1; 126/1; 130; 132/3; 133/1; 135/3–6; 140/1; 142/1; 150/3; 155; 158/1,3; 160/2; 167/2; 173/1a,b; 176/2; 179/1–3; 182/1,2; 183/1; 185/2; 189/1; 202/1b; 208/2; 216/1; 217/2; 218/1; 222/1; 225/1; 226/1; Nachsatz/6,12,15;
Raum, J., Strausberg: 11/2; 22/4; 117/3; 158/2;
Riedl & Tschierschke GmbH, Frankfurt am Main: 125/3;
RWE Energie Aktiengesellschaft, Essen: 44/3;

Saalfelder Feengrotten und Heilstollen GmbH, Saalfeld: 164/1;
Schumann, G., Homberg: 170/1;
SCOTT FISCHER/WOODFIN CAMP/FOCUS: 84/2;
Siemens AG, Erlangen: 12/8; 42/3; 43/1; 44/1; 45/1; 182/3; 200/2,3; 201/2; Nachsatz/1;
SÜBA Bau Aktiengesellschaft, Hockenheim: 220;
Süddeutscher Verlag Bilderdienst, DIZ München: 168/3;
SYLVESTRIS – ROBBA: 165/2;

TEAG, Erfurt: 71/3;
Techniker Krankenkasse, Hamburg: 28/3;
Theuerkauf, H., Gotha: 114/1; 159/1; 165/3; 166/3;
Tierbildarchiv Angermayer, Holzkirchen: 107/2; 111/1,3;
Tschochner, B., Potsdam: 224/2a,b;

Unternehmensarchiv EKO Stahl, Eisenhüttenstadt: 106/3;

Varta Elwangen Gerätebatterie: 42/1b;
VEAG Vereinigte Energiewerke AG, Berlin: 28/2; 47/1; 60/2;
VEBA Kraftwerke Ruhr AG: 54/2;
Verlag Maschinostrojenie, Moskau: Nachsatz/2;
VOLKSWAGEN Kommunikation: 119/1; 147/2;
Von der Emde, G., Department of Psychology University of Washington, Seattle: 175/3;

ZB Fotoagentur Zentralbild GmbH, Berlin: 11/3; 64/3; 107/1; 123/3; 125/2; 161/1; 168/4; 175/1,2; 184/2; 224/1; 228; Nachsatz/5,9;
ZEFA–Brännhage: 166/2a,b;
Zeitler, K.-H., München: 140/3;
Zentralverband der Elektrotechnik- und Elektronikindustrie, Frankfurt am Main: 222/2.

Titelbild: PhotoDisc

Informationen un

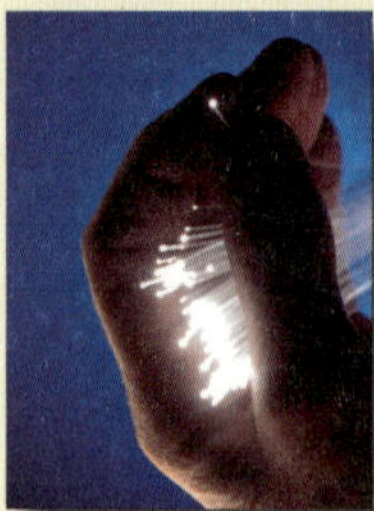

Gesichtspunkte, die bei der technischen Informationsübertragung von einem Ort zu einem anderen bzw. von einem Zeitpunkt auf einen späteren wichtig sind:

1. Archivierbarkeit
2. Datensicherheit
3. Fehlerrate
4. Übertragungsgeschwindigkeit
5. Informationsmenge

Informationsverarbeitung

Erste Rechenmaschine – der von den Babyloniern erfundene Abakus (3. Jt. v. u. Z.)
Lochkartengesteuerte Maschine von Hollerith (1890)
Computergenerationen:

– mit Relais:	„Zuse 3"	mit 2 000	Relais	(1941)
– mit Röhren:	„Eniac",	mit 15 000	Röhren	(1946)
– mit Transistoren auf gedruckten Schaltungen				(1962)
– mit integrierten Schaltungen: „ZX 80"				(1980)
– parallel prozessierend (in Entwicklung)				

Das beste parallel prozessierende System ist das menschliche Gehirn – ein neuronales Netzwerk.

Elektronische Informationsübertragung

Funktelegrafie (1894)

Langwellensender	–	Wellenlänge	1 000 bis 10 000 m	=	300 bis 30 kHz	(1920)
Mittelwellensender	–	Wellenlänge	100 bis 1 000 m	=	3 000 bis 300 kHz	(1920)
Kurzwellensender	–	Wellenlänge	10 bis 100 m	=	30 bis 3 MHz	(1921)
Ultrakurzwellensender	–	Wellenlänge	1 bis 10 m	=	300 bis 30 MHz	(1930)

Zeitalter der Satellitenübertragung seit Sputnik 1 (1957)
Datenübertragung mit Glasfaserkabel (1966)
Breitbandkommunikation über Satellit und Glasfaser im Gigahertzbereich
ISDN (Integrated services digital network) (1974), Datex-P (1980), Internet (1990)

Frühe Informationträger, die es noch heute gibt, und ihre Technisierung

Laufburschen, reitende bzw. fahrende Boten, Brieftauben, Rufposten, Alphörner, Trompeten, Trommeln, Rauch- und Lichtzeichen, Winksignale;
Luftpost, Nebelhörner, Sirenen, Leuchtmunition, Signalanlagen, Morselampen, elektronische Informationsübertragung

Die Einführung des Bit (Binary digit) 1943 als grundlegende Einheit zur Messung von Informationen führte zur Nutzung der binären Codierung für die Informationsverarbeitung und -übertragung.

Das grundlegende Informationsmodell stammt von Shannon und Weaver (1949):

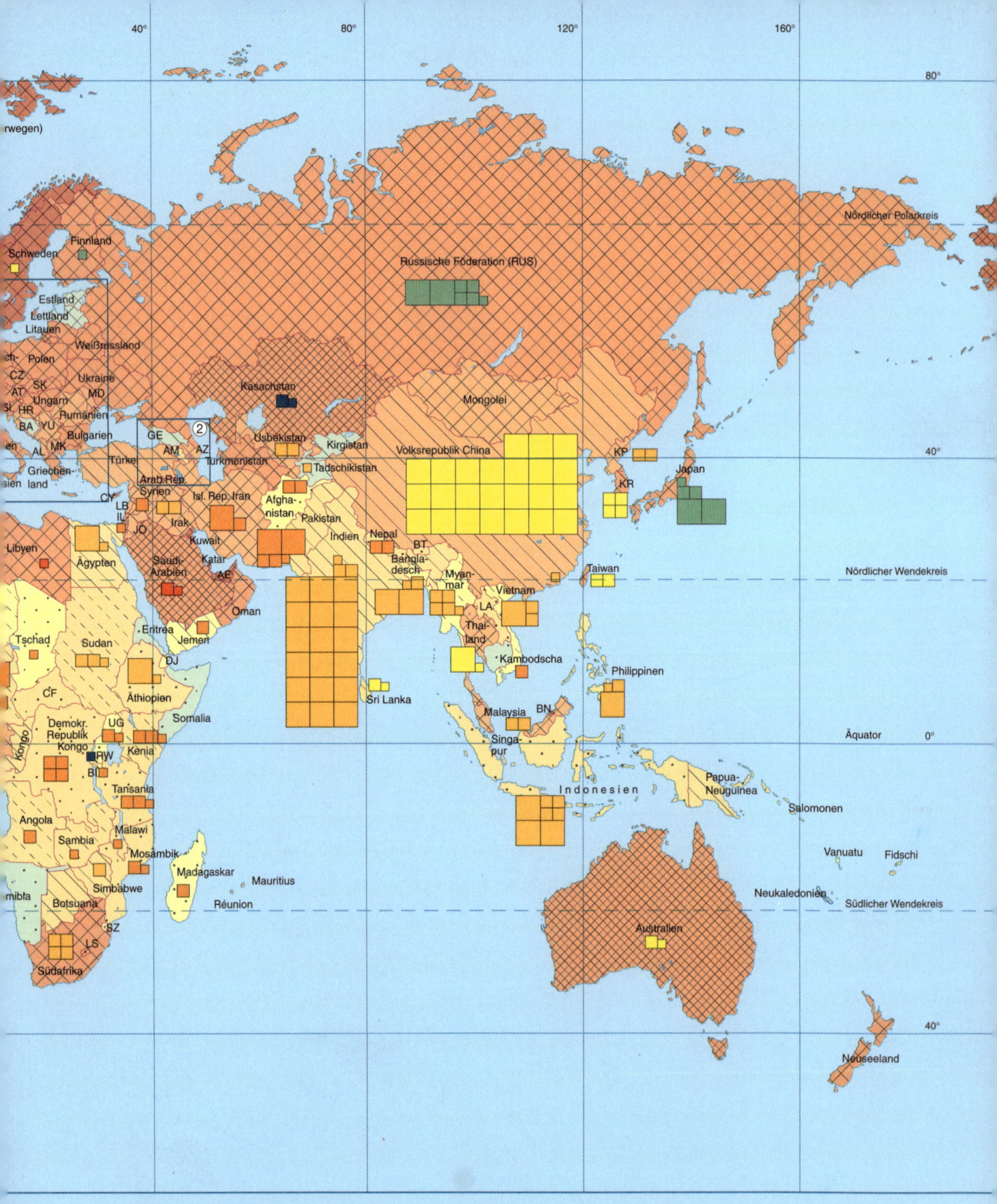

CO_2-Emissionen aus der Verbrennung fossiler Energieträger in kg CO_2 pro Kopf 1994

0 | 100 | 500 | 2500 | 12500 kg CO_2 pro Kopf

geringster Wert:
15 kg CO_2/Kopf – Tschad

höchster Wert:
46 556 kg CO_2/Kopf – Katar

Vergleich:
Deutschland: 9 665 kg CO_2/Kopf

USA: 19 224 kg CO_2/Kopf

Abkürzungen der Staatennamen:

Amerika: SV – El Salvador; BZ – Belize; JM – Jamika;

Afrika: BF – Burkina Faso; BI – Burundi; BJ – Benin; CF – Zentralafrikanische Republik; CI – Côte d'Ivoire; DJ – Dschibuti; GH – Ghana; GM – Gambia; GQ – Äquatorialguinea; GW – Guinea-Bissau; LS – Lesotho; RW – Ruanda; SL – Sierra Leone; SZ – Swasiland; TO – Togo; UG – Uganda;

Europa: AL – Albanien; AND – Andorra; AT – Österreich; BA – Bosnien-Herzegowina; BE – Belgien; CH – Schweiz; CY – Zypern; CZ – Tschechische Republik; DK – Dänemark; FL – Liechtenstein; HR – Kroatien; L – Luxemburg; MC – Monaco; MD – Moldau; MK – ehemal. Jugosl. Republik Macedonien; NL – Niederlande; SI – Slowenien; SK – Slowakei; YU – Jugoslawien;

Asien: AE – Vereinigte Arabische Emirate; AM – Armenien; AZ – Aserbaidschan; BN – Brunei Darussalam; BT – Bhutan; GE – Georgien; IL – Israel; JO – Jordanien; KP – Demokr. Volksrep. Korea; KR – Republik Korea; LA – Demokr. Volksrep. Laos; LB – Libanon